기회의 문 메타버스

공저 최재용 김지유 김필선 김혜영 배 각
어정이 이제우 진성민 최효심 허지연

감수 김진선

미디어북

기회의 문 메타버스

초판인쇄	2021년 10월 07일
초판발행	2021년 10월 13일
공 저 자	최재용 김지유 김필선 김혜영 배 각 어정이 이제우 진성민 최효심 허지연
발 행 인	정상훈
디 자 인	신아름
펴 낸 곳	미디어북

서울특별시 관악구 봉천로 472
코업레지던스 B1층 102호 고시계사

대 표 02-817-2400 팩 스 02-817-8998
考試界 · 고시계사 · 미디어북 02-817-0418~9
www.gosi-law.com
E-mail : goshigye@chollian.net

판 매 처	미디어북 · 고시계사
주문전화	817-2400
주문팩스	817-8998

정가 20,000원 ISBN 979-11-89888-21-3 03320

미디어북은 고시계사 자매회사입니다

메타버스

지금 바로 시작하라

Preface

나의 몸무게가 80kg이 넘는다면, 얼굴이 못 생겼다면, 키가 작다면, 가난하다면, 장애를 갖고 있다면 등등 내가 핸디캡을 갖고 있다면 한번쯤 아니 여러 번 이 핸디캡의 반대되는 꿈을 꿔봤을 것이다.

현실에서 꿈은 꿈에 지나지 않는다. 그러나 가상세계 메타버스 세상 속에서는 이와 같은 나의 핸디캡을 멋진 아바타가 해결해 줄 수 있다. 날씬하고 세련되며 예쁜 얼굴에 훤칠한 키 그리고 건강한 신체와 카리스마 있고 커리어 넘치는 모습으로 나를 변신시켜 줄 수 있다.

이와 같은 일이 가능한 것이 바로 메타버스 세상이다. 메타버스란 말은 1992년 미국 SF 작가 닐 스티븐슨의 소설「스노크래시」에서 처음 사용했다. 이제 코로나19 비대면 시대를 맞아 10대들의 전유물이었던 게임을 시작으로 메타버스는 5G와 통신기술의 발달, 4차 산업혁명에 힘입어 다양한 곳에서 여러 가지 형태로 그 기능에 따라 활발히 활용되며 그 가치를 인정받고 있다.

이에 한국메타버스연구원은 '이것이 메타버스다'라는 첫 번째 책에 이어 두 번째 '기회의 문 메타버스'를 출간하게 됐다. 메타버스에 대한 전 국민적인 관심이 고조되고 있는 가운데 아직 메타버스 개념조차 모르는 사람들도 많아 정치, 경제, 교육, 문화, 의료, 국방, 산업, 지자체, 단체, 기업, 유통, 엔터테인먼트 등 다양한 곳에서 메타버스를 알고자 하는 강의 의뢰와 프로젝트 기획 문의가 빗발치고 있다.

'기회의 문 메타버스'의 구성은 총 10 채프터로 최재용의 메타버스 이해와 전망, 이제우의 MZ세대가 말하는 메타버스, 진성민의 게더타운 사용법, 김혜영의 이프랜드(ifland) 활용법, 김필선의 제페토에서 즐기기, 최효심의 제페토 빌드잇에서 놀아보자, 허지연의 메타버스의 다양한 실 사례, 어정이의 메타버스와 영화(이스터 에그), 김지유의 돈 벌어주는 메타버스, 배각의 메타버스와 콘텐츠로 구성돼 있다.

메타버스에 대한 이해와 전망을 시작으로 메타버스의 플랫폼인 게더타운, 이프랜드, 제페토의 활용법과 다양한 분야에서의 메타버스 활용 사례 그리고 이를 통한 수익창출에 이르기까지 메타버스에 대한 궁금증을 쉽게 풀어내고자 한다.

메타버스의 개념은 초현실 가상세계이지만 우리에게 있어서 메타버스의 놀라운 기능과 역할은 가상이 아닌 현실로 다가오고 있다. 특히 사례들을 읽다보면 메타버스가 왜 꼭 필요한지 그 이유를 느끼게 될 것이다. 바로 정치, 경제, 사회, 문화, 교육은 물론 인간의 생명과도 연결되어 있는 메타버스의 활약을 보게 될 것이다.

코로나19 팬데믹 현상과 사회적 거리두기 방역지침으로 인해 사람을 만나는 것조차 두려운 시점에서 메타버스는 돌파구가 됐다. 예를 들어 행사 하나만 보더라도 메타버스 안에서는 수천만 명이 모여도 코로나19와는 무관하다. 비록 아바타로 참여를 해도 주최 측에는 수익이 떨어지는 구조이다.

아바타들이 입는 옷, 액세서리, 신발, 가방 등 아이템만 만들어 올려도 내게 수입이 들어온다. 이렇게 메타버스 세상에 대해 젊은 층을 중심으로 열기가 더해지자 유명 명품 브랜드, 기업, 자동차 제조사 등 심지어 은행까지 줄지어 메타버스에 탑승을 했다.

이제 대면을 고집할 일이 하나도 없다. 그렇다고 아바타로만 접촉하는 것이 아니라 화상으로 얼굴을 보며 내 목소리로 대화가 가능하기 때문에 얼마든지 메타버스 하나로 모든 기업의 업무, 교육, 치료, 은행업무, 소방훈련, 행사, 전시 등 다양한 일들이 이 메타버스 세상에서 가능해 졌다.

아마도 메타버스는 코로나19로 인해 바닥으로 내동댕이쳐진 경제의 한 축을 끌어올리며 창직과 수익창출에 크게 기여할 것으로 기대된다.

「기회의 문 메타버스」. 이 책에서 제시하고 있는 활용과 사례, 수익창출을 위한 콘텐츠 전략 등을 통해 더 많은 이들이 메타버스 교육을 받기를 희망한다. 또한 이를 통해 자신의 삶이나 자신이 하고 있는 일을 위해 부캐로 활동하면서 메타버스를 효율적으로 활용하며 도움 받기를 바란다.

끝으로 이 책의 감수를 맡아 수고하신 파이낸스투데이 전문위원, 이사이며 현재 한국메타버스연구원 행정부원장이신 김진선 교수님께 감사를 드리며 미디어북 임직원 여러분께도 감사의 말씀을 전한다.

2021년 10월

한국메타버스연구원 **최 재 용** 원장

공저자 소개

최 재 용

10년 전부터 한국소셜미디어진흥원 원장으로 메타버스 라이프로깅 세계인 유튜브·블로그·페이스북 강의를 하며 300명의 강사를 양성했다. 또한 과학기술정보통신부 인가 사단법인 4차산업혁명연구원 산하 한국메타버스연구원을 이끌며 메타버스를 알리고 있다.

(mdkorea@naver.com)

김 지 유

한국메타버스연구원 서울지회장으로 전직 패션디자이너였고 쇼핑몰, 스마트스토어, 부동산 법인을 운영했다. 현재 KBS N잡러 스타트업 크리에이터이며 KBS 트렌드 비즈니스 강사이자 부동산 법인 프리랜서, 메타버스 플랫폼 비즈니스 인플루언서로 활동하고 있다.

(naegatrend@gmail.com)

김 필 선

12년간 유아교육교사와 원감으로 아이들과 부모교육을 진행하고 2012년 이후 해독지도사로 기업체의 건강강의를 했다. 2020년 이후로 유튜브, 스마트스토어, 키네마스터를 기업에서 강의한 바 있다. 2021년 8월 이후 노량진 청년 일자리 센터, 한국 여성의정 정치 학교, 시흥 산업 진흥원 조교, 4차 산업혁명연구원으로 게더 타운, 제페토 등을 강의하고 있다. 또한 현재 한국 메타버스 연구원 경기남부 지회장으로 활동 중이다. (filsun@naver.com)

한국메타버스연구원 지도교수, 연구원이고 제주서귀포 지회장을 맡고 있다. 또한 메타버스, NFT 전문강사, 비대면 전문강사, C/S 전문강사로 활동하고 있으며 자기계발을 위한 1인기업도 운영하고 있다. 수상경력은 제1회 강사경진대회 우수상을 수상했다. 현재 메타버스 외에도 NFT 관련 도서를 집필중이다.

(metaverse-go@naver.com)

김 혜 영

배 각

중앙대 외식마케팅 CEO 과정 MOU 기획 및 전문 강사, 한양대 프랜차이즈 CEO 과정 강사, 경희대 프랜차이즈 CEO 과정 강사를 역임 했다. 현재는 창업아이템 연구소 소장, 한국메타버스연구원 강사로 활동 중이다.

(bizchans@naver.com)

현재 일천억닷컴 대표이며 한국메타버스연구원 책임연구원으로 경기지회장을 맡고 있다. 12년간 진로 강사로 활동했고 NFT 튜토리얼 강의, 메타버스 관련 강의를 하고 있다. '기회의 문 메타버스 저자이며, NFT 저서를 집필중이다. (euhlee77@naver.com)

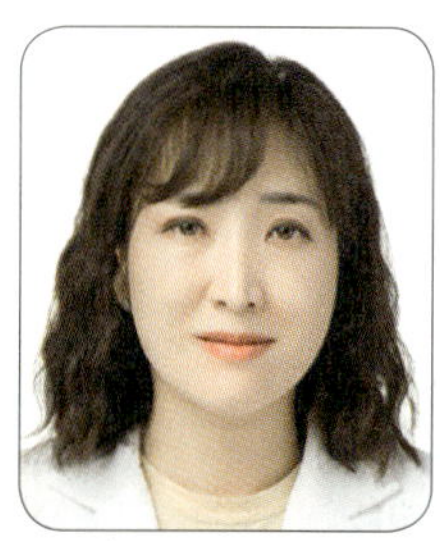

어 정 이

공저자 소개

이 제 우

15살 때부터 창업해 현재도 청년창업가로 활동하고 있으며 MCN 플랫폼 AnythingBE, 청소년&청년 활동 문화 확산 단체 〈커넥션〉의 이사장을 역임하고 있다. 시니어 아이템 연구소 〈선인장〉대표이며 MZ 세대 메타버스 전문그룹 플레이버스 대표 등을 역임했다.

(jaewoo913@naver.com)

진 성 민

한국1인미디어산업협회 제주지회장으로 SNS 강사에서 현재 한국메타버스 연구원 제주지회장 및 지도교수를 맡고 있다. 주 강의 분야는 메타버스 게더타운, 제페토 플랫폼 활용이며 유튜브 '지니의 이중생활'을 운영 중이다. 저서로는 '4차 산업혁명 강의, 2018. 미디어북'이 있다.

(stylejin99@naver.com)

최 효 심

끊임없는 자기 계발을 통해 스스로 성장 동력을 만들어내는 두 아이의 엄마이자 직장인들을 위한 파워포인트 강사이며 한국메타버스 연구원 1기 인증강사로 올해 경남지회장으로 활동 중에 있다.

(n43276@naver.com)

서강대학교에서 수학과 경영학 복수전공을 하고 마이크를 잡는 일을 하며 살아왔다. 아나운서, 사회자, 라이브 커머스 쇼호스트로 활동 중이며 메타버스 맵 제작, 행사기획 및 진행을 하고 있다. 또한 라이브커머스, 메타버스 관련 강의를 하고 있다.

(heojyeon@gmail.com)

허 지 연

감수자 **김 진 선**

'i-MBC 하나더 TV 매거진' 발행인, 세종대학교 세종 CEO 문학포럼 지도교수를 거쳐 현재 한국메타버스연구원 행정부원장, 파이낸스투데이 전문위원/이사, (사)4차산업혁명연구원 공동대표, 한국소셜미디어전문가협회 감사, SNS스토리저널 대표로 전국을 대상으로 출판 및 뉴스크리에이터 과정을 진행하고 있다.

Contents

CHAPTER 01
메타버스의 이해와 전망

CHAPTER 02
MZ 세대가 말하는 메타버스

CHAPTER 03
게더타운 사용법

CHAPTER 04
이프랜드(ifland) 활용법

CHAPTER 05
제페토에서 즐기기

CHAPTER 06
제페토 빌드잇에서 놀기

CHAPTER 07
메타버스의 다양한 실 사례

CHAPTER 08
메타버스와 영화(이스터 에그)

CHAPTER 09
돈 벌어주는 메타버스

CHAPTER 10
메타버스와 콘텐츠

Chapter

1

메타버스의 이해와 전망

최재용

Chapter 01.
메타버스의 이해와 전망

Prologue

요즘 들어 뉴스나 SNS를 보면 '메타버스(Metaverse)'에 대한 말이 많이 등장한다. 처음에는 10대들의 게임인가 싶었다가 주의 깊게 들여다보니 놀라운 일들이 눈앞에 펼쳐진다. 메타버스 자체가 신기함 그 자체이며 이것의 효용가치는 가히 한 세대의 문화혁명이라고 해도 지나치지 않을 듯싶다.

코로나19로 인해 대면으로 이뤄져야 할 일들이 모두 비대면으로 전환되면서 학교 수업부터 줌(zoom)을 활용한 수업으로 바뀌었다. 개학이나 방학의 개념이 모호해졌고 특히 대학에서는 축제, 동아리 모임이라는 말조차 꺼내기 어려운 상황이 됐다.

사회적 거리두기로 인해 사람을 만나는 일 조차 꺼리게 됐고 누가 찾아오는 것도 불편한 세상이 됐다. 이른 아침 눈을 부비며 출근길에 올랐던 일이 이제는 내 집에서 컴퓨터를 켜 놓고 업무를 봐야한다. 멀리 지방출장을 위해 짐을 꾸려야 했던 일도 이제 화상회의 하나로 만사 오케이다.

세상이 이렇게 비대면 시대로 변화되면서 10대들은 더욱 더 게임에 몰입하게 됐고 메타버스 역시 게임으로 시작된 것이 이제는 게임의 차원을 넘어 학교 수업에서,

대학교 축제에서, 나아가 병원에서, 정치판 선거에서, 유명 연예인 콘서트에서 등등 다양한 곳에서 메타버스의 활약이 눈부시다.

대체 메타버스가 무엇이고 어떤 기능이 있으며 이것을 활용하는 곳은 어떤 곳이며 향후 이것이 어떤 모습으로 우리와 함께 할지 본문을 통해 알아보고자 한다.

1 메타버스 이해하기

1) 메타버스란?

메타버스는 1992년 닐 스티븐슨(Neal Stephenson)의 소설 「스노우 크래쉬」에 처음 등장한 개념이다. 초월을 의미하는 '메타(Meta)'와 세계와 우주를 의미하는 '유니버스(Univers)'의 합성어로 '가상 우주 공간에 아바타가 사는 세상'이라고 할 수 있다.

현실세계와 같은 사회, 문화, 경제 활동 등을 함께 할 수 있게 연결되고 소통하며 공유할 수 있는 3차원의 가상세계를 말한다.

2) 메타버스 어디에?

(1) 현대자동차 메타버스 로블록스에서 시승경험 제공

현대자동차는 미국 최대 메타버스 플랫폼인 '로블록스(Roblox)'에 고객이 가상으로 체험할 수 있는 공간을 마련했다. 로블록스에 가입한 뒤 '현대 모빌리티 어드벤처' 맵(게임)에 입장하면 현대차가 꾸며놓은 가상의 자동차 마을을 살펴볼 수 있다.

입장과 동시에 개인 차고와 개인 자동차가 기본으로 주어지는데, 현대차가 주력으로 팔고 있는 '수소차 넥쏘'가 기본 차량으로 공급된다. 개인 차고에서는 주어진 넥쏘를 도색부터 휠 디자인까지 다양하게 꾸밀 수 있게 돼있다.

가상공간에는 시승센터도 있다. 신차 캐스퍼를 실제로 타보는 느낌을 주기 위해 좌우 깜빡이, 브레이크, 주행 소음 등이 구현 된다.

(2) 오프라인 출근 없는 한국의 '직방' 과 미국 '게더타운'

공인중개 플랫폼 회사인 '직방'은 본사 사무실 운영을 중단하고 오프라인 출근을 없앴다. '메타폴리스'라는 가상공간에 출근해 업무를 보고 있다.

또한 '게더타운'이라는 메타버스 서비스 플랫폼인 미국의 스타트 업 게더는 창업 시작을 가상공간에서 했고 또한 가상공간인 게더타운으로 출근하며 모든 업무를 보고 있다.

한국메타버스연구원은 2021년 9월 24일 미국 게더타운 가상공간 본사를 방문해 관계자의 안내로 투어를 하고 업무미팅도 했다.

[그림1] 한국메타버스연구원 미국 게더타운 본사 가상공간 투어 사진

(3) 이프랜드서 SKT 기자 간담회 열다

SK텔레콤 MNO사업 유영상 대표는 '이프랜드(ifland)'에서 온라인 기자간담회를 열어 이프랜드의 확장성에 대해 발표했다.

[그림2] SKT 기자 간담회(출처 : ETNEWS 8월 19일 자)

SKT는 2021년 내에 이프랜드 내에서 다양한 아이템을 구매하고 판매할 수 있는 '마켓 시스템'을 선보일 예정이다. 또한 제페토처럼 이프랜드를 이용하는 고객 누구나 본인만의 의상이나 아이템을 직접 디자인하고 제작하는 플랫폼을 이프랜드에 적용하고자 한다. 즉 이용자들 간 자유롭게 거래할 수 있는 환경을 조성하겠다는 방침이다.

2 대한민국 메타버스 산업발전을 위한 제안

(1) VR과 AR을 선도하는 국가가 메타버스 강국이 된다

메타버스산업의 핵심 VR산업 부흥기가 도래하고 있다. 시기를 놓치지 말고 VR 산업 선도국가가 돼야 한다. 메타버스에서 가장 핵심인 VR과 AR 산업의 부흥기가 도래했다.

메타버스는 메타버스 전도사인 강원대학교 김상균 교수의 저술과 방송 출연 등의 활약으로 정부 및 기업뿐 아니라 일반국민에게도 지대한 관심사가 됐다.

롯데그룹은 이베이 인수를 포기하고 메타버스 산업에 투자하기로 했다고 한다. 롯데에서 혁신적인 VR HMD나 VR 글래스를 개발해 생산하고 합리적인 가격으로 판매한다면 VR 기기 사용자가 늘어날 것이고 백화점 쇼핑을 VR기기 쓰고 안방에서 하는 시대가 올 것이다.

VR 산업의 발전을 위해서는 선행돼야 할 것이 흥미 있고 유익한 콘텐츠의 개발이다. BTS나 블랙핑크 뮤직비디오를 VR로 볼 수 있다면 VR 기기를 구입하는 소비자가 늘어 날것이다.

KT와 청담어학원이 해외어학연수 VR 프로그램을 만든 것도 주목해봐야 한다. 코로나19 팬데믹으로 해외어학연수를 가지 못하는 학생들에게 유용할 것이다.

엔터테인먼트·교육·여행·VR 콘텐츠 개발을 먼저 개발하고 입소문을 낸다면 VR 기기 보급이 늘어날 것이다.

전국의 14개 VR, AR 거점센터를 메타버스 체험공간으로 확장하고 VR 스타트 업 지원과 아울러 1인미디어 크리에이터처럼 VR 크리에이터도 교육하면 좋을 것이다.

VR 산업 선도국가가 되려면 중소기업과 대기업이 컨소시엄을 구성해서 저렴한 가격의 VR 기기를 생산해 보급하고 한국관광공사·엔터테인먼트회사·한국콘텐츠진흥원·교육기업이 K-POP, K-드라마와 같은 킬러콘텐츠를 만들어야 할 것이다.

메타버스가 밀물처럼 밀려올 때 늦지 않게 제시간에 탑승해야 한다.

(2) 메타버스 산업에 중소기업들도 빨리 동참 해야한다

신종 코로나바이러스 감염증(코로나19) 사태 이후 대면은 비대면으로, 오프라인은 온라인으로 대체되고 있다. 그러면서 국내외를 막론하고 경제 및 산업의 많은 분야에서 패러다임 변화의 바람이 불고 있다.

그 패러다임의 중심에 '메타버스(3차원 가상세계)'가 있어 각 분야에서 디지털로의 전환이 급속도로 진행되는 중이다. 이 패러다임은 마치 혁명의 바람과도 같아 우리의 삶을 변화 발전시킬 것이 분명하다. 특히 경제·산업 분야에 큰 변화가 예고된다.

대표적인 예가 자동차 부품을 생산하는 중소기업들에게 빨간불이 켜진 것이다. 이르면 9년 뒤인 2030년부터는 내연자동차를 사고 싶어도 못 사게 상황이 발생해서이다. 게다가 현대자동차·기아, 벤츠, BMW 등 주요 글로벌 완성차 업체들이 2030~2040년 사이 내연자동차의 생산 중단계획을 속속 발표하고 있다.

뿐만 아니라 6일(현재시간) 독일 뮌헨에서 열리는 'IAA모빌리티 2021'에서 현대차의 고급차 브랜드 제네시스를 비롯해 제너럴모터스(GM), 메르세데스-벤츠, 볼보 등 유럽과 미국의 주요 기업들이 내연기관차 생산 중단계획을 잇달아 내놨다.

우리 정부도 전기차 등 무공해 차의 비중을 2050년까지 76~97%로 늘릴 계획이다. 대신 스마트폰처럼 수시 충전이 가능하고 자율주행 및 IT(정보통신) 기술과 앱으로 무장한 '스마트 차' 시대가 열리면서 내연기관의 시대가 325년 만에 종식을 고하고 있다.

이런 상황에서 아우디 본사는 대형 가상현실(VR) 디자인 스튜디오를 설립해 이곳에서 새 자동차의 실제 버전에 대한 가상 경험과 디자인, 각종 기능들을 시제품처럼 체크하고 수정하는 작업을 한다. 이를 통해 제작 기간과 비용을 절감할 수 있다.

독일 BMW그룹도 올해 4월 '가상공장 프로젝트'를 공개했는데 실제가 아닌 가상공장에서 현실 세계와 동일하게 부품 위치와 이동 경로 및 라인을 변경하면서 불량률과 생산 효율을 검증하고 있다.

페라리는 내년 출시 예정인 하이브리드 신차 '296 GTB'를 메타버스 내 '포트나이트'에서 공개했다. 현대차도 지난 6월부터 쏘나타 N라인의 가상현실 시승행사를 '제페토'에서 열어 소비자들에게 신선한 충격을 던졌다.

4차 산업혁명 기술의 발전이 이제 메타버스라는 새로운 플랫폼과 함께 도약하면서 마치 현실을 그대로 옮겨 놓은 듯한 가상공간에서 다양한 시뮬레이션 등에 활용하면서 비용절감, 기술개발, 생산성 향상 등에 기여하고 있다.

이는 바로 노동시장과도 직결되는 얘기로 이 분야에도 커다란 변화가 예고되는 상황이다. 이제 업무공간은 꼭 오프라인 속 직장이어야 할 필요가 없어졌다. 출근은 컴퓨터 속으로 하면 되고 자신이 원하는 곳 어디서든 PC나 스마트폰에 접속만 하면 얼마든지 그날의 업무를 마무리 할 수 있다. 직원 간 회의나 지방이나 해외 출장, 클라이언트와의 상담 등 업무도 얼마든지 온라인으로 가능한 세상이 열렸다.

이런 변화는 자동차 산업에 한정된 것이 아니다. 건축 산업도 마찬가지다. 부동산 플랫폼 '직방'처럼 전면 재택근무로 전환하고 '메타폴리스'라는 가상공간에서 일하는 기업들이 늘어나면서 건물들의 공실률이 증가할 것으로 보인다.

이제 안산, 시흥 등 소재·부품 산업단지의 중소기업 대표들에게 메타버스는 빨리 승차해야할 트렌드이다. 머뭇거리다가는 버스를 놓치게 되고 터덜터덜 걷거나 눕게 될 수밖에 없다.

대부분 대표들의 연령대가 중장년층이라는 점을 고려할 때 오프라인만 고집한다면 그만큼 경제적으로나 기술 개발 등에 있어 머지않아 적신호가 켜질 수 있다.

이제 메타버스는 중소기업들에게 선택이 아니라 필수이다.

(3) 구직자들은 유망직종으로 메타버스에 눈을 돌려야 한다

지난 8월 25일 중소벤처기업부 산하 소상공인시장진흥공단의 '신사업창업사관학교 휴폐업 현황'을 살펴보면 최근 4년간 1,169명이 신사업창업사관학교를 졸업했다. 이중 75.5%인 802명이 실제 회사를 차렸다. 하지만 얼마 지나지 않아 창업한 802명 가운데 102명이 폐업을 결정했다. 결국 창업자 8명 중 1명은 회사 문을 닫은 셈이다.

이처럼 신종 코로나바이러스 감염증(코로나19) 팬데믹(세계적 대유행)으로 취업은 고사하고 창업 시장마저 얼어붙었다. 이미 창업한 사람들마저 회사 문을 닫았거나 폐업 위기에 놓여 있다.

창업을 했던 이들은 살아남기 위해 또 다른 창업이나 이직을 계획하고 있을 것이다. 특히 경력단절여성(경단녀)와 장애인, 청년들의 고용창출 문제는 더더욱 심각하다.

이미 세상은 코로나19로 모든 대면이 비대면으로 전환되면서 메타버스(3차원 가상세계)라는 큰 시대적 흐름에 발을 담그기 시작했다. 현실 세계 속에서 뒤처지고 꿈은 말 그대로 꿈에 그칠 수밖에 없는 현실을 메타버스라는 초 현실 가상세계 속에서 실현하면서 대리만족을 취하고 있다.

세상이 이렇게 변하다 보니 취업이나 창업도 그 시대적 트렌드와 요구를 반영해야 살아남을 수 있다. 세상이 변하면 취업 및 창업교육 내용도 바뀌어야 한다. 메타버스 시대에 유망한 직종이 무엇인지 파악하고 시대에 맞는 교육을 해야 할 것이다.

한국메타버스연구원에서 예측하는 메타버스 시대 유망 직종은 아바타 아이템 디자이너, 메타버스 크리에이터, 메타버스 맵 공간구축 디자이너, 메타버스 플랫폼 개발자 등이다. 메타버스로 창업이나 취업을 하기 위해서는 플랫폼에 맞는 다양한 아이디어와 그에 따른 기술력이 갖춰져야 가능할 것으로 이와 관련한 교육이 절실하다.

첫 번째 유망직업은 '메타버스 크리에이터'로 제베토에서 아바타들이 사용할 아이템을 제작하는 직업이다.

제페토는 전 세계 2억 명의 이용자를 확보하고 있는 네이버 플랫폼으로 제페토 스튜디오에서는 아바타의 의상, 헤어, 메이크업, 액세서리 등 아이템을 직접 제작 판매할 수 있다. 가상세계 속에서 아바타들의 외모를 꾸며주는 창작 작업을 통해 경제 활동을 할 수 있다.

제페토 스튜디오는 지난해 3월에 출시해 한 달 만에 8억 원의 매출을 기록하면서 누적아이템 200만개, 크리에이터 아이템 판매개수 2,500만개에 이르며 이에 따른 많은 창업자가 생겨났다.

특히 렌지라는 제페토에서 활동하는 크리에이터는 월1,500만원의 수익을 낸다고 발표할 정도이다. 제페토 뿐만 아니라 이프랜드에서도 아바타 아이템을 제작해 판매하도록 하겠다고 하니 도전해 볼만하다.

자신이 좋아하는 캐릭터를 커스터마이징해서 캐릭터에 어울리는 아이템을 제작하는데 디자인에 필요한 가상의 원부자재 판매업체도 생겼다. 서울 동대문시장도 원단 가상공간에 입점하는 등 이 분야의 판매와 수출이 현실에서 활발히 이뤄지고 있다.

두 번째 유망직업은 '메타버스 공간디자이너'이다.

제페토 빌드잇에서 제페토 월드를 제작해주거나 게더타운에서 맵을 제작해주는 직업이다. 이 분야는 많은 공공기관, 기업, 학교에서 의뢰가 끊이지 않고 있다. 제페토에는 '월드'라는 공간이 있어 제페토 공식 맵에 입점해서 홍보와 마케팅을 할 수 있다. 또한 제페토 빌드잇을 통해 직접 설계하고 만들 수도 있다.

예를 들어 명품 브랜드 구찌는 제페토 내에 이탈리아 피랜체를 배경으로 3D 맵 구찌 빌라를 건축해 고객들이 자신의 아바타에게 구찌의 패션 아이템을 입혀보고 구매를 한다. 그 외 BGF 리테일이 가상공간 한강공원 Map에 'CU 제페토 한강 점'을 오픈한 것은 익히 들어 알 것이다.

그밖에 건물, 학원, 전원주택, 사무실, 놀이공원, 행사장 등 다양한 형태의 건축물을 메타버스 세상 속에서 3D를 활용해 얼마든지 기능과 목적에 맞는 멋진 공간을 만들어 낼 수 있다. 그러나 맵 위에 월드를 만드는데 굳이 건축학 전공자가 아니어도 누구나 독창적인 아이디어와 상상력이 있다면 도전해볼 만한 가치가 있다.

또 다른 예로 건국대학교는 축제에서도 게더타운을 활용해 학교캠퍼스를 그대로 옮겨 놓고 학생들은 아바타의 모습으로 캠퍼스를 돌아다니며 친구들과 오랜만에 소통하며 즐거운 시간을 가졌다. 뿐만 아니라 게더타운은 입시설명회, 신입생 교육, 온라인 채용설명회 등 업무나 비대면 교육, 각종 행사나 이벤트, 세미나 등에 많이 활용하고 있다.

이미 많은 대학과 학교 등에서 등교가 어려워지자 게더타운을 통한 수업으로 오히려 대면수업보다 더 교육적인 효과와 참여의 효과를 보이고 있다는 결과가 발표되면서 게더타운을 활용하는 분야가 늘어나고 있다. 따라서 게더타운 환경 제작의뢰도 만만치 않기 때문에 게더타운 관련한 공간디자이너 역시 유망 직종으로 떠오르고 있다.

세 번째 유망직업은 '메타버스 강사'로 기업 임직원 및 공무원 대상, 교사대상으로 메타버스의 이해와 활용 및 실습을 위해 교육하는 직업이다.

코로나19 팬데믹의 영향으로 집안에서 모든 것을 해결해야만 하는 상황에 이르자 메타버스는 비대면과 관련한 모든 업무, 교육, 행사, 은행, 국방, 정치, 지자체, 기업, 엔터테인먼트 등 다양한 분야에서 폭 넓게 활용하고 있다.

거리두기 방역지침으로 인해 외부활동에 막대한 지장을 받게 되자 직장도 재택근무를 하기에 이르렀다. 출장도 직접 이동을 하지 않아도 PC나 스마트폰 하나만 있어도 출장 업무나 화상회의 등이 가능한 시대가 됐다.

그러다 보니 메타버스 시대에 기업은 재택근무를 하는 게 합리적이며 비용 면에서도 크게 절감되기에 기존의 고용시장에도 큰 변화가 있을 것이다. 특히 금융·유통·행정 분야에서의 변화가 빠를 것으로 예상된다.

교육, 의료, 여행, 부동산, 금융, 군사, 행정, 지자체 등 많은 곳에서 메타버스의 활용에 주목하고 있다. 이유는 온라인 화상회의나 줌 활용은 일 방향 소통으로 메타버스의 제페토, 게더타운, 이프랜드 등과는 차별 점을 갖는다.

메타버스는 양방향 소통의 플랫폼으로 정보제공, 자료공유, 대화, 메시지 등 모든 기능들이 줌과 비슷하나 줌을 통한 소통보다 즉각적인 반응확인과 양방향 직접적인 소통이 가능하다는 장점을 갖는다.

메타버스가 지금 초기단계라 많은 관심이 집중되고 있는 반면 아직도 메타버스의 활용에 어려움이 있는 분들이 오히려 더 많다. 이들을 대상으로 메타버스를 알리고 활용방법과 기술을 가르치는 강사의 역할은 반드시 필요한 직업이며 메타버스 확산에 기초적인 부분이다.

어찌 보면 위에 두 가지 이유보다 오히려 접근성이 쉽고 다양한 분야의 강의를 통해 수익창출이 가능한 부분이다. 이미 강의 활동 경험이 있는 사람이라면 더 유리할 것으로 보인다.

메타버스 공간에서 가능한 사업 분야가 폭 넓게 확대될 것이므로 구직자들은 메타버스 분야로 눈을 돌려서 자신의 적성에 맞는 새로운 메타버스 직장을 찾아야 할 것이다. 또한 그에 맞는 자격을 갖추기 위해 먼저 메타버스 교육은 기본이 돼야할 것이다.

앞에서 거론한 경단녀, 장애인, 청년들의 고용 창출 문제와 관련해 여성창업교육기관, 장애인복지기관, 청년일자리센터 등에서는 메타버스 시대에 맞는 유망직종 관련 교육 프로그램을 개발하고 진행해야 이미 다가온 메타버스 시대에 맞는 일자리를 만들 수 있을 것이다.

고무적인 것은 노량진청년일자리센터나 청소년활동진흥원, 유스센터 등에서 메타버스 관련 창업 강좌를 진행하고 있다는 것이다. 또한 전국의 교육청과 일선학교에서 메타버스 교사 연수를 진행하거나 진행 준비 중에 있다. 그만큼 교사들의 메타버스 이해도가 높아져 학생 진로지도에 도움이 될 것으로 보인다.

이미 여러 대학이 메타버스를 각 과별 교육, 신입생 환영회, 졸업식, 입시 설명회, 박람회, 대학축제, 각종 행사 등에 다양하게 활용하고 있다. 서울대와 경희대, 연세대, 카이스트(KAIST, 한국과학기술원) 등은 메타버스 교육법을 도입했다. 기업들 또한 이런 시류에 합류하기 시작했다.

창업멘토링도 메타버스로 진행하는 추세이고 비즈니스 미팅, 창업패키지 등을 메타버스 내 게더타운이라는 플랫폼을 활용하는 케이스도 늘어나고 있는 추세이다. 어느 기업에서는 가상창업 프로그램을 선보이면서 MZ세대(1980년대 초~2000년대 초 출생자)들의 눈길을 사로잡았다.

즉 메타버스를 통해 가상의 공간에서 창업을 하고 AI(인공지능) 빅 데이터를 활용해 주변 환경에 따른 일 매출변화를 분석하고 예비 창업자들이 미리 창업을 경험해 볼 수 있는 서비스로 창업의 실패율을 낮추기 위한 시도이다.

이와 같은 프로그램이 눈길을 끄는 것은 바로 메타버스 시대이기에 가능한 것이다. 이제 메타버스는 일상생활은 기본이고 창업, 취업, 교육, 의료, 경제, 문화 등 다양한 곳에서의 수요와 기대치가 그 어느 때보다 높아져 있고 실제로 최근 가장 활용도가 높은 플랫폼으로 자리매김했다.

메타버스의 수요자가 이처럼 광범위하게 확산되고 있다면 수요에 따른 메타버스 공급도 뒤따라 줘야 할 것이다. 이에 부응하기 위해서 메타버스 관련 전문교육이 기본으로 뒷받침 돼야 하며 많은 연구와 지원이 이어져야 할 것이다.

이미 정부에서는 지난 7월 '디지털 뉴딜 2.0'의 핵심 키워드로 '초연결·초실감 신산업 육성'으로 디지털 미래를 선도할 핵심 산업인 메타버스를 꼽았다. 오는 2025년까지 기존 160조원으로 책정했던 총 사업비도 220조원으로 확대하면서 메타버스 분야를 신산업으로 정의하고 다양한 시도와 지원을 약속했다.

이광형 카이스트 총장도 지난 7월 한국과학기술한림원이 개최한 '제191회 한림원탁토론회'에서 "AI와 메타버스를 만드는 사람이 세상을 지배한다. 이에 걸맞은 교육혁신이 필요하다"고 메타버스 교육의 중요성을 강조한 바 있다.

조만간 메타버스가 많은 사람들의 삶을 뒤바꿔 놓을 세상이 올 것이다. 그 세상 속에서 실업자가 아닌 취업·창업의 성공자로 살아남기 위해서는 오프라인 점포, 매장, 직업만 고집한다면 실패가 눈에 훤히 보인다.

코로나19가 종식된다 하더라도 이미 세상은 메타버스 세상을 맛보았고 메타버스의 유용함과 가치가 다양한 분야에서 확인됐기 때문에 메타버스 세상에서 퇴보는 있을 수 없다.

이제 온라인 메타버스 세상 속에서 함께 성장하기 위해서는 무엇보다 관련 교육이 앞장서야 한다. 이것이 바로 또 하나의 메타버스 시대 취업 및 창업의 패러다임을 바꿔 놓을 변화다.

(4) 메타버스환경으로 교육패러다임이 변해야 한다

코로나19로 인해 비대면 수업이 도입되면서 교사와 학생들은 처음엔 적응하기 힘들어했다. 그러다 교육당국과 일선 교사들의 노력으로 차츰 익숙해지더니 이제는 교육 혁신으로까지 발전한 상황이다.

충북 청주 소재 청원고등학교 윤진 음악교사의 경우 스마트폰으로 음악 수업을 촬영해 유튜브에 올리기도 하고 최근에는 미국 메타버스(3차원 가상 세계) 플랫폼인 게더타운에 청원고 음악실을 만들어 학생들과 소통하며 수업을 하고 있다.

메타버스 시대에 맞는 수업은 단순히 온라인 수업 영상만 학생들에게 보여주는 것에 그치면 안된다. 먼저 온라인 동영상을 통해 수업을 미리 듣게 하고 줌과 유사한 게더타운에서 오프라인처럼 출석해 강의도 듣고 모둠 활동을 하고 발표를 하게 하는 것이 효율적이다.

메타버스 공간에서 수업을 진행해본 교사들에 따르면 현실 공간에서는 발표를 주저하던 학생들이 가상공간에서는 아바타(온라인에서 개인을 대신하는 캐릭터)로 적극적으로 활동하며 발표력이 향상됐다고 한다.

게다가 줌 등을 활용한 비대면 수업에서는 얼굴 보이는 게 싫어 비디오를 끄고 수업을 듣던 학생들도 게더타운 같은 메타버스 가상공간에서는 이같은 현상이 사라졌다. 얼굴을 보며 게임처럼 교실과 운동장을 이동하기도 하고 못 만났던 친구들과 만나기도 한다. 선생님들에게도 활발하게 질문을 던졌다.

전라남도교육청과 경기도교육청 등에서도 교감 연수와 교사 연수 등에서 메타버스를 활용한 교육 패러다임의 변화를 학습하고 있다.

이제 블렌디드 러닝(온라인과 오프라인의 장점을 결합한 학습 방식)을 넘어 메타버스 러닝으로 발전하고 있는 것이다.

이런 메타버스 러닝을 활성화하기 위해서는 메타버스 러닝 플렛폼이 있어야 한다. 하지만 우리나라 최고의 대학이라는 서울대학교 조차도 줌으로 수업을 할 정도로 국내 비대면 교육시장은 줌이 80% 이상을 장악하고 있다. 그만큼 학교나 일반 강사들이 줌에 지불하는 연간 사용료는 엄청날 것이다.

'재미있고 효율적'이라는 평판을 얻고 있는 게더타운은 미국 스타트업 게더가 개발한 것으로 최근 신입사원 채용 설명회부터 교육, 회의 그리고 다양한 이벤트에 이르기까지 게더타운을 활용하는 기업과 기관, 학교가 늘고 있다.

그런 만큼 이제라도 국내기업이 나서야 한다. 게더타운 같은 메타버스 플랫폼을 만들어 보급하고 국내를 넘어 해외시장까지 개척해야 한다.

또한 학교 현장에서는 온라인 수업뿐 아니라 교육청 주관으로 각 분야의 전문가를 메타버스 공간에 초대해 특강도 하고 진로 지도 설명회 같은 것도 메타버스 공간에서 진행하면 학생들에게 큰 호응을 얻을 것이다,

Epilogue

본문에서 살펴봤듯이 메타버스는 이제 관여하지 않은 분야가 없을 정도로 많은 곳에서 효능을 과시하고 있다. 메타버스는 이제 비대면 시대를 넘어서 현실세계에서도 반드시 존재해야할 새로운 문화이다.

10대들의 게임으로만 치부했던 것들이 이제 우리들의 삶 속에 깊숙이 들어와 관여하면서 우리 삶을 보다 편리하고 풍요롭게 하고 있다. 특히 교육 분야에서의 메타버스 활용은 메타버스의 승리라고 할 만큼 효과적으로 뛰어나다.

메타버스는 교육을 시작으로 정치, 경제, 군사, 산업, 기업, 엔터테인먼트, 의료 등 이제는 없어서는 안 될 분야가 됐다.

얼마전만해도 TV나 영화로 접했던 가상세계가 이제 현실세계에서 눈앞에 펼쳐지고 있다. 가상이 현실이고 현실이 가상이 된 셈이다. TV 드라마처럼 영화처럼이 아니라 우리 삶에 현실에 그대로 들어와 우리 아이들의 교육을 돕고, 남편과 아내의 일손을 돕고, 일자리가 필요한 청년들에게 일자리를 제공하고 있고, 사형선고나 마찬가지인 암 환자의 어려운 수술을 돕고, 정치인들의 선거유세를 돕고, 국군들의 무기에 도움을 주고, 연예인들의 팬 미팅과 공연을 돕고….

이루 헤아릴 수 없는 많은 일들은 메타버스 세상에서 뚝딱 해내고 있다. 물론 메타버스가 도깨비방망이는 아니다. 그러나 도깨비방망이도 해내기 어려운 일들을 해내고 있다고 해도 과언이 아닐 것이다.

정부에서도 신산업으로 육성코자 투자와 지원을 아끼지 않는 만큼 메타버스는 이제 4차산업혁명 시대의 연장선에서 새로운 혁명으로 자리매김했다. 그러나 그 이전에 우선돼야 할 것이 있다.

메타버스가 이렇게 유명세를 누리고 있음에도 아직도 메타버스를 모르는 사람들이 더 많다는 사실이다. 이들에게 메타버스를 알리기 위해서 그리고 메타버스를 활용하고자 하는 이들을 위해 가장 먼저 우선돼야 할 것이 메타버스 교육이다.

교육이 우선돼야 메타버스에 대한 이해와 활용이 가능해지고 이를 통해 수익창출 및 창직으로까지 이어질 수 있기 때문이다. 향후 과학기술정보통신부 인가 (사)4차산업혁명연구원 산하 한국메타버스연구원(KIOM)은 더 많은 사람들이 메타버스의 순기능을 유용하게 활용해 보다 나은 삶을 이끌 수 있도록 메타버스 교육과 인재양성에 만전을 기하고자 한다.

예로 필자는 지난 11일 말레이시아 한인회 교민대상으로 '떠나보자 메타버스 세상으로'란 주제로 특강을 펼쳤다. 메타버스의 개념과 이해와 아울러 메타버스 영화

3분 감상을 했다. 이어 제페토 스마트폰 어플리케이션에 접속해 코로나19로 고국방문이 어려운 교민들이 고국의 향수를 느낄 수 있도록 '제페토 한강공원' 월드 가상공간에 들어가서 즐거운 시간을 함께 보냈다.

[그림3] 한국메타버스연구원 최재용 원장은 지난 11일 말레이시아 한인회 교민대상으로 '떠나보자 메타버스 세상으로'란 주제로 특강을 펼쳤다.

이번 행사를 주최한 말레이시아 국립대 서규원 박사는 "메타버스 시대를 앞서가는 한국메타버스연구원 최재용 원장의 쉽고 재미있는 메타버스 강의로 교민들이 즐거워했다. 이번을 시작으로 연구원과 계속 교류하면서 한국의 메타버스 발전상황을 말레이시아에 전하겠다"라고 밝혔다.

서규원 박사에 따르면 말레이시아, 인도네시아 등 동남아에서도 제페토에서 동남아 MZ 세대들이 많이 활동하고 있어 시장진출 전망이 밝다고 한다.

이에 필자는 “이프랜드가 동남아시장 진출 교두보로 말레이시아에 먼저 서비스를 제공하면 해외시장 확대에 급물살을 탈것”이라고 견해를 밝힌바 있다.

자, 이제 메타버스, 쳐다만 볼 것인가? 아니면 지금이라도 빨리 함께 탑승할 것인가? 메타버스는 우리나라만 열풍이 아니다. 전 세계적으로 주목하고 있으며 국가적으로 전폭적인 지원과 연구가 진행되고 있다.

선택은 독자들의 몫이지만 메타버스는 이제 선택이 아니라 필수임을 잊지 말아야 할 것이다.

[그림4] 지난 9월 17일(금) 한국메타버스연구원에서는 메타버스 게더타운에서 ‘제2회 메타버스 강사 경진대회’를 열었다.

Chapter

2

MZ 세대가 말하는 메타버스

이제우

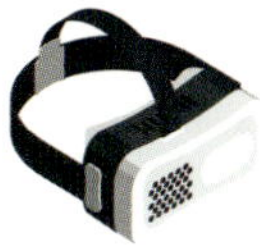

Chapter 02.
MZ 세대가 말하는 메타버스

Prologue

메타버스는 최근 급부상하고 있는 산업분야다. 물론 그 전부터 메타버스 플랫폼들이 없던 것은 아니다. 하지만 2020년 시작된 코로나19로 인한 초연결사회로의 가속화로 메타버스, VR, AR, 인공지능, 메타버스 등 다양한 기술들이 현실세계로 빠르게 적용되고 있다.

이런 상황에서 MZ 세대는 디지털 기기에 익숙하다는 특징을 바탕으로 급변하는 초 연결 기술에 매우 익숙하다. 특히 메타버스의 경우 MZ 세대가 주 이용자층을 이루고 있기 때문에 메타버스의 산업적인 발전, 활용하는 방법에 대해서는 MZ 세대로부터 배울 점이 매우 많다.

이번 챕터를 읽으며 많은 사람들이 MZ 세대에 대한 이해와 메타버스 활용법도 이해 및 적극석인 활용을 하면 좋겠다는 바람에 이 챕터를 집필한다.

1 MZ 세대란?

우리는 메타버스를 말할 때 'MZ 세대'를 빼놓고 말할 수 없다. 그렇다면 요즘 많은 사람들이 이야기하는 MZ 세대란 무엇일까? MZ 세대의 사전적 정의는 다음과 같다.

'1980년대 초~2000년대 초 출생한 밀레니얼 세대와 1990년대 중반~2000년대 초반 출생한 Z세대를 통칭하는 말이다. 디지털 환경에 익숙하고, 최신 트렌드와 남과 다른 이색적인 경험을 추구하는 특징을 보인다.'(출처 : 네이버 지식백과)

[그림1] MZ 세대의 특징(출처 : 이코노미조선)

앞에서 확인할 수 있듯이 MZ 세대는 디지털 환경에 익숙하고 최신 트렌드를 추구하는 등 몇 가지 특징을 보인다.

그런데 MZ 세대의 특성을 통해 여러 산업 군들 또한 덩달아 성장하고 있다고 생각한다. 다양성을 인정하는 부분은 우리나라 사회의 많은 부분을 바꿨다. 특히 획일화 돼있던 우리나라의 교육부터 큰 변화를 일으켰다.

2 MZ 세대, 이미 메타버스 전문가!

메타버스 플랫폼 중 하나인 마인크래프트는 MZ 세대 중 많은 사람들이 갖고 놀던 게임이다. 블록으로 이뤄져 있는 세상 속에서 건축을 하고, 사냥과 생존을 한다. 또한 특정 서버에 들어가면 서버의 특성에 따라 경제·탈출 맵 등 다양한 활동을 즐길 수 있다.

[그림2] 마인크래프트 플레이사진(출처 : 마이크로소프트)

실제 01년생 즉, MZ 세대인 저자가 주변 친구들에게 설문한 결과 90% 이상의 친구들이 마인크래프트를 플레이 했을 정도로 메타버스 플랫폼에 굉장히 익숙하다. 또한 제페토, SKT ifland, 게더타운, 로블록스 등 다양한 메타버스 플랫폼 또한 MZ 세대는 다양한 방향으로 활용하고 있다.

3 MZ 세대의 메타버스 활용법

MZ 세대는 메타버스를 굉장히 다양한 방법으로 활용한다. 문화, 경제활동, 교육, 여가 등 다양한 분야를 통해 메타버스 플랫폼들을 활용한다. 메타버스 플랫폼 내에서 게임, 여가, 경제활동 등을 할 수 있는 영역이 굉장히 많기 때문이다.

교육적인 분야에서는 예를 들면 순천향대학교에서는 '2021 순천향대학교 입학식'을 메타버스 세상에서 치러 화제가 됐다. 코로나19로 등교를 할 수 없는 상황에서 입학식이나 졸업식, 학교 축제 등을 더 이상 없던 일로 하는 것이 어려워진 상황이 된 것이다.

이에 학교 측에서는 메타버스에 편승해 2021학년도 입학식을 메타버스에서 치렀으며 건국대학교는 축제에서도 게더타운을 활용해 학교캠퍼스를 그대로 옮겨 놓고 학생들을 초청했고 부산 동신대학교, 대구 영남대학교 등 이미 여러 대학교에서 메타버스를 활용하고 있다.

즉 학교수업은 기본이고 학교의 공식 행사 일정을 메타버스 가상공간에서 성공적으로 치러내고 있다. 학생들의 입장에서 볼 때도 등교가 어려운 대신 가상공간이지만 학교 캠퍼스를 그대로 옮겨 놓는 등 학교 측의 성의 있는 배려에 신기해하면서도 즐거운 마음으로 참여하고 있다. 오히려 학습 능률도 대면수업보다 훨씬 좋아졌으며 수업 시 발표 참여율도 높아졌다는 평가를 받고 있다.

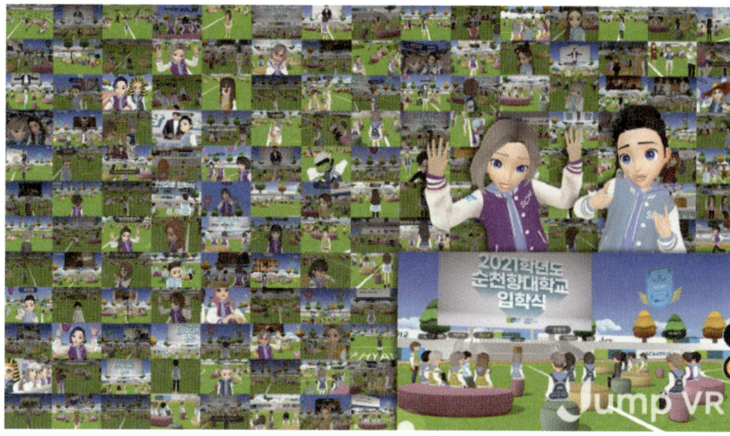

[그림3] 순천향대학교 메타버스 입학식(출처 : 순천향대학교)

청소년 활동 문화 확산 단체 '커넥션'과 MZ 세대 메타버스 전문회사 '플레이버스'에서 주최한 '메타버스 강연회'에서는 유명 청소년 크리에이터 '상정태'가 강의에 참여, 많은 팬들이 열광했다.

[그림4] 상정태 대표 메타버스 강연회(출처 : 커넥션, 플레이버스)

4 MZ 세대가 보는 메타버스의 순기능

메타버스의 순기능은 MZ 세대가 가장 먼저 발견하고 활용하고 있다고 해도 과언이 아니다. 이미 MZ 세대 중에서는 메타버스를 통해 많은 수익을 내고 있는 사람도 있다. 실제로 크리에이터 '렌지'의 경우 메타버스 플랫폼 '제페토'에서 아바타가 입는 옷을 팔아 월 1,500만 원 가량의 수익을 창출하고 있다.

[그림5] 제페토

또한 구찌와 같은 명품 브랜드에서도 메타버스 플랫폼으로의 진출을 꾀하고, 실제로 여러 의류 회사들이 제페토 스토어에 입점하고 있다.

[그림6] 제페토 내 구찌 아이템(출처 : SBS Biz)

이외에도 활용 가능 분야는 굉장히 많다. 국회입법조사처에 따르면 메타버스의 활용 유형은 정치(선거 후보의 유세 공간 마련), 행정(시민 참여 형 가상 정책토론장 운영, 행정서비스 정보 제공), 기업(기업의 임원회의, 직원 사내교육, 신입사원 채용), 공연(콘서트, 신곡 발표, 팬 미팅), 교육(대학 입학식 및 축제, 비대면 대학입시박람회, 실습·직무교육), 마케팅/홍보(사이버 지점 개설·운영, 신제품 홍보·가상 체험 서비스), 부동산/건설(가상 모델하우스 운영, 매물 소개) 등 다양한 분야에서 활용 중인 것으로 나타났다.

5 MZ 세대가 보는 메타버스의 역기능

메타버스의 역기능은 기존의 SNS에서의 역기능과 비슷하다고 볼 수 있다.

[그림7] 메타버스에서 만난 경찰과 청소년들 (출처 : 일산서부경찰서)

첫 번째로 많은 사람들이 걱정하는 것은 MZ 세대들 사이에서 SNS를 통한 사이버 폭력과 비슷하게 메타버스에서도 (성)폭력이 일어날 수 있다는 점이다.

실제로 여성가족부는 2021년 9월 2일 메타버스 등 신종 온라인 플랫폼에서의 아동·청소년 성보호 방안에 대한 관계부처 및 전문가, 현장단체의 의견을 듣기 위해 간담회를 개최했다. 해당 간담회는 아동·청소년의 이용이 많아지고 있는 메타버스 등 온라인 플랫폼에서의 아동·청소년 성범죄 발생 위험 요인과 그에 대한 보호 방안을 논의하기 위해 마련됐다. 물론 확대 해석이라는 논의도 있지만, 그럼에도 가능성이 없는 것은 아니다.

두 번째는 '메타폐인'의 발생 가능성이 높다는 것이다. 메타버스의 캐릭터들은 본인이 직접 공을 들여 만든 캐릭터이기 때문에 여기에 몰입할 수밖에 없다.

이외에도 다양한 관점에서 메타버스에 역기능을 생각해봐야 한다는 의견이 나오고 있다. 우리는 앞으로도 메타버스에서 나오는 순기능도 좋지만, 역기능을 해결할 방안도 모색해야 한다.

6 MZ 세대가 보는 메타버스의 미래

2030년 메타버스가 발전된 상황에서 우리는 어떤 삶을 살게 될까? 초 연결 사회가 더욱 빠르게 도래하면서 미래의 삶에 대한 많은 궁금증을 갖고 있다. 50여명의 MZ 세대의 의견을 종합해 만든 2040년 미래 대학생들의 일상을 한 번 살펴보자.

우니는 2040년 서울에 살고 있는 21살 대학생이다. 메타버스 산업이 발전해 삶의 주 소통, 대면 방식이 된 2040년을 만나보자.

- 08:00 : 기상) 아침에 일어나서 식사를 한 뒤 컴퓨터 위에 앉는다.
- 09:00 : 등교) 메타버스 공간 내의 학교로 등교한다. 메타버스 아바타를 통해서 등교하다 보니 준비시간이 훨씬 짧아진다.

- 12:00 : 점심) 점심시간에는 부산에 사는 친구와 메타버스 공간에서 이야기 하면서 식사하기로 했다. 멀리 있어도 메타버스 공간에서 편하게 만날 수 있다. 요즘은 오프라인 공간의 식당이나 사무실은 거의 없고 집에서 메타버스 공간으로 만나거나 자율주행차 내에 식당 혹은 카페가 구축돼 있다. 음식을 시키면 10분 안에 우리 집에 있는 하이퍼루프 배송 시스템을 통해 도착한다.
- 13:00 : 취업) 취업에 대해서 고민하고 있는 요즘, 친구와 남는 점심시간을 통해 채용박람회에 참석해보기로 했다.

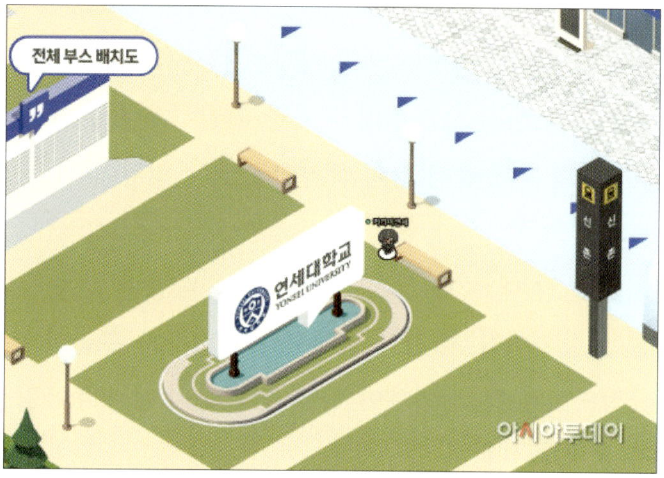

[그림8] 연세대학교 취업박람회(출처 : 연세대학교)

- 14:00 : 수업) 오늘은 오후 수업이 없는 날이지만 학원에 가는 날이다. 학원에 가서 수업을 듣는다.
- 17:00 : 외출) 오늘은 간만에 외출이다. 옷은 구매보다는 대여를 선호한다. 집 안에 있는 거울을 통해 가상으로 내가 옷을 입었을 때의 모습을 보고 하루 단위로 대여하면 하이퍼루프 배송시스템을 통해 10분 내로 도착한다.
- 18:00 : 저녁) 친구랑 수소자동차 택시에 앉아 저녁을 먹기로 했다. 자율주행이다 보니 기사님도 안 계셔서 친구랑 자유롭게 수다를 떨면서 저녁식사를 했다. 메타버스 공간을 통해 만나는 것도 좋지만 가끔은 이렇게 직접 만나는 것도 좋다.

· 22:00 : 취침) 오늘은 오랜만에 외출을 했던 날이다. 평소에는 메타버스 공간에서 사람들과 만나는 게 보통이다. 이제 집에 도착해서 잠에 든다. 내가 집에 오기 전에 알아서 목욕물도 데워주고, 드라마도 틀어준다. IoT 기술도 매우 발전한 요즘이다.

Epilogue

메타버스, 이제는 급변하는 세상 속에서 굉장히 중요한 부분을 차지하게 됐다. 여러 가지 초연결사회의 기술을 MZ 세대가 가장 활발하게 활용하고 있는 상황에서 MZ 세대의 의견이 사회 속에 점점 많이 반영되고 있는 상황이다.

제1야당에서 최연소 당 대표, 26살 청년비서관 등 다양한 젊은 층의 목소리가 사회에 반영되고 있는 상황이다. 이런 상황에서 메타버스와 관련된 부분에서 MZ 세대의 의견을 적극적으로 수렴, 반영해야 기업 및 기관의 메타버스 활용에 도움이 될 것이라고 본 저자는 생각한다.

앞으로 MZ 세대의 의견을 많이 따라야 성공할 수 있는 시대가 도래 할 것이다.

Chapter
3

게더타운 사용법

진성민

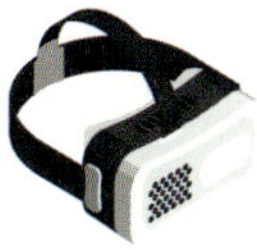

Chapter 03.
게더타운 사용법

Prologue

코로나19로 인해 비대면 활동이 많아졌다. 특히 학교에서는 온라인 수업을 학교 수업과 병행하고 있다. 그러다보니 줌과 같은 온라인 플랫폼의 이용이 늘었다. 하지만 기업의 회의나 수업들이 대부분 단방향이다 보니 피곤함을 호소하고 있다.

이런 지루함과 단 방향에서 벗어나 비대면에서도 즐기면서 할 수 있는 플랫폼이 생겨나고 있는 데 그중 하나가 '게더타운(gather.town)'이다. 게더타운을 통해 실제 환경과 동일한 형태로 가상공간을 꾸밀 수도 있어 가상공간에 모여 수업, 회의, 행사 등 다양한 활동이 가능하며 양방향 소통이 가능하다.

하지만 아직 한글 버전의 설명서가 없다. 그래서 사람들이 쉽게 접근 할 수 있도록 한글판 게더타운 사용법을 만들어 보았다.

1 게더타운(gather.town) 이란?

게더타운(gather.town)은 미국 스타트업 회사인 게더가 만든 클라우드 기반의 2D 영상채팅 서비스다. 게더타운의 제일 큰 특징은 프로그램을 설치하거나 특정 어플리케이션을 설치할 필요가 없다. 또한 회원가입도 필요 없이 공간을 만들 수 있고 사람을 초대할 수도 있다.

현재 게더타운은 웹브라우저 크롬 및 파이어폭스에서 가장 잘 되며 사파리 브라우저는 현재 베타에서 지원되며 크롬에서 제일 잘 된다. 또한 25명까지는 무료로 이용을 할 수 있다. 모바일 환경도 지원을 하지만 현재 베타 버전이라 기능이 제한적이다.

2 게더타운 회원가입

참여자는 가입이 필요 없지만 운영자는 방을 만들기 위해 회원가입을 해야 한다. 먼저 크롬을 접속하고 gather.town을 친다. [그림1]처럼 첫 화면이 나오면 오른쪽 위 Sign up을 클릭한다.

회원가입은 2가지 방법이 있다. 구글 회원으로 등록을 하거나 이메일로 가입이 가능하다.

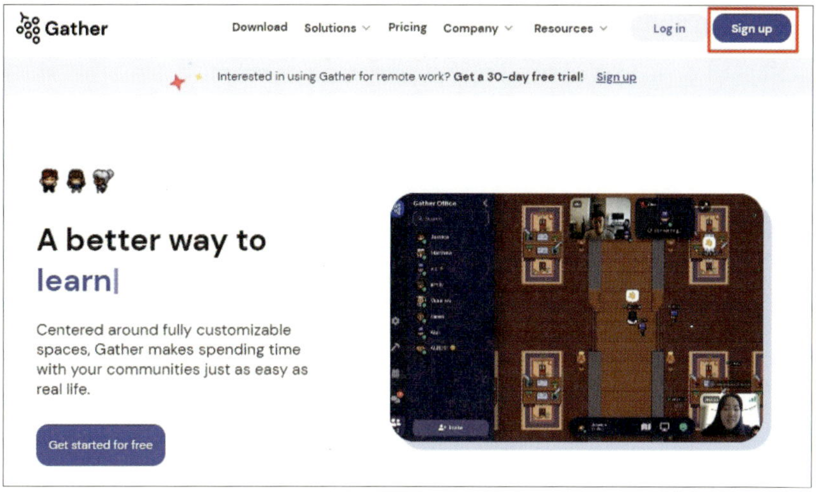

[그림1] 게더타운 첫 화면(출처: 게더타운 홈페이지)

구글 회원으로 가입 시 한번 등록으로 계속 사용할 수 있다. 하지만 이메일로 가입 시 해당 이메일로 본인인지 확인 할 수 있는 코드번호를 알려준다.

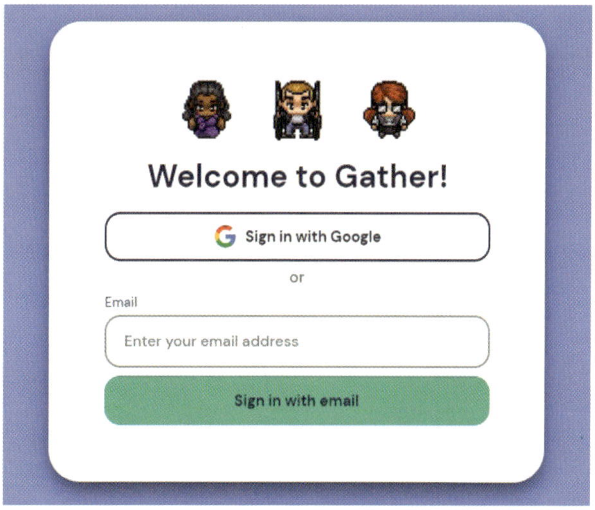

[그림2] 회원가입하기

[그림3]과 같이 해당 코드번호 6자리를 입력하면 회원가입이 끝난다. 또한 로그인 할 때마다 코드번호를 입력해야 한다.

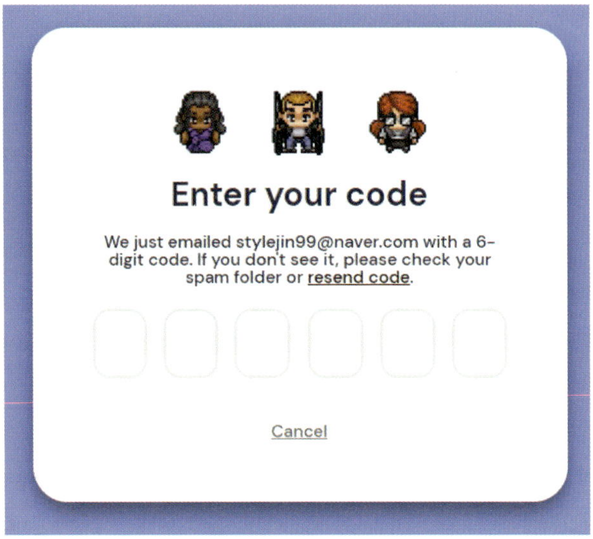

[그림3] 코드번호 입력

3 나만의 캐릭터 만들기

게더타운에서도 캐릭터를 설정 할 수 있다. 2D지만 크기가 만화처럼 2등분으로 돼 있어 귀여운 나만의 캐릭터를 만들 수 있다.

회원가입이 끝나면 [그림4]처럼 캐릭터를 설정하는 창이 자동으로 뜬다. 먼저 캐릭터의 이름이 필요하다. 본인 이름을 넣어도 되지만 닉네임(별명)을 넣어도 된다. 캐릭터를 바꾸고 싶다면 'avatar' 양쪽에 있는 커서(< , >)를 클릭한다. 의상 변경은 'clothing'을 선택하면 된다. 나만의 캐릭터를 만들었다면 Save를 클릭한다.

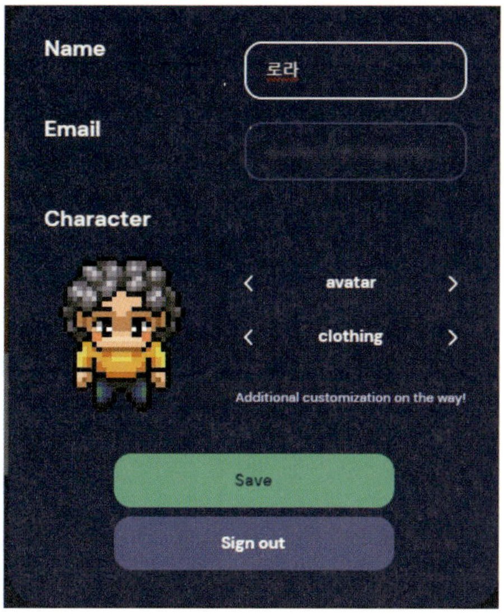

[그림4] 나만의 캐릭터 만들기

캐릭터 설정이 끝나면 [그림5]처럼 'Anonymous'에서 자신의 이름과 캐릭터로 변경된다.

내 캐릭터를 수정할 때도 화면 오른쪽 하단에 있는 아바타를 클릭하면 가능하다.

[그림5] 캐릭터 변경된 모습

4 게더타운 공간(Gather Space) 만들기

캐릭터가 완성 됐으면 이제 게더타운 공간을 만들어 보겠다. [그림6]처럼 첫 화면에서 왼쪽 하단이나 가운데 'Create a new space'라는 버튼을 클릭한다. 둘 중 편한 것을 선택하면 된다.

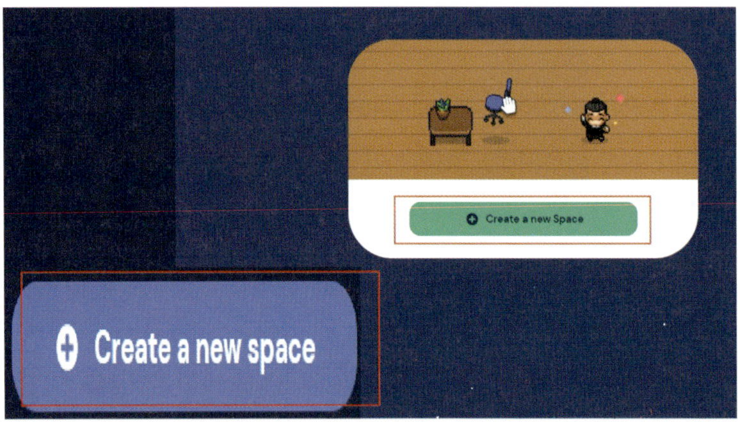

[그림6] 새로운 공간 만들기

게더타운에서는 [그림7]과 같이 공간을 만들 수 있는 기본 템플릿을 제공한다. 사무실, 회의실, 강의실 등 가상공간을 선택 할 수 있을 뿐만 아니라 직접 새로운 공간도 만들 수 있다.

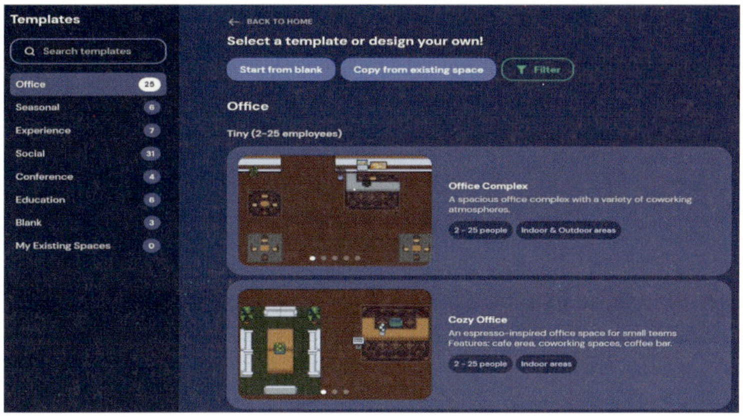

[그림7] 공간 템플릿

템플릿 화면에서 [그림8] 왼쪽 그림처럼 화살표를 이용하면 하나씩 들어가 보지 않더라도 공간 내부를 볼 수 있다. 오른쪽 '2 – 25 people'은 그 공간에 들어 갈 수 있는 수용 인원을 말한다.

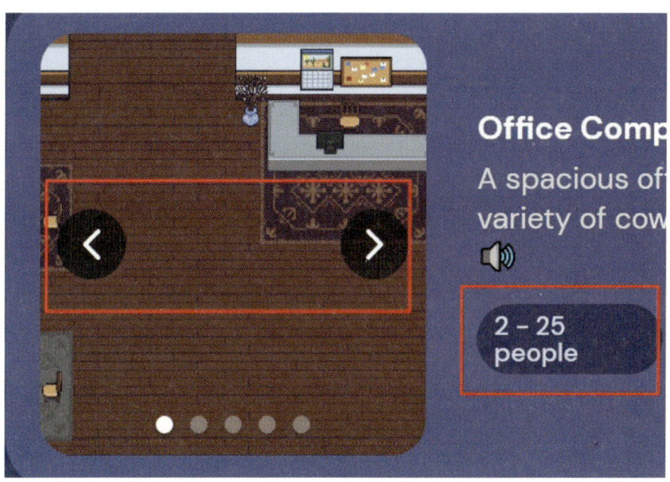

[그림8] 공간 미리보기 및 수용 인원

[그림9]의 필터를 이용하면 템플릿 옵션의 범위를 줄 일 수 있다. 먼저 ① 필터(Filter)를 클릭한다. ② 참가 할 인원수를 선택하고 ③ 실내(Indoor), 실외(Outdoor), 실내와 실외(Indoor&Outdoor) 중 해당 타입을 선택한 후 ④ 'Apply filter'를 클릭하면 된다.

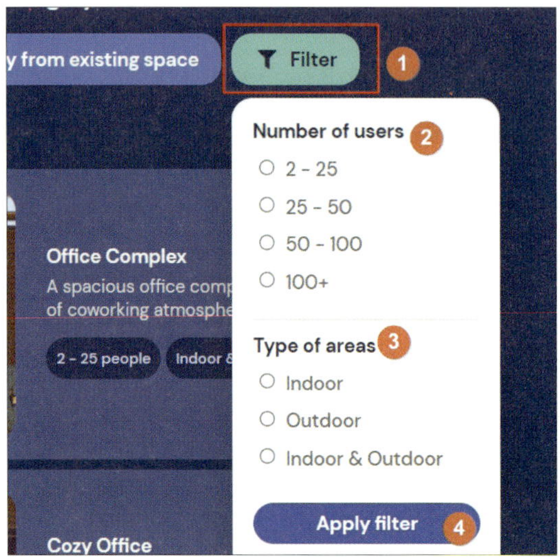

[그림9] 필터 적용하기

템플릿을 선택했다면 [그림10]의 오른쪽 하단에서 공간 이름을 지어준다. 단, ① 이름은 영문으로만 가능하다. 모든 사람들에게 오픈 된 공간을 만들 것이 아니라면 꼭 ② 비밀번호를 지정해 준다. 그냥 숫자만 넣어도 가능하다.

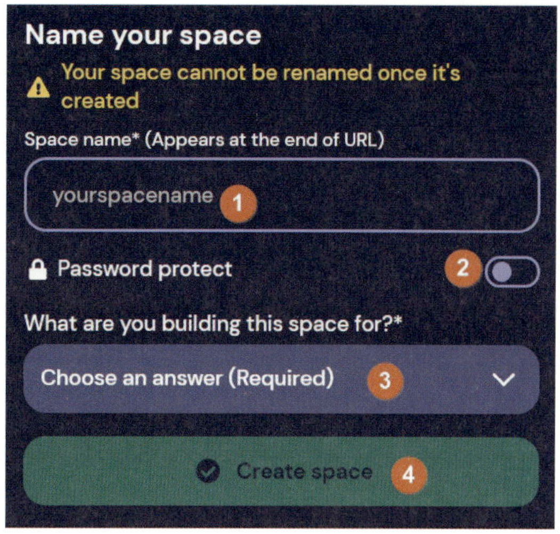

[그림10] 공간 이름 정하기

③에서 그 다음 이 공간을 왜 짓는 지 [그림11]처럼 6개 항목 중 선택해야 한다. 선택이 끝났으면 하단의 'Create space'를 클릭한다.

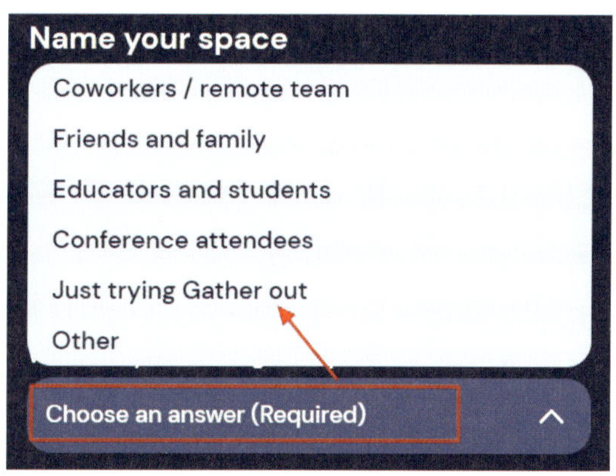

[그림11] 필수 선택 사항

공간 만들기가 끝나면 [그림12]와 같이 입장할 수 있는 화면이 나온다. 여기서도 자신의 캐릭터를 더 다양하게 꾸밀 수 있다. 캐릭터 아래 ① 'Edit Character'를 선택하면 된다. ② 카메라와 마이크를 연결 하였으면 아래 ③ 'Join the Gathering'을 클릭한다.

[그림12] 입장하기

카메라와 마이크가 켜지지 않는다면 ① 사이트 주소 창 오른쪽 상단에 카메라를 선택한다. 대부분 '카메라 및 마이크 액세스 항상 차단'이 선택되어 있을 것이다. 그때 ② '카메라와 마이크에 엑세스하도록 계속 허용'을 선택하고 ③ 완료를 클릭한다.

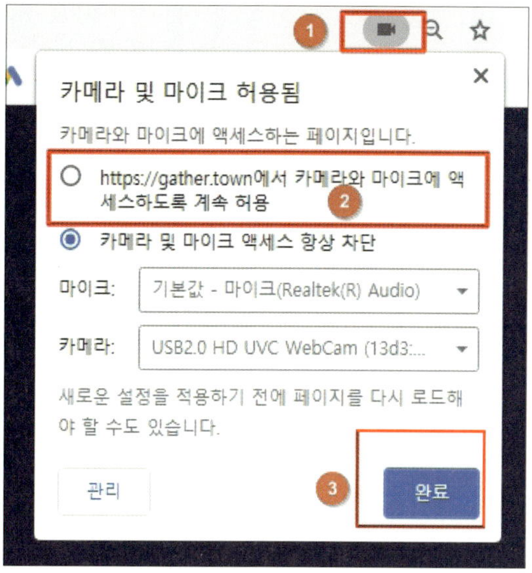

[그림13] 카메라 및 마이크 해제방법

만약 허용을 했는데도 얼굴이 나오지 않는다면 입장하기 화면에서 [그림14]처럼 카메라와 마이크 모양을 한 번 더 클릭하면 된다.

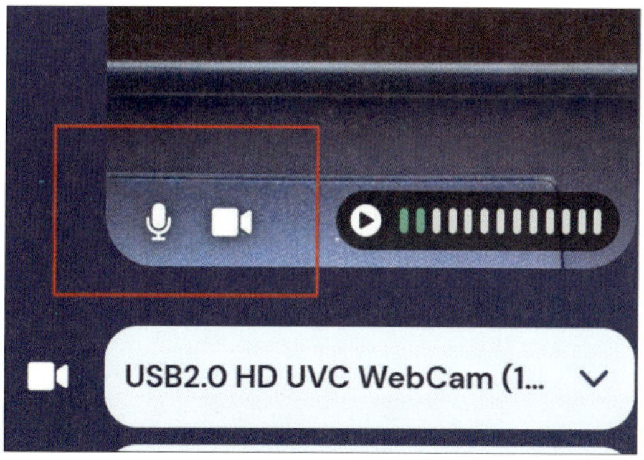

[그림14] 카메라 및 마이크 클릭하기

첫 공간을 만들면 [그림15]와 같이 무인도에 있는 것 같은 화면이 나타난다. 여기서는 기본 사용방법을 알려준다.

[그림15] 공간 첫 화면

그냥 건너뛰기 하고 싶다면 [그림16]처럼 화면 왼쪽에 'Skip Tutorial'을 클릭한다.

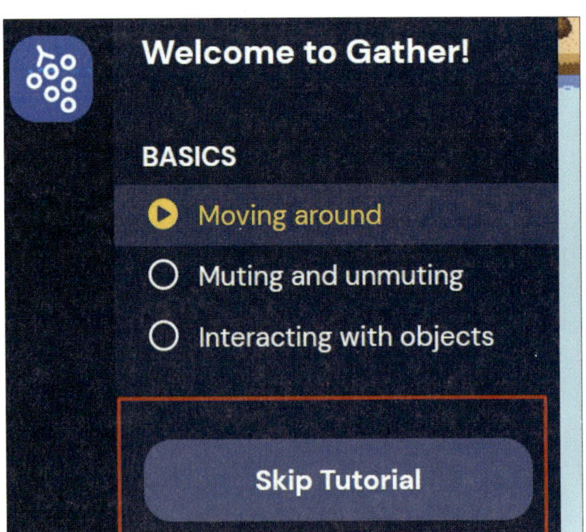

[그림16] 건너뛰기

[그림17]은 게더타운 공간이 완성된 모습이다. 기본적인 템플릿에도 필요한 것들은 거의 세팅되어 있는 것을 볼 수 있다.

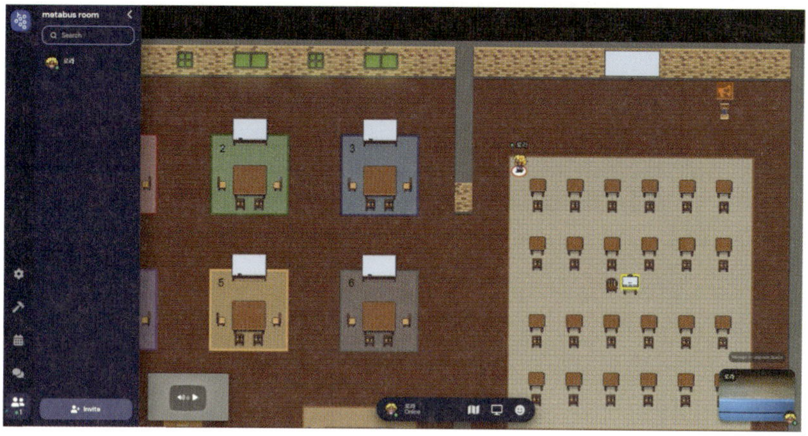

[그림17] 공간 완성 모습

5 게더타운 주요기능

이제 공간도 만들었으니 공간에서 할 수 있는 주요기능들을 알아보겠다.

1) 캐릭터 이동하기

캐릭터를 이동하게 하는 방법은 두 가지가 있다. [그림18]처럼 방향키(커서)를 이용하거나 영문 A, W, S, D 키를 누르면 된다. A = ←(왼쪽 이동), W = ↑(위 이동), S = ↓(아래 이동), D = →(오른쪽 이동)과 같다.

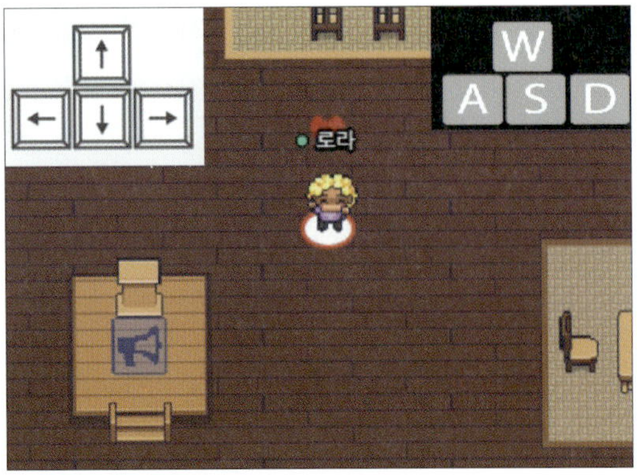

[그림18] 캐릭터 이동하기

2) Minimap(미니맵)

게더타운 공간은 너무 커서 전체 공간이 한 화면에 나오지 않는다. 그럴 때 [그림19]에서 하단에 있는 '미니맵'을 클릭하면 공간이 축소돼 전체 공간 확인이 가능하다.

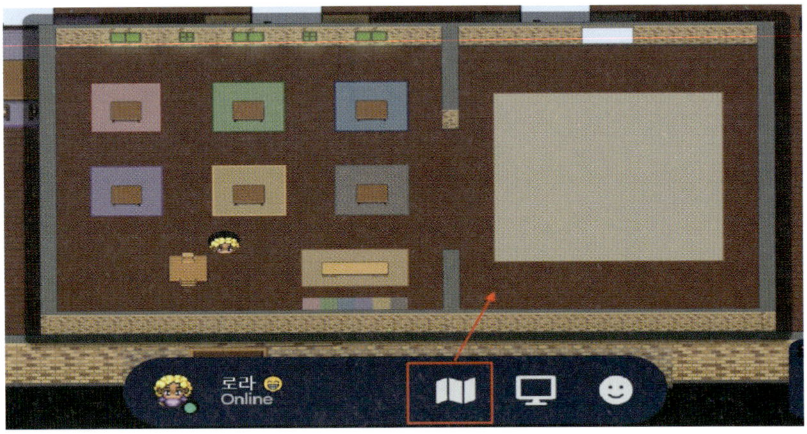

[그림19] 미니맵 적용 화면

3) 초대하기(Invite)

게더타운 공간에 무료로 이용 시 최대 25명 까지 초대 할 수 있다. 만약 초대 인원이 25명을 초과 한다면 유료 요금제를 이용하면 된다.

유료 요금은 [그림20]과 같이 3가지 종류로 선택할 수 있다. 기본 2시간부터 매월 이용할 수 있다. 또한 1인 당 요금이기 때문에 만약 2시간 이용을 하고 10명이 추가된다면 20$을 지불해야 한다.

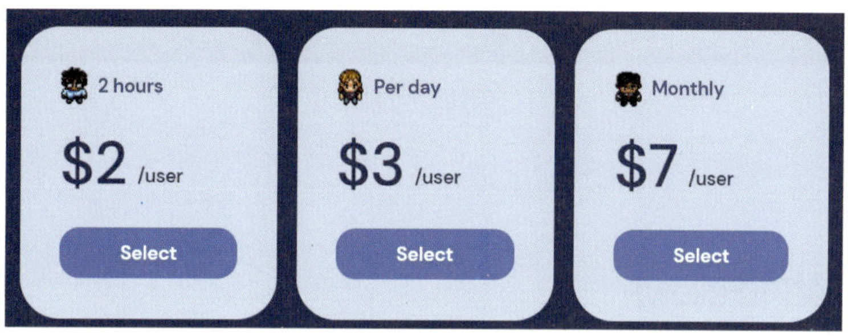

[그림20] 유료 요금제

다른 사람을 초대하려면 [그림21]의 왼쪽 하단 ① 'Invite'를 클릭한다. ② 오른쪽 창에서 링크 만료 기간(1시간부터 무제한까지 가능)을 정한다. 그 다음 ③ 초대 링크를, ④ 이메일로 보낼 것인지(Send Invite), 그 옆의 링크를 복사(Copy Invite Link)할지 선택하면 된다.

이메일을 이용할 때는 'Enter an email'에 직접 하나씩 입력하고 'Send Invite'를 클릭해야 한다. 링크복사를 이용하면 단체 채팅창에 한번만 보내면 끝난다. 소수 인원이 아니라면 링크복사를 이용하면 편리하다.

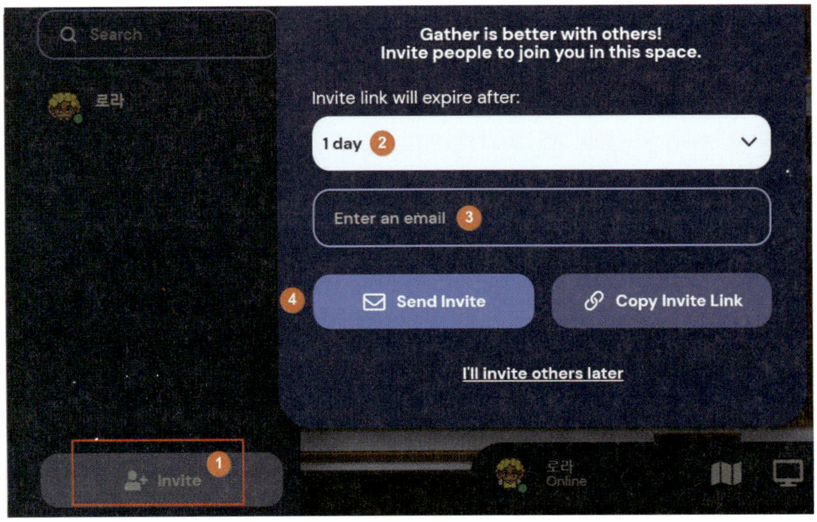

[그림21] 초대하기

4) 상대방 찾기(Follow)

공간이 넓고 사람이 많으면 상대방 찾기가 어렵다. 그때 [그림22]처럼 참가자 명단이 있는 화면에서 찾고자 하는 상대방을 클릭하고 'Follow'를 선택하면 자동으로 상대방이 있는 곳까지 이동한다. 그만큼 아무리 사람이 많더라도 쉽게 찾을 수 있다.

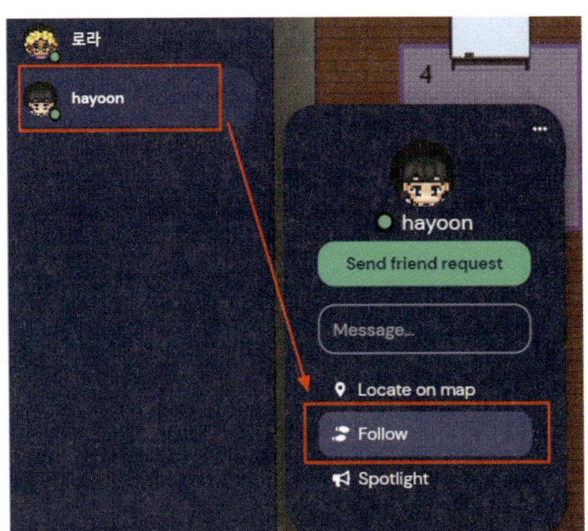

[그림22] 상대방 찾기

더 이상 상대방을 만날 필요가 없을 때는 [그림23]처럼 'Stop following'을 클릭하면 된다.

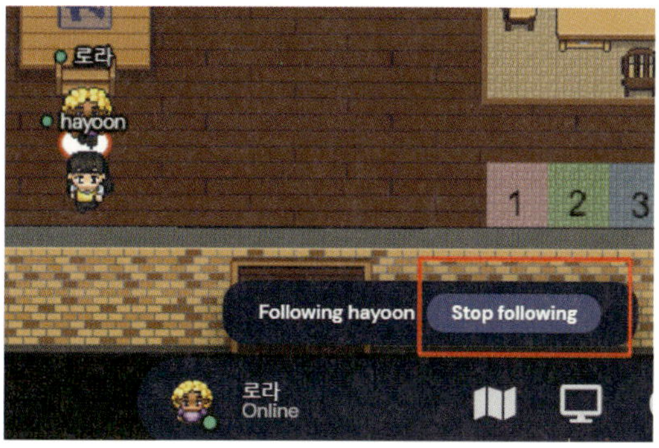

[그림23] 상대방 찾기 취소

5) 상대방과 대화하기

상대방을 찾는 이유는 대부분 대화를 시도하기 위해서일 것이다. 상대방과 대화를 하려면 가까이 있어야 가능하다. 대화가 가능한 거리는 두 캐릭터의 색으로 확인 할 수 있다. 위의 그림처럼 색이 둘 다 진하면 대화가 가능한 거리이고 본인을 제외하고 다른 캐릭터가 흐릿하게 보이면 대화를 할 수 없는 거리를 나타낸다. 그리고 대화가 끝나고 [그림24]와 같이 서로 떨어져 있으면 자동으로 대화가 끊어진다.

[그림24] 상대방과 대화하기

6) 메시지 보내기(Chat)

메시지 보내는 방법에는 세 가지가 있다. [그림25]처럼 먼저 말풍선(chat) 모양을 클릭하면 오른쪽 그림처럼 'Nearby', 'Everyone', '참여자 이름' 중 선택할 수 있다.

'Nearby'는 내 가까운 주변에 있는 사람들에게만 전달이 되고 'Everyone'은 모든 사람들이 받을 수 있다. '참여자 이름'은 한 사람에게만 보낼 수 있어 비공개를 원할 때 사용하면 좋다.

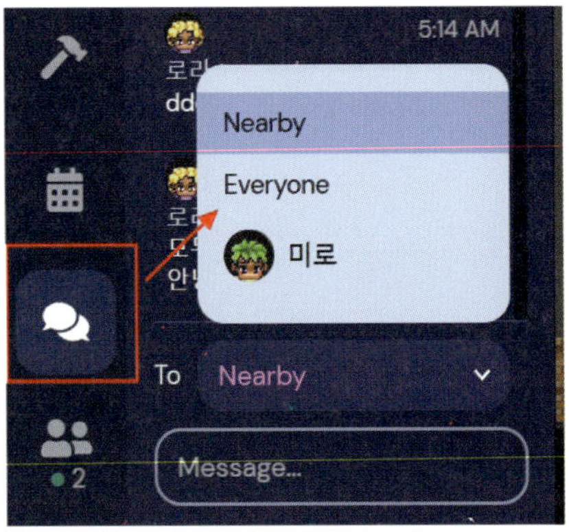

[그림25] 메시지 보내기

7) 이모티콘 사용법

대화를 하거나 메시지를 보내는 게 어렵다면 간단하게 이모티콘을 사용해 보자.

[그림26] 화면 아래에 웃는 이모티콘을 클릭한다. 6가지 모양 중 해당하는 모양을 선택한다. 아래 숫자 키는 해당 이모티콘의 단축 번호이다. 알고 있으면 편리하게 사용 할 수 있다.

단축키 1은 손 흔들기, 2는 하트, 3은 폭죽, 4는 최고, 5는 물음표, 6은 손 든 모양이다. 필요 없을 때는 'X(Clear)'를 클릭하면 된다.

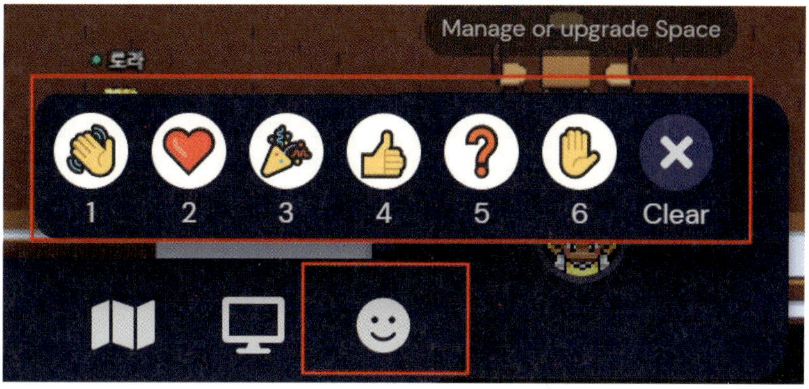

[그림26] 이모티콘 사용

이모티콘은 사용 후 3초 이내에 사라지지만 6번 손을 든 모습은 본인이 해제할 때까지 그대로 남는다. 특히 참가자 목록에서 손을 든 참여자가 [그림27]과 같이 맨 위에 있게 돼 회의나 학교에서 발표를 요청할 때 편리하게 쓸 수 있다. 해제를 하려면 이모티콘 창에서 직접 클릭하거나 단축키 6번을 다시 한 번 선택하면 된다.

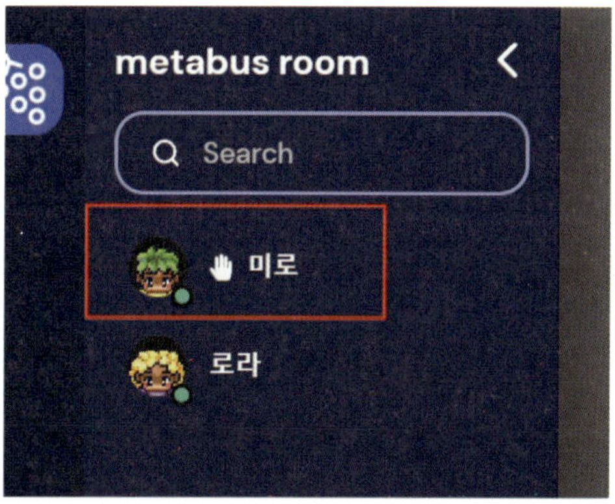

[그림27] 손 든 이모티콘

8) 나의 상태 표현하기

참가자 목록에서 다른 사람이 나의 상태를 볼 수 있도록 상태를 글로 표현 할 수 있다. [그림28]처럼 화면 아래 나의 이름을 클릭한다. 'Add text status'에 글을 작성하면 된다. 왼쪽 이모티콘을 선택하면 감정 표현도 할 수 있다. 참여 한 모두가 볼 수 있기 때문에 특히 급하게 전화를 받아야 하거나 회의가 있을 때 이용하면 좋다.

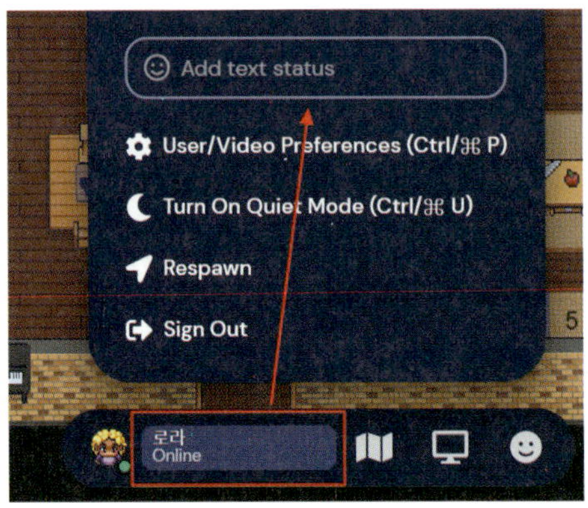

[그림28] 나의 상태 표현

9) 비디오 & 오디오 끄기

게더타운에서도 비디오 & 오디오를 끌 수 있다. [그림29]처럼 자신의 캐릭터 화면에서 마이크와 카메라 모양을 클릭하면 스스로 제어 할 수 있다.

[그림29] 비디오&오디오 끄기

10) 상대방 비디오 & 오디오 끄기

회의나 수업을 하다 보면 오디오를 꺼달라고 해도 듣지 않는 사람이 있다. 이럴 때는 물리적으로 끄는 방법이 있다. 해당 참여자 창에서 마이크와 비디오 버튼을 클릭하면 된다. [그림30]의 ①번 모습은 관리자가 설정했고 ②번 모습은 본인이 직접 설정한 것이다. 마이크의 색이 다른 것을 볼 수 있는 데 관리자가 설정할 때 해당 참여자 화면에서는 계속 마이크와 비디오가 켜져 있는 모습으로 남아 있어 본인은 이런 상황을 알 수 없다.

[그림30] ① 관리자 설정화면과 ② 직접 설정화면 비교

11) 화면공유(Screenshare)

[그림31]처럼 가운데 모니터 모양의 스크린쉐어 아이콘을 클릭한다.

[그림31] Screenshare 아이콘

[그림32]와 같이 화면에 화면공유 창이 뜬다. 공유할 수 있는 창은 전체화면(모니터 화면에 보이는 것만 나타남), 창(모니터에 보이지 않으나 열려있는 모든 것이 나타남), Chrome탭(크롬에서 열려 있는 모든 사이트)이 있다. ① 공유할 창 선택이 끝나면 ② 공유를 클릭한다.

[그림32] 화면공유 창

12) 스포트라이트(Sportlight)

스포트라이트는 참가자가 많거나 사람들이 흩어져 있는 경우 사용할 수 있다. 기본적으로 대화를 하려면 가까이 있어야 가능하다. 하지만 스포트라이트를 사용 시 멀리 있는 사람들에게까지 소리가 들린다. 또한 이때 다른 사람들은 말을 할 수 없어 집중시키기에 좋다. 단, 스포트라이트를 이용하더라도 가까이 있는 사람들의 마이크는 꺼지지 않고 들릴 수 있다는 단점도 있다. 그럴 때는 혼자 다른 장소로 이동해 사용하면 좋다.

사용법은 [그림33]과 같이 참가자 목록에서 진행(발표)할 사람을 클릭한다. 그리고 아래 Spotlight를 선택한다.

[그림33] 스포트라이트

선택된 사람의 화면 창에는 ① 주황색 확성기 모양이 보인다. 해제할 때도 캐릭터를 클릭하고 ② 'Unspotlight'를 선택한다.

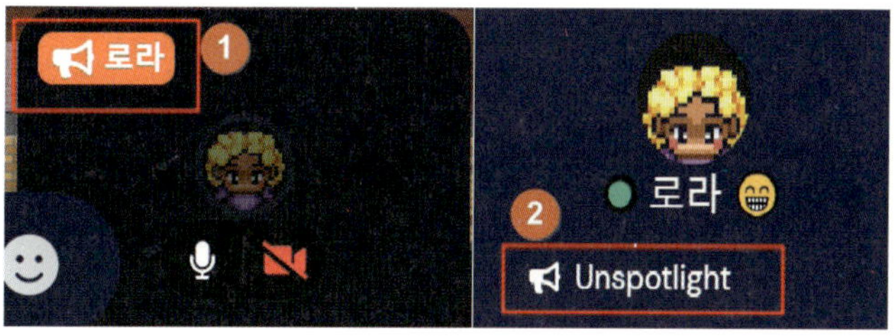

[그림34] ① 스포트라이트 설정 시 확성기 표시됨 ② 스포트라이트 해제 시 사용

13) 화이트보드 사용법

화이트보드를 이용해 회의에 참여하는 방법이다. 먼저 같은 곳에 있는 화이트보드 앞으로 간다. 그러면 [그림35]처럼 보드가 ① 노란색으로 선택되고 ② 'Press X to use shared whiteboard'가 뜬다. 만약 이런 글이 뜨지 않으면 선택되지 않은 것이다. 이때 단축키 'X'를 눌러 들어갈 수 있다.

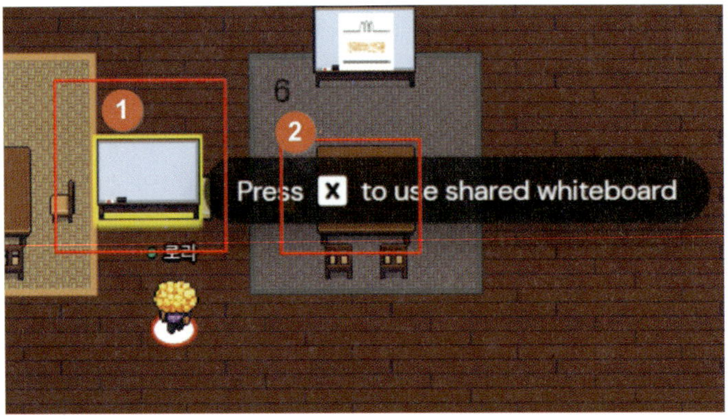

[그림35] 화이트보드 사용법

화이트보드에 들어가면 [그림36]처럼 하얀 캔버스가 나온다. 'Note', 'Both', 'Canvas' 중 선택해서 사용하면 된다. 'Note'는 왼쪽 화면이 전체적으로 나오고 'Both'는 'Note' 와 'Canvas'가 양옆으로 나온다. 'Canvas'는 오른쪽 화면이 전체적으로 보인다.

이곳에 저장된 내용들은 삭제하지 않는 이상 남아 있어 시간이 날 때 마다 이용이 가능하다. 특히 아이디어 공유 시 사용하기에 좋다. 나올 때도 단축키 'X'를 누르면 된다.

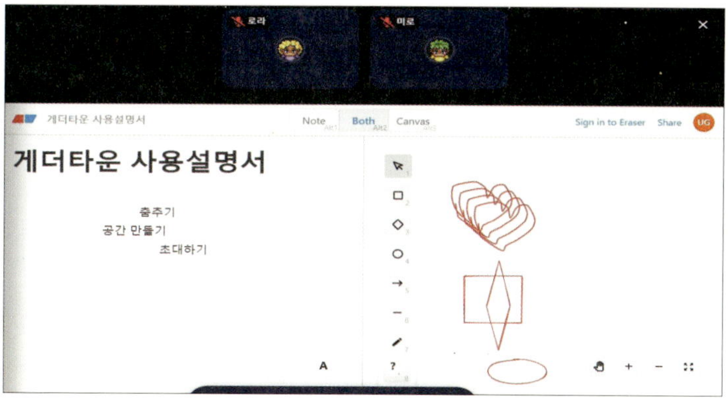

[그림36] 화이트보드 활용

14) 게임하기

게더타운에서는 다양한 게임이 가능하다. 그중 [그림37]과 같이 테트리스 게임 방에 들어가 보겠다. 입장할 때는 화이트보드 단축키와 똑같이 'X'를 누르면 된다.

[그림37] 게임하기

테트리스 게임이다. 게임 공간에서는 한글로 볼 수 있다. 하지만 모든 게임이 한글로 돼 있지는 않다. 시작은 플레이를 클릭해 하고 싶은 종류를 선택한다. 모양을 바꾸려면 위쪽 방향키 (↑)를 누르고, 빨리 내리고 싶을 때는 스페이스바를 누른다. 이동 할 때는 왼쪽, 오른쪽 방향키 (←, →)를 사용한다. 실시간으로 어떤 사람들이 이 게임을 하고 있는지도 알 수 있다.

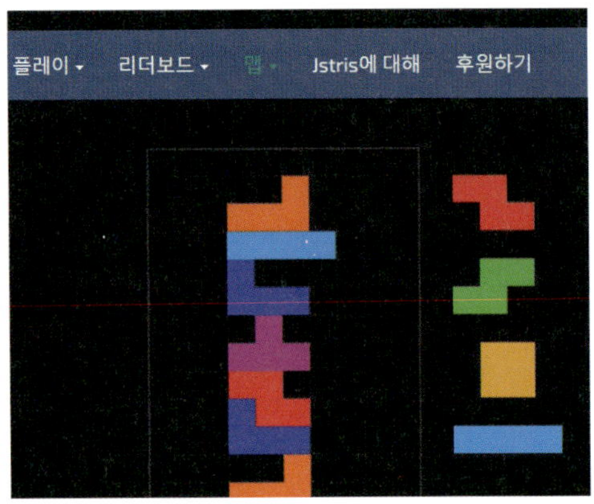

[그림38] 테트리스 게임

15) 캐릭터 춤추기

캐릭터를 춤추게 할 수도 있다. 춤을 추는 동안 [그림39]와 같이 머리 위에 하트가 나타난다. 사용법은 단축키 'Z'를 꾹 누르면 된다. 만약 중간에 손을 놓을 경우 하트는 미완성이 된다.

[그림39] 캐릭터 춤추기

16) 고스트(Ghost) 모드

[그림40] 처럼 앞에 사람이 있으면 지나갈 수 없다. 이때 고스트 모드를 이용하면 사람 앞을 지날 수 있다.

사용 방법은 '단축키 G + 방향키(오른쪽으로 갈 때는 (→)'를 누르면 내 캐릭터가 투명인간처럼 흐릿해지면서 빠져나올 수 있다. 주변의 사람들이 많아도 쉽게 움직일 수 있다.

[그림40] 고스트 모드

6 게더타운 공간(Gather Space) 꾸미기

공간에서 주요 기능도 알아봤으니 이제는 빌드 모드를 이용해 공간을 꾸며 보도록 하겠다. 빌드 모드를 이용하면 공간 안에 있는 동안 실시간으로 편집이 가능하다.

1) 오브젝트(Object) 설치

빌드모드 이용방법은 먼저 [그림41]의 왼쪽 화면에 있는 ① 망치 모양을 클릭한다. 위의 ② 'Build'가 진하게 보이는 지 확인한다. ③ 'Open object picker'를 클릭한다.

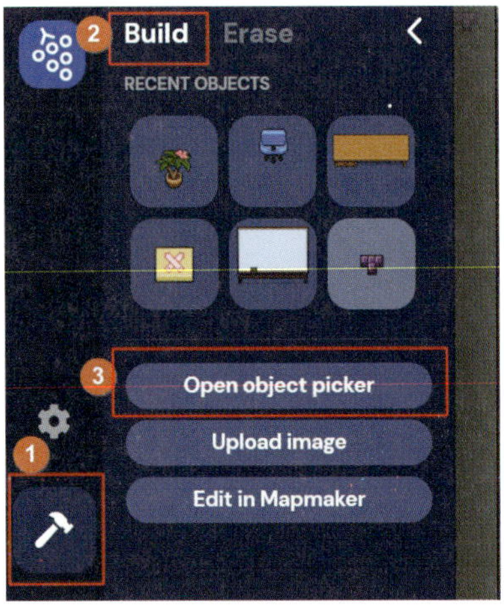

[그림41] 빌드 모드

최신 물건부터 사무실, 화이트보드 및 가구 등 여러 가지 오브젝트를 선택 할 수 있다. 여기서는 가구를 하나 설치해 보겠다.

먼저 [그림42]의 오브젝트에서 ① 'Furniture'를 클릭한다. 가운데 화면에 여러 종류가 나오는 데 ② 암체어(Armchair)를 선택했다.

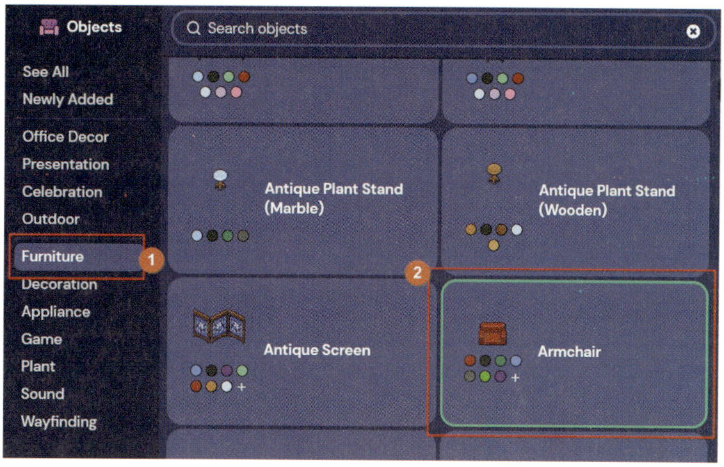

[그림42] 오브젝트 선택 순서 1

그 다음 [그림43]의 ① 'Object Details'에서 색과 방향을 정할 수 있다. 방향은 의자 모양의 양 옆에 있는 회전모양을, 색은 아래 색상별 동그라미 모양을 클릭하면 된다. 방향과 색이 정해졌다면 아래 ② 'Select'를 클릭한다.

'Search objects'에서 글자를 치고 검색해도 되지만 영어만 가능하다.

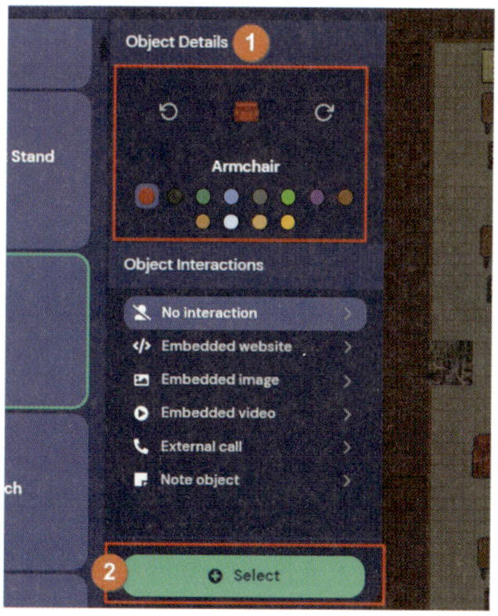

[그림43] 오브젝트 선택 순서 2

선택이 끝나면 공간에서 오브젝트가 마우스를 따라 다니는 것을 볼 수 있다. 본인이 놓고 싶은 위치에 마우스 왼쪽 클릭을 하면 설치된다. 해제하기 전까지는 계속 따라다니기 때문에 한 번에 여러 군데 설치가 가능하다.

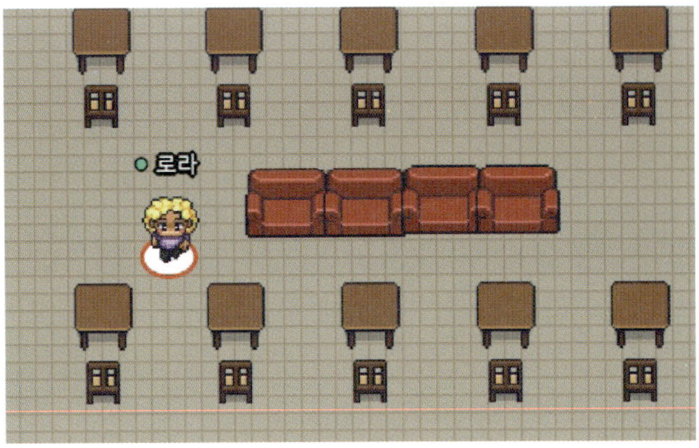

[그림44] 오브젝트 설치

2) 오브젝트(Object) 삭제

오브젝트 삭제는 [그림45]에서 먼저 ① 빌드 아이콘(망치모양)을 클릭하고 ② 'Erase'를 선택한다.

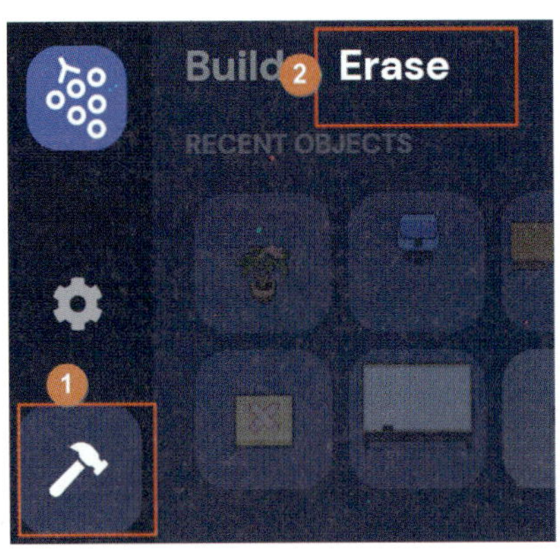

[그림45] 오브젝트 삭제 순서 1

[그림46]처럼 책상과 바닥은 원래 색으로 보이고 의자와 화이트보드는 흐릿하게 보인다. 이중 흐릿하게 보이는 것만 삭제가 가능하다. 삭제할 물체로 마우스를 갖다 대면 작은 빨간색 네모 모양이 나타난다. 이때 클릭하면 삭제가 된다. 이때도 설치와 똑같이 사용이 끝났으면 참가자 모양을 클릭해야 빌드 모드를 해제할 수 있다.

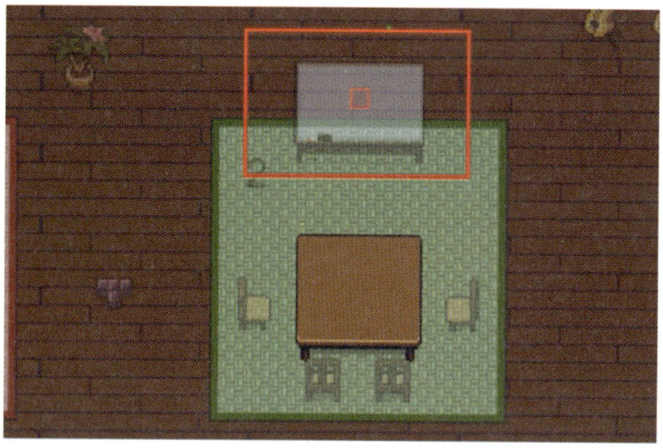

[그림46] 오브젝트 삭제 순서 2

2개 이상 오브젝트가 연결된 경우 삭제하려는 물체를 선택할 수 있다. 모두 삭제하고 싶다면 [그림47]의 아래 'Erase all 2 objects'를 선택하면 된다.

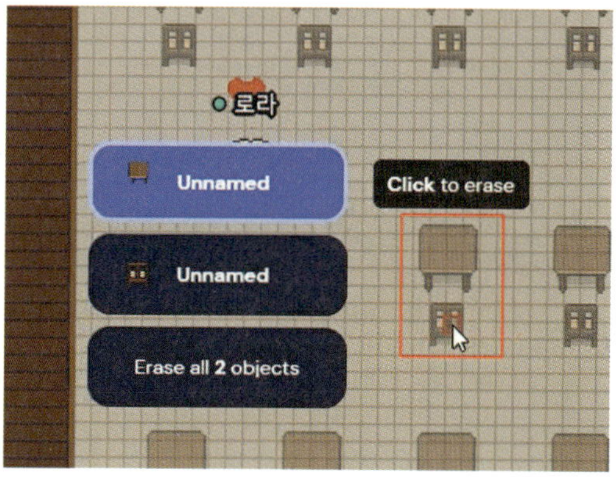

[그림47] 2개 이상 오브젝트가 연결 된 경우

설치 및 삭제가 끝나면 [그림48]처럼 꼭 망치 모양 'Build'를 해제해야 한다. 그렇지 않으면 활성화 돼 있어 마우스 클릭 시 계속 설치 및 삭제가 된다. 활성화 된 망치 모양을 마우스 클릭하면 오른쪽 그림처럼 테두리 박스가 사라진다.

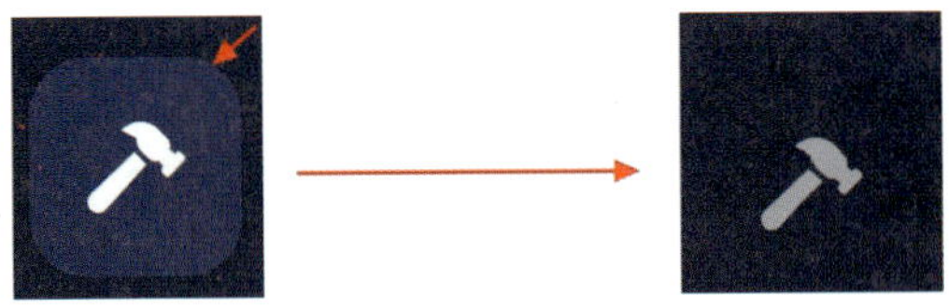

[그림48] 빌드 해제 시 망치 테두리 사라짐

3) 이미지 업로드

게더타운에서 기본으로 제공하는 오브젝트 외에도 본인이 갖고 있는 이미지를 올려놓을 수 있다. [그림49]와 같이 ① 빌드 아이콘을 클릭하고 ② 'Upload image'를 선택한다.

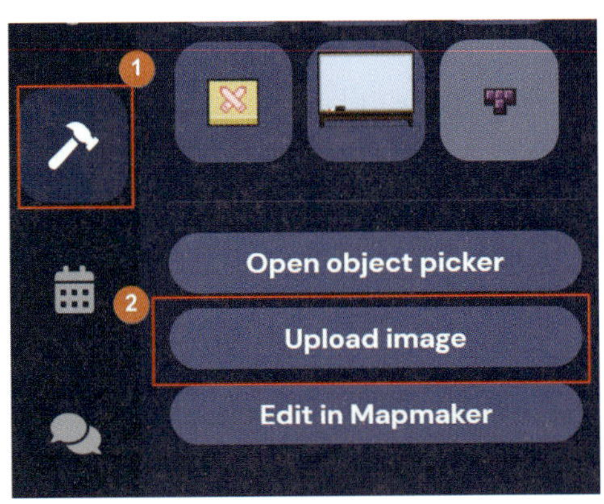

[그림49] 이미지 업로드 순서 1

설치할 이미지를 드래그해서 갖다 놓거나 해당 파일을 찾아서 업로드 한다. 타일 1개의 크기는 32*32픽셀(pixel)이다. 그러므로 최소 32픽셀 이상의 크기를 지정해 줘야 한다. 단, 너무 크면 화면전체를 덮어버릴 수 있으니 공간 크기에 따라 확인할 필요가 있다. 그러므로 이미지를 넣을 때는 아래에 설명 할 맵 메이커를 활용하면 크기를 맞춰 설치할 수 있다.

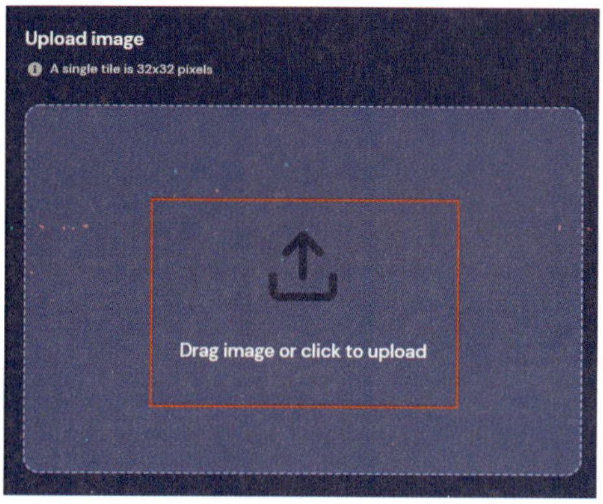

[그림50] 이미지 업로드 순서 2

그 다음 [그림51]의 ① 'Object Details'에서 이미지 이름과 설명을 입력한다. 그리고 ② 'Create and select'를 클릭한다.

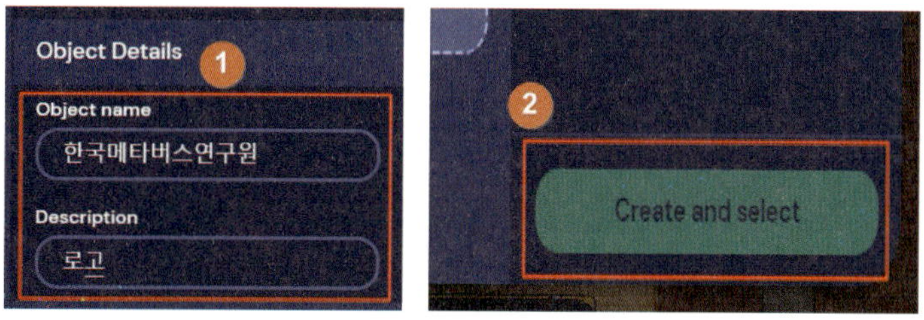

[그림51] 이미지 업로드 순서 3

기본 오브젝트 설치하는 것처럼 해당 위치에 마우스를 클릭한다. [그림52]처럼 설치가 된 것을 볼 수 있다.

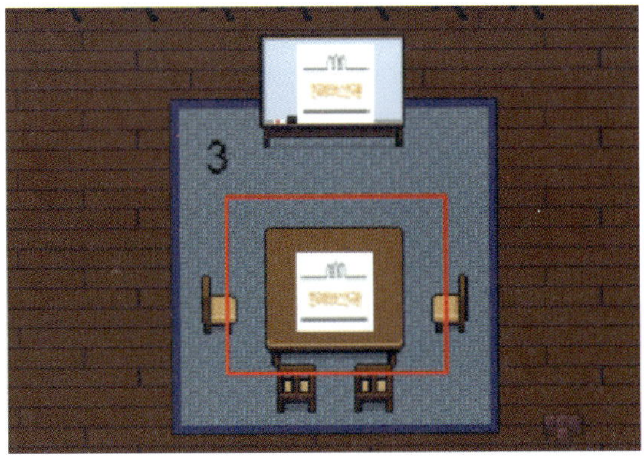

[그림52] 로고 이미지 업로드 된 모습

4) 맵 메이커 활용하기

지금까지 오브젝트를 추가하거나 삭제했다면 맵 메이커를 이용해 공간편집을 할 수 있다. 먼저 [그림53]의 ① 빌드 모드에서 ② 'Edit in Mapmaker'를 클릭한다.

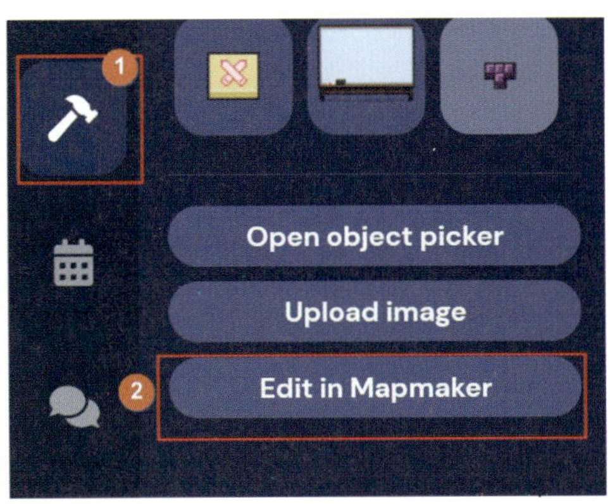

[그림53] 맵 메이커 활용

다른 창이 뜨면서 맵 메이커 사이트로 연결된다. [그림54]는 맵 메이커 전체 모습이다. 이 공간에서 모든 것을 편집할 수 있다. 그림 상단에는 오브젝트, 타일, 벽과 바닥을 선택할 수 있고 왼쪽 상단에는 맵 메이커에서 사용 가능한 아이콘이 있다.

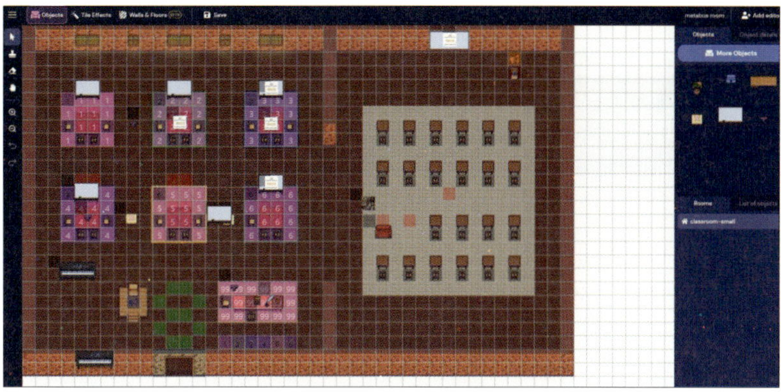

[그림54] 맵 메이커 전체 모습

맵 메이커 아이콘을 클릭해서 사용해도 되지만 단축키를 이용하면 쉽게 편집할 수 있다.

	선택 모드(V) – 특정 오브젝트 및 타일을 선택
	스탬프 모드(B) – 오브젝트, 타일, 벽, 바닥을 배치
	지우개 모드(E) – 오브젝트, 타일, 벽, 바닥을 제거
	손 도구(H) – 마우스를 클릭하고 맵을 탐색
	확대(Ctrl + 마우스 휠 Up) - 맵을 확대
	축소(Ctrl + 마우스 휠 Down) - 맵을 축소
	취소(Ctrl + z) – 마지막 작업을 취소
	다시 실행(Ctrl + Shift + z) – 취소한 것을 다시 실행

[표1] 맵 메이커 단축키

5) 타일 효과 (Tile Effects) 모드

맵 메이커에서는 공간 빌드 모드에서 하지 못했던 타일, 벽, 바닥까지 편집이 가능하다. 먼저 타일 효과 모드는 오브젝트를 먼저 설치하고 효과를 주는 것이 좋다. 먼저 [그림55]와 같이 화면 상단에 타일 이펙트(Tile Effects) 아이콘을 클릭한다.

[그림55] 타일 이펙트 아이콘

(1) Impassable 효과

Impassable 효과는 사람들이 해당 타일로 지나 갈 수 없게 만드는 효과이다. 먼저 [그림56]처럼 Impassable을 선택하고 설치할 곳에 마우스를 클릭하면 된다. 책상을 놓을 곳에 설치하면 좋다.

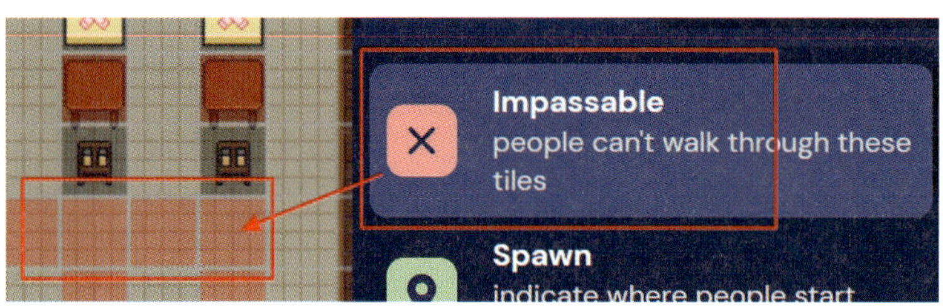

[그림56] Impassable 효과

(2) Spawn 효과

Spawn 효과는 게더타운 공간에 입장했을 때 사람들이 시작하는 곳을 만들 수 있다. [그림57]에서 ① Spawn을 클릭한다. ② 아래 Tile ID를 입력하고(넣지 않아도 상관없음) ③ 설치할 곳에 마우스를 클릭한다.

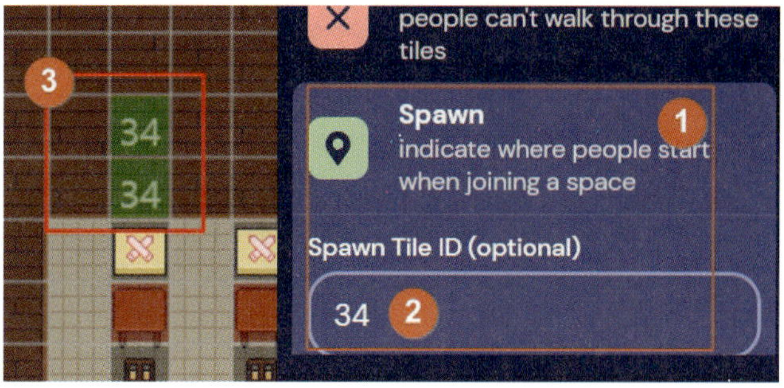

[그림57] Spawn 효과

(3) Portal 효과

Portal 효과는 다른 방이나 공간으로 순간이동 할 수 있는 기능이다. 포털 타일은 단 방향 전용이므로 출발지와 목적지 둘 다 배치해야 한다. 먼저 [그림58]처럼 Portal을 클릭하고 출발지 위치를 선택한다.

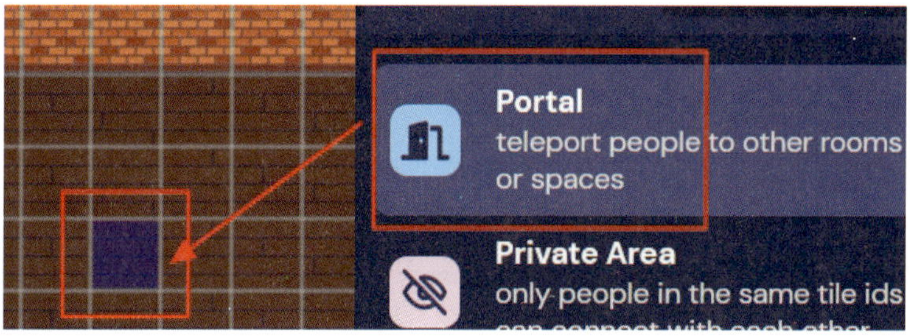

[그림58] Portal 효과

[그림59]와 같이 같은 공간 방으로 가는 포털을 만들 것인지 다른 공간의 포털을 만들 것인지 선택한다. 공간 내에 선택할 수 있는 항목들이 뜨는 데 여기서는 'classroom-small'을 선택했다. 해당 위치에 마우스를 클릭하고 나갈 수 있는 도착지 포털도 하나 더 만든다.

공간에서는 포털 장소가 보이지 않는다. 하지만 그곳을 지나가면 자동으로 도착지 방으로 순간이동 하게 된다.

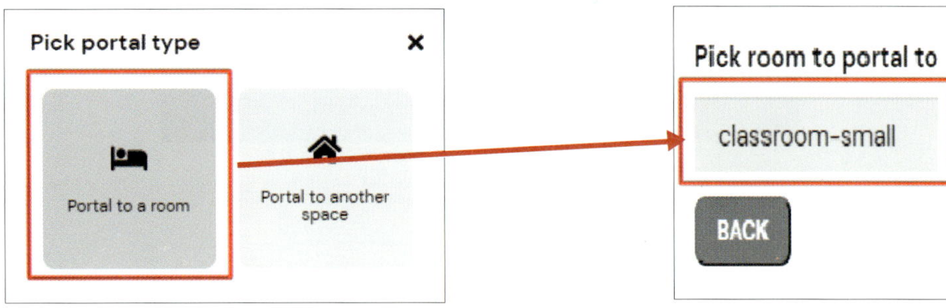

[그림59] Portal 방 만들기

(4) Private Area 효과

Private Area는 동일한 타일 ID의 사용자만 서로 연결할 수 있는 개인공간이다. ① Private Area에는 ② 고유한 Area ID가 필요하다. 지정 후 해당 위치에 마우스를 클릭한다. ③ 보라색인 곳은 모두 Private Area라고 보면 된다.

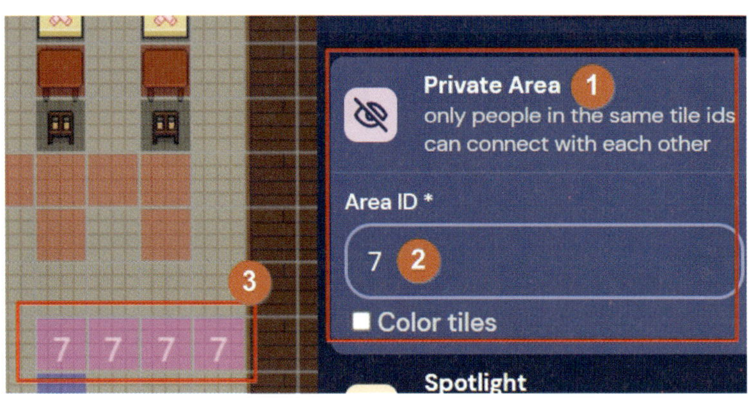

[그림60] Private Area 효과

빈 공간에 효과를 주면 [그림61]처럼 캐릭터 아래 개인공간만 밝아진다. 만약 가구가 설치돼 있어도 'You have entered a Private space'라고 나타난다.

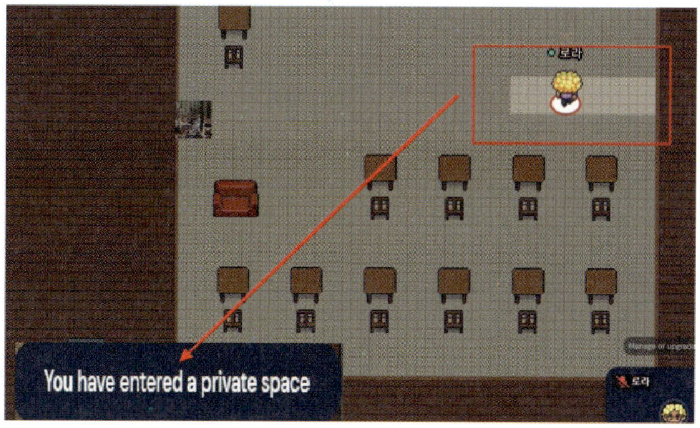

[그림61] 공간 내부 Private Area 입장 모습

(5) Spotlight 효과

Spotlight 효과는 방 전체에서 방송을 할 수 있는 기능이다. [그림62]와 같이 Spotlight를 선택하고 해당 위치에 마우스를 클릭하면 된다.

[그림62] Sportlight 효과

6) 벽과 바닥(Walls & Floors) 설치

현재 벽과 바닥 설치는 베타버전으로 운용되고 있다. [그림63]처럼 Walls&Floors를 클릭하면 '벽과 바닥 선택 시 현재 업로드 된 배경이미지가 제거 된다'는 팝업창이 뜬다. 이때 'Continue'를 선택한다.

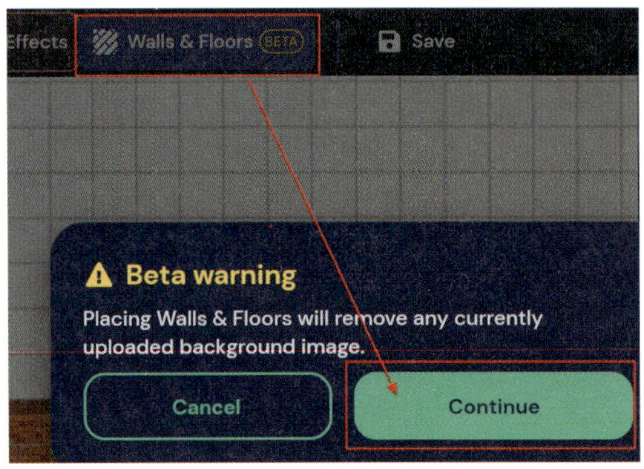

[그림63] Walls & Floors

베타 버전에 들어오면 [그림64]와 같이 벽과 바닥을 설치 할 수 있는 창이 뜬다. 먼저 벽 설치 방법이다. ① 'Walls'를 클릭하고 ② 오른쪽 화면에서 설치 할 벽(Walls)을 선택한다. ③ 설치 할 곳에 마우스를 클릭한다. 끝나면 ④ 'Done'을 누른다. 마우스를 드래그하면 여러 개를 한 번에 설치도 가능하다.

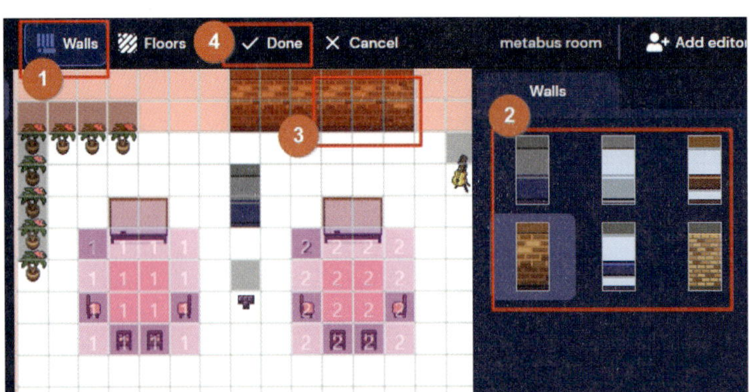

[그림64] 벽 설치

바닥 설치도 벽 설치 방법과 같다. [그림65]와 같이 먼저 ① 'Floors'를 클릭하고 오른쪽 화면 ② 'Floor tiles'에서 설치할 바닥을 선택한다. 벽보다는 다양한 무늬가 들어 있다. 선택한 바닥을 설치할 곳에 가서 ③ 마우스를 클릭한다. 끝나면 ④ 'Done'을 누른다. 설치가 모두 끝나면 'Save'를 클릭한다.

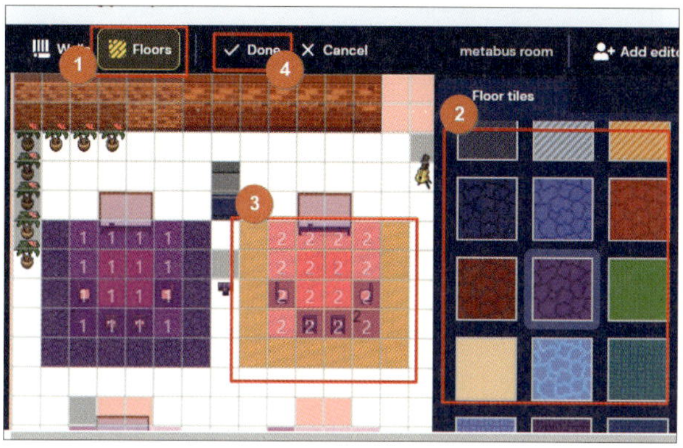

[그림65] 바닥 설치

7 알아두면 좋은 꿀 팁

마지막으로 알아두면 유용한 게더타운 공간에서 쓸 수 있는 꿀 팁 2가지다.

1) 해당 위치로 빨리 가고 싶을 때

기본적으로 게더타운 공간에서는 커서(방향키)를 이용해 이동한다. 그런데 빠르게 다른 위치로 가고 싶을 때가 종종 생긴다. 그때 이용하면 편리한 방법이다. 내가 가고자 하는 위치에다 마우스를 '더블클릭' 하면 [그림66]과 같이 흰색 점이 생기면서 도착지점까지 단번에 이동한다. 단 화면에 보이지 않는 위치에서는 불가능하다.

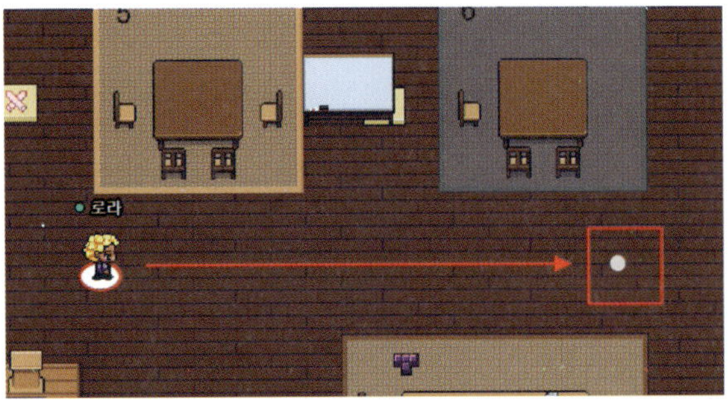

[그림66] 클릭 한번으로 도착지점 까지 이동

2) 둘이서 조용히 이야기 하고 싶을 때

공간에서 대화를 하려면 상대방 가까이 있어야 가능하다. 하지만 주변에 사람이 있으면 모든 소리가 다 들리기 때문에 둘만의 대화가 어려워진다. 그럴 때 'bubble' 기능을 쓰면 주변의 소리는 작아져 둘이 대화하는 데 집중할 수 있다.

방법은 간단하다. [그림67]과 같이 상대방 캐릭터에다 오른쪽 마우스를 클릭하면 여러 기능이 보인다. 그 중 'Start bubble'을 클릭하면 상대방이 있는 곳으로 자동으로 이동한다. 그때 상대방과 내 발아래 색이 나타나는 데 이게 바로 연결됐다는 표시다. 이제는 주변의 눈치 볼 것 없이 대화를 하면 된다. 해제 할 때는 화면 아래 'Leave Bubble'을 클릭하면 해제된다.

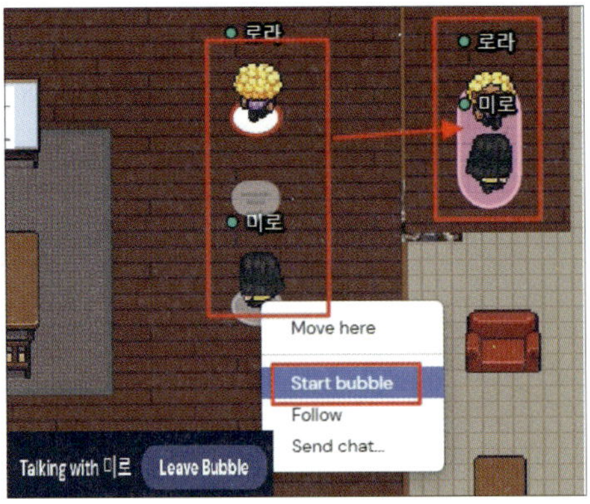

[그림67] bubble 활용 모습

Epilogue

지금까지 게더타운에 대해서 알아보았다. 2D 형식이라 그래픽이 조금 아쉬운 면은 있지만 가상공간을 적극적으로 활용할 수 있는 장점을 갖고 있다. 특히 자신만의 공간 제작도 할 수 있고 무료한 일상에 즐거움도 줄 수 있는 플랫폼이다. 화상 대화도 가능하니 비대면이 필수 인 지금 같은 시기에 더할 나위 없는 녀석이라고 해도 과언이 아니다. 특히 클라우드 전용이어서 온라인상에 있는 많은 것들을 연결해서 사용이 가능하다.

실제로 학교, 기업, 지자체 등 여러 곳에서 게더타운을 활용해 업무의 효과를 높이고 있는 실정이다. 이제 시작단계라고 하지만 그 파급효과가 커서 많은 곳에서 게더타운을 활용하고 있고 그 효과를 지켜본 또 다른 곳에서 게더타운에 대한 교육요청이 끊이지 않고 있다.

교육요청이 있다는 것은 그만큼 게더타운에 대한 수요가 있다는 것이다. 한편 게더타운을 직접 활용하고자 하는 의미에서 교육을 받고자 하는 층이 있는가 하면 게더타운 스테이지를 만들어 달라는 요청 또한 만만지 않다.

즉 게더타운을 활용해서 다양한 행사, 공연, 전시, 이벤트 등을 진행하고자 게더타운 무대를 만들어 달라는 요청이다. 이 부분은 교육에서도 마찬가지겠지만 게더타운 크리에이터로서도 활동이 가능하다는 점이다.

메타버스 발전 이후 아마도 게더타운이 공적인 부분에서 가장 많이 활용되고 있는 부분이 아닐까 싶다. 이는 또 다른 창직과 수익창출로도 이어질 수 있는 절호의 기회가 될 것이다. 단, 게더타운이 영어로만 제작돼 불편한 점도 있지만 위의 사용법만 알아도 게더타운을 이용하는 데 어려움이 없을 것이라고 본다. 지금이라도 게더타운의 매력에 푹 빠져 보길 바란다.

Chapter

4

이프랜드(ifland) 활용법

김혜영

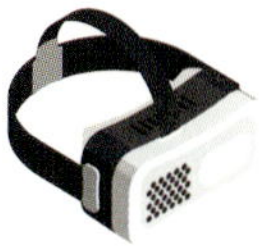

Chapter 04.
이프랜드(ifland) 활용법

Prologue

현실세계와 같은 사회·경제·문화 활동이 이뤄지는 3차원 가상세계 즉, 메타버스(metaverse) 세계가 시작됐다. 5G 상용화에 따른 정보통신 기술발달과 코로나19(COVID-19) 팬데믹에 따른 비대면 추세 가속화로 메타버스 세계가 점차 주목받고 있다.

메타버스는 VR(가상현실) 보다 한 단계 더 진화한 개념으로 아바타를 활용해 게임이나 가상현실을 즐기는데 그치지 않고 실제 현실과 같은 사회적, 문화적 활동 등을 할 수 있다. 특히 밀레니얼 세대(1980년대 초~2000년대 초 출생)와 Z 세대(1990년대 중반~2000년대 초 출생)를 MZ 세대라고 하는데 디지털 환경에 익숙하고 최신 트렌드와 남과 다른 경험을 추구하는 특징을 보인다.

MZ 세대는 집단보다는 개인행복을, 소유보다는 공유를, 상품보다는 경험을 중시하는 소비 특징을 보이며 사회적 가치나 특별한 메시지를 담은 물건을 구매함으로써 자신의 신념을 표출한다. 이런 MZ 세대들은 모바일을 잘 다루고, 모바일로 정보를 습득하기 때문에 코로나19(COVID-19) 팬데믹에 따른 적응도 빠르다.

모든 활동을 여러 플랫폼으로 개발해 그 안에서 활동을 한다. 앉아서 모르는 전 세계 친구들과 어울리기도 하고, 여행도 하며, 경제 활동까지 한다. 여러 가지 플랫폼 중에서 모임이나. 강의·문화활동 등에 적합한 SK텔레콤의 새로운 메타버스 플랫폼 '이프랜드(ifland)'를 소개하려 한다.

1 이프랜드란?

2021년 7월 14일 SK텔레콤은 메타버스 사용 편의성을 높이고 다양한 가상공간과 아바타를 통해 이용자의 메타버스 경험을 극대화할 메타버스 플랫폼 '이프랜드(ifland)'를 새롭게 출시했다. 메타버스가 가진 초현실적인 이미지를 직관적이고 감성적으로 표현한 SKT의 새로운 메타버스 브랜드로 '누구든 되고 싶어 하고, 만나고 싶고, 가고 싶은 수많은 가능성(If)이 현실이 되는 공간(land)'이란 의미를 담고 있다.

1) 이프랜드의 특징

(1) 사용 편의성 높여 누구나 쉽고 간편하게 메타버스 세상 경험

누구나 쉽고 간편하게 메타버스 세상을 즐길 수 있도록 프로세스 간소화와 사용성에 중점을 뒀다.

(2) 본인만의 개성 표현 가능한 800여 종 아바타 소스 마련

메타버스에 친숙한 MZ 세대들이 본인만의 개성을 다양하게 표현할 수 있도록 아바타 종류와 감정표현 액션도 업그레이드 했다. 성별, 헤어스타일, 키와 체형까지 총 800여 종의 코스튬을 통해 자신만의 개성 넘치는 부캐를 만들고 다채로운 아바타와 소통할 수 있을 것으로 기대된다. 감정표현 모션도 66종으로 확대돼 상황에 맞는 재미있는 소통을 할 수 있으며 앞으로 지속해서 추가될 예정이다.

(3) 소셜(social) 기능 강화

소셜 기능도 강화해 메타버스 공간에서 새로운 네트워킹 형성이 가능하도록 구현했다. 이용자들이 본인의 관심사나 취미를 간략히 소개하는 프로필 기능을 추가해 다른 사람들이 언제든지 확인할 수 있다. 관심 있는 아바타를 팔로우 할 수도 있어 메타버스 공간에서 맺은 네트워킹이 연속성을 지니도록 했다. 메타버스 공간에서 또 하나의 라이프스타일(Life-Style)을 만들고 지속해서 새로운 SNS 문화의 핵심 채널로 자리 잡을 것이다.

(4) 메타버스 공간의 진화

이프랜드 내에 대형 콘퍼런스 홀, 야외무대, 루프 탑, 학교운동장, 모닥불 룸 등 18개 다양한 테마 룸을 마련해 효율적인 커뮤니케이션을 지원하고 지속해서 업데이트 될 예정이다. 테마별로 날씨, 시간대, 바닥, 벽지 등 배경을 추가로 선택할 수 있어 같은 테마 룸이라도 이용자의 취향에 따라 다양한 콘셉트를 연출할 수 있어 현실감을 더했다.

또 메타버스를 활용한 회의, 발표, 미팅 등 활용성이 다양해지는 사회적 흐름을 고려해 이프랜드 내 메타버스 룸에서 원하는 자료를 문서(PDF) 및 영상(MP4) 등 다양한 방식으로 공유하는 효율적인 커뮤니케이션 환경도 구축했고, 참여 인원은 131명으로 추후 지속적으로 수용 인원을 확대할 예정이다.

2 시작해 볼까, 이프랜드!

1) 회원가입 및 로그인

안드로이드폰은 구글 플레이스토어에서 아이폰은 앱스토어에서 [그림1]과 같이 이프랜드를 검색 후 어플을 설치한다.

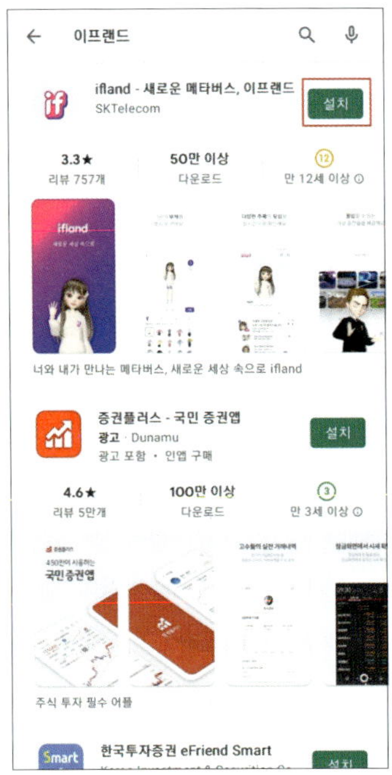

[그림1] 이프랜드 앱 설치

[그림2]와 같이 T아이디, 페이스북, 구글로 로그인이 가능하다.

[그림2] 이프랜드 로그인

[그림3]은 접근권한 확인하기이다.

[그림3] 접근권한 확인

여기까지 됐으면 [그림4]와 같이 전체동의하기를 터치하고 시작한다.

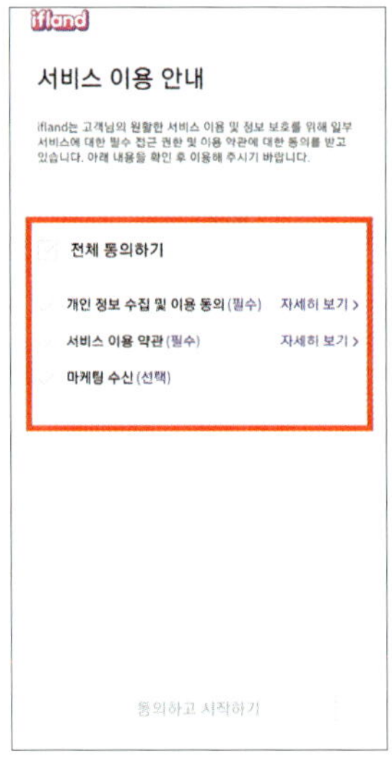

[그림4] 동의하고 시작하기

[그림5]와 같이 아바타 설정, 닉네임을 입력하고 이프랜드 시작하기를 터치한다. 아바타는 추후 다시 꾸밀수도 있다.

[그림5] 아바타설정, 닉네임 입력, 가입완료

3 이프랜드 사용법

[그림6]은 이프랜드 메인화면으로 각 부분에 대한 기능설명은 다음과 같다.

① 알림
② 나의 친구들 (팔로워, 팔로잉)
③ 나의 프로필 설정
④ 현재 개설된 land
⑤ 예약된 land
⑥ land list
⑦ land 만들기

[그림6] 메인화면

1) 알 림

팔로워/팔로잉 친구들의 모임(land)을 알림 해준다.

2) 팔로워/팔로잉

내가 팔로우한 친구와 나를 팔로잉 한 친구들 목록을 볼 수 있다.

3) 나만의 프로필 만들기

듀얼 프로필로 아바타와 사진 프로필 동시 설정이 가능하다. 자기소개, 관심사태그, SNS 계정을 입력한다. ifland로 촬영한 사진 또는 라이브러리에 있는 사진도 게시할 수 있다(자세한 설명은 [그림38, 39] 참조).

4) 현재 개설 돼 있는 모임 (land) 리스트

모임 리스트에서 탐색 또는 초대 링크를 클릭해 접속할 수 있다.

5) 예정된 모임 (land) 리스트

예정된 모임을 확인할 수 있다.

6) 모임 (land) 리스트

클릭하면 입장이 가능하다. 비공개 방은 초대링크로 입장이 가능하다.

7) 모임 (land) - 밋업 개설하기

랜드 만들기는 [그림6] 우측 하단의 +버튼을 클릭하고 시작한다.

(1) 제목작성

[그림7]과 같이 랜드 만들기에서 제목을 작성한다.

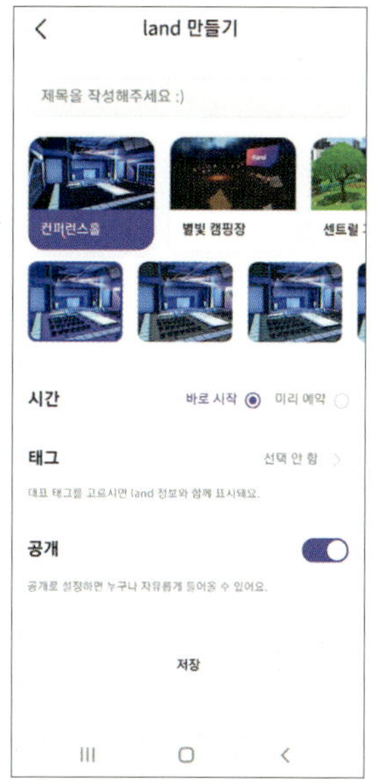

[그림7] 랜드 만들기

(2) 공간선택

[그림8]과 같이 18종의 룸 테마 공간이 준비돼 있다. 앞으로 룸 공간은 18종에서 더욱 다양한 테마로 확대할 예정이다.

[그림8] 공간선택

(3) 시간 선택

앞으로 예정된 모임을 미리 예약할 수 있다.

(4) 태그입력

[그림9]처럼 모임을 소개하는 태그를 고르면 모임 정보에 표시된다.

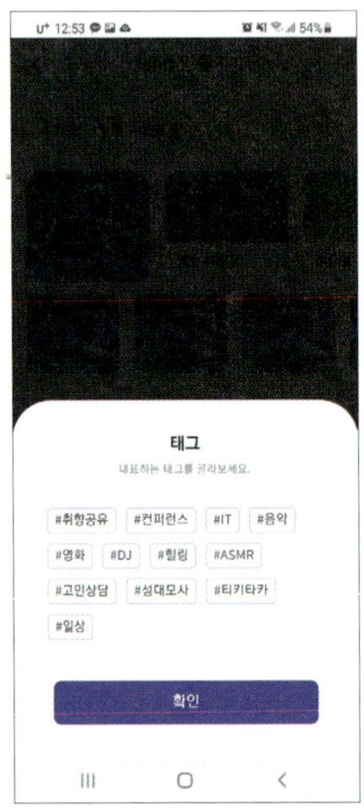

[그림9] 태그입력하기

(5) 공개여부 선택

공개를 선택하면 아무나 들어올 수 있지만, 비공개를 선택하면 입장코드를 알아야 들어올 수 있다.

4 land 즐기기

모임 공간에 입장해서 다양한 감정 표현과 모션을 하고, 자료를 공유해서 볼 수 있다.

1) 메인 메뉴(참여자)

[그림10]은 메인 메뉴를 볼 수 있는 화면이다.

① 참여 리스트 확인과 친구추가
② 랜드 정보 / ③ 다른 모임 탐색
④ 초대링크 공유
⑤ 공유화면 확대 / ⑥ 사진촬영
⑦ 음성대화 / ⑧ 설정
⑨ 퇴장(나가기) / ⑩ 아바타 이동
⑪ 감정&모션

[그림10] 메인메뉴

(1) 참여자 리스트 확인과 친구추가

[그림11, 12]에서 아바타를 클릭하면 팔로워와 팔로잉을 확인할 수 있다.

[그림11] 참여자 리스트

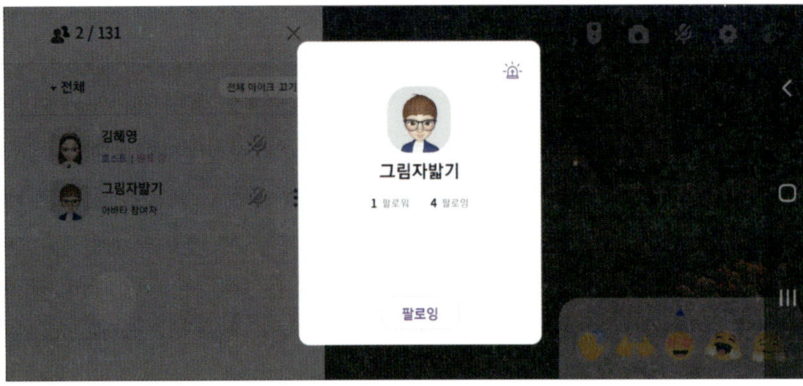

[그림12] 팔로워와 팔로잉

(2) 랜드 정보

[그림13]처럼 왼쪽 상단 참여자 숫자 옆 이프랜드 아이콘을 터치하고 복사해 초대 링크를 공유할 수 있다.

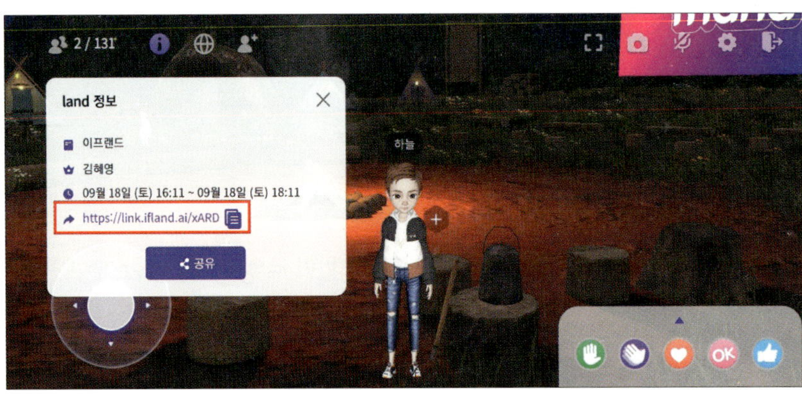

[그림13] 랜드정보

(3) 다른 모임 탐색

왼쪽 상단 지구본과 같은 모양을 터치하면 [그림14]와 같이 다른 모임도 탐색이 가능하다.

[그림14] 다른모임 탐색

(4) 초대링크 공유

왼쪽 상단 세 번째 사람모양+의 아이콘을 터치하면 [그림15]처럼 친구를 빠르게 초대할 수 있다.

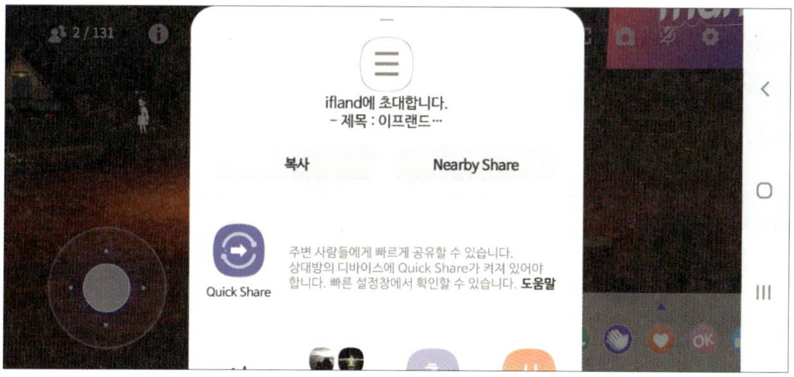

[그림15] 초대링크 공유

(5) 공유화면 확대

공유화면도 양 손가락으로 늘리면 확대해서 볼 수 있다.

(6) 사진촬영

우측 상단의 카메라 아이콘을 터치하면 보이는 화면도 바로 사진촬영이 되며 바로 스마트폰 갤러리에 저장된다.

(7) 음성대화

오른쪽 상단 마이크모양을 터치해 음성의 ON/OFF를 선택해서 대화할 수 있다.

(8) 설 정

오른쪽 상단 설정 아이콘을 터치하면 [그림16]처럼 land 안에 있는 아바타들의 소리를 ON/OFF 할 수도 있다.

[그림16] 소리듣기 설정

(9) 퇴장(나가기)

랜드에서 나가고 싶을 때는 우측 상단 맨 마지막 문 모양의 아이콘을 터치하고 [그림17]과 같이 나가기를 하면 된다.

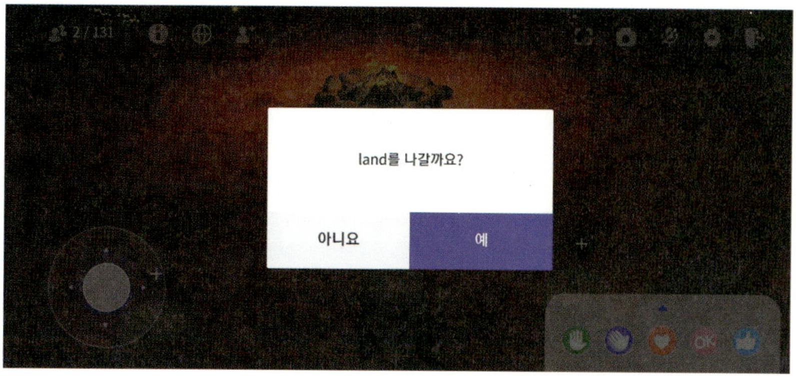

[그림17] 나가기

(10) 아바타 이동

좌측 하단의 둥그런 모양의 조이스틱을 눌러 아바타를 원하는 방향으로 이동할 수 있다.

(11) 감정 & 모션

[그림18]과 같이 우측 하단의 이모티콘 모양들의 박스를 위로 올리기 하면 60여 개의 다양한 제스처가 제공된다.

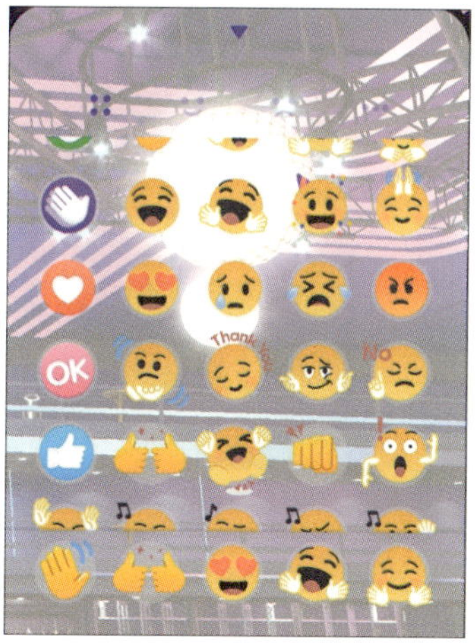

[그림18] 다양한 제스처 제공

2) 메인 - 호스트 only

[그림19]와 같이 메뉴 중 ① 참여자 리스트 확인, ② 자료공유, ③ 설정이 참여자 메뉴와 호스트 메뉴가 다르다.

[그림19] 호스트 메인 화면

(1) 참여자 리스트 확인

① [그림20]은 [그림19]의 ①을 터치할 경우 전환된 화면이다. 여기서 ㄱ은 전체 마이크 끄기로 참여자의 모든 마이크를 OFF할 수 있다.

[그림20] 참여자 리스트

② [그림20]에서 ㄴ을 터치하면 [그림21]과 같이 참여자의 마이크 회수 혹은 참여자 내보내기(차단)를 할 수 있다.

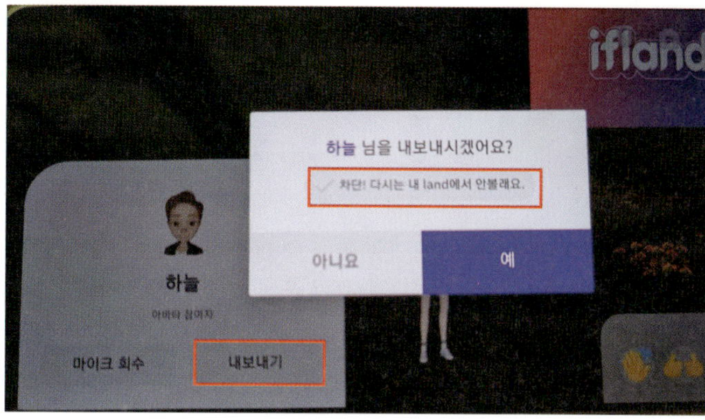

[그림21] 마이크 회수와 내보내기 기능

(2) 자료공유 및 제어

[그림19]의 ②를 터치하면 [그림22]와 같이 자료공유를 할 수 있는 화면으로 전환된다. 이때 우측하단의 자료공유를 터치하면 [그림23]의 화면이 뜨고 자료를 공유하면 된다. 자료변경, 공유중지, 화면 넘기기가 가능하며 현재 PDF파일과 MP4파일이 가능하며 앞으로 더 많은 파일이 지원될 예정이다.

[그림22] 자료공유

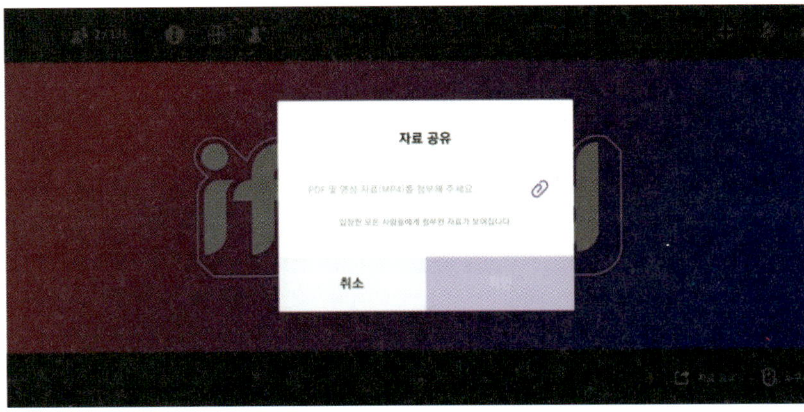

[그림23] 자료공유

[그림24, 25]는 내가제어와 누구나 제어 설정기능으로 호스트 혼자 공유기능을 쓰는 내가 제어와 모든 참가자가 쓸 수 있는 누구나 제어 기능이 있다.

[그림24] 내가제어

[그림25] 누구나 제어

(3) 설 정

[그림19]의 ③을 터치하면 [그림26]과 같이 설정기능을 볼 수 있는데 여기서는 소리듣기, land 수정, 공지등록, 마이크 권한 설정, 참여 모드 설정, 호스트 변경 등 다양한 환경설정을 할 수 있다. 소리 듣기는 on과 off로 선택할 수 있다.

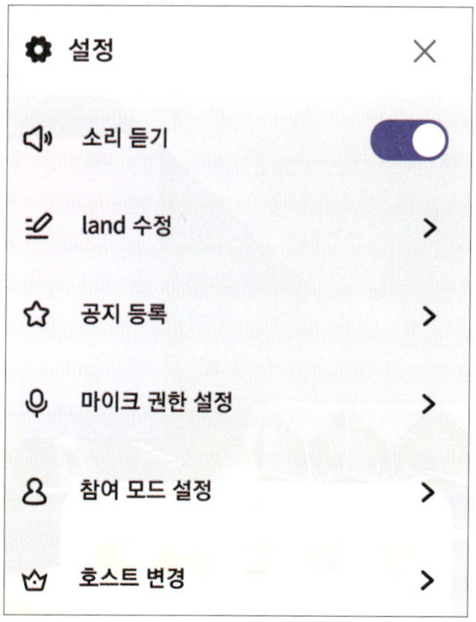

[그림26] 설 정

[그림27]은 land 수정으로 시간, 태그, 공개 여부 등을 설정할 수 있다.

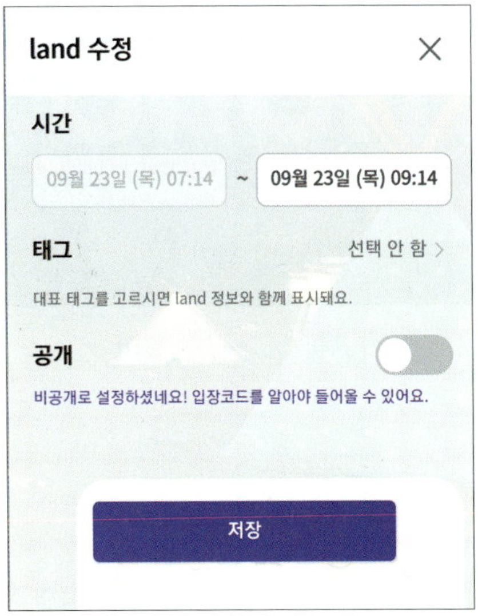

[그림27] 시간, 태그, 공개 설정

[그림28]은 공지등록으로 공지할 내용을 적고 하단의 저장을 누르면 된다.

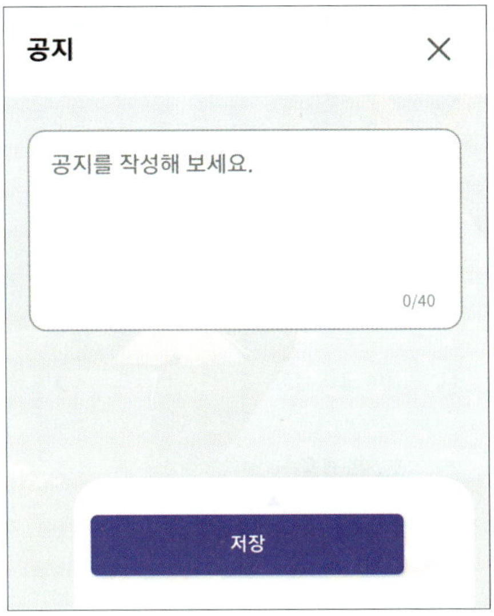

[그림28] 공지등록

[그림29]는 마이크권한 설정으로 호스트 혹은 참여자 전체에 대한 마이크 권한을 구분해서 설정할 수 있다.

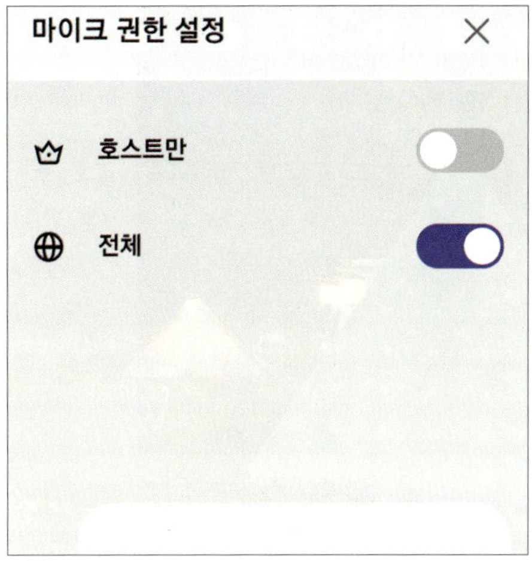

[그림29] 마이크 권한 설정

[그림30]은 참여모드 설정이다. 직접 참여해 소통하는 사용자 ON Stage와 아바타가 보이지 않고 오디오 중심으로 참여하는 OFF Stage를 설정할 수 있다.

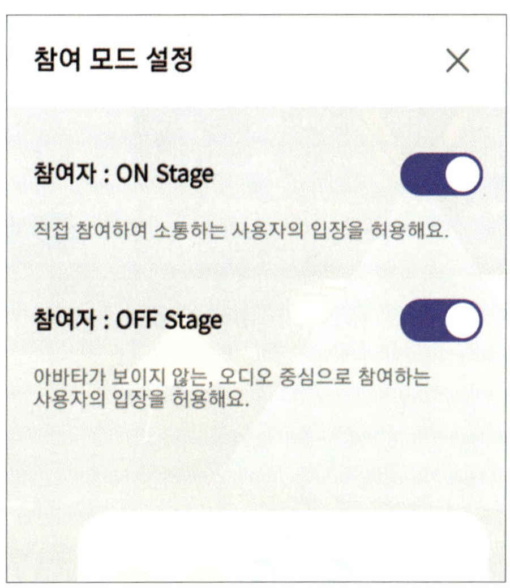

[그림30] 참여모드 설정

[그림31]는 호스트 변경화면이다. 참여자 중에서 호스트를 정해서 변경할 수 있다.

[그림31] 호스트 변경

[그림32, 33]은 land 종료화면이다.

[그림32] land 종료

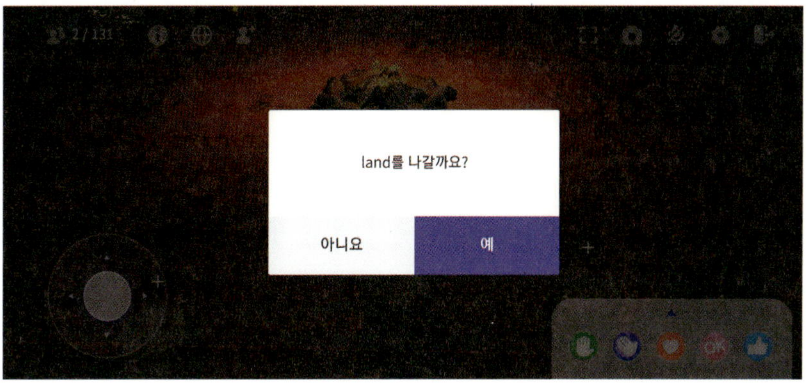

[그림33] land 나가기

[Tip] land 활성화를 위한 진행 가이드 (참여자에게 안내해주세요)

- 가급적 마이크는 음소거 해주세요.
- 진행 중에 발언 기회가 주어지면 마이크를 켜고 말씀해주세요.
- 박수/좋아요/하트 등 다양한 표현 많이 해주세요.
- 오른쪽 상단 네모 버튼으로 화면을 크게 볼 수 있어요.
- 카메라 버튼 눌러서 기념 샷 촬영 가능합니다.
- 왼쪽 상단 참석자 리스트 열어서 함께 참석하신 분들 팔로우도 많이 해주세요.
- 화면 좌 상단 느낌표 또는 사람+ 버튼으로 지인에게 주소 공유 많이 해주세요.
- 31번째 이후 입장하신 분들은 의자에 앉는다거나, 손을 들어도 보이지 않으니 음성 채팅으로 말씀해주세요.

* 이프랜드는 최대 131명 아바타가 동시 참여할 수 있다(단, 31명은 아바타가 서로 보이는 ON stage 스테이지로 참여하며, 100명은 본인의 아바타가 타인에게 보이지 않는 OFF stage로 참여한다. 그리고 ON stage와 OFF stage 아바타 간의 음성채팅은 가능하다).

5 아바타 꾸미기

1) 아바타선택

[그림34]와 같이 원하는 모습의 아바타를 선택할 수 있다.

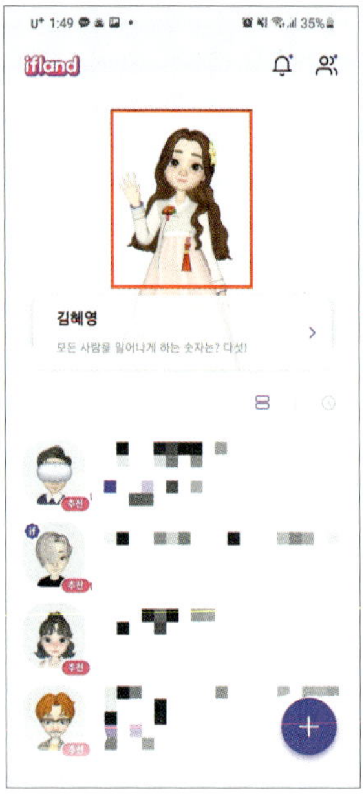

[그림34] 아바타선택

2) 원하는 아이템 선택

아바타 오른쪽 2개의 사람모양과 얼굴모양을 터치하면 [그림35, 36, 37]과 같이 얼굴형, 헤어스타일, 의상, 액세서리 등을 선택할 수 있다. 아이템 수익화 활성화도 구축할 예정이다.

[그림35] 의상관련 아이템 선택 [그림36] 헤어관련 아이템 선택

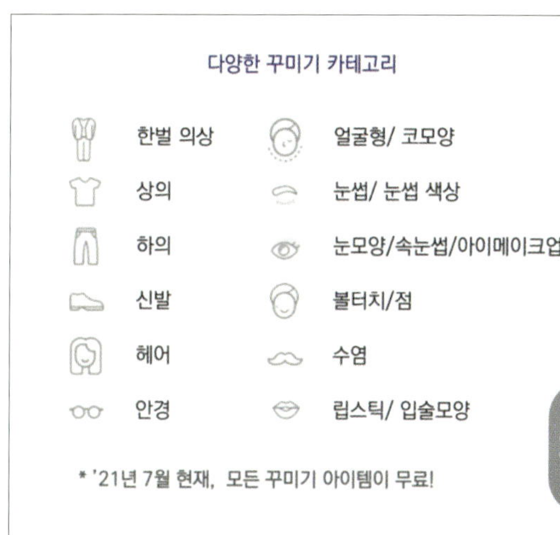

[그림37] 눈썹관련 아이템 선택 / 다양한 꾸미기 카테고리

3) 나만의 프로필 만들기

프로필은 [그림38, 39]와 같이 만들 수 있다.

[그림38] 프로필 설정

[그림39] 프로필 상세설명

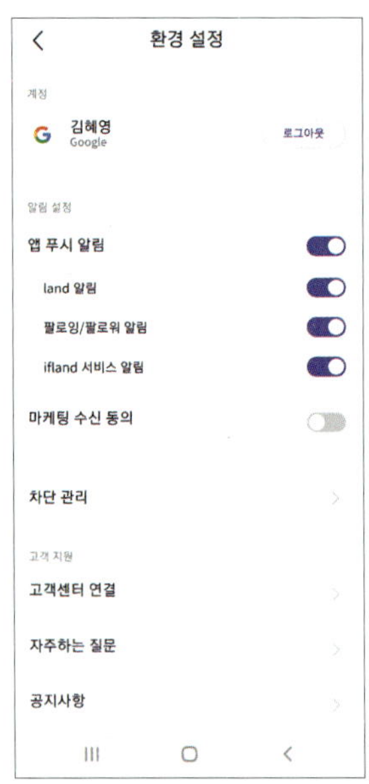

[그림40] 환경설정

다음은 [그림39] 각 기능에 대한 설명이다.

① [그림40]과 같이 환경설정을 할 수 있다.
나의 계정과 알림 설정, 차단관리와 고객지원, 회원탈퇴 등을 할 수 있다.
② 나의 소개 사진 추가 등록
③ 아바타 꾸미기
④ 닉네임 바꾸기
⑤ 나의 친구들 확인 (팔로워/팔로잉)
⑥ 자기소개, 3개의 관심태그, SNS링크 등록
⑦ ifland에서 촬영된 사진 추가

6 이프랜드 활용 사례

1) 순천향대학교 입학식

[그림41, 42]는 2021년 3월에 열린 순천향대학교 입학식 장면으로 '점프VR' 플랫폼을 통해 메타버스 공간에서 진행했다. 이제 대학의 입학식은 대학들이 가상현실로 주요 학사일정을 진행하는 '메타버스 캠퍼스' 시대가 됐다. 메타버스 입학식을 위해 순천향대학교와 SKT는 대학교 대운동장을 실제와 거의 흡사한 메타버스 맵으로 구현해 학교에 등교할 수 없었던 학생들에게 좋은 반응을 얻었다.

[그림41] 순천향대학교 입학식 1

[그림42] 순천향대학교 입학식 2(출처 : 온이뉴스 기사 발췌)

2) SKT, 외교부와 국제행사서 메타버스 '이프랜드' 활용

[그림43]은 '2021 서울 유엔 평화유지 장관회의 기념행사'를 이프랜드에서 개최한 장면으로 참여자들이 아바타로 행사에 참석한 모습이다. SK텔레콤과 외교부가 함께 메타버스 서비스를 이용해 세계 평화유지 활동을 알렸다.

[그림43] SKT, 외교부와 국제행사서 메타버스 '이프랜드' 활용(출처 : SK텔레콤)

3) 대구 한의대 '입시설명회'

[그림44]는 대구 한의대 '입시설명회' 장면으로 입시설명회를 이프랜드서 열었다.

[그림44] 대구 한의대 '입시설명회'(출처 : 온라인 기사)

4) 농협금융, 메타버스 활용 자산관리 발대식 등 금융권 행사

[그림45]는 농협금융이 이프랜드를 활용해 자산관리 발대식 등 금융권 행사를 진행한 장면이다.

[그림45] 농협금융, 메타버스 활용 자산관리 발대식 등 금융권 행사(출처 : NH농협금융)

5) 이프랜드 메타버스 심리극

[그림46]은 이프랜드 메타버스 심리극을 하는 장면으로 VR/AR을 이용해 개인상담과 심리치료가 가능해졌다.

[그림46] 이프랜드 메타버스 심리극(출처 : 마인드온 심리 연구소}

이 밖에도 [그림47, 48]은 각종 예술·교육·금융분야 등 많은 곳에서 이프랜드를 활용 중인 장면으로 다양한 곳과의 제휴도 활발히 진행 중이며 앞으로 더 많이 늘어날 전망이다.

[그림47] 각종 분야에서 이프랜드 활용(출처 : AsiaA)

[그림48] 기타제휴 사례(출처 : 이프랜드)

7 이프랜드 향후 전망

1) 이용자 니즈 맞춘 메타버스 콘텐츠 제공

앞으로 이프랜드 내에서 이용자들의 니즈에 맞춘 다양한 콘텐츠와 프로그램을 운영하며 메타버스 대중화에 앞장선다.

2) 유료 서비스의 경우 룸내 백월이나 베너 등 커스터마이징이 가능

유료 서비스의 경우 룸내 백월이나 베너 등 커스터마이징이 가능하다. 또한 아바타의 후드, 티셔츠, 야구 점퍼 등 이프랜드에서 제공하는 의상에 브랜딩 적용이 가능하다.

3) 교육, 강연 등 비대면에 활용

현재 대면 접촉을 꺼리는 교육, 강연과 같은 콘텐츠를 독려하고 주제별, 연령대별, 학교 동호회방 등 비대면으로 할 수 있다.

4) SK텔레콤 마켓시스템 준비

SK텔레콤은 연내 이프랜드 내에서 다양한 아이템을 구매하고 판매할 수 있는 '마켓시스템'을 선보일 예정이다. 이프랜드 이용자가 본인만의 의상이나 아이템을 직접 디자인하고 제작하는 플랫폼을 이프랜드에 적용하고, 이용자들 간 자유롭게 거래할 수 있는 환경을 조성할 예정이다.

5) 공간제작 플랫폼 적용할 예정

현재 공통으로 제공되는 룸 테마를 이용자 스스로 꾸밀 수 있는 공간제작 플랫폼도 적용할 계획이다. 이를 통해 이용자들이 취향과 목적에 맞게 공간을 재구성 할 수 있을 것으로 보인다.

6) 엔터테인먼트, 대형행사, 불꽃놀이 행사 개최

K-POP 팬 미팅, 대학교축제, 응원대항 등 대형행사도 개최하고 있다. 아울러 불꽃놀이 행사도 이프랜드에서 관람이 가능할 전망이다.

7) iOS와 VR(가상현실), AR(증강현실) 등 다양한 서비스로 범위 확대 계획

이프랜드는 안드로이드 OS기반으로 먼저 출시되고, 추후 iOS와 VR(가상현실), AR(증강현실) 등 다양한 서비스로 범위를 넓혀갈 계획이다.

8) 해외 앱 마켓 통한 글로벌 시장진출 추진 예정

앞으로 디바이스를 통해 서비스를 지속 확장해 갈 것이며, 해외 앱 마켓에 출시해 본격적인 글로벌 시장 진출도 추진할 예정이다.

Epilogue

앞으로 MZ 세대들의 취향과 관심을 고려해 국내외 주요 포럼과 강연, 페스티벌, 콘서트, 팬 미팅 등 대규모 행사를 이프랜드 안에서 개최할 계획이다. '심야 영화 상영회', '대학생 마케팅 스쿨', '명상 힐링', 'OX 퀴즈 룸' 등 메타버스 안에서 직접 참여하고, 즐기는 '체험형 콘텐츠'도 정기적으로 운영한다.

SKT는 메타버스를 기반으로 한 'if루언서 육성 프로그램'도 기획 중이다. 이용자들이 메타버스를 통해 새로운 커리어(Career)를 개척해 나가는 기회가 될 것으로 기대가 된다. 또 새로운 방식의 마케팅이나 소통을 원하는 비즈니스 파트너들이 메타버스 안에서 소통할 수 있는 환경도 구축할 예정이다.

이프랜드는 안드로이드 OS 기반으로 먼저 공개하고, 추후 iOS, VR 디바이스 오큘러스 퀘스트 OS까지 서비스를 확대한다. 지금 이프랜드로 떠나 메타버스 세상을 경험해보기 바란다.

Chapter

5

제페토에서 즐기기

김필선

Chapter 05.
제페토에서 즐기기

Prologue

처음 메타버스에 올라타자는 김재영 수석연구원님의 제안을 들었을 때 피식 웃었다. 알지도 못하는 메타버스에 왜 타라고 하는 것인지. 그리고 나서일까? 그 다음부터 신문기사, 인터넷 기사, 뉴스에서 메타버스에 대한 이야기만 들리면 귀가 당나귀 귀처럼 커지고 눈이 커지는 것을 느꼈다.

주변에 많은 분들이 메타버스에 대해 알지 못하기에 굳이 라는 생각을 갖고 있었는데 메타버스 강사과정이 열리는데 늦게 할수록 손해라는 말에 덜컥 등록을 하고 배우기 시작했다.

이제는 누군가 나처럼 '메타버스가 뭔데 굳이'라고 하면 내가 나서게 된다. 시대의 흐름에 어서 올라타라고. 나의 이야기를 마지막 웹툰으로 짧게 표현해 보기로 했다.

메타버스의 플랫폼 중 가장 쉬우면서도 수익 화를 내기 좋은 '제페토(zepeto)' 안에서 즐겁게 활동할 수 있는 것들을 기초부터 다 담아보았다. 많은 분들이 이 책을 읽으며 그저 제페토가 아이들의 놀이정도로만 생각하지 않길 바란다.

이 책을 읽는 모든 사람들 혹은 메타버스에 관심이 있는 독자라면 메타버스 안에서 얼마든지 수익이 가능하니 수익도 창출하고 자신의 꿈도 펼칠 수 있는 귀한 시간이 되길 소망한다.

1 제페토의 특징

메타버스를 이야기할 때 빠지지 않고 등장하는 플랫폼이 바로 '제페토'이다. 제페토는 네이버제트(Z)가 운영하는 증강현실(AR) 아바타 서비스로 국내 대표적인 메타버스 플랫폼이다. 2018년 출시된 제페토는 얼굴인식과 증강현실(AR), 3D 기술 등을 이용해 '3D 아바타'를 만들어 다른 이용자들과 소통하거나 다양한 가상현실 경험을 할 수 있는 서비스를 제공한다.

메타버스는 가상현실(VR)보다 한 단계 더 진화한 개념으로 아바타를 활용해 다양한 활동을 할 수 있는 공간을 말한다. 제페토는 AR 콘텐츠와 게임, SNS 기능을 모두 담고 있어 특히 10대 등 젊은 층을 중심으로 인기를 끌고 있으며 2021년 현재 2억 명 이상의 이용자를 보유하고 있다.

제페토는 크게 3가지로 만들어져 있다.

[그림1] 제페토의 특징(출처 : MKY 장유주 강사)

1) 아바타

제페토는 이용자와 꼭 닮은 3차원(3D) 아바타를 만든 뒤 AR 기술로 실제 사진이나 가상배경에 자연스럽게 합성해 주는 방식으로 이뤄진다. 우선 애플리케이션을 켜고 카메라로 자신의 얼굴을 촬영하면 인공지능(AI) 기술을 통해 사용자와 닮은 캐릭터가 생성된다. 사용자는 표정과 몸짓, 패션스타일은 물론 캐릭터의 모든 요소를 본인이 원하는 대로 바꿀 수 있다. 또 SNS 기능도 접목돼 있어 이용자끼리 여러 가상공간에서 문자·음성·이모티콘 등으로 교류할 수 있으며 가상세계 안에서 이용자들이 모여 게임을 하거나 춤을 추는 등 다양한 활동도 즐길 수 있다.

[그림2] 제페토 메인화면(출처 : 구글 제페토 앱)

2) 월 드

아바타들이 즐기고 만나서 활동할 수 있는 공간이 '제페토 월드'이다. 아바타를 움직여 내가 원하는 곳으로 이동해 친구들을 만나고 1:1로 문자를 나누거나 음성기능을 이용해 실제 본인의 목소리로 대화도 나눌 수 있다. 한강공원을 갈수도 있고 공항에 가서 여행 갈 장소를 꿈꿀 수도 있다. 원하는 구찌 매장에 가서 구찌 아이템들을 착용하고 구경하고 사진도 찍을 수 있다. 여러 테마를 만들어 게임, 팬 사인회, 미술작품전시회, 패션 런웨이 등 다양한 체험이 가능하다.

[그림3] 구찌 매장 둘러보기

[그림4] 공항 돌아보기!

[그림5] 한강공원 나들이하기

[그림6] 라미작가의 랜선 전시회

3) 제페터

기존의 싸이월드와 제페토와의 큰 차이를 본다면 이곳에서는 아이템을 만들고 새로운 맵을 만들어 수익을 창조하는 '제페터'들이 있다는 것이다. 제페토 안에 인플루언서나 인기 크리에이터들이 그들이다. 특히 제페토에서 활동하는 크리에이터 렌지 씨는 아바타의 의상을 만들어 판매하며 3월에만 1,500만원을 벌었다. 현재는 제페토 안에서 매니지먼트를 운영하며 드라마와 예능 물도 제작하고 크리에이터를 양성하며 그 폭을 확장시키고 있다. 앞으로 메타버스 안에서 더 많은 프로슈머 형 크리에이터들이 등장할 것으로 기대된다.

[그림7] 렌지의 제페토와 인스타그램(출처 : 제페토 렌지)

2 제페토 가입하기

제페토는 모바일을 기반으로 하고 있다. 먼저 모바일 스마트 스토어에서 앱부터 설치하자. 모바일에 따라 앱스토어나 플레이스토어에서 '제페토'라고 글을 적거나 'ZEPETO'라고 적은 후 앱을 설치한다.

[그림8] 제페토 설치하기

제페토를 설치하고 나면 캐릭터 만들기를 터치한다.

[그림9] 제페토 캐릭터 만들기

제페토에서 나의 부캐를 만드는데 [그림10]과 같이 되고 싶은 ① 나이를 입력하면 된다. 이때 꼭 나의 생년월일을 기록하지 않아도 된다. 생년월일은 손가락으로 롤링해 움직여주고 다 완성이 됐다면 ② 다음을 눌러준다.

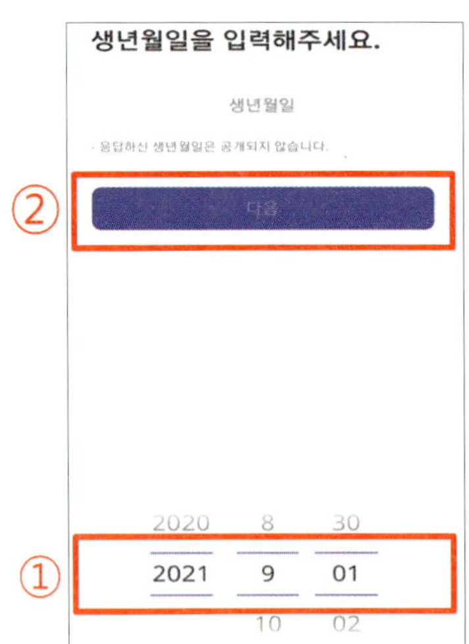

[그림10] 생년월일 입력하기

가입절차에 이어 [그림11] ① 이용 약관에 동의하고 제페토 가입을 진행한다. 제페토에 가입하는 방법은 휴대폰 번호로 시작하기, 이메일로 시작하기, 페이스북으로 시작하기, 카카오톡으로 시작하기, 트위터로 시작하기, 네이버라인으로 시작하기가 있다. 이 6가지 중 원하는 것을 터치해주면 된다. 필자는 간편한 가입을 위해 카카오톡을 선택하고 전체 동의하기를 터치해 가입했다.

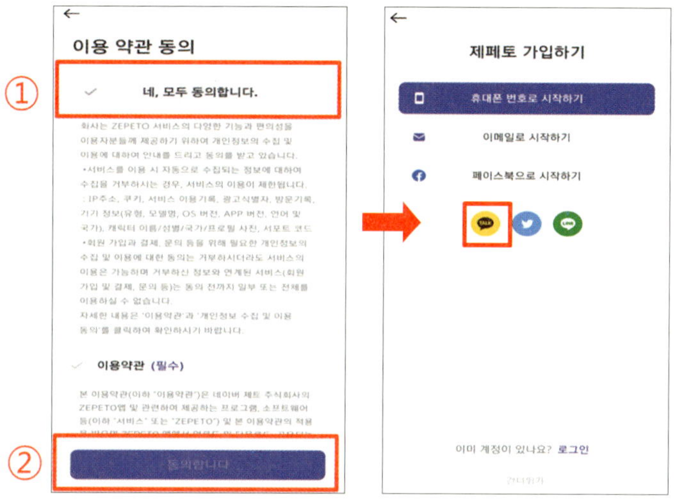

[그림11] 동의하고 가입하기

카카오톡으로 다시 가입하면 제페토에서 동의절차를 걸쳐야 한다.

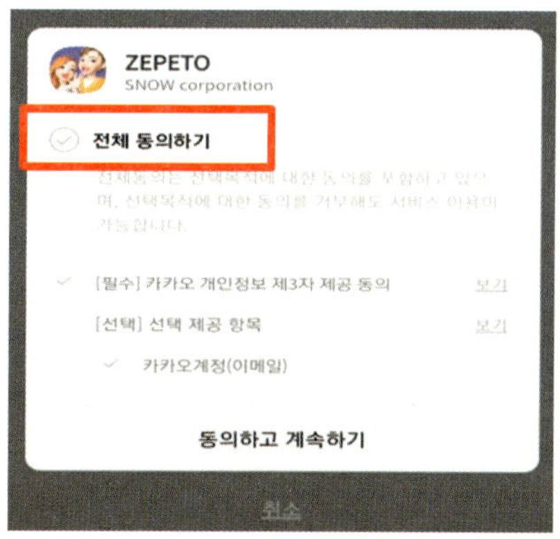

[그림12] 제페토에 동의하고 가입하기

카카오톡으로 동의한 후 계속하기를 선택했다면 제페토에서 사용할 캐릭터 이름을 설정해주면 된다. 이 아이디는 검색용으로 사용하거나 피드에서 보이는 이름이다. 너무 부르기 어렵거나 흔한 이름은 추후 팔로우 하기 어려울 수 있으니 자신만의 독창적인 이름으로 진행해보길 추천한다. 혹 마음에 안 든다면 다음에 이름을 변경할 수도 있다.

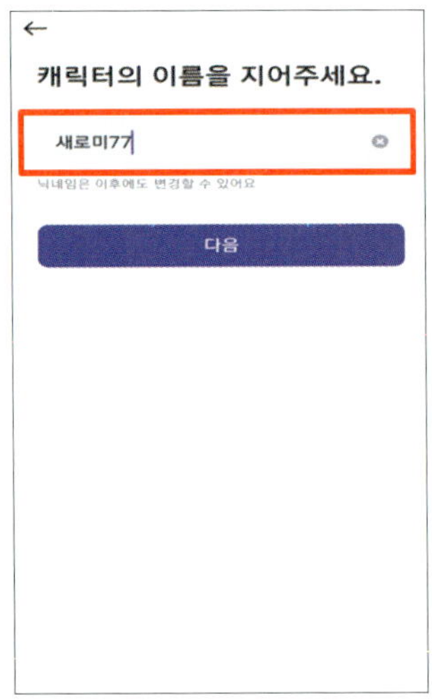

[그림13] 캐릭터 이름 지어주기

[그림14]처럼 성별은 꼭 나의 실제 성으로 맞출 필요는 없다. 나의 부캐이므로 성별을 달리해서 저장하고 추후에 바꿔도 괜찮다.

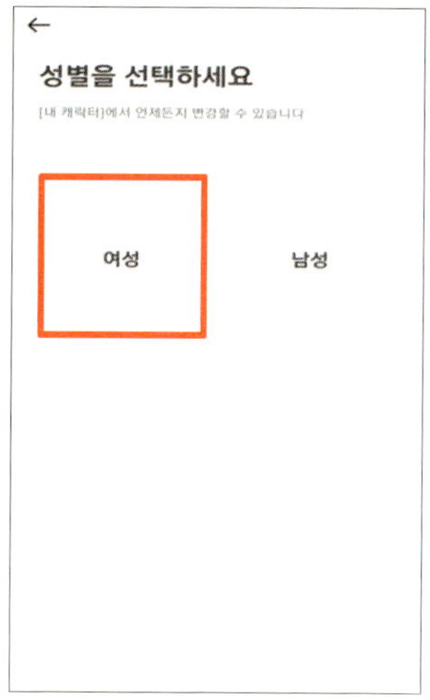

[그림14] 성별 선택하기

이제 [그림15]와 같이 나의 캐릭터를 선택할 차례이다. ① 기존에 제페토에서 만들어 놓은 캐릭터를 터치해 지정할 수 있다. ② 셀카를 찍으면 제페토에서 비슷한 캐릭터가 생성된다. ③ 사진첩에 있는 기존의 나의 사진을 선택하거나 원하는 인물의 사진을 넣으면 캐릭터가 생성된다.

[그림15] 캐릭터 선택하기

이제 완성이다. 완성과 함께 DAILY BONUS로 자동 코인이 발급된다. 추후 활동을 하다보면 월드에서 놀고 사진을 찍고 미션을 해결할 때 칭찬 코인과 같이 지급을 받을 수 있다. 이 코인을 사용해 캐릭터를 꾸밀 수 있게 된다.

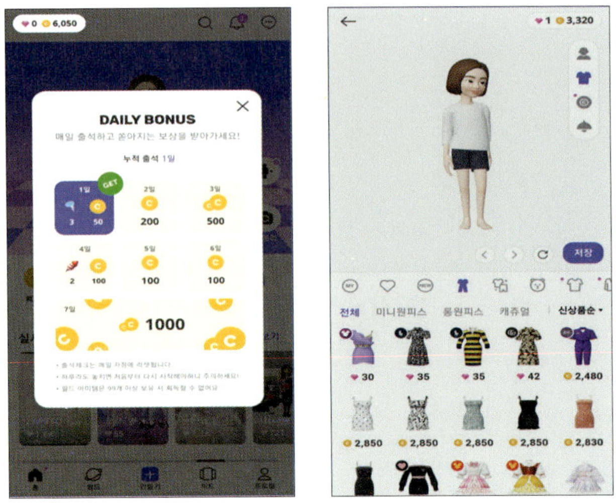

[그림16] 캐릭터의 완성

캐릭터가 완성됐다면 지금부터 얼굴을 꾸며보자.

① 얼굴 꾸미기 카테고리는 몸 체형, 헤어스타일, 헤어액세서리, 얼굴형, 메이크업, 눈썹, 눈, 눈 화장, 코, 입술모양, 립스틱, 수염, 패션안경으로 나뉜다. 옆으로 넘기면 원하는 것을 선택해서 꾸밀 수 있다.

[그림17]얼굴 꾸미기

② 의상 꾸미기 카테고리는 한 벌 의상, 행사별 의상, 인형 탈, 상의, 겉옷, 하의, 치마, 양말, 신발, 헤어스타일, 헤어액세서리, 패션안경, 귀금속 그 외의 장식 등으로 나뉜다. 원하는 것을 각각 선택했다면 꼭 저장을 눌러준다.

[그림18] 캐릭터 의상 꾸미기

오른쪽의 의상꾸미기 아래를 보면 [그림19]와 같이 C가 쓰여 있는 주황색 원이 보인다. Become a Creator로 사용자들이 만든 의상 및 소품들이 있다. 추후 소개해 주는 콘텐츠 만들기에서 완성된 작품들이 이곳에서 판매된다.

[그림19] 사용자들이 만든 의상 및 소품

인테리어 꾸미기 카테고리에는 [그림20]과 같이 소파, 테이블, 캐비닛, 피규어로 구성돼 있다. 본인들이 원하는 것으로 실내를 선택해 꾸미면 된다.

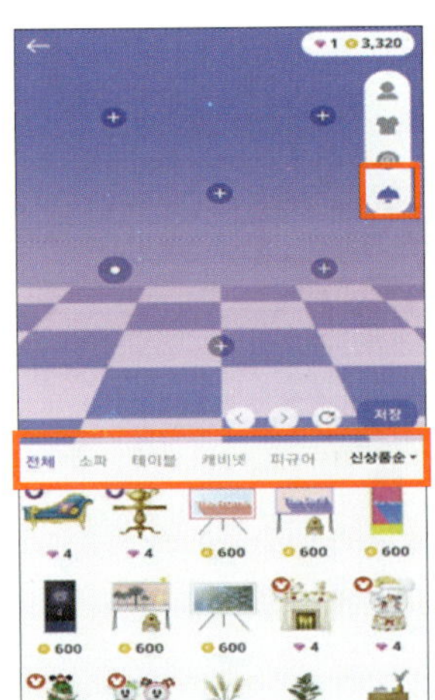

[그림20] 인테리어 꾸미기

[그림21]은 인테리어 꾸미기가 완성된 모습이다.

[그림21] 인테리어 꾸미기 완성

캐릭터의 옷도 입히고 화장도 하고 집도 포근하게 꾸며 보았다. 코인이나 잼을 이용한다면 원하는 것으로 더 멋지게 꾸밀 수 있다. 코인이나 잼은 특별한 미션을 달성하면 받을 수 있으니 활용해보길 추천한다.

'여기서 잠깐 TIP!'

내가 저렴한 옷을 입히려 해도 상단에 비싼 옷부터 제시되기에 아래로 한참 내려줘야 한다. 이럴 때 [그림22]에서 오른쪽 끝 신상품 순을 터치하면 4가지 카테고리가 나온다. 낮은가격순을 터치하고 원하는 소품을 선택해 꾸밀 수 있다.

[그림22] 제페토 소품 보는 순서

3 제페토의 인터페이스

가입이 되고 꾸미기도 완료됐다면 이제 제페토의 인터페이스를 확인해 보자.

인터페이스란 '서로 다른 두 개의 시스템, 장치 사이에서 정보나 신호를 주고받는 경우의 접점이나 경계면'을 뜻한다. 즉, 사용자가 기기를 쉽게 동작시키는데 도움을 주는 시스템을 의미한다.

제페토 안에서 나의 활동, 내가 팔로워 한 친구들의 활동, 유저들과의 메시지 교환 등의 기능들이 이에 해당된다.

홈화면의 상단에 돋보기 모양의 아이콘이 있다. 돋보기는 '검색기능'으로 누르면 [그림23]과 같이 계정, 태그, 맵, 아이템 검색이 가능하다.

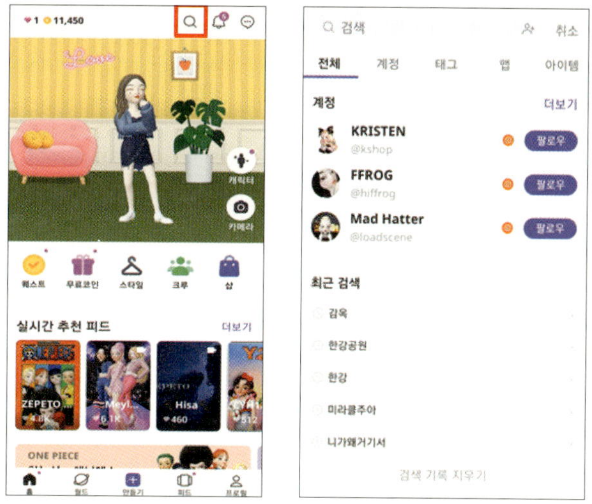

[그림23] 제페토 홈 검색화면

돋보기 옆을 보면 종 모양을 확인할 수 있다. '알림기능'으로 알림과 선물함을 확인할 수 있다. 나와 팔로워 돼 있는 친구들이 게시물을 올리거나 선물을 보내면 알림에 표시된다.

[그림24] 제페토 상단 알림, 상세내용

알림기능 옆의 '메시지' 창을 통해 원하는 친구들과 개인적인 메시지로 소통도 할 수 있다.

[그림25] 제페토 메시지 창

메시지 창을 선택하면 내가 원하는 상대를 검색해서 소통 가능하다.

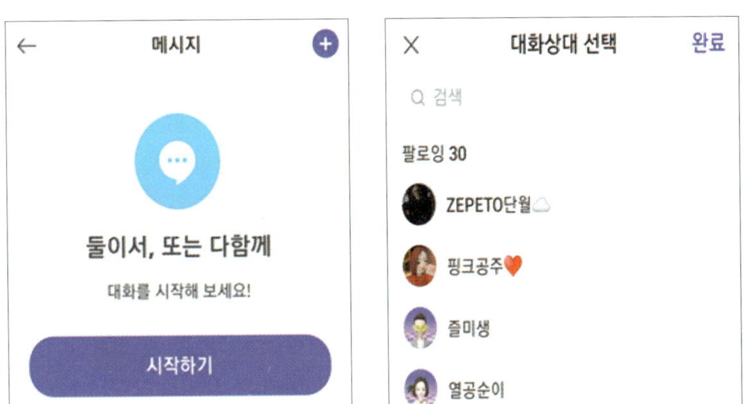

[그림26] 제페토 메시지 상세창

가운데 내 캐릭터방의 오른쪽을 보면 [그림27]과 같이 '캐릭터' 아이콘이 있다. 처음 캐릭터를 꾸밀 때의 화면과 동일하다. 이곳에서 내가 원하는 캐릭터의 모습을 바꿀 수 있다. 새로운 것들이 올라올 때 캐릭터 바 우측에 표시가 뜬다.

[그림27] 제페토 캐릭터

카메라는 나의 아바타를 촬영한다고 생각하면 된다. 카메라 창을 누르면 [그림28]과 같이 아래에 액션, 룸, 일반, AR이 나온다.

[그림28] 제페토 카메라 창

'액션'을 누르면 나의 아바타가 나오면서 나의 얼굴표정을 그대로 따라한다. 내 얼굴이 보이지 않으면 얼굴을 인식하지 못한다는 안내문을 보여준다. 동영상을 누르고 내가 말하는 것을 녹음하면 아바타가 이야기하는 것처럼 보인다. 제스처를 주거나 배경을 달리하고 녹음해 전송하면 피드에 게시도 된다. 게시 전에 음악과 텍스트를 입력할 수도 있다.

[그림29] 제페토 카메라 액션창

액션 옆 '룸'을 터치하면 처음 카메라창이 나온다. 셔터 바로 왼쪽에 캐릭터를 누르면 [그림30]과 같이 다양한 주제의 여러 가지 장면이 확인된다.

[그림30] 제페토 카메라 룸 캐릭터 추가 창

원하는 장면을 터치하면 내 캐릭터가 동일한 포즈를 하고 등장한다. 캐릭터를 변경하고 싶다면 나온 캐릭터를 터치하여 다른 멤버로 변경이 가능하다. 여러 멤버가 있는 경우도 동일하다. 여러 멤버를 교체하고 싶다면 원하는 멤버로 변경해 터치해 주면 된다.

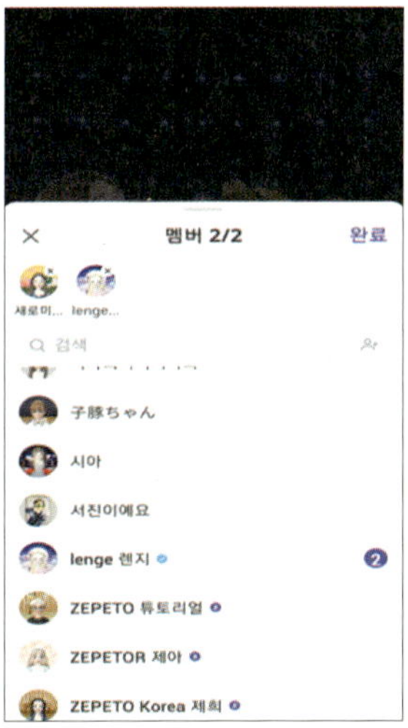

[그림31] 제페토 카메라 룸 캐릭터 변경 창

필자는 인기 크리에이터인 렌지를 추가해 춤을 춰 봤다.

[그림32] 제페토 카메라 룸 캐릭터와 촬영

'일반'을 선택하면 내 얼굴이 나의 캐릭터 얼굴로 바뀐다. 배경 설정 시 얼굴만 둥둥 떠다니는 귀신처럼 보일 수 있다. 배경보다는 실제 화면을 사용하는 걸 추천한다.

[그림33] 제페토 카메라 룸 일반촬영

촬영이 끝났다면 'AR'을 터치해보자. 평평한 바닥이 인식되면 나의 캐릭터가 생긴다. 캐릭터를 추가하고 싶다면 왼쪽의 캐릭터를 터치하고 원하는 장면을 선정해 넣어주면 된다.

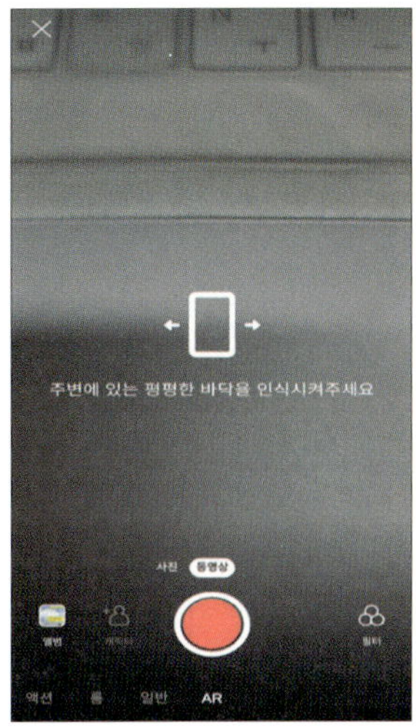

[그림34] 제페토 카메라 AR화면

멤버와 내 캐릭터가 책장에서 춤을 추고 있다.

[그림35] 책장에서 춤을 추는 캐릭터들

홈 화면의 하단의 바를 보면 홈, 월드, 만들기, 피드, 프로필로 구성돼 있다. 홈 화면은 동일하므로 '월드'로 가보자. 월드를 아래로 롤링해보면 함께 놀 수 있는 여러 종류의 맵들과 인기 크리에이터, 즐겨찾기가 있으니 본인이 원하는 곳에서 활동하기를 추천한다.

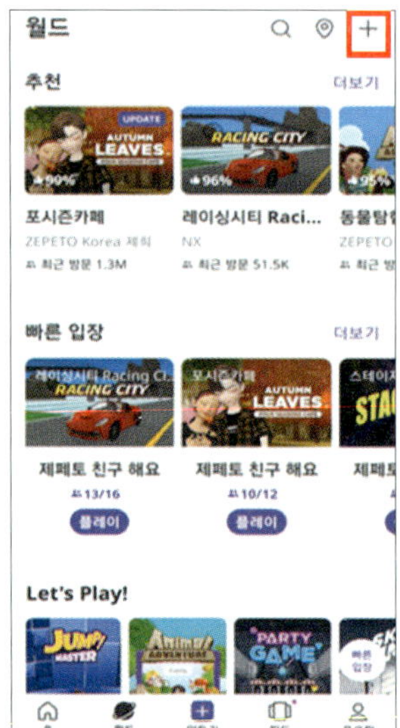

[그림36] 월드 창

[그림36]에서 월드의 상단 오른쪽 끝의 +를 누르면 방 만들기가 가능하다. 주제, 키워드, 초대인원, 원하는 친구 초대, 비밀 방으로 만들기가 가능하다. 이때 인원은 최대 16명까지 가능하다.

[그림37] 월드 방 만들기

월드 맵은 무려 50가지가 넘게 존재한다. 좀 더 빨리 들어가고 싶다면 즐겨찾기로 원하는 맵을 등록해두면 좋다. [그림38] 하단의 월드 옆으로 이동해 더하기 모양의 '만들기'를 터치한다.

[그림38] 만들기 창

만들기는 [그림39]처럼 포토부스, 내 앨범, 카메라, 템플릿, 스타일, 툰, 샷, VITA로 편집하기로 구성돼 있다.

[그림39] 만들기 창

활동이 끝났다면 왼쪽 상단의 X를 누르고 홈으로 돌아가 가운데 +만들기 오른쪽 옆 '피드'를 눌러 보자. 상단에 팔로잉, 추천, 인기 피드로 나눠져 있다. 관심 있는 것을 찾아 들어가 보고 실제로 만들어 보자. 마음에 드는 피드가 있다면 구경도 하고 터치해 하트, 공유, 플레이도 하며 다른 사람들과 소통 할 수 있다.

[그림40] 피드창

피드창 옆 '프로필'을 누르면 내 아바타의 프로필에 대한 내용이 나온다. 프로필 편집, 캐릭터 추가, 친구추가, 내 QR코드 저장 및 공유 스캔하기 활동을 할 수 있다.

[그림41] 프로필 창

캐릭터를 더 원한다면 추가 할 수 있다. 하지만 2,500원을 지불해야 한다.

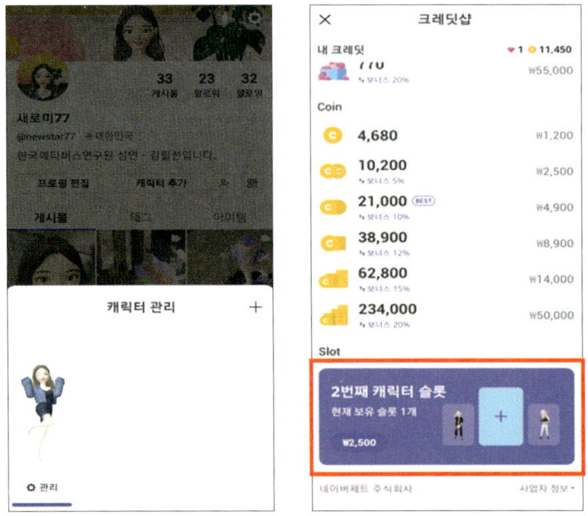

[그림42] 캐릭터 추가 창

기본 아이콘들의 설명이 끝났다면 실천해 보는 길만 남았다. 많은 사람들과 소통하고 싶다면 다양한 기능들을 활용하고 팔로워하며 활동하는 걸 추천한다.

4 아이템 제작하기

메타버스의 큰 장점은 소비자가 생산자도 될 수 있다는 것이다. 수익화를 하기 위한 방법은 다양하지만 그중 가장 쉽게 활용할 수 있는 것으로 제페토에서 '아이템을 제작'하는 것이다.

1) 간편하게 아이템 제작해 올리는 방법

[그림43]과 같이 우측 하단의 '프로필'을 터치하고 우측 상단의 '설정' 톱니바퀴를 누른다.

[그림43] 프로필 설정 창

[그림44] 설정창의 중간에 'become a creator'를 터치한다.

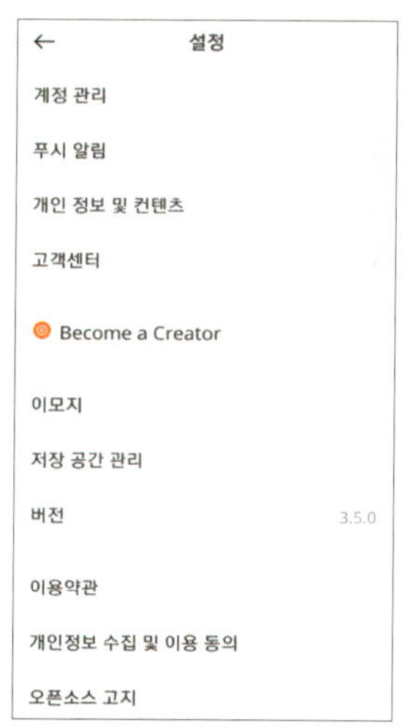

[그림44] 프로필 설정

[그림45]에서 만들고 싶은 아이템을 선택한다. 아이템에는 한 벌 의상, 상의, 외투, 바지&치마, 양말, 신발, 헤드웨어, 액세서리가 있다.

[그림45] 아이템 선택하는 창

이중에서 필자는 봄, 가을에 입을 수 있는 한 벌 의상으로 원피스를 선택했다. [그림46]에서 하단의 '편집'을 누르면 템플릿이 있으나 이번에는 제일 간편한 방법으로 진행하기 위해 별도의 템플릿을 다운 받지는 않겠다.

[그림46] 아이템을 선택해 열어둔 창

화면을 닫지 말고 그냥 놔두고 스마트폰의 홈 버튼을 눌러 홈 화면으로 돌아가 이번에는 플레이스토어에서 '이미지 사이즈'라는 어플을 찾아 설치한다. 아이템의 경우 최소 256x256, 최대 512x512 사이즈 이므로 간단하게 사이즈를 줄여주는 어플이 필요하다. 모바일 폰의 기종에 따라 다양한 사이즈 줄이는 방법이 있기에 간편하게 사용할 수 있는 '이미지 사이즈' 어플을 추천한다.

[그림47] 이미지 사이즈 앱 설치

이미지 사이즈 앱을 설치하고 열기를 하면 [그림48]과 같은 화면이 나온다. 필자는 화면에서 최대 사이즈인 512로 너비와 높이를 바꿔 적은 후 PNG로 저장하였다.

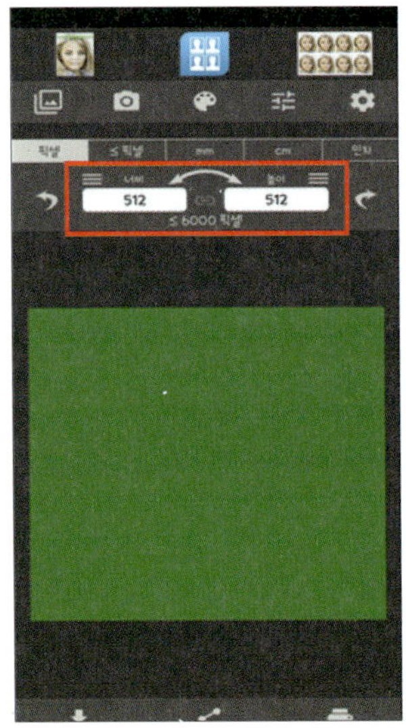

[그림48] 이미지 사이즈 열기 창

이제 내가 선택한 옷의 색상을 바꿀 차례이다. 필자는 [그림49]와 같이 상단의 두 번째에 있는 카메라 모양을 터치해 주변의 아무 것이나 촬영하고 왼쪽 아래 다운로드를 터치했다.

[그림49] 이미지사이즈 촬영 후 저장

다시 이미지 사이즈 편집 어플을 닫고 제페토 편집 창으로 돌아가서 방금 전 찍은 이미지를 업로드 하기 위해 [그림50]과 같이 업로드하기를 터치한다. 이미지, 동영상 중에 이미지를 선택한다.

[그림50] 업로드하기 창

[그림51]과 같이 이미지 삽입을 누르고 사진 폴더 중에 '이미지 사이즈'에서 내가 촬영한 장면을 찾아서 넣어준다.

[그림51] 앨범에서 사진 선택하기

사진을 선택하면 곧장 나의 캐릭터에 옷이 입혀진다. 옷이 입혀지면 다음을 누른다.

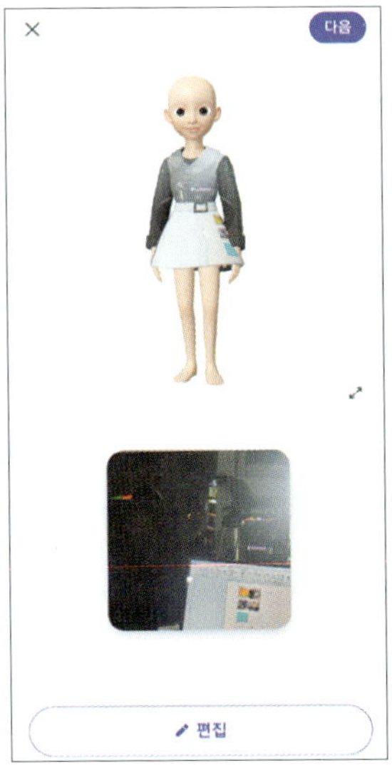

[그림52] 사진 옷 입히기

저장을 누르면 [그림53]과 같이 이름, 카테고리, 태그, 가격, 이벤트, 프로모션 콘텐츠 창이 나온다. 그런데 제페토 사용자가 많아서 그런지 시간이 엄청 많이 소요되기도 한다. 그래도 원한다면 위 사항을 다 적고 저장을 누르면 저장되며 내 작품을 저장하거나 제출할 수 있다.

가격은 내가 원하는 대로 선정하면 된다. 홍보성의 로고, 브랜드 이름, 제품 이름이나 제품 이미지가 포함된 항목은 프로모션으로 간주된다. 따라서 위의 내용이 포함돼 있다면 프로모션 콘텐츠를 터치한다.

[그림53] 내용 등록하기

X를 누르고 나오면 [그림45]의 화면으로 바뀌는데 이때 하단 가운데 '내 아이템'을 터치한다. 지금까지 내가 만들어 제출한 옷이 있다면 여기에서 볼 수 있다. 옷 옆에 우측에 있는 점 3개를 터치하면 미리보기 관련 사항이 나온다.

[그림54] 내 아이템 확인하기

점 3개를 누르면 [그림55]와 같이 휴대폰에서 미리보기, 미리보기 링크 복사가 나온다. 필자는 휴대폰에서 미리보기를 터치했다.

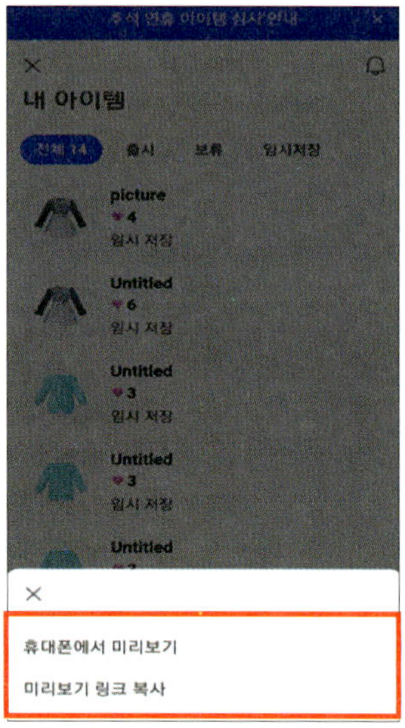

[그림55] 미리보기

[그림56]과 같이 휴대폰으로 알림이 '알림이 전송됐습니다. 제페토 앱에서 알림 메시지를 확인해주세요.'라는 문구가 뜬다.

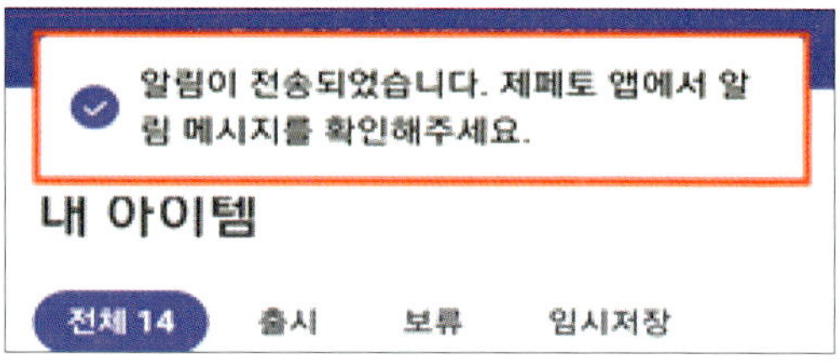

[그림56] 알림문자

제페토 홈으로 돌아가서 상단에 종 모양의 알림을 터치하면 [그림57]과 같은 미리보기 창이 나온다.

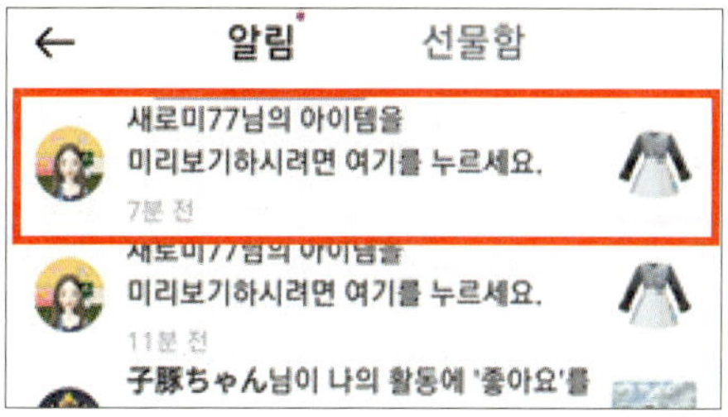

[그림57] 미리보기 창 알림

알림의 안내 글을 터치하면 옷을 입은 캐릭터가 나온다. 제스쳐가 나오고 화면 가운데 작은 글씨로 '링크복사'가 있으니 복사해 사람들에게 전달할 수 있다. 화면을 손가락으로 좌우로 움직여보면 캐릭터가 한 바퀴를 돌며 옷의 앞뒤를 확인 할 수 있다.

[그림58] 옷 미리보기

가장 단순한 옷을 만드는 것을 소개했다. 이 방법은 정밀한 옷을 만들지 못한다는 단점이 있으나 사람들이 단 몇 분 만에 쉽게 옷을 만들어 팔 수 있다. 필자의 경우 단색의 하늘색 가디건을 만들어 제출했더니 옷이 2벌 판매돼 6잼을 받았다.

[그림59] 판매돼진 장면

다양한 아이템을 만들어 제출해보면 수익화도 이뤄 질 것으로 전망한다. 지금까지는 아주 간단한 옷을 만들어 보았다. 중급, 고급으로 레이어를 이용한 후 본인만의 로고나 마크를 넣어 의상도 만들 수 있다. 이는 컴퓨터로 '제페토 스튜디오'에서 확인 가능하다.

5 웹툰 제작하기

메타버스 안에서 뜨고 있는 신종 직업으로 또 하나가 '메타버스 웹툰 작가'이다. 작가가 되고 싶은 사람이라면 제페토 안에서 그 꿈을 실현하는데 도움이 될 것으로 보인다. 이를 위해 기본적인 웹툰 제작 방법을 소개할까 한다.

드라마를 만들거나 웹툰을 만들 때에는 콘텐츠 제작 준비가 필요하다. 먼저 스토리가 있어야 하고 그 스토리에 부합한 장면이 필요하다. 그리고 그 안의 주인공들과 배경, 장식, 글자들이 필요하다.

홈 화면으로 돌아가 가운데 만들기 창을 누르고 상단에 있는 메뉴를 왼쪽으로 밀어보면 '툰'이 나온다. 이 툰을 선택한다. 툰을 터치하면 컷을 만들 수 있도록 [그림60]과 같이 하얀 배경이 나온다. 하얀 배경에 넣을 수 있는 4가지 요소가 보인다.

웹툰 작가들이 그림을 그릴 때 받게 되는 네모난 종이 틀이라고 생각하면 된다. 이곳에 말풍선, 스티커, 배경스티커, 배경 중 나의 작품과 어울리는 것을 선택한다.

[그림60] 컷 창

내용에 맞는 캐릭터를 먼저 선정 후 포즈를 찾아준다. 필자의 경우 주인공을 먼저 넣어줬을 뿐 원한다면 글자를 먼저, 혹은 배경을 먼저 넣어줘도 아무 상관이 없다. 하지만 큰 화면이 먼저 들어가면 지정하기가 어렵다. 따라서 자리를 이동하거나 생략할 때 어려움을 줄이기 위해 작은 사이즈의 내용부터 넣기를 추천한다.

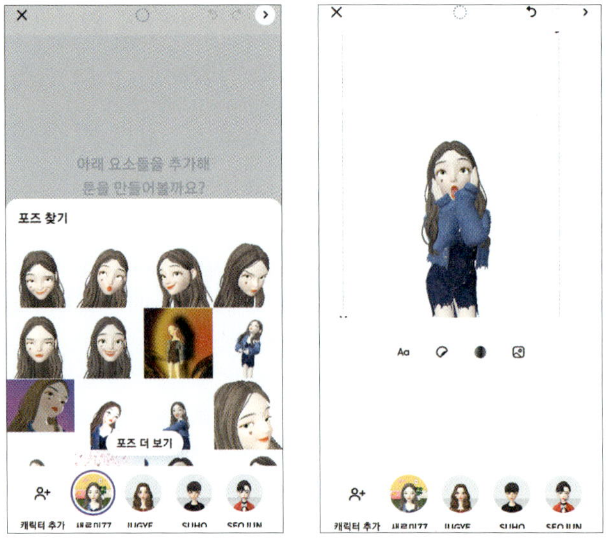

[그림61] 주인공 포즈 찾아 넣기

배경을 보고 내가 원하는 배경을 넣어준다.

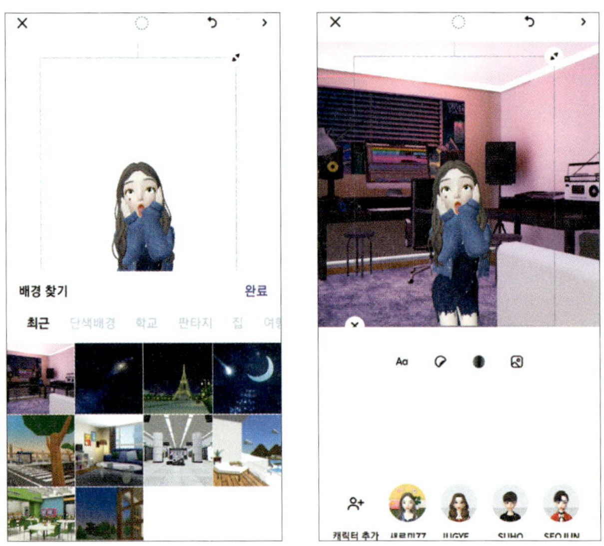

[그림62] 배경을 찾아 넣기

장면에 따라 배경 스티커가 필요하다면 넣어준다.

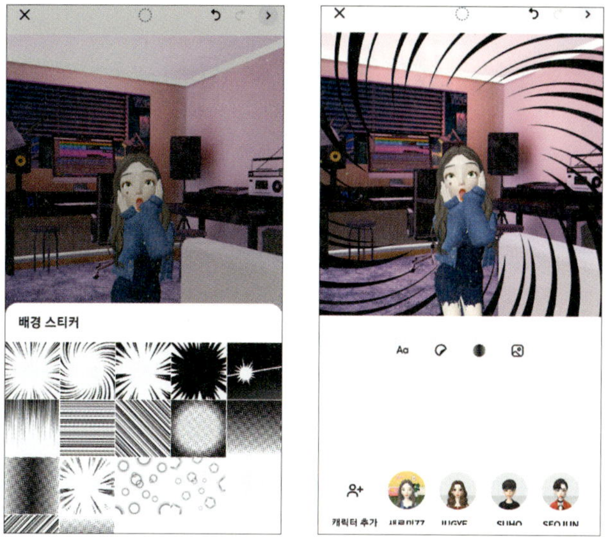

[그림63] 배경스티커 넣기

제목이나 해설 혹은 대사가 필요하다면 자리를 잡아서 넣어준다. 이때 말풍선이나, 해설의 틀을 바꾸고 글자의 색도 다양하게 바꿀 수 있다.

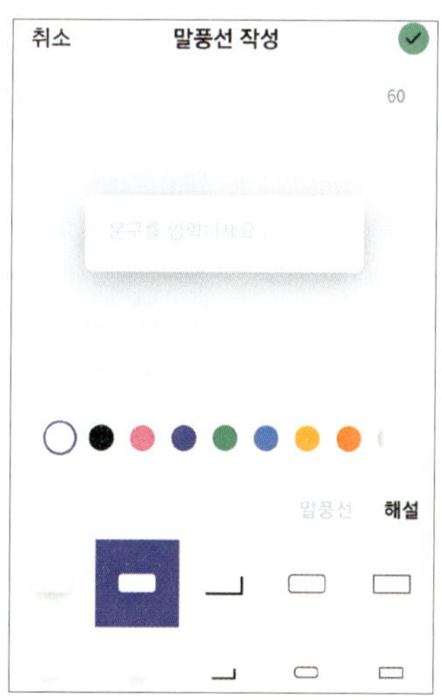

[그림64] 말풍선 작성해 넣기

내가 계획한 스토리가 다 만들어 졌다면 우측 상단의 화살표를 눌러 공개 해준다.

[그림65] 공개하기

내가 만든 웹툰의 컷들이 모두 완성이 됐다면 이제 툰을 눌러준다. 그리고 툰 만들기를 눌러서 원하는 컷을 순서대로 넣어준다.

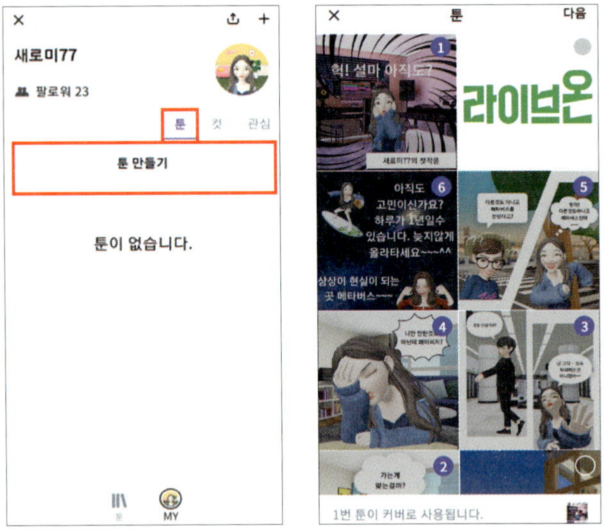

[그림66] 툰 장면

이제 다 완성이 됐다. 몇 분만으로 6컷짜리 나의 웹툰이 완성됐다.

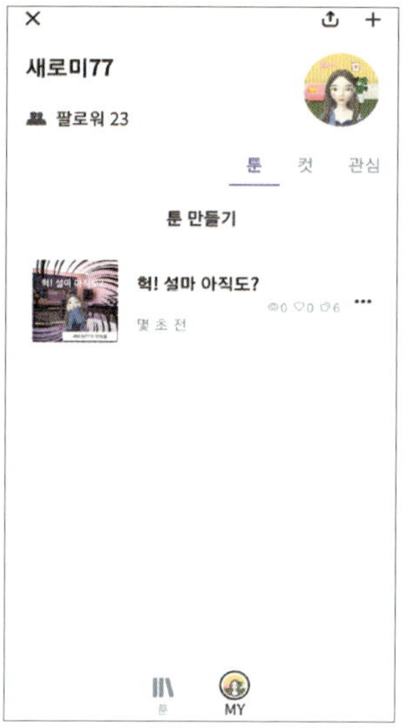

[그림67] 완성된 툰

누구나 할 수 있는 웹툰 작가!! 여러분도 도전해 보길 바란다.

[그림68] 헉 설마 아직도!! 웹툰 완성

Epilogue

지금까지 간략하게 제페토에서 즐길 수 있는 방법들을 일부 안내했다. 제페토에서 동영상도 만들고, 드라마도 만들고, 내가 만든 맵에서 작품전시회, 운동회, 행사 등도 다양하게 진행할 수 있다. 메타버스의 플랫폼을 잘 활용한다면 여러분들이 꿈꾸는 활동들이 이 안에서 다양하게 이뤄질 수 있다.

재미에 수익까지 창출할 수 있는 플랫폼 제페토. 다양한 스타일을 창조해내는 크리에이터로서 자신만의 아이디어로 콘텐츠 생산에 심혈을 기울여보자. 이렇게 탄생 된 콘텐츠들은 분명 많은 사람들에게 인기를 얻을 것이고 그 인기는 바로 수익으로 이어질 것이다.

코로나19로 많은 사람들이 일손을 놓고 망연자실하고 있다. 그러나 모든 것에는 동전의 앞과 뒤가 있듯이 코로나19로 일선에서 물러나야 했다면 다시 메타버스라는 새로운 세계로 출근할 준비를 서둘러 보자.

메타버스는 이미 전 세계적으로 많은 발전을 시도하고 있고 그 기능과 가치에 기업들이 나서서 투자와 연구개발을 서두르고 있다. 우리나라도 이제 정부에서 나서서 국책산업으로 메타버스를 적극 지원하고 있다.

게임에 익숙한 MZ 세대라면 특히 메타버스가 낯설지 않을 것이다. 한편 스마트폰을 작동하는 것조차 어려운 고연령 층이라면 메타버스를 기대하기는 어려울 것이다. 그러나 한창 경제활동이 가능한 세대라면 코로나19가 바꿔 놓은 비대면 시대, 이 위기를 기회로 삼아 메타버스로 출근하도록 메타버스 내 새로운 비즈니스를 열어보기를 권해본다.

지금 할 일은 실천하는 것이다. 책을 보고 그냥 덮어두기 보다는 손가락을 움직이자. '머리에서 가슴까지 가는 길이 가장 멀다'고 했던가? 그렇다면 필자는 '머리에서 손가락으로 가는 길이 가장 짧다'고 말하고 싶다.

지금까지 왜 나는 먼저 앞서가지 못하고 체념하고 있는가?
코로나19로 인해 바뀌진 세상에 무엇을 해야 할지 고민만 할 것인가?
왜 나에겐 기회가 안 올까 생각만 하는 당신! 이번이 마지막 기회가 될 수 있다.

독자 여러분 모두 꿈꾸는 것들이 메타버스 안에서 현실이 되기를 소망한다!!

[참고문헌]
· 구글 제페토 앱
· MKYU 장유주 강사
· 메타버스 for 메듀테크
· 메타버스 이미 시작된 미래
· 메타버스
· 네이버백과사전
· 위키백과사전

Chapter

6

제페토 빌드잇에서 놀기

최효심

Chapter 06.
제페토 빌드잇에서 놀기

Prologue

'제페토 빌드잇'(ZEPETO build it)은 2019년 12월에 오픈한 제페토(ZEPETO) 내 월드 제작 샌드박스 서비스이다. 다양한 블록과 테마 오브젝트를 무료로 제공하며 이를 이용해 제페토 유저들이 뛰놀 수 있는 가상 세계를 제작할 수 있다. 제작한 크리에이터 맵은 제페토 내 월드에 공개할 수 있으며 모바일로 자유롭게 플레이할 수 있다. 〈출처: 위키백과, 우리 모두의 백과사전〉

코로나19로 사람과의 대면 접촉이 어려워짐에 따라 모든 일을 집안에서 혹은 PC와 스마트폰으로 해결해야 하는 어려움이 오히려 메타버스라는 초 현실 가상세계를 보다 빠르게 우리들의 안방 안으로 가져왔다.

우리에게 친숙한 네이버 역시 이 메타버스 세상에 편승하기 위해 2018년 8월 발 빠르게 제페토 서비스를 시작했다. 출시 이후 제페토는 한국뿐만 아니라 중국, 일본, 미국 등 전 세계 200여 국가에서 1억 3,000만 명 이상이 제페토를 사용하는 성과를 이뤘다. 제페토 세상에서는 나이·성별·인종·지역을 넘어 친구가 사귈 수 있고, 시간과 공간을 초월해 어디든 갈 수 있으며 원하는 것은 무엇이든 해낼 수 가 있다. 말 그대로 상상 속에서만 꿈꿔왔던 무엇이든 만들어낼 수 있는 곳이다.

네이버제트가 운영하는 제페토는 AR(증강현실)·3D 등 기술을 활용해 사용자가 직접 커스터마이징 한 자신만의 개성 있는 아바타로 소셜 활동까지 즐길 수 있는 아바타 플랫폼이다. 이용자들은 개성을 담아낸 가상공간 속 아바타로 타 이용자들과 다양한 게임과 액티비티 요소들을 누릴 수 있다. 따라서 트렌드에 민감하고 소셜 활동에 적극적인 10대층에 높은 지지를 받고 있다.

2021년 4월을 기준으로 전 세계 사용자가 2억 명을 돌파했으며 해외 사용자의 비율 또한 90%에 달한다. 그 중에서도 10대의 비율이 80%를 넘어섰다. 그야말로 게임에 열광적인 MZ 세대를 겨냥했다고 해도 과언이 아니다.

또한 AR(증강현실) 아바타 서비스 제페토(ZEPETO)가 선보인 '제페토 스튜디오'는 제페토가 구현하는 가상현실 내에서 착용 가능한 의상, 액세서리, 신발, 핸드백, 소품, 도구 등 다양한 아이템을 직접 제작하고 판매까지 할 수 있는 크리에이터 플랫폼으로 인기몰이를 하고 있다.

제페토 스튜디오는 오픈 한 달 만에 8억 원 이상의 매출이 발생했고 참여한 크리에이터 숫자만 해도 6만 명을 넘어섰다. 이들이 직접 판매 등록한 아이템만 2만여 종 이상으로 말 그대로 이곳에서 경제활동이 가능하다는 말이다. 즉 크리에이터들의 창작활동이 바로 수익창출로 이어지면서 날이 갈수록 크리에이터들의 아이디어 전쟁터가 됐다.

1 빌드잇(build it) 설치와 로그인

빌드잇을 설치하기 위해서는 먼저 제페토에 회원가입이 돼 있어야 하며 제페토 회원가입은 휴대폰 앱을 통해서 할 수 있고 빌드잇 설치는 PC에서 가능하다. 휴대폰 앱을 통해서 제페토에 가입 후 PC화면에서 검색 창에 '제페토 빌드잇'을 입력한다.

1) 빌드잇 설치하기

제페토 스튜디오(ZEPETO STUDIO) 화면으로 들어온다. 여기에서는 실제로 크리에이터가 돼 제페토 즉 아바타와 관련한 의상 및 액세서리 등도 만들어 판매도 할 수 있다. 이제 빌드잇으로 들어가 보자. [그림1]의 상단 메뉴 중 오른쪽 빌드잇(빨간색 네모로 표시)을 클릭한다.

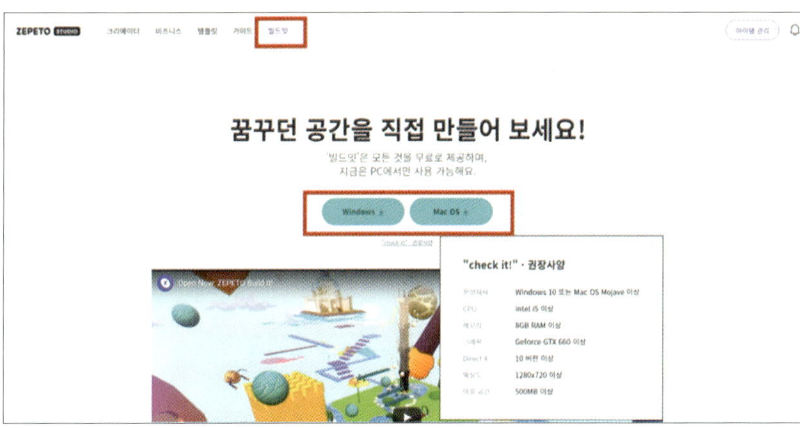

[그림1] 제페토 스튜디오 빌드잇 설치 전 화면

다운로드 받기 전에 'Check it'에서 권장사양을 꼭 확인하자. 권장사양에 부합한다면 다운로드해 빌드잇을 설치한다. Windows 혹은 Mac OS 중에서 내 컴퓨터의 운영체제에 맞는 것으로 다운로드 한다. 그러면 설치파일을 실행할 것이냐는 문구가 뜨는데 [그림2]와 같이 실행을 누르고 빌드잇을 설치한다.

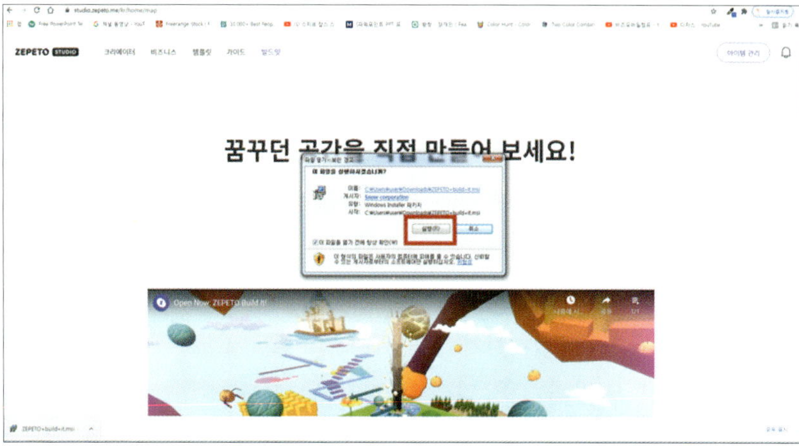

[그림2] 제페토 스튜디오 빌드잇 설치 마법사 실행 화면

빌드잇 설치 마법사가 완료되면 [그림3]처럼 ZEPETO build it 시작에 체크 표시를 하고 마침 버튼을 누른다.

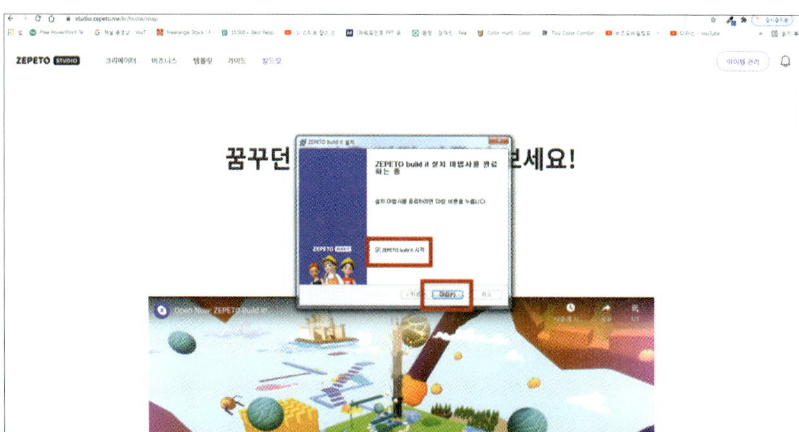

[그림3] 제페토 스튜디오 빌드잇 설치 마법사 완료 중인 화면

그러면 자동으로[그림4]와 같은 제페토 빌드잇 화면이 뜬다.

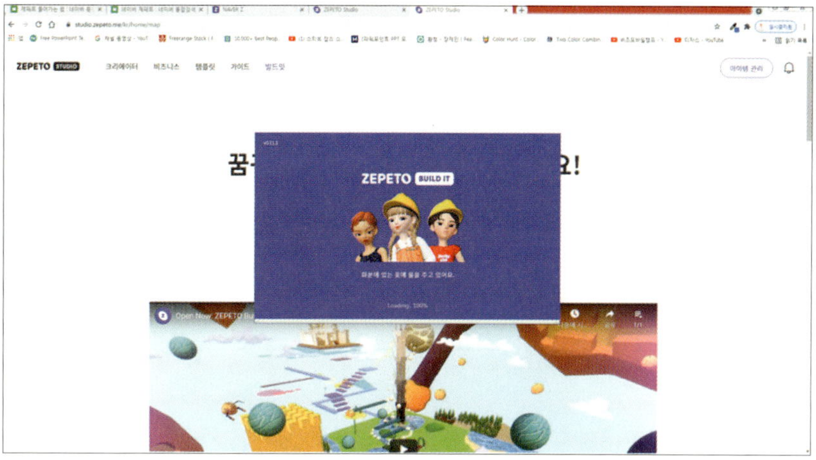

[그림4] 제페토 스튜디오 빌드잇 설치 완료 화면

2) 로그인하기

[그림5]와 같이 이제 로그인을 해야 할 차례다. 계정으로 로그인 혹은 QR 로그인 그리고 소셜 아이디로 로그인 하는 방법이 있는데 세 가지 중 편한 방법으로 로그인 하면 된다.

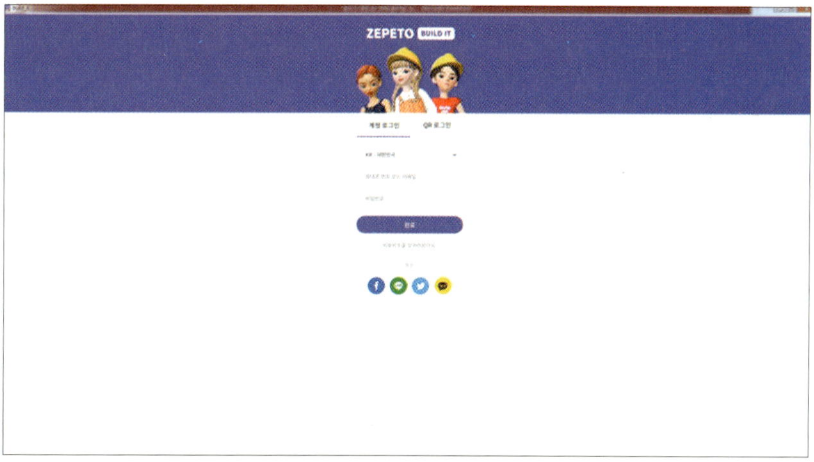

[그림5] 제페토 스튜디오 빌드잇 로그인 화면

2 빌드잇 사용법

1) 맵 다루기

(1) 맵 선택하기

로그인을 하고 들어오면 [그림6]과 같이 왼쪽 상단에 나의 아바타인 제페토가 뜬다. 바로 아래 '+ 새로만들기' 부분이 활성화가 돼 있는데 Plain을 비롯해 Town, House, Café, School, City, Wedding과 같이 기본적으로 빌드잇에서 제공하는 몇 가지의 맵이 함께 보인다.

상단의 노란색 긴 배너 부분에는 새로이 업데이트 되는 테마나 콘테스트 같은 소식이 뜬다. 원하는 맵을 아무거나 선택해 사용자가 상상하는 데로, 꿈꾸는 데로 마음껏 제작이 가능하다. 여기서는 예시로 가장 앞에 있는 Plain 맵을 선택해보기로 한다.

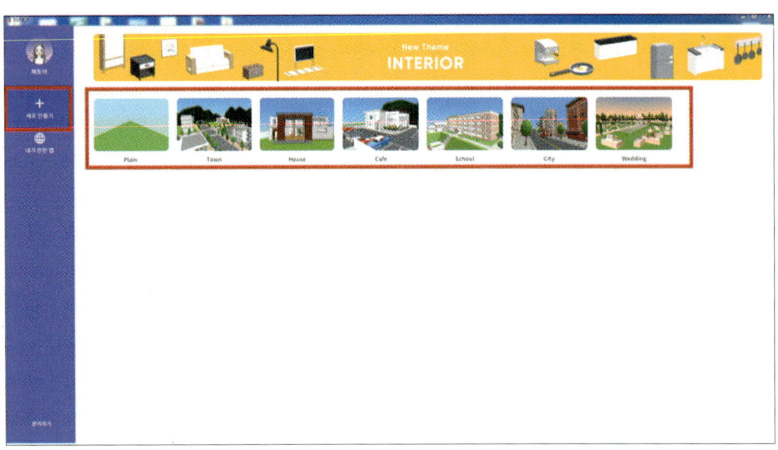

[그림6] 제페토 스튜디오 빌드잇 홈 화면

[그림7]은 이제 본격적으로 맵을 만들 수 있는 화면이다. Plain 화면은 지형 외에는 아무것도 없는 상태이기 때문에 사용자의 상상력을 동원해서 마음껏 만들면

된다. 그러면 이제부터 화면을 다루는 방법부터 기본 메뉴들에 대해서 알아보도록 하자.

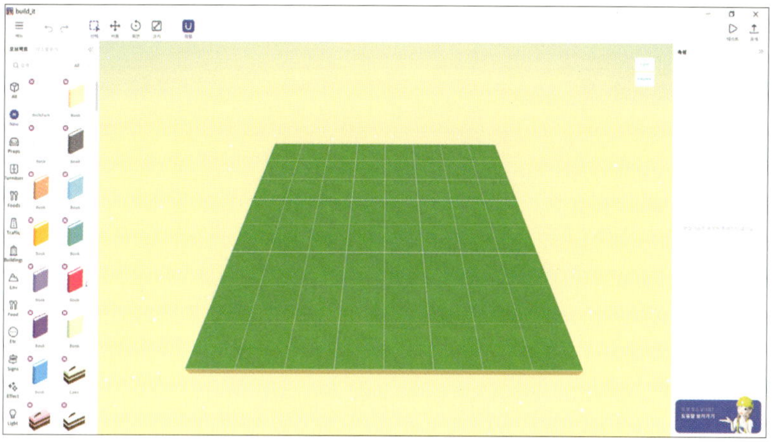

[그림7] Plain 맵 화면

(2) 화면 이동하기

화면을 이동하는 데는 몇 가지 방법이 있다. 스페이스 바를 누른 채로 마우스 왼쪽 버튼을 맵에서 드래그한다. 이때 [그림8]과 같이 맵 화면 위에 손바닥 모양이 나타난다. 마우스 휠을 누른 상태로 드래그한다. 역시 맵 화면 위에 손바닥 모양이 나타난다.

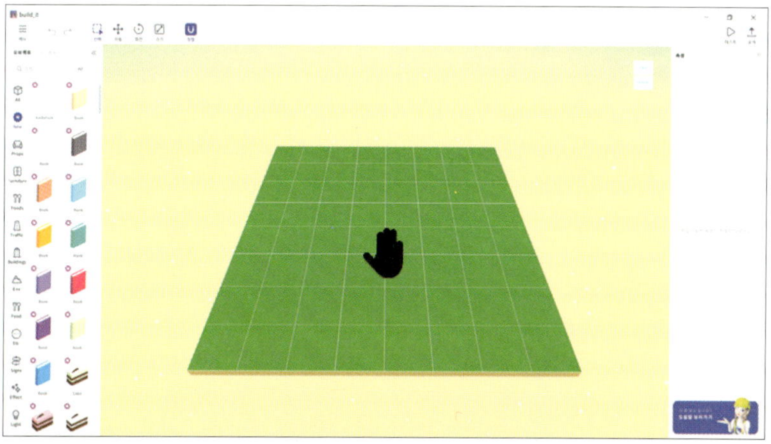

[그림8] Plain 맵 화면

(3) 화면 확대하기

화면을 확대하는 방법은 [그림9]와 같이 마우스 휠을 사용자 기준으로 모니터(앞)쪽으로 굴린다. 휠을 굴릴수록 점점 화면이 확대되는 것을 알 수 있다.

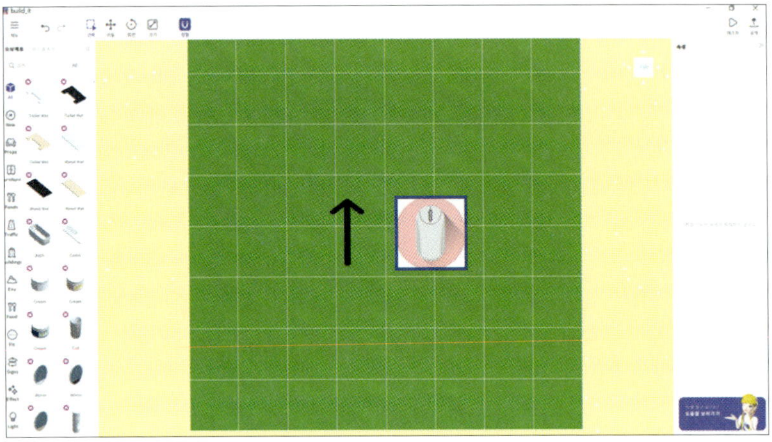

[그림9] 맵 확대 화면

(4) 화면 축소하기

반대로 화면을 축소하는 방법은 [그림10]처럼 마우스 휠을 사용자(뒤) 쪽으로 굴린다. 휠을 굴릴수록 점점 화면이 축소되는 것을 알 수 있다.

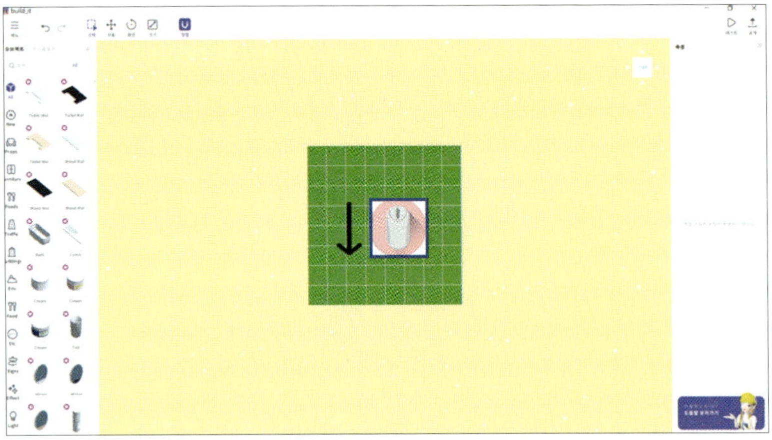

[그림10] 맵 축소 화면

(5) 메뉴에 관한 설명

먼저 [그림11]과 같이 왼쪽 상단 메뉴 탭에는 홈-저장-새로 만들기-내 정보-설정-종료 순으로 나열돼 있다.

▶ 홈 : 말 그대로 빌드잇에서 맵을 선택할 수 있는 첫 화면을 말한다.

▶ 저장 : 맵을 다 만들었다면 저장 버튼을 누르자.

▶ 새로 만들기 : 작업 도중 이 메뉴를 선택하면 '저장할까요?'라는 문구가 뜬다. 저장 버튼을 누르면 기존 작업을 저장하고 작업 전 선택했던 맵의 화면으로 바뀐다.

▶ 내 정보 : 제페토 코드, 휴대폰 번호, 등록된 이메일과 같은 내 아바타와 관련된 정보가 뜬다.

▶ 설정 : 언어(4개국 언어지원)와 효과음을 선택할 수 있고 단축키들이 나와 있어 유용한 메뉴이다.

▶ 종료 : 새로 만들기와 마찬가지로 이 메뉴 선택 시 '저장할까요?'라는 문구가 뜨며 저장을 하든 하지 않든 빌드잇은 종료된다.

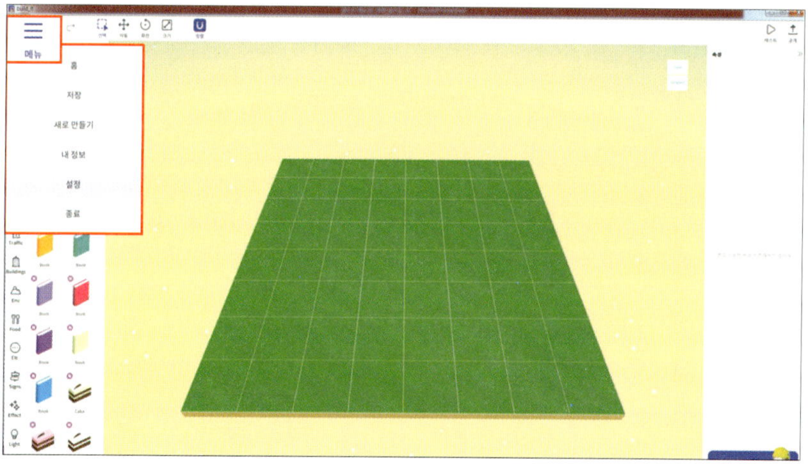

[그림11] 메뉴를 선택한 화면

메뉴 탭에서 [그림12]와 같이 '설정'을 누르면 언어와 효과음을 선택할 수 있는데 오브젝트를 놓을 때마다 소리가 난다. 화면 다루기에 익숙해지면 단축키도 유용하게 사용할 수 있다.

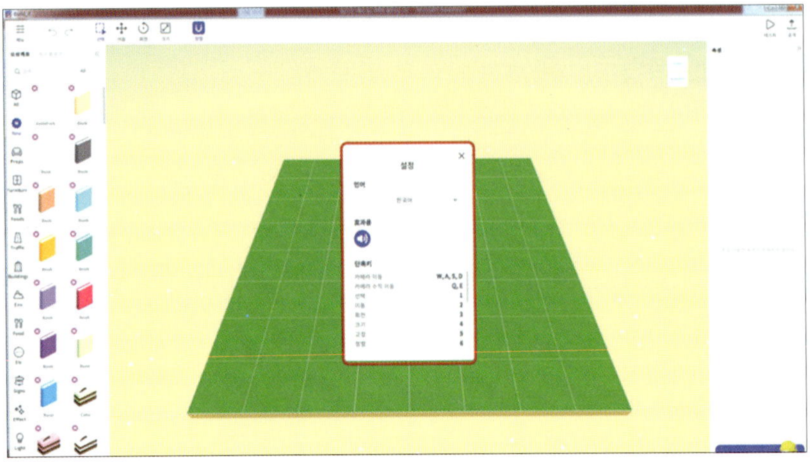

[그림12] 메뉴에서 설정을 선택한 화면

2) 빌드잇 맵에서 쓸 수 있는 유용한 단축키

빌드잇 맵에서 사용할 수 있는 단축키로는 키보드에서 보면 [그림13]과 같이 Q, W, E, A, S, D를 활용할 수 있다.

▶ Q : 아래쪽으로 수직 하강
▶ E : 위쪽으로 수직 상승
▶ W : 줌인 (클로즈업/ 확대)
▶ S : 줌아웃 (축소)
▶ A : 왼쪽으로 이동
▶ D : 오른쪽으로 이동

[그림13] 키보드에서 주요 키 표시한 화면

▶ 되돌리기 : Ctrl + z

▶ 다시하기 : Ctrl + y

▶ 저장 : Ctrl + s

▶ 오브젝트 묶기 : Ctrl + g

▶ 복사 : Ctrl + c

▶ 붙여넣기 : Ctrl + s

▶ 복제 : Ctrl + d

▶ 이름변경 : F2

3) 오브젝트 기능

(1) 맵 위에 오브젝트 놓기

[그림14]의 화면은 왼쪽 상단 메뉴 아래에 있는 오브젝트 탭이 선택된 상태에서 모든 테마(All Theme)를 보여주고 있다. 소주제로 구별돼 있어 다양한 오브젝트들을 찾아볼 수 있다. 설정에서 한글로 지정돼 있음에도 불구하고 오브젝트들의 이름이 영문이라 검색해서 찾기에 다소 까다로운 부분도 있다. 개인적으로 오브젝트를 선택 시 한글검색도 가능하도록 개선됐으면 하는 바람이다.

위에서부터 아래로 All(모두), Props(받침대), furniture(가구), foods(음식), Traffic(교통), Buildings(건물), Env(환경), food(음식), Etc(기타), Signs(표지판), Effect(효과), Light(빛), Npc(직접 조종할 수 없는 도우미 캐릭터), spawn(테스트 시 아바타가 나오는 곳), Cube(정육면체), polygon(다각형), Pillar(기둥), Stair(계단), Custom(이미지 넣는 틀), Round(둥근 것), Arch(아치형 장식), Attach(상호작용 하는 것), Text(문자) 등의 항목이 있는데 각각의 오브젝트 탭에는 어떤 것들이 있는지 한 번씩 클릭해 보시길 권유하는 바이다.

그럼 이제 맵 위에 오브젝트를 놓아보도록 하자. 필자는 [그림14]처럼 Traffic에서 Convertible car를 선택하고 나서 배경에 클릭했다. Car가 잘 선택이 됐는지 한 번 더 확인하고 맵 위에 클릭한다. 이때 선택한 Car 오브젝트가 사라지지 않고 계속 활성화가 되는데 마우스 우측(오른쪽 키)또는 esc 키를 누르면 없어진다.

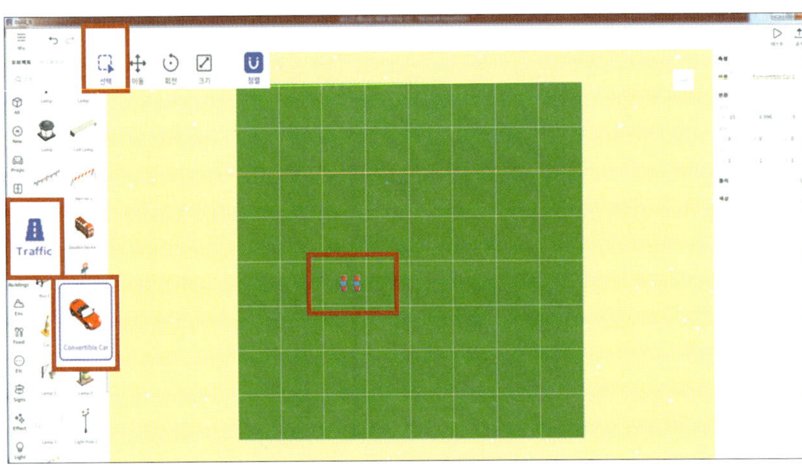

[그림14] 맵 위에 카(자동차) 오브젝트를 놓은 화면

(2) 삽입한 오브젝트의 삭제

삽입한 오브젝트를 삭제하는 방법은 [그림15]처럼 오브젝트를 선택하고 마우스 오른쪽 버튼을 클릭 후 삭제(Delete)를 누르거나 키보드에서 Delete키를 누르면 된다.

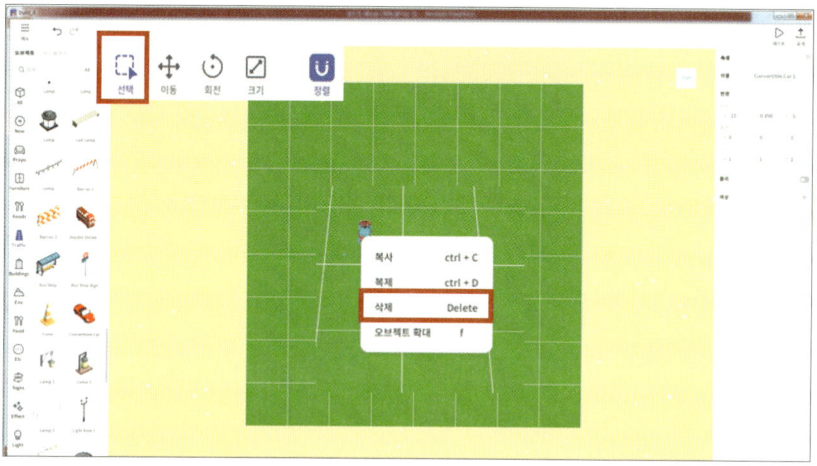

[그림15] 오브젝트 위에서 마우스 오른쪽 버튼을 누른 화면

(3) 오브젝트의 이동, 회전, 크기, 정렬 기능

[그림16] 이동, 회전, 크기, 정렬 아이콘 이미지

① 오브젝트 크기 조절하기

오브젝트의 크기를 변경하고 싶을 때는 [그림17]의 왼쪽 상단 맨 위 메뉴 '크기' 아이콘을 누른 후 해당 오브젝트를 클릭한다. 클릭 시 각각 연두, 파랑, 빨강 색의 선과 선 끝에 아주 작은 네모 모양이 생긴다.

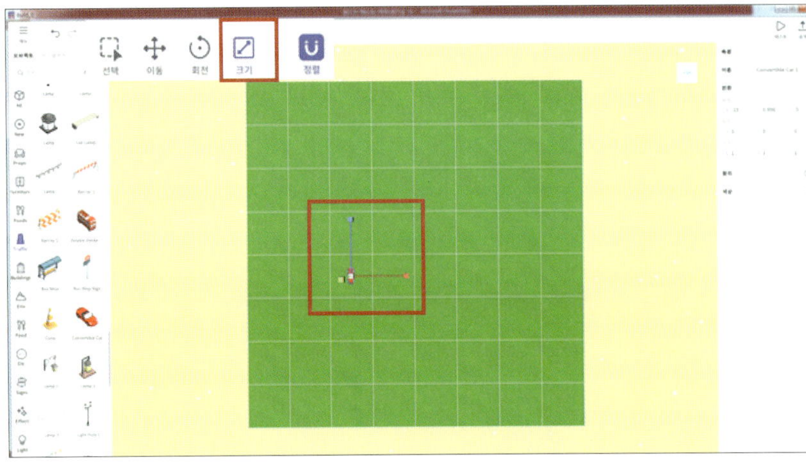

[그림17] 이동, 회전, 크기, 정렬 아이콘 이미지

크기 아이콘이 선택이 돼 있는 상태에서 오브젝트의 크기를 크게 변경하고 싶다면 연두(높이), 파랑(길이), 빨강(넓이)의 선 끝에 있는 네모 모양을 각각 클릭한 채 선을 길게 늘이는 것처럼 드래그 해주면 된다. 비율을 유지한 채 크기를 변경하고 싶다면 선 중앙의 작은 박스에 마우스를 가져다 대고 원하는 대로 드래그하면 된다. 원하는 비율로 크기변경이 잘 됐는지 정확한 확인을 위해서는 TOP(위)에서 뿐만 아니라 FRONT(앞), BACK(뒤), LEFT(왼쪽), RIGHT(오른쪽) 모든 방향에서 돌려 보는 것이 좋다.

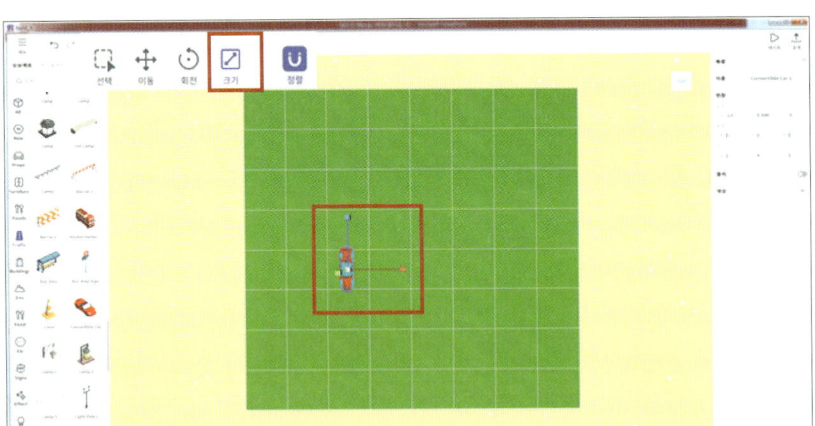

[그림18] 크기 아이콘을 선택하고 자동차 오브젝트를 클릭한 화면

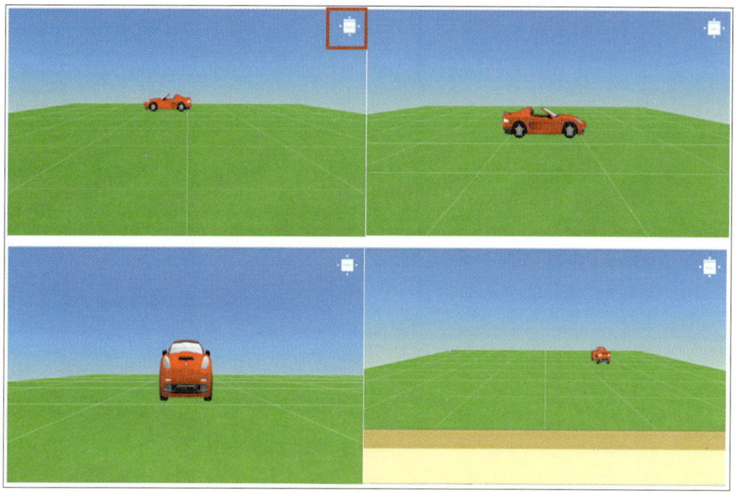

[그림19] 왼쪽 상단부터 시계방향으로 RIGHT, LEFT, BACK, FRONT로 화면을 돌려본 모습

② 오브젝트 이동하기

오브젝트를 이동하는 방법은 이동하고자 하는 오브젝트를 선택한 후 [그림20]과 같이 왼쪽 상단 맨 위 메뉴에서 '이동'을 클릭한다. 각각 빨간색, 연두색, 파란색의 선과 선 끝에 원뿔 모양의 도형이 생기는데 이 원뿔 지점을 잡고 원하는 위치로 이동해 주면 된다. 각각의 선을 클릭하면 노란색으로 바뀌는 것을 알 수 있다. 또는 3개의 선이 만나는 중간 지점의 네모 모양을 잡고 이동시켜도 된다.

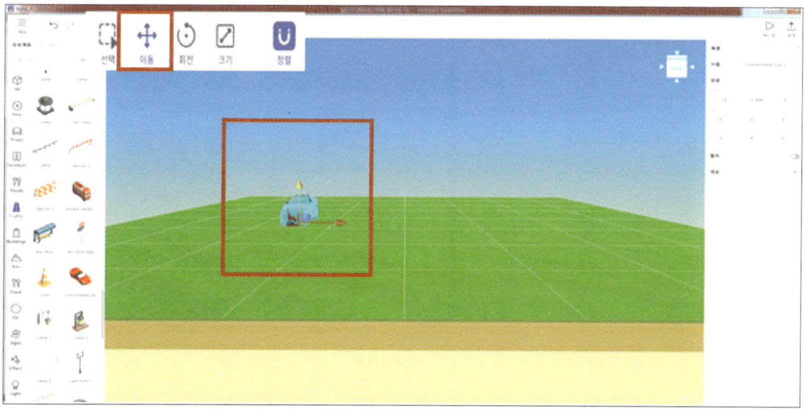

[그림20] 자동차 오브젝트를 선택하고 이동을 누른 화면

원하는 곳으로 자동차 오브젝트를 이동한 모습이다. 이동 후 오브젝트가 맵 위에 나타나지 않는다면 아래 예시 이미지와 같이 지형 속에 묻혀있거나 지형 아래로 내려가 있는 경우다.

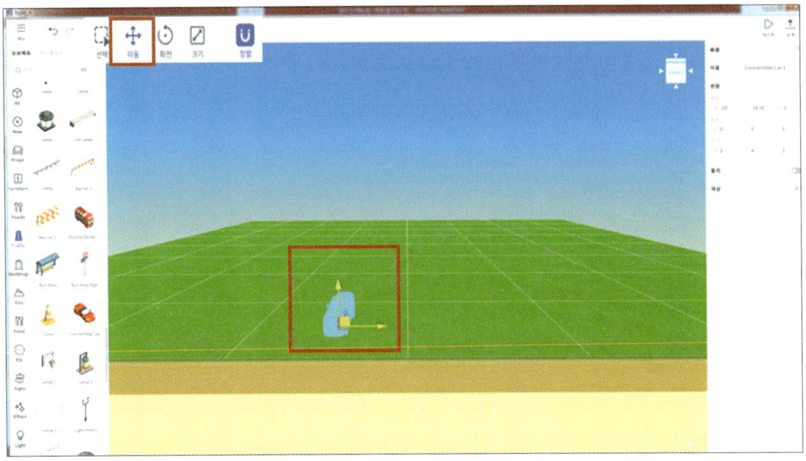

[그림21] 이동을 누른 상태에서 자동차 오브젝트를 앞쪽으로 이동시킨 화면

[그림22]는 자동차 오브젝트를 이동한 후 지형 위에서 보이지 않아 키보드의 Q를 눌러서 지형을 내려다본 화면이다. 자동차 오브젝트는 지형아래에 위치해 있었다. 이때는 다시 이동선을 잘 잡고 원하는 곳으로 이동시켜주면 된다.

[그림22] 카오브젝트가 지형 아래에 위치해 있는 모습

[그림23]은 지형 아래에 있던 자동차 오브젝트를 이동선을 잡고(왼쪽) 지형 위 원하는 위치로 다시 이동시킨 모습이다.(오른쪽)

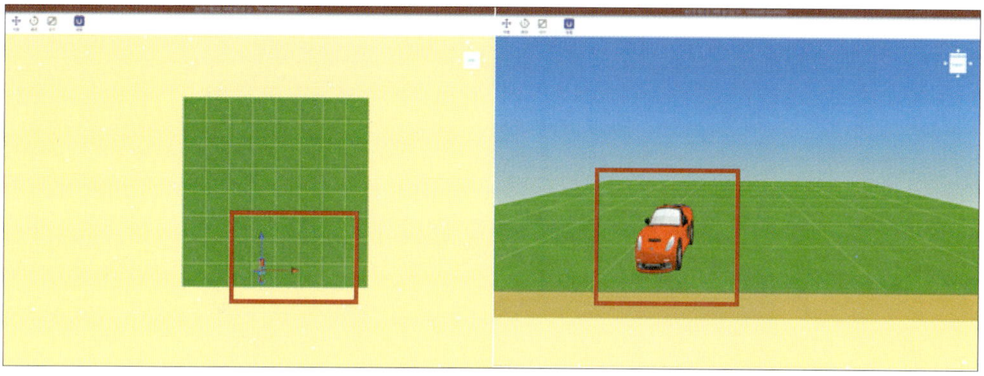

[그림23] 지형 아래에 있던 자동차 오브젝트(왼쪽)를 지형 위로 이동시킨 모습(오른쪽)

③ 오브젝트 회전하기

이번에는 오브젝트를 회전해보자. [그림24]와 같이 왼쪽 맨 위 상단에 있는 '회전' 탭을 누른 후 자동차 오브젝트를 선택하면 회전할 수 있는 몇 겹의 둥근 선모양이 뜨는데 선을 잡고 원하는 방향으로 드래그하면 된다.

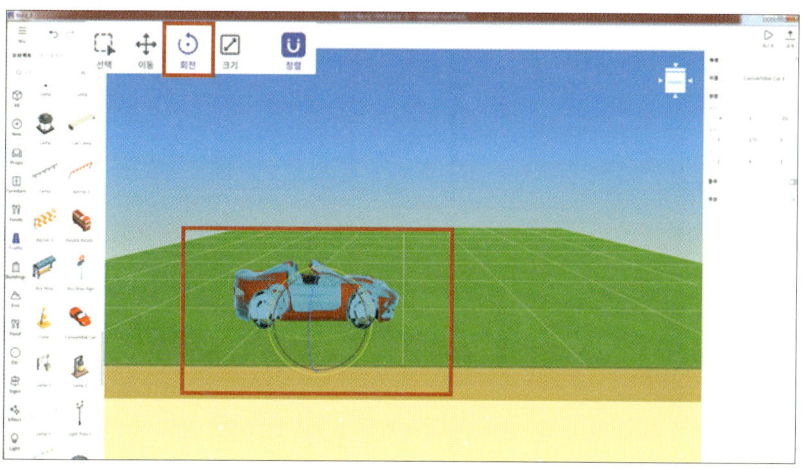

[그림24] 회전하기 아이콘 클릭 후 자동차 오브젝트를 선택한 화면

[그림25]는 가운데 선에 마우스를 놓고 위에서 아래로 드래그 한 모습이다. 모양이 직관적이라 직접 해보면 설명보다 더 쉽다는 것을 알 수 있다.

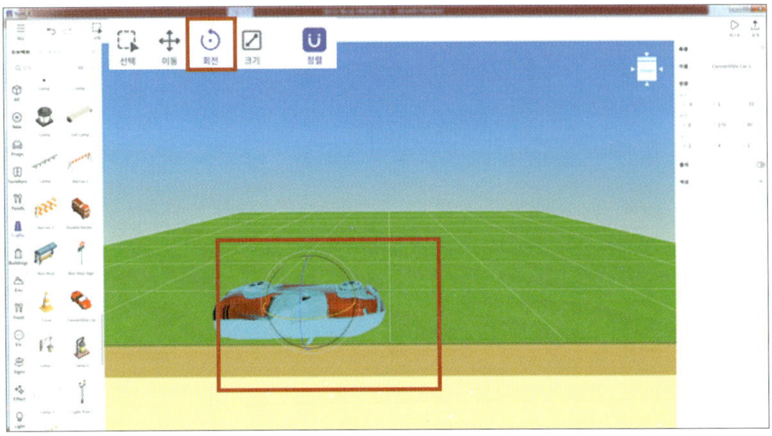

[그림25] 회전하기 아이콘 클릭 후 자동차 오브젝트를 수직으로 회전한 화면

크기를 변경하거나 이동을 할 때와 마찬가지로 회전 시에도 지형 사이에 파묻히거나 지형 아래에 위치해 있는 경우가 있다. 아래 [그림26]과 같이 자동차 오브젝트에서 아래 쪽이 단색(민트색)으로 나타나는 부분은 지형사이에 묻히게 된다.

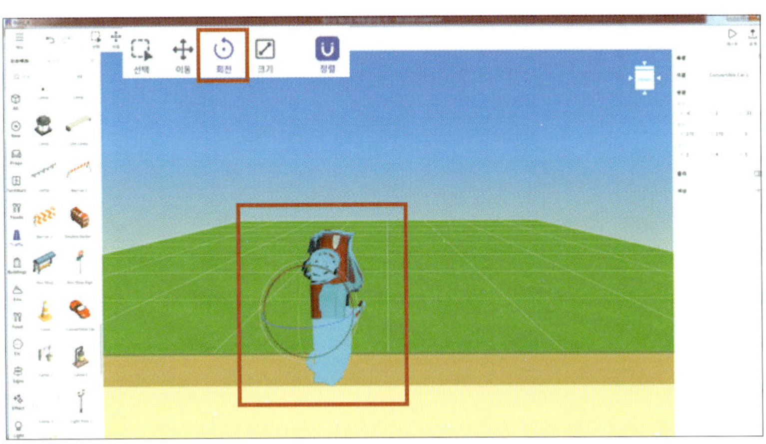

[그림26] 회전하기 아이콘 클릭 후 자동차 오브젝트를 빨간색 선을 클릭한 상태로 왼쪽에서 오른쪽으로 반원을 그리듯이 회전한 화면

(4) 정렬의 선택과 해제

① 정렬한 상태에서 오브젝트 놓기

정렬한 상태에서 오브젝트 놓기는 [그림27]과 같이 상단의 정렬을 선택하면 오브젝트를 일정한 간격으로 반듯하게 놓을 수 있다. 단 화면에서 보이는 식물과 식물 사이에는 더 이상 올려놓을 수 없다. 만약 사이에 다른 것을 놓으려고 한다면 이미 올려 져 있는 식물 위에 겹쳐지게 된다.

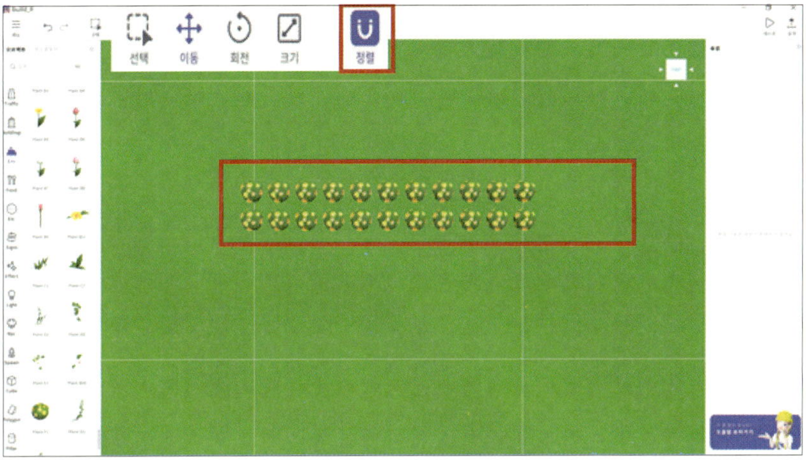

[그림27] 정렬기능을 선택하고 오브젝트를 일직선으로 놓은 화면

② 정렬해제 한 상태에서 오브젝트 놓기

정렬기능을 해제하면 간격에 상관없이 오브젝트를 놓고 싶은 곳은 어디든지 놓을 수 있다. 정렬 기능을 선택했을 때보다 움직임도 훨씬 부드럽다.

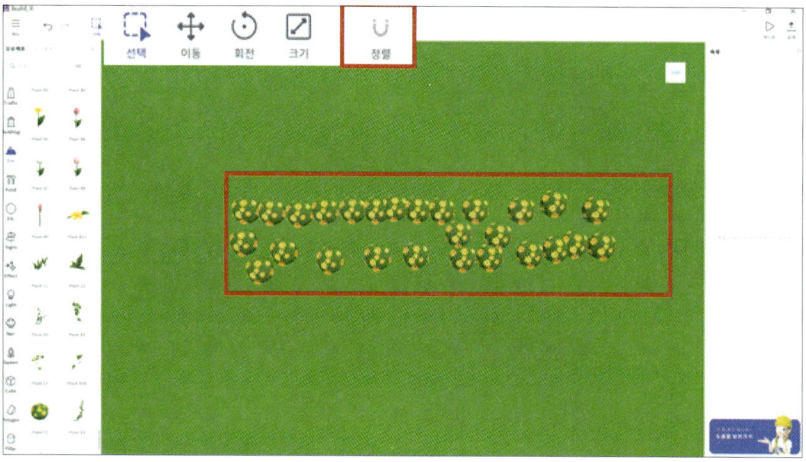

[그림28] 정렬기능을 해제하고 오브젝트를 놓은 화면

(5) 오브젝트의 이름 바꾸기

익스플로러 탭에서 오브젝트의 이름을 바꿀 수 있다. [그림29]와 같이 이름을 바꾸고자 하는 오브젝트를 클릭한 상태에서 익스플로러-오브젝트 탭을 보면 해당 오브젝트의 이름과 자물쇠, 눈 모양이 뜬다. 해당 오브젝트의 이름을 클릭한 상태로 마우스 오른쪽 버튼-이름 변경을 누르거나 단축키 F2 키를 눌러 이름을 바꿀 수 있다.

- ▶ 자물쇠 : 잠금 기능으로 자물쇠 모양을 클릭하면 자물쇠가 잠김으로 바뀌며 해당 오브젝트는 선택과 이동, 변경 등이 불가해진다.
- ▶ 눈 : 숨김 기능으로 눈 모양을 클릭하면 눈이 잠기는 모양으로 바뀌며 해당 오브젝트는 화면에서 사라진다. 다시 한 번 눌러주면 화면에 나타난다. 오브젝트들이 많고 복잡한 상태에서 편집을 해야 할 때 숨김 기능을 쓰면 맵 제작에 도움을 받을 수 있다.

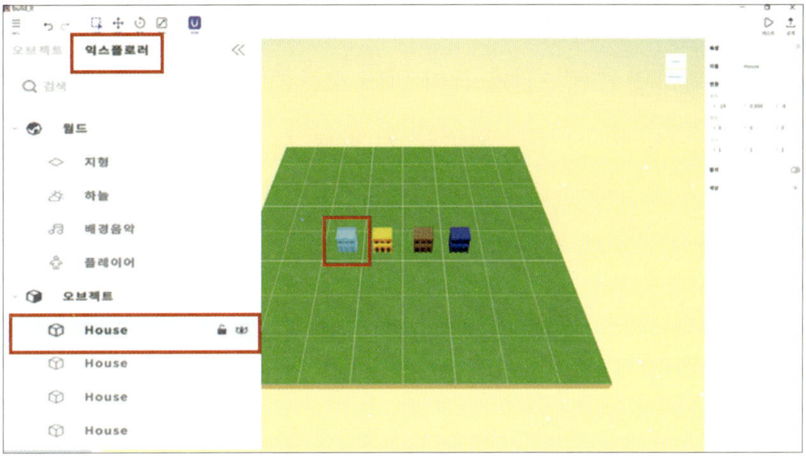

[그림29] 익스플로러-오브젝트에서 오브젝트의 이름을 바꾸기 위해 HOUSE를 선택한 화면

영문이던 오브젝트 이름을 한글로 바꿀 수 있다. 세 번째 이름을 바꾸기 위해 F2 키를 눌러 줬더니 해당부분이 활성화 된다. 마지막 오브젝트는 눈 모양 아이콘을 눌렀더니 숨김 기능으로 화면에서 보이지 않는다.

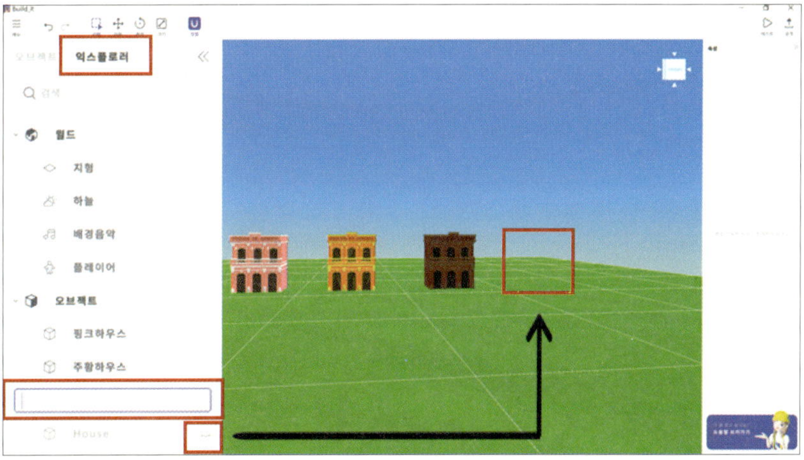

[그림30] 익스플로러-오브젝트에서 이름을 바꾼 화면, 마지막 오브젝트를 숨김 한 화면

(6) 오브젝트의 색상 바꾸기

오브젝트를 선택하면 [그림31]과 같이 화면 오른쪽에 속성 창이 뜨는데 여기서 오브젝트의 색상을 바꿔줄 수 있다. 화면은 원래 핑그색이었던 House 오브젝트를 복사한 후 각각 다른 색상들로 바꾼 것이다. 아직은 색상구성이 많지 않고 복잡한 오브젝트 같은 경우 일부분의 색상만 바뀌며 디테일은 떨어진다. 앞으로 더 개선이 되겠지만 조금 아쉬운 부분으로 남는다.

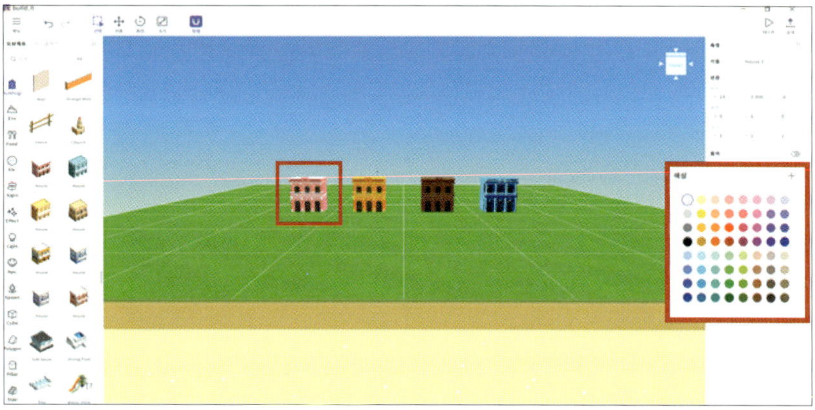

[그림31] 오브젝트의 색을 바꾼 화면

4) 복사하기(Ctrl+C)

복사기능을 이용해 오브젝트를 복사할 수 있다. 오브젝트를 선택한 뒤 [그림32]와 같이 마우스 오른쪽 버튼을 눌러 복사를 선택하거나 단축키인 Ctrl(컨트롤)+C(씨) 키를 누르면 된다. 이제 원하는 곳에 붙여넣기만 하면 된다.

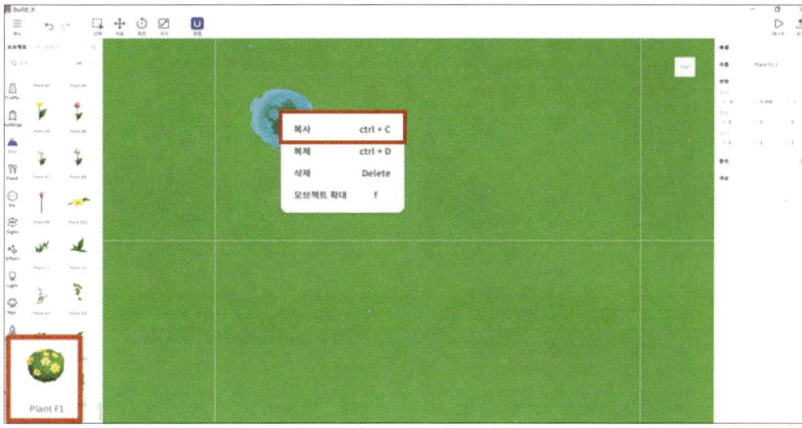

[그림32] 오브젝트에 마우스 우 클릭으로 복사를 선택한 화면

붙여넣기를 하는 방법도 간단하다. 복사하기를 누른 상태에서 [그림33]과 같이 원하는 위치에서 마우스 오른쪽 버튼을 눌러 붙여넣기 해주면 된다. 또는 단축키 Ctrl(컨트롤)+V(브이) 키를 눌러주면 된다. 화면은 하나의 식물 오브젝트를 다른 위치에 여러 번 붙여넣기 한 것이다.

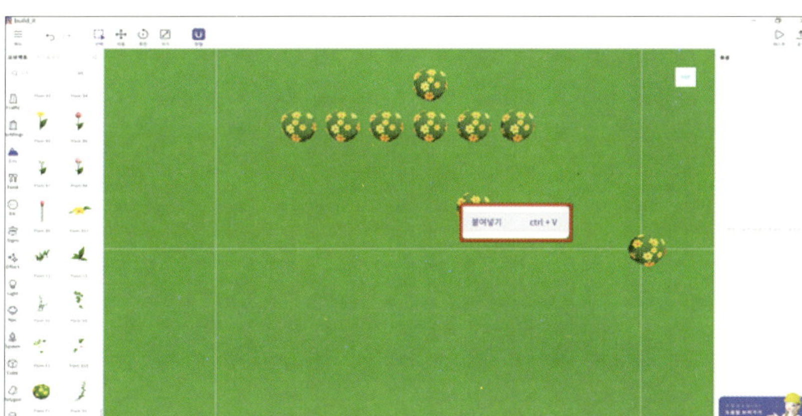

[그림33] 오브젝트에 마우스 우 클릭으로 붙여넣기를 선택한 화면

5) 복제하기(Ctrl+D)

복제하기 기능을 이용해 똑같은 오브젝트를 한꺼번에 여러 개 만들 수도 있다. [그림34]는 7개의 똑같은 식물 오브젝트를 복제하기 위해 전부 드래그 한 것이다. 이제 이 상태에서 복제 단축키인 Ctrl(컨트롤)+D(디) 키를 눌러보도록 하자.

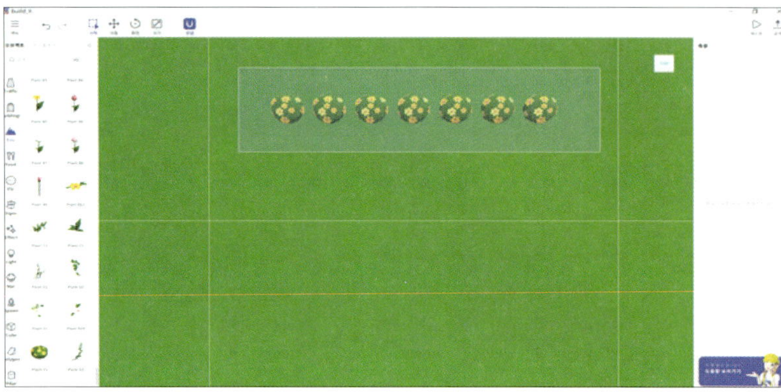

[그림34] 복제할 오브젝트(식물)들을 마우스로 전부 드래그 한 화면

오브젝트들을 드래그 한 상태에서 Ctrl(컨트롤)+D(디) 키를 눌러 복제했다. 화면에 보이는 데로 복사해서 붙여넣기와 복제의 차이가 확연히 구별될 거라 생각한다. 복제는 오브젝트가 위로 쌓인다. 위에서 내려다 본 화면은 비교가 쉽지 않을 듯 해 앞에서 캡처한 화면으로 보면 [그림35]와 같은 모습이다.

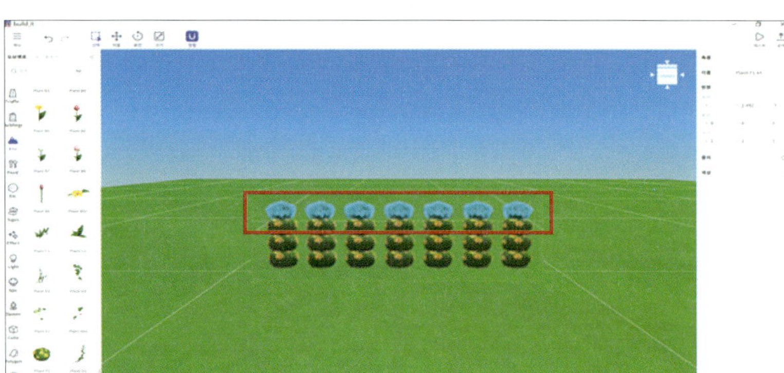

[그림35] 앞서 드래그 한 오브젝트들을 복제한 화면

6) 오브젝트 크기를 결정짓는 기준

메뉴의 크기 탭을 이용해 오브젝트의 크기를 설정할 수 있다는 것을 알았는데 그렇다면 빌드잇 제작 시 각각의 오브젝트의 크기는 어느 정도가 적당할까? 맵 위의 오브젝트들을 일부러 크게 해서 만드는 경우도 있겠지만 일반적으로는 아바타들이 뛰어노는 공간이니만큼 건물이나 도로 기타 등의 물체 크기를 정함에 있어서 그 기준은 아바타의 크기가 된다. [그림36]과 같이 오브젝트 탭에서 Npc를 선택하고 billdy를 불러와 보자. 오른쪽 상단 위 테스트에서 불러오는 내 아바타와 유사한 크기여서 빌드잇을 짓는데 많은 도움이 될 것이다. [그림36]에서 자동차의 크기는 꽤 적당한 것 같다.

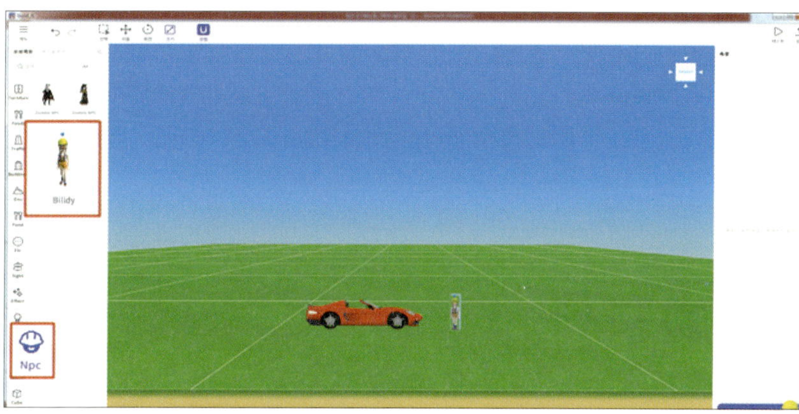

[그림36] 빌디 선택하기

7) 익스플로러 기능

(1) 지형 크기 조절하는 법

오브젝트 놓는 방법을 알았으니 이제 지형의 크기나 상태를 바꿔보도록 하자. [그림37]처럼 먼저 왼쪽 상단 오브젝트 탭 옆에 있는 익스플로러 탭을 선택한 다음 지형을 클릭한다.

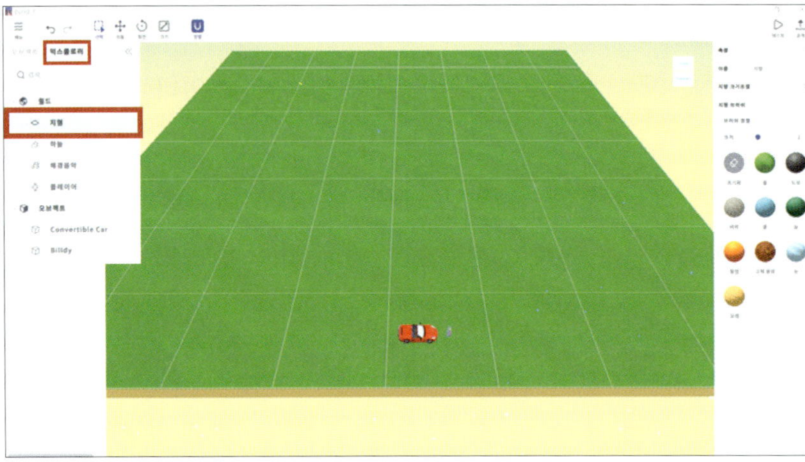

[그림37] 익스플로러에서 지형을 선택한 화면

화면의 오른쪽에 지형과 관련된 메뉴들이 뜨는데 이중에서 지형 크기를 조절해보자. 지형 크기조절 이라는 글자 옆에 가로로 엎어놓은 두 개의 막대사탕 같은 아이콘을 클릭하면 [그림38]과 같이 보라색으로 바뀌는데 지형에서도 마찬가지로 +, -로 표시되는 보라색 경계가 생긴다. +버튼은 한 줄 만큼 지형이 넓어지게 되고, -버튼은 한 줄 만큼 지형이 좁아지게 된다.

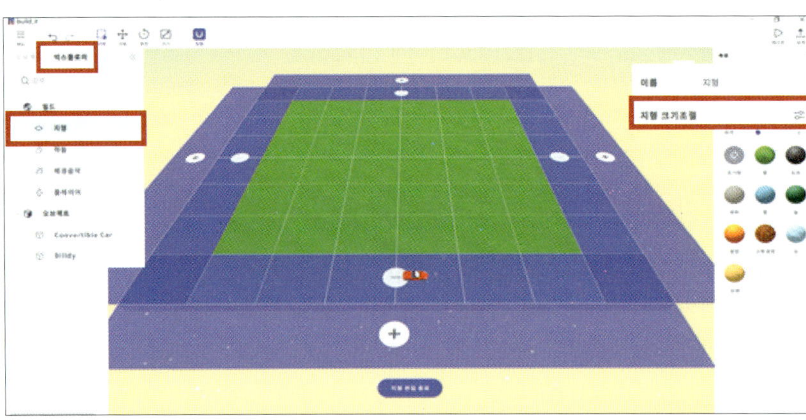

[그림38] 지형에서 지형 크기조절을 선택한 화면

사면을 모두 +버튼을 눌러 주었더니 [그림39]처럼 지형의 크기가 늘어난 것이 보인다. 크기 조절을 완료했다면 반드시 화면 하단에 지형편집 종료버튼을 눌러준다.

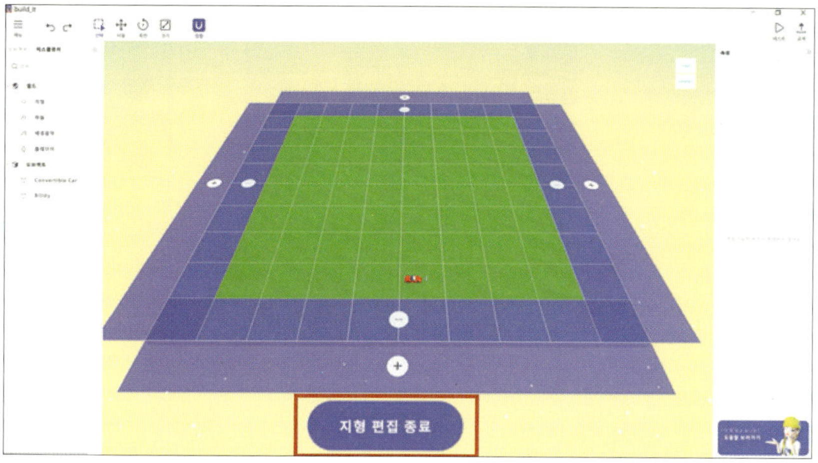

[그림39] 지형에서 지형 크기조절을 선택한 화면

(2) 지형의 상태 바꾸기

지형 브러시를 이용해 지형의 속성을 바꿀 수 있다. [그림40]의 화면은 해변을 표현하기 위해 물을 먼저 선택해서 그려준 다음 모래를 선택해서 바다의 모래를 표현했다. 정교하지 않거나 넓은 면적이라면 브러시의 두께를 두껍게 해서 그려주면 작업을 빠르고 편리하게 할 수 있다. 화면을 확대해서 보면 각 속성에 맞는 땅의 질감을 실감할 수 있다.

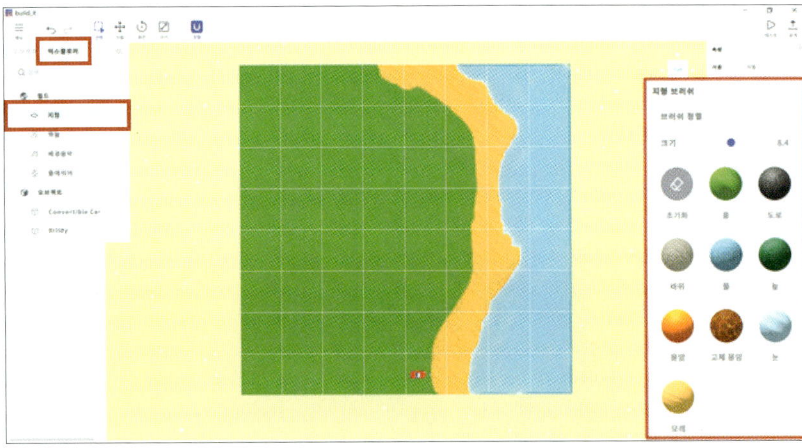

[그림40] 지형 브러시를 이용해 해변의 물과 모래를 표현한 화면

[그림41]의 오른쪽 브러시 정렬에 체크 표시를 하고 지형의 다른 질감을 그려주면 어느 정도 일직선으로 나타낼 수 있다. 또 그려놓은 것을 지우고 싶을 때는 초기화를 선택하고 지울 수 있다.

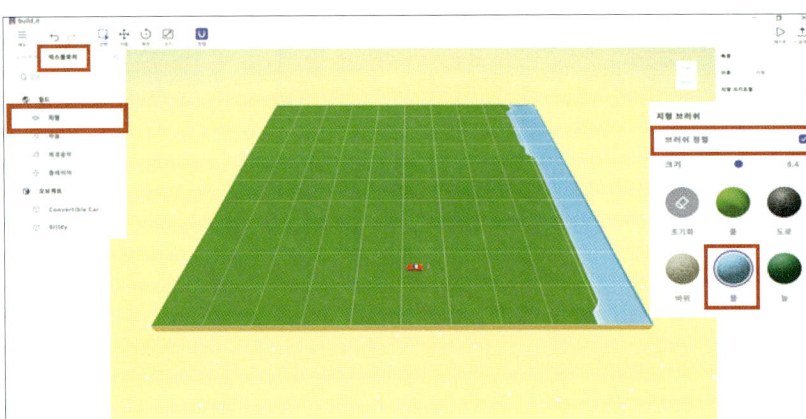

[그림41] 브러시 정렬에 체크 표시한 화면

(3) 하늘 선택하기

지형 다음 메뉴는 하늘인데 하늘 색상을 통해 정말 간단하게 아침, 점심, 저녁, 밤의 하늘을 표현할 수 있다. 별이 떠 있는 밤은 보는 것만으로도 아름답다. 배경음악을 설정할 수도 있는데 2가지뿐이고 굳이 선호하지 않을 것 같아 이 부분은 넘어가기로 한다.

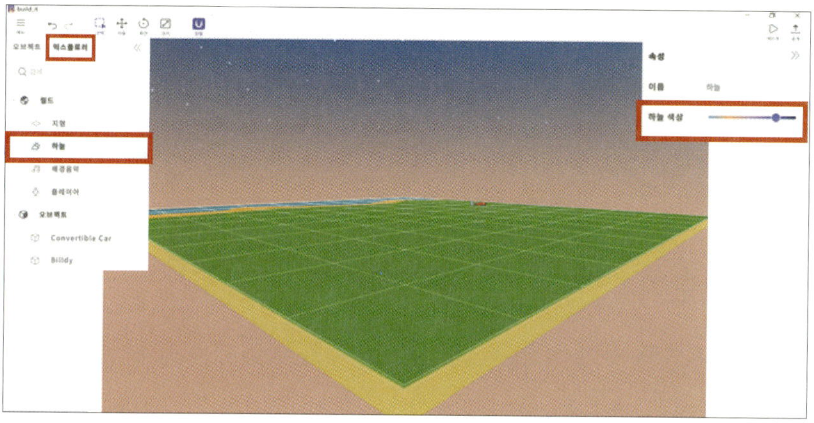

[그림42] 하늘 속성을 밤으로 선택한 화면

(4) 플레이어의 달리기 속도와 점프력 설정하기

[그림43]에서 왼쪽의 메뉴 플레이어 탭을 선택하고 오른쪽에 속도와 점프에서 숫자를 높여주면 그만큼 아바타의 달리기 속도가 빨라지고 점프력은 상승한다. 선택할 수 있는 수치는 각각 최소 1부터 최대 5이다. 아바타의 움직임을 통해 적용된 것을 확인할 수 있는데 오른쪽 맨 위 테스트 버튼을 통해 아바타를 불러올 수 있다.

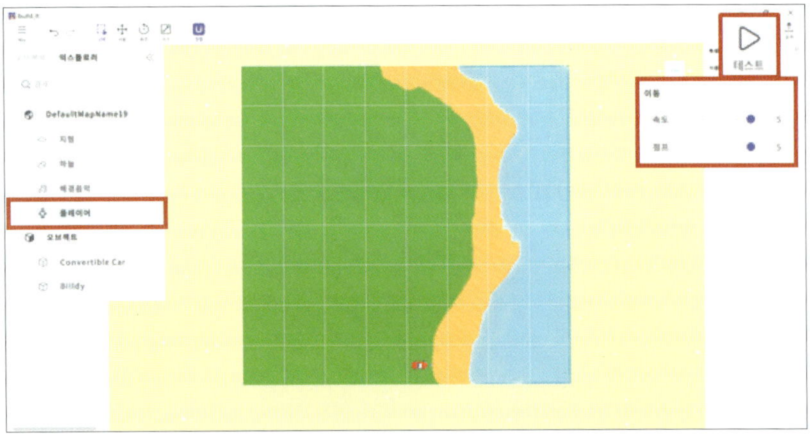

[그림43] 플레이어의 속도와 점프 설정 화면

8) 아바타 불러오기

[그림43]에서 오른쪽 상단에 있는 테스트 버튼을 누르고 아바타를 불러왔다. 여기에서 점프력과 달리기 속도를 확인해보면 된다. 방향키를 누르면 달리게 되고 스페이스 바를 누르면 점프를 한다. 놀던 아바타를 이 장소에서 나가게 하려면 ESC 키를 누르면 된다. ESC 키가 아닌 오른쪽 화면 상단의 X표시를 누르면 화면 자체가 완전히 다 종료가 되니 이 점은 유의하도록 하자.

[그림44] 테스트에서 아바타를 불러온 화면

3 알아두면 유용한 팁들

1) 상호작용하는 오브젝트

(1) Bench

이번에는 아바타가 가까이 다가갔을 때 반응하는 오브젝트이다. '상호작용한다'라고 하는데 아바타와 상호작용하는 오브젝트에는 오브젝트 옆의 톱니 모양이 함께 표시가 돼 있어 구별하기 어렵지 않다. 그렇다고 해서 상호작용하는 모든 오브젝트에 톱니 모양 표시가 있는 것은 아니다. [그림45]는 빌드잇에서 기본적으로 제공하는 하우스 맵에 상호작용하는 벤치와 그렇지 않는 벤치를 각각 하나씩 가져다 놓은 화면이다. 어떻게 구별할 수 있을까?

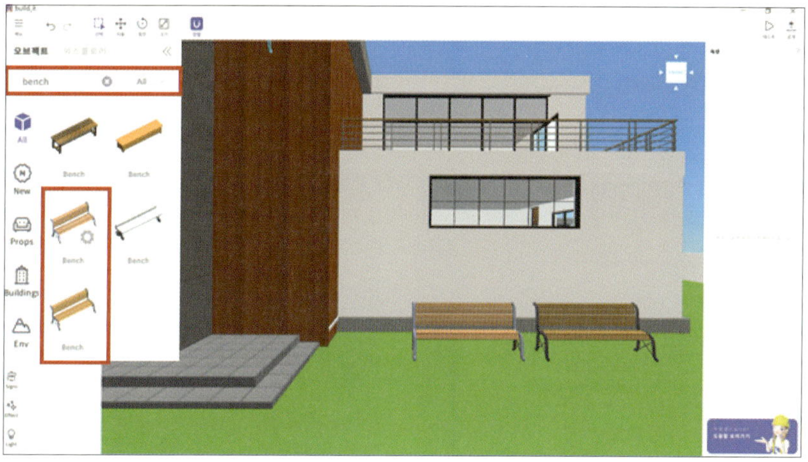

[그림45] 빌드잇에서 기본으로 제공하는 하우스 맵

왼쪽이 상호작용하는 오브젝트로 아바타가 다가가면 [그림46]과 같이 해당 오브젝트에는 톱니 모양이 뜨며 화면에 '상호작용하기'라는 문구와 함께 Ctrl과 마우스 왼쪽 버튼을 누르라는 아이콘이 뜨는데 Ctrl 키를 누른 상태에서 마우스 왼쪽 버튼으로 오브젝트의 톱니 모양을 누르면 된다.

[그림46] 상호작용하는 벤치(왼쪽)와 그렇지 않은 벤치(오른쪽)의 화면

[그림47]의 화면과 같이 상호작용하는 벤치(왼쪽)에는 아바타가 앉을 수 있고 상호 작용하지 않는 벤치(오른쪽)에는 아바타가 앉을 수 없다(벤치 가까이 가도 무반응).

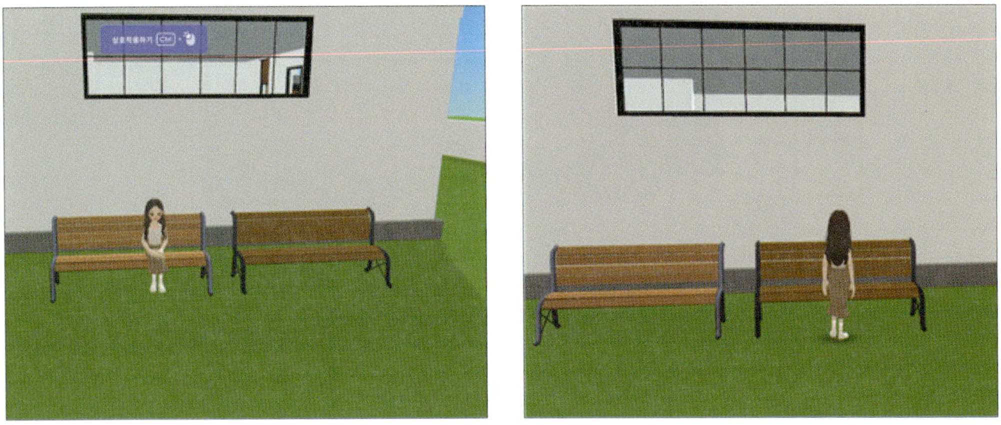

[그림47] 상호작용하는 벤치(왼쪽)에는 아바타가 앉을 수 있다.

(2) Attach(UmbrellaStand, Locker, Easel)

벤치 외에도 아바타와 상호작용하는 오브젝트는 몇 가지가 더 있는데 그중 하나가 Attach이다. [그림48]의 왼쪽 메뉴 중 Attach를 선택하면 플라스틱으로 된 Umbrellastand와 대나무로 된 Umbrellastand가 뜨는 데 이 둘은 모두 우산꽂이로 아바타가 가까이 다가가면 여러 가지의 우산이 나온다.

[그림48] 오브젝트 중 Attach를 선택했을 때 나오는 상호작용이 가능한 우산꽂이, 락커, 이젤을 맵 위에 놓은 화면

Locker를 선택하면 요술봉과 리코더, 도깨비방망이가 나온다. Easel을 선택했을 때는 여러 가지 색깔의 풍선들이 나온다. 만약 아바타가 Locker에서 선택한 요술봉을 들고 가다가 벤치에 앉으면 어떻게 될까? 아바타의 손에 들고 있던 요술봉이 사라지면서 벤치에 앉게 된다.

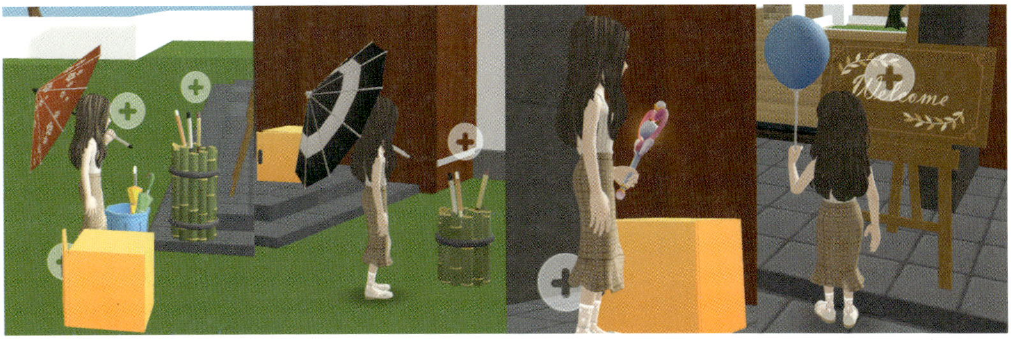

[그림49] 화면 왼쪽부터 Umbrellastand, Locker, Easel을 선택했을 때
오브젝트가 상호작용하는 화면

아바타와 오브젝트 간의 상호작용을 끝내고 싶을 때는 [그림50]처럼 키보드에서 G를 누르면 된다.

[그림50] 상호작용 끝내기 G 이미지

Epilogue

필자는 본문을 통해 제페토 빌드를 구성하는 과정을 설명했다. 기본적인 빌드잇의 기능은 충분히 다뤘다고 생각한다. 빌드잇에서 기본적으로 주어진 오브젝트를 어떤 식으로 활용하고 만들어 볼 것인지는 독자 분들의 몫이다. 개개인의 노력 여하에 따라 얼마든지 다양하고 멋진 맵(월드)을 구현해 낼 수 있다. 이렇게 만든 맵은 제페토(모바일)에서 공개를 통해 더욱 다양한 사람들이 이용할 수도 있다는 것은 빌드잇의 큰 장점이라고 생각한다.

맵 제작을 통해 평소에는 알지 못했던 자신만의 재능을 알게 되는 귀한 시간이 될 수도 있다. 멋지게 만든 맵을 개인의 SNS 계정을 통해 다수의 사람들에게 공개하고 서로 나눌 수도 있을 것이다. 나아가서는 이러한 일련 과정들의 자연스러운 연결은 수익창출을 위한 기회의 장이 될 수도 있다.

많은 사람들이 메타버스의 물결 속에서 가장 먼저는 즐기는 정도로 시작한다. 그러다 창작의 묘미에 빠져 작품 만들기에 많은 시간을 할애하면서 자기만족에 빠지기도 한다. 그러나 한 걸음 더 나아가보면 이 창작물들을 바로 나의 부케로써 제2의 잡으로 삼고 메타버스 속에서 제2의 삶을 영위하며 정체성을 부각시킬 수도 있다. 그중 하나가 창작물에 대한 가치, 유저들의 인기와 평판, 그리고 수익창출이다.

이쪽 분야에 재능이 있다면 제2의 길을 모색할 수 있을지도 모른다. 이것은 특히 많은 독자들이 원하는 부분이 아닐까 싶다. 꼭 수익창출의 목적이 아니더라도 취미로써 맵 제작도 충분히 괜찮다고 본다. 물론 맵 크리에이터(창작자)의 길을 생각하고 있는 분들이라면 그만큼 많은 시간과 노력이 필요하다는 것도 지면을 통해 말씀드리는 바이다. 메타버스가 이제 시작단계라고 하지만 개인이 기업이나 전문가들을 이길 수는 없다.

그러나 나름의 자신만의 독특한 콘텐츠로 스토리가 있는 맵 크리에이터로 많은 경험을 쌓고 꾸준한 연습을 이어간다면 반드시 자신만의 경쟁력 있는 브랜드를 만들어 낼 수 있을 것이다.

자 이제 바톤을 독자분들께 넘겨드리고자 한다. 나만의 멋진 월드를 빌드잇을 통해 다양하게 구현해보길 바란다.

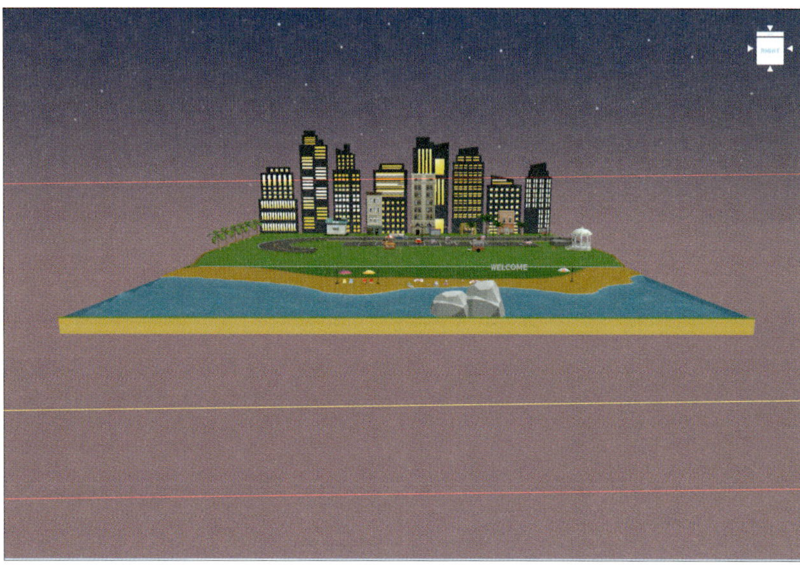

[그림51] 해변의 맵을 만들어본 화면

Chapter

7

메타버스의 다양한 실 사례

허지연

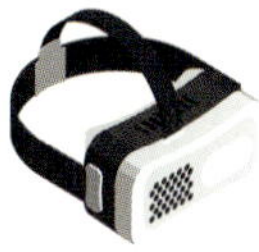

Chapter 07.
메타버스의 다양한 실 사례

Prologue

메타버스라는 단어를 최근 매일 접한다. 잠깐 반짝하고 잠잠해질 것이라고 보는 시각도 있고 한편으로는 더욱 빠르게 발전할 거라고 보는 시각도 있다. 메타버스를 잘 구현해 낼 통신 환경과 디바이스가 뒷받침되고 있기 때문이다. 메타버스가 앞으로 어떤 모습으로 얼마큼의 속도로 우리에게 다가올지 예측하는 것은 아직 섣부를지도 모른다. 그렇지만 지속적 성장 여부는 사례들을 살펴봄으로써 예상해 볼 수 있을 것이다.

상상하는 것 무엇이라도 단순한 꿈에 머무르지 않고 마치 현실과 같이 가상의 세계 속에 구현 가능한 메타버스의 세상. 소개할 사례 가운데에는 누구라도 한번 쯤 '이런 게 있다면 어떨까?' 하고 생각해 본 것들이 있을지도 모른다. 그렇다면 한편으론 우리가 상상했던 기술이나 서비스도 메타버스를 통해 곧 구현될 수 있다는 말이기도 한 것이 아닐까?

그러나 조금만 더 관심을 갖고 주위를 둘러보면 이미 메타버스에 탑승해 메타버스의 기능의 가치를 누리고 있는 곳도 있고 고수익의 대열에 합류한 개인이나 기업들도 적지 않다. 그들은 어떻게 메타버스를 알고 고수익의 대열에 합류하게 된 것일까? 그들은 어떻게 코로나19로 모든 것이 비대면으로 전화하고 거리두기 방역지침으로 두 손 두 발이 다 묶인 상황에서 그렇게 성공적인 과제를 수행해 냈을지 궁금하지 않은가?

이제 필자는 본문을 통해 이미 메타버스를 활용해 그 가치의 유용함을 누리고 수익창출, 창직에 합류한 사례들의 면면을 검토해 봄으로써 메타버스를 어떻게 어떤 분야에 활용하면 좋을지도 함께 고민해 보고자 한다.

1 우리가 마주하는 새로운 공간, 메타버스

1) 메타버스로 출근하세요!

코로나19로 인해 최근 우리는 오프라인보다 온라인에서 지내는 시간이 길어졌다. 어느새 비대면이 익숙해진 이런 일상은 우리 사회가 메타버스에 들어가는 시간을 적어도 10년은 앞당겼을 것이다. 코로나19로 인한 오프라인 활동의 제약이 아쉬웠지만 이제 그런 것들의 일부도 메타버스 안에서 성공적으로 이뤄지고 있다. 이제 우리는 다양한 메타버스 플랫폼을 통해 가상공간에서 함께 일하고, 공부하고, 다양한 취미생활과 콘서트를 즐긴다. 회사 면접은 물론이고 신입사원 연수와 대학 축제도 메타버스 가상공간에서 이뤄진다.

재택근무가 일상화되면서 화상회의 플랫폼 사용이 일상화됐다. 사회적 거리두기 상황에서 화상회의 플랫폼 사용은 불가피한 선택이었지만 익숙지 않은 상황에 따른 불편함은 물론이고 집중하기 어렵기도 했을 것이다. 그래서 협업과 소통의 플랫폼으로 메타버스 플랫폼을 사용하게 된 것은 필연적이다. 메타버스는 다양한 가상공간을 활용해 정보를 전달함으로써 화상회의보다 효율적인 의사소통이 가능하다. 밋인 VR(Meet in VR)에 따르면 일반 영상회의보다는 가상현실(VR)회의의 주의집중도가 25% 더 높다고 한다.

무미건조한 느낌의 기존 화상회의와는 달리 아바타 기반의 메타버스 협업 툴은 게임하는 것 같은 느낌과 함께 다양한 시각적 효과로 보다 적극적으로 업무 및 회의에 몰입하게 도와준다. 코로나19로 인해 재택근무가 선택이 아니라 일반적인 모습이 돼 그 어느 때보다 자연스러워진 지금. 근무에도 메타버스 플랫폼을 적극적으로 활용하는 곳이 늘어나고 있다.

2) 이젠 가상 부동산도 중개합니다

부동산 플랫폼 '직방'은 국내 최초로 메타버스 플랫폼 '메타폴리스'를 자체 개발하고 2021년 5월 중순부터 실무에 사용하고 있다. 메타폴리스는 3차원(3D) 기반으로 보다 실감나는 오피스 라이프를 느낄 수 있다. 단순히 하나의 가상 오피스가 아니라 가상의 도시, 가상의 건물을 구현한 것이 특징이다.

[그림1] 메타폴리스 플랫폼(출처 : 머니투데이)

메타폴리스에 로그인하면 자신의 아바타를 움직여 건물을 찾고, 엘리베이터를 타고 회사가 있는 층으로 간다. 비대면이긴 하지만 내 아바타가 동료 아바타에게 다가가면 웹캠이 활성화돼 얼굴은 화상을 통해 보고 대화도 나눌 수 있다. 이점은 근거리에 도달하는 경우 얼굴이 보이고 대화도 나눌 수 있는 게더타운과 비슷하다. 게더타운이 2D로 구성됐다면 메타폴리스는 3D기반으로 해 비대면이기는 하나 현실에서 함께 일하는 듯한 느낌이 더 극대화됐다. 곳곳의 회의실에서 팀원들끼리 모여 회의를 진행할 수도 있다. 화상회의를 위해 링크를 보내는 불편함도 없다.

[그림2] 메타폴리스 플랫폼(출처 : https://career.zigbang.com)

메타폴리스 가상공간에 현재 직방은 30층짜리 건물 1동을 지었다. 층당 300명까지 접속 할 수 있으며 4층에는 직방이 입주해 있다. 나머지 층은 분양할 수 있다. 실물 부동산 플랫폼에서 가상공간 부동산까지 직방의 영역이 넓어진 것이다. 직방은 롯데건설과 관련 업무협약을 맺었으며, 더불어민주당은 비대면 선거운동 공간으로 메타폴리스 7개 층을 임대했다.

향후 메타버스 협업 툴이 보다 보편화 된다면 어떤 모습일까? 대면근무가 꼭 필요한 회사가 아니라면 원격근무로 전환할 것이고 거주지와 상관없이 인재채용에도 유리하다. 인터넷만 연결돼 있다면 어디서든 메타버스로의 출근이 가능하기에 해외에 있는 인재도 함께 일할 수 있는 것이다. 지방에서도 얼마든지 근무가 가능하기에 서울로 사람들이 굳이 몰리는 일도, 비효율적인 긴 출퇴근을 하는 것도 사라지지 않을까 한다.

3) 학교수업도 메타버스에서

코로나19 이후 대학가에서는 온라인 사이버 강의나 줌을 통한 화상회의 등을 통해 비대면 수업이 꾸준히 진행되고 있다. 다행히도 MZ 세대의 디지털 적응력이 뛰어나 소통과 지식전달에는 큰 문제가 없는 상황이다. 하지만 공유와 협업에 있어서는 현 상황을 뛰어넘을 새로운 무언가가 필요했다. 이를 위해 현재의 비대면 교육에 한계를 뛰어넘을 소통의 도구가 요구됐고 그 새로운 대안으로 등장한 게 메타버스 플랫폼이다.

요새 대학가는 입학식, 졸업식, 축제는 물론이고 수업도 메타버스에서 한다. 코로나19로 사회적 거리두기를 하는 상황에서 기존에는 온라인 수업을 진행해 왔지만 보다 역동적이고 적극적인 참여를 위해 메타버스 플랫폼을 이용해 강의를 진행하는 경우가 늘어나고 있다.

그동안 화상회의 플랫폼이 일 방향적이었다면 메타버스는 상호작용이 강화된 데다 기존 화상회의 플랫폼의 기능을 다 해내고 있다. 게다가 기존 온라인 수업의 전달방식과 비교해 때로는 게임처럼 느껴지는 인터페이스 및 다양한 시각적인 효과로 인해 조금은 더 적극적인 참여를 이끌어낼 수 있기 때문이다.

기존 화상회의 플랫폼을 통해 강의를 듣거나 회의를 진행할 때 집중력이 떨어지거나 또는 화면은 꺼두고 소리만 켜둔 채 다른 일을 해 본 경험이 있을 것이다. 사람들의 얼굴을 보고 이야기를 나눈다고는 하지만 실제 곁에서 대화를 나누는 느낌은 다소 부족하다. 또한 기존의 화상회의 플랫폼에서는 동시에 자율적으로 다양한 소그룹의 모임을 진행할 수 없었다. 여러 단계를 거치거나 운영자의 개입이 필요했다. 같은 회의에 접속해 있더라도 채팅이 아닌 특정인에게 따로 음성으로 이야기를 할 수도 없었다.

최근 협업 툴로 많은 인기를 얻고 있는 미국 게더(Gather)사의 '게더타운'은 오픈된 회의실에 다수가 접속하더라도 한 화면 내에서 다른 그룹에 방해를 주거나 받지 않고 다양한 소그룹 모임을 진행할 수 있다. 물리적 법칙이 적용돼 가까운 캐릭터끼리는 얼굴이 보이고 목소리가 들리기에 한 공간이더라도 여러 그룹으로 나눠 동시에 대화가 가능하다. 가까워진 캐릭터끼리는 웹캠을 통해 얼굴을 보고 대화를 나눌 수 있어 실제 모여서 활동을 하는 것 같은 느낌을 받을 수 있어 유대감과 소속감을 높여주는 비대면 플랫폼으로 각광받고 있다.

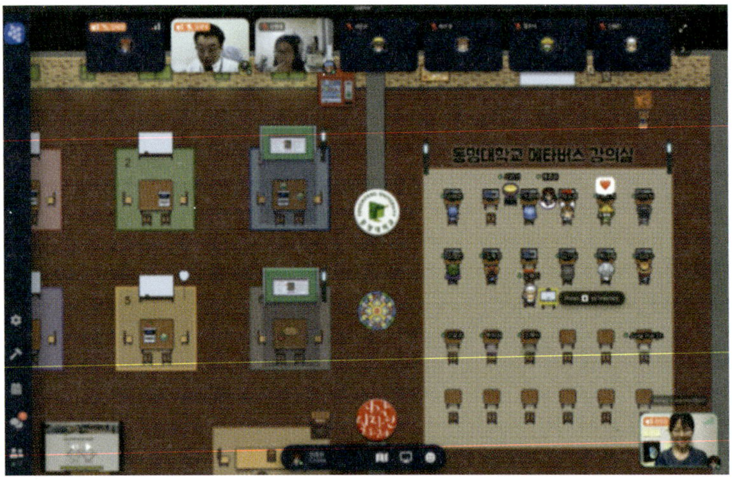

[그림3] 동명대학교 메타버스 강의실(출처 : 서울경제)

부산 동명대 시각디자인학과는 게더타운에서 '디자인 프리젠테이션'과 '캡스톤 강좌' 등 수업을 진행하고 있다. 동명대학교 시각디자인학과 4학년 학생들은 전통적으로 오프라인에서 진행해왔던 졸업 작품 전시회도 메타버스 환경에서 진행 할 계획이다. 이를 위해 메타버스 플랫폼을 이용해 정기적으로 회의를 하고 스스로 행사를 계획하고 있다.

서울경제와의 인터뷰에서 원종윤 시각디자인학과 교수는 "코로나19 장기화에 따라 길어지고 지루해지는 온라인 수업의 단점을 조금이라도 극복하고 학생들의 몰입도를 높이기 위한 시도"라며 "지난해에 이어 올해도 더욱 진화한 온·오프라인 투트랙 졸업전시회와 수업 등 '디자인으로 새로움 짓기'에 나선 것"이라고 밝혔다. 동명대학교는 교과수업에 이어 특강 등 교내행사에도 메타버스 방식을 빠르게 적용하고 있다.

[그림4] 동신대학교 메타버스 강의 모습(출처 : 국민일보)

동신대학교는 수업에 메타버스 플랫폼 '인게이지'를 활용한다. 5개 전공, 2개 교양과목에 적용된다. 해당 전공과목은 토목환경공학과 '수리학Ⅱ', '토질역학 및 실험Ⅰ', 조경학과 '조경의 이해2', 전기공학과 '신재생에너지공학', 방사선학과 '방사선치료학'이다. 교양과목은 배드민턴 이론과 실제, 독서와 토론(역사) 수업이다.

메타버스 플랫폼인 인게이지는 360도 강의실 전체를 볼 수 있어 입체감도 뛰어나다. 학생들은 아바타로 수업에 참여하며 수업 도중 발표는 물론 VR 고글형 디스플레이(HMD) 기기를 활용하고 실험, 실습도 가능하다. 같은 공간에 들어온 선후배 아바타와 따로 교류도 가능하다.

인게이지 플랫폼은 3D와 입체음향을 통해 생생한 공간감을 전달한다. 직접 소통은 물론 참가자가 직접 자신의 아바타로 가상공간에 들어가 존재감을 3차원으로 느낄 수 있다. HMD(머리에 착용하는 VR영상 표시장치) 기기를 착용하지 않더라도 모바일이나 PC만 있다면 접속할 수 있어 접근성에 있어서도 편리하다.

4) 대학교 캠퍼스도 메타버스에 지어요

영남대학교는 학생들이 주축이 돼 가상공간에 캠퍼스를 만들었다. 철학·컴퓨터공학·시각디자인 학과 등 다양한 전공자들이 의기투합했다. 주인공은 영남대학교의 메타버스 동아리인 'YUMC', '마인크래프트(마이크로소프트사의 메타버스 게임)' 플랫폼을 통해 현실의 모습을 그대로 메타버스 세계 안으로 옮겼다. 캠퍼스는 영남대학교를 상징하는 중앙도서관을 시작으로 학생회관, 노천강당, 천마아트센터, 국제교류센터 등 캠퍼스 내 주요 건물이 다 들어있다.

[그림5] 영남대학교 가상 캠퍼스 모습(출처 : 영남대)

영남대학교는 캠퍼스의 건물 모습만 옮긴 것이 아니다. 메타버스 안 도서관 열람실 내에서는 다양한 정보도 공유한다. 영남대학교 맛집, 수강신청 팁, 시험정보 등 영남대학교 학생만이 알 수 있는 정보들이다. 코로나19로 인해 직접 오프라인 캠퍼스 생활은 못하지만 실제 학생 개개인이 메타버스 캠퍼스에서 캠퍼스 라이프를 즐기고 있다.

직접 캠퍼스를 찾을 기회가 적었던 20학번과 21학번 학생들은 이제는 영남대학교 메타버스 캠퍼스가 현실의 캠퍼스보다 더 친근하다. 학생들이 중심이 돼 입학식은 물론 군 입대 송별회와 생일파티, 크리스마스 파티, 인문학 강연, 박물관 견학 등 같은 각종 모임과 행사도 메타버스에서 열린다. 가상공간이지만 학생 간 커뮤니티가 형성되고 교류가 일어나고 있다. 오프라인의 만남이 어려운 사회적 거리두기 상황에서 오프라인과 동일한 사회적 관계를 이어나가기 위한 노력이기도 하다. 향후 메타버스 안으로 교수님들을 초청해 수업을 듣는 프로그램도 마련하는 등 다양한 프로그램도 만들어갈 계획이다.

5) 국내 최초 대학창업 경진대회에 메타버스 도입

최근 대학가에서는 비대면의 한계를 뛰어넘고 소통의 효율을 높이기 위한 대안으로 메타버스기술을 많이 도입하고 있다. 경남대학교, 군산대학교, 동국대학교, 동명대학교, 연세대학교, 충북대학교, 한국산업기술대학교 7개 대학이 참여한 초 광역권 사회맞춤형 산학협력 선도대학(LINC+) 육성사업단의 '2021 초광역 메타버스 아이디어 톤'은 대표 사례 중 하나다.

[그림6] 2021 초광역 메타버스 아이디어 톤에 참가한 학생들(출처 : 동국대학교)

LINC+는 교육부 주도로 현재 전국 5대 권역, 11개 대학씩 총 55개 대학이 참여하고 있는 산학협력 고도화 사업이다. 이번 '2021 초광역 메타버스 아이디어 톤'은 신규 창업자들의 아이디어에 대한 산업화 지원과 창업혁신성장 플랫폼 발굴, 초광역권 LINC+사업단 상호교류를 통한 산학협력 강화를 위해 추진됐다. 7개 대학이 참여한 이번 행사는 사전 선발된 학생 예비창업 팀 등 총 14개 팀이 가상공간에서 창업을 주제로 한 경진을 벌였다.

MZ 세대는 자라면서 인터넷과 각종 디바이스를 섭렵하고 자란 세대다. 기성세대가 메타버스의 개념조차 어려워하는 반면 이들에게 메타버스는 낯선 개념이 아니기에 빠르게 적응한다. 인터넷과 함께 접한 게임과 다양한 플랫폼을 경험한 것도 이들이 메타버스에 대해 이해가 높은 것에 한 몫을 한다. MZ 세대에게 메타버스는 낯선 개념이 아니라 늘 경험한 일상이기 때문이다. 이미 대학의 입학식과 졸업식, 강의는 물론이고 축제까지도 메타버스 공간 안에서 열린 바 있다. 이제는 창업 경진도 메타버스 안에서 메타버스를 주제로 열린다.

발표는 가상공간에서 진행됐다. 가상공간이지만 실제와 같이 프레젠테이션을 진행하며 진행됐다. 학생들은 3D 프린팅과 얼굴형 분류 AI를 통한 맞춤형 안경테 제작, 새로운 숙박 형태인 집 교환 여행중개 서비스, AI 기반 정신건강 케어 서비스, 창문형 스마트 환기 시스템, VR 시간여행 관광사업, ICT 스마트 헬스케어 등 다채로운 주제의 창업 아이템을 소개했다.

전국 규모의 대학창업 경진대회에 메타버스를 도입한 것은 국내 최초 시도이다. 메타버스의 공간에서 진행된 경진대회는 긴 비대면의 상황과 그 한계를 뛰어넘고 메타버스로 우리가 더 나아갈 수 있는 가능성을 시사했다. 또한 코로나19로 촉발된 비대면 사회 그리고 앞으로 사회에서 MZ 세대의 비중이 커질 것이라는 점에서 메타버스 공간에서 아이디어 톤 행사가 진행된 것은 매우 적절했다. 공간과 지역의 한계 및 코로나19 이후 전면 중단된 대규모 행사가 메타버스의 형태로 원활하게 진행됐다는 점은 비대면 소통의 수준이 한 단계 더 진화했다고 평가할만하다.

2 더 오래가는 기억법, VR 활용 학습법

1) 의과대학 교육, 실습, 실험 VR 활용

이제는 원한다면 집에서 실물 같은 이미지를 통해 해부학도 공부할 수 있다. 마이크로소프트가 발표한 영상에서 홀로그램과 가상현실을 결합한 홀로렌즈를 통해 의과대학에서 해부학 교육용으로 홀로렌즈를 사용하는 모습이 공개됐다. 이는 미국 케이스 웨스턴 리저브 대학(Case Western Reserve University) 의과대의 교육 모습으로 실제 인체가 아닌 홀로그램 영상으로 근육, 혈관, 골격, 각종 장기 등을 보며 교육용으로 사용하는 모습이었다.

마이크로소프트는 홀로렌즈가 학술연구 작업에 활용되는 것을 장려하기 위해 50만 달러(약 5억 7,000만원)의 상금을 건 프로젝트 공모전을 시작했다.

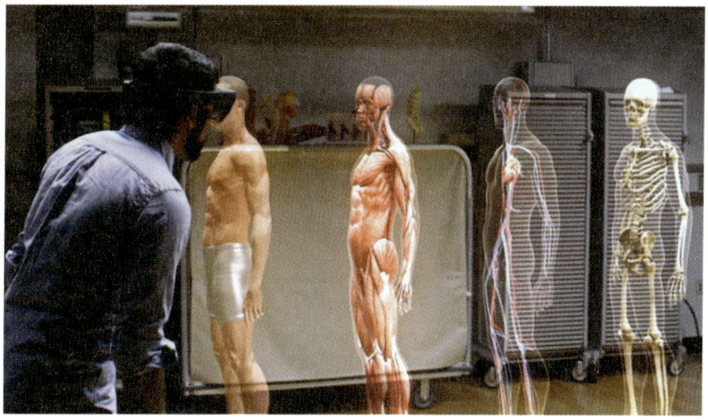

[그림7] 홀로렌즈를 활용한 의료교육(출처 : 마이크로소프트 홈페이지)

국내 의과대학에서도 적극적으로 VR을 통한 교육이 진행 중이다. 경희대학교는 2020년 12월 '첨단 테크놀로지 콘텐츠 설계 및 교육적 활용' TF를 출범하고 VR·AR 기술을 활용할 수 있는 실험과 실습 교과목에 적합한 교육 콘텐츠를 만들기 시작했다.

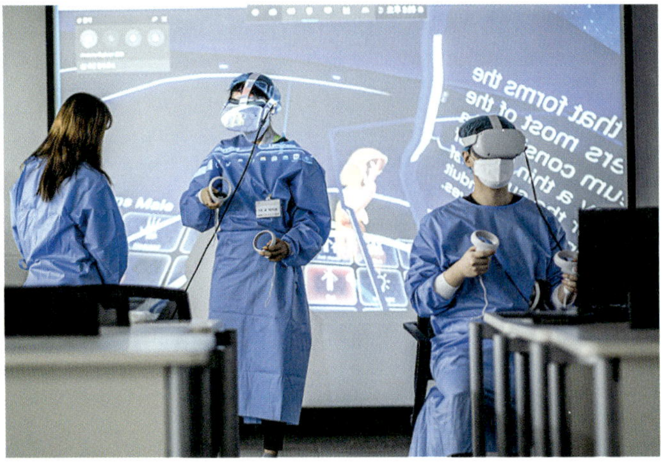

[그림8] 경희대학교 의과대학 해부학 강의 모습(출처 : 경희대)

해부학은 의학교육 및 연구목적의 해부용 시체인 카데바를 통해 실습이 이뤄진다. 그러나 카데바가 실제 신체장기 및 교과서와 색, 형태면에서 다른 점이 있어 학생들이 이해하는 부분에서 어려움이 있었다. 그러나 VR 프로그램을 사용하면 실습 중 잘 보이지 않은 부분을 찾을 수도 있을뿐더러 책과 카데바 실습으로도 잘 보이지 않았던 것들을 VR을 통해 3차원적 구조로 자세히 들여다 볼 수 있다.

경희대학교 커뮤니케이션 센터에 따르면 의과대학이 개발하는 해부학 프로그램에는 장기와 혈관의 영상, 해당 장기의 MRI, CT 사진 등도 추가할 예정이다. 뿐만 아니라 실제 진료환경과 유사하게 구성해 학생의 이해를 돕도록 만들 예정이다. 정상상태와 병적상태를 모두 확인할 수 있게 만들 수도 있어 현재는 다양한 자료수집도 함께 하고 있다. 경희의료원 영상의학과의 도움을 받아 실제 환자들의 데이터도 모으고 있다. 책이나 보조교재가 아무리 좋더라도 2D 이거나 모형에 그칠 수밖에 없지만 VR 강의는 부족한 부분을 채우는 데 있어 큰 역할을 할 전망이다.

2) 가상 크래시 랩, 전 세계 학생이 사고현장 조사원으로서 가상현장 경험

세계 최대 항공대인 엠브리-리들 항공대학(Embry-Riddle Aeronautical University)에서는 항공사고 및 안전조사 분야의 교육에서 VR을 활용하고 있다. 엠브리-리들 항공대학은 세계 최대 항공대라는 명성에 걸맞게 전 세계적으로 130여 개의 캠퍼스가 있다. 대표적으로는 플로리다에 5,700명의 학부생과 600명의 대학원생이 있고 애리조나에 약 2,000명의 학부생이 공부하고 있다. 온라인을 통해서는 2만 2,000명 이상이 공부하고 있다.

엠브리-리들 항공대학의 교과 과정 중 항공사고 및 안전조사는 최근까지 프레스캇 캠퍼스의 학생들만 랩을 방문해 실제 경험을 할 수 있었다. 이 과정은 대다수의 학생이 이용할 수 없다는 단순한 이유로 필수 교과과정이 아니었다. 그러나 엠브리-리들 항공대학의 교수진이 '몰입형 가상현실 랩'이라는 아이디어를 대학의 부총장이자 CIO인 베키 바스케즈에게 제안했고 수용됐다. 그 결과 현재는 가상현실로 진화된 엠브리-리들의 버추얼 크래시 랩(Virtual Crash Lab) 덕분에 전 세계 학생이 사고현장에 가상으로 들어가 조사원으로서 현장에서 보고 들으며 경험할 수 있다.

[그림9] 앰브리-리들 항공대학 가상 크래시 랩(출처 : https://www.ciokorea.com)

크래시 랩을 통해 학생이 항공기 조정실에서 항공사고를 목격할 수 있고 조종사와 항공관제센터 간의 대화를 들을 수 있다. 비상 대응 조치를 평가하거나 사고 현장을 조사하고 목격자와 면담하는 것도 가능하다. 사진을 찍거나 측정하고 강사에게 제출할 자신의 조사 기록을 수정할 수도 있다.

크래시 랩은 다양한 디바이스와 플랫폼에서 24시간 언제든 접속할 수 있다. 학생들이 흥미롭게 문제해결을 해나갈 수 있도록 '교육의 게임화'를 이뤄낸 것이다. 또한 지속적으로 다양한 기술을 요하는 세부적인 부분들도 무한 플레이를 지원해 학생들의 참여도와 숙련도를 높이는데 일조했다. 가상현실 랩을 통해 일부학생들만 들을 수 있었던 항공사고와 안전조사 교육을 많은 학생들이 들을 수 있게 됐으며 대학의 경쟁력이 한 단계 강화된 것은 물론이다.

3 다양한 산업에서의 메타버스

1) 보수적인 은행도 발 빠르게 메타버스 활용 확대

금융권에서도 비대면 영업이 일상화됐다. 최근 KB국민·신한·하나·우리은행 등 시중은행들이 활발하게 메타버스를 활용하고 있다. 외국계인 SC제일은행과 지방금융지주인 DGB금융, BNK부산은행도 메타버스를 경영에 적극 이용하고 있다. 신생 핀테크 기업의 성장에 위협을 받고 코로나19로 대면 서비스가 제한된 시중은행들이 신 고객을 찾아 디지털 가상세계로 영역을 넓혀가는 모습이다.

은행들이 메타버스를 가장 활발하게 활용하고 있는 분야는 자체 행사나 시상식, 사내연수 등 내부행사다. 메타버스 공간은 감염에 대한 우려를 할 필요도 없이 만남의 효과를 극대화할 수 있는 장점을 갖고 있기 때문이다. 최근에는 메타버스를 활용해 소통을 강화하는 것에 이어 '가상 영업점'까지 구축하고 나섰다. 제페토, 이프랜드 등의 메타버스 플랫폼에서 금융교육과 회의를 하는 것은 물론이고 투자설명회도 가상공간에서 진행한다.

은행들이 메타버스 활용을 확대하는 것은 보수적인 이미지와 조직문화를 탈피함과 동시에 메타버스의 주 이용자인 미래의 고객과 공감하기 위한 전략으로 분석된다. 연령에 맞는 다양한 금융교육 세미나 등을 통해 미래 고객과의 접점을 늘려나가려는 노력도 엿보인다. 규제로 인해 실제 상품판매가 이뤄지기는 어렵지만 메타버스의 주 사용자를 직접 가상공간에서 먼저 만나 친근함을 줄 수 있다.

아예 인공지능(AI) 행원이 대출심사 및 투자상담을 맡은 곳도 있다. 아직은 시험단계이지만 언젠가는 오프라인 영업점의 일들이 메타버스 기술을 통해 다양하게 대체 될 수도 있을 것이다. 각각의 은행들은 메타버스의 트렌드를 놓치지 않으려 다양한 형태로 준비하고 있다. 아직까지는 맛보기 식으로 메타버스를 경험하고 있는 곳이 있는가 하면 전담팀을 꾸리기도 한다. 메타버스의 활용과 확장성을 고려해 전용 플랫폼을 만드는 곳도 있다. 시중의 은행들 모두가 공통적으로 메타버스에 대해 경험을 늘려나가고 있기는 하지만 효용성 면에서는 고민하는 모습이다.

우리은행은 메타버스를 통해 권광석 우리은행장과 MZ 세대 행원이 공감·소통하는 시간을 가졌다. MZ 세대 행원들의 디지털 마인드 확산과 미래 고객에 대한 이해·공감을 높이기 위한 시간으로 기획됐다. 메타버스 플랫폼의 다양한 기능을 활용한 이벤트도 진행됐다. 권 행장은 MZ 세대 행원들과 수평적 소통의 시간을 위해 '전광석화'라는 닉네임으로 참여해 눈길을 끌었다.

하나은행은 메타버스에서 '하나글로벌캠퍼스' 연수원 오프닝 행사와 신입행원을 위한 멘토링 프로그램 수료식을 진행했다. 이곳에서 박성호 하나은행장은 '라울(Raul)'이라는 영어 이름을 사용한 아바타의 모습으로 신입행원들과 직접 소통했다. 비록 아바타의 모습이긴 했지만 박성호 하나은행장에게 기념촬영을 요청하는 모습도 보였다. 현실이라면 상상하기 어려웠을 장면이다.

[그림10] 박성호 하나은행장과 기념촬영 하는 신입행원(출처 : 한국금융신문)

신한은행은 메타버스를 더 적극적으로 활용하고 있다. 신한금융은 자체적인 메타버스 플랫폼을 만들기 위한 작업을 시작했다. 외부 플랫폼을 활용하는 것으로는 본연의 은행업무에 한계가 있기 때문이다. 약 17억 원을 투자해 신한은행 모바일뱅킹 애플리케이션 안에 자체 플랫폼을 구축할 계획이다. 이렇게 되면 메타버스에서 실제 은행원을 만나 자산관리 및 금융상담을 받고 게임 같은 느낌으로 투자 시뮬레이션을 돌려볼 수도 있다.

신한은행은 메타버스 플랫폼 안에 다양한 비금융서비스도 계획 중이다. 메타버스 플랫폼 안에 야구장, 대학 캠퍼스를 구현할 계획이다. MZ 세대 고객과의 접점을 넓히기 위한 노력이다. 야구장에서는 야구경기를 실시간으로 중계하고 응원, 팬 미팅도 할 수 있다. 대학캠퍼스에서는 모바일 학생증과 연계해 학교별로 특화한 서비스를 제공한다.

KB국민은행은 내부 행사나 이벤트 용도보다 훨씬 더 앞선 메타버스 이용을 보여주고 있다. KB국민은행은 먼저 행원들의 메타버스 활용과 경험확산을 위해 게더(Gather) 플랫폼을 활용한 'KB금융타운'을 오픈했다. 금융타운은 금융 비즈센터,

재택센터, 놀이 공간 등 3개 공간으로 구성했다. 금융 비즈센터는 영업점, 홍보채용 상담부스, 대강당, 소셜 공간으로 꾸몄다. 재택센터는 재택근무자와 사무실 근무 행원 간 원활한 소통과 협업이 가능하도록 구성했다. 놀이공간은 공원과 미로 찾기 게임 등 휴식 공간이다.

또한 국민은행은 메타버스 플랫폼 중 하나인 게더타운에 영업점을 개설했다. 게더타운 메타버스 내에 차려진 가상 은행 영업점에서 고객이 창구직원 앞으로 가면 고객과 직원은 자동으로 얼굴을 보며 실시간으로 상담을 받을 수 있다. 은행점포와 같은 기능을 수행한다. 장소만 가상공간으로 바뀐 것이다. 특정 상품이나 상담에선 대면영업이 필수일 수밖에 없는 은행영업 조건을 메타버스 내에서 고스란히 재현하게 됐다. 게더타운은 사무실을 꾸리고 그 안에 화이트보드를 벽에 걸어 글이나 그림으로 설명하는 것도 실시간으로 공유가 가능하다. 프로젝트 앞에 서서 영상을 공유하며 발표를 할 수도 있다. 특히 별도의 앱을 설치하지 않아도 곧바로 사이트에 접속해 메타버스에 입장할 수 있다는 편의성도 있다. 이런 특징을 종합하면 고객이 손쉽게 KB국민은행 메타버스에 접속해 실제 은행에 가서 창구직원을 만나듯이 얼굴을 보며 대화하고 중요한 설명은 문서와 영상 화면을 통해 전달할 수 있다.

국민은행은 기술 기업들과 협업을 통해 금융콘텐츠 개발도 추진할 예정이다. 로블록스(ROBLOX) 플랫폼이나 가상 현실기기(HMD)를 활용한 가상금융 체험관을 실험할 예정이다. 또한 아바타와 인공지능(AI)을 활용한 메타버스 영업점을 구축해 금융서비스 제공 가능성을 검증할 계획이다. 미래고객 선점과 금융혁신을 위한 다양한 형태의 메타버스 실험을 통해 새로운 금융서비스 채널로 만들어 가기 위해 노력하고 있다.

뉴스핌 인터뷰에 따르면 이동훈 KB금융지주 경영연구소 책임연구원은 "가상현실 기기 등 메타버스 경험의 몰입감을 높여주는 하드웨어 발달로 이용자의 관심이 증가하고 있다"라며 "가상세계 활동으로 취득한 가상화폐가 실제화폐와 교환되고 디지털 자산에 대한 소유권 보장이 가능해지면서 가상세계 속 경제 생태계가 활성화될 것으로 예상한다"라고 밝혔다.

현재 주요 은행들의 메타버스 사업은 회의 및 행사 일부를 외부 메타버스 플랫폼에서 진행하는 수준에 머물러 있지만 증강현실 등을 이용해 실제 뱅킹거래가 가능한 가상 영업점 운영을 목표로 삼고 있다. 홍보 이상의 활용이 이뤄지게 될 경우 메타버스 안의 거래들을 지금 모바일 앱과 같은 비대면의 영역으로 볼 것인지, 신사업으로 볼 것인지 기준이 필요하다. 또한 은행법상으로 가능한지, 기본적으로 금융소비자 보호법을 위반하는 것은 아닌지도 점검이 필요하다.

금융위원회는 최근 KB국민·신한·우리·하나은행 등 시중은행을 대상으로 메타버스 사업 현황 파악에 나섰다. 메타버스 내에서의 금융업무 범위에 대한 법적근거가 아직 없다. 금융당국의 관심은 은행권의 메타버스 사업 본격화에 앞서 가상세계에서의 거래 부작용 등에 대한 대책 마련을 위한 바탕 준비를 위한 것으로 보인다.

2) 자동차 업계 VR 도움으로 설계품질 검증 진행

여러 산업 현장에서 작업과 훈련의 효율을 위해 메타버스를 적극 활용하고 있다. 과거에는 기술의 한계로 몰입도가 떨어지고 협업 또한 원활하지 않았지만 지금은 의료계, 군, 산업 전반에 걸쳐 다양하게 활용되고 있다. 가상의 공간에서 협업을 통해 제품을 계획하고 완성해 나가며 가상의 공간에서 실감나는 훈련을 받는 것이 더 이상 미래의 모습이 아니다.

해외에서는 디자인, 설계, 품질검증 등 다양한 공정에 메타버스를 통한 작업을 진행해 공정의 효율화를 구축해 나가고 있다. 국내 자동차 업계에서도 이미 VR의 도움을 받아 설계품질 검증을 진행하고 있다.

[그림11] VR통한 설계품질 검증 모습(출처 : https://news.hmgjournal.com)

[그림12] VR을 통해 차 단면을 절개한 모습(출처 : https://news.hmgjournal.com)

VR을 통한 설계품질 검증은 기존의 단점들을 확실히 보완해줬다. 기존 검증방식에서는 문제점이 늦게 발견되곤 했다. 이미 양산이 상당부분 진행됐을 경우, 설계의 수정이 불가능한 경우가 많았고 가능하더라도 엄청난 시간과 비용이 들었다. 실제 개발과정에서 즉각적인 수정이 어렵고 점검과 확인이 어려웠으나 VR을 통한 설계품질 검증은 물리적 한계를 극복하게 해주어 문제를 쉽고 빠르게 해결 할 수 있게 해줬다.

예를 들어 현실에서는 실제 차를 힘들게 절개해야 하는 반면, HMD를 쓰고 VR 환경에 들어가면 컨트롤러 조작만으로 차의 단면을 절개할 수도 있다. 단면의 조립과 연결 상태는 물론이고 차 전체적으로 부품의 위치, 조립상태를 실시간으로 확인할 수 있다.

금속 등의 차량 소재로 인해 빛 반사가 일어나는 경우 안전을 위해 운전자의 시야에 어떤 영향을 주는지 확인이 필요한데 이것도 가상의 실내에 탑승해 확인할 수 있다. 현실에서는 태양의 위치와 빛의 세기를 조절하는 것이 불가능하지만 이것도 VR 시스템을 통해서는 마음대로 바꿀 수 있기 때문에 보다 정확한 설계검증이 가능하다. VR이 없었다면 실제 차를 만들어 확인해야 하는 과정들이지만 VR을 통해 빠른 검증과 수정을 할 수 있다.

[그림13] 현대자동차 VR 품질검증 과정(출처 : https://news.hmgjournal.com)

[그림14] 현대자동차 VR 품질검증 과정(출처 : https://news.hmgjournal.com)

4 산업현장에서 메타버스 활용은 필수

1) 조선업, 산업재해 예방 및 효율적 · 안전한 교육

산업 현장에서는 메타버스를 활용해 실습을 할 수 있도록 다양한 교육훈련 시스템을 개발하고 적용하고 있다. 선박 도장작업은 부식방지 등 선박품질을 결정하는 중요 공정이지만 현장에서는 충분한 실습기회를 확보하기 어렵다. 또한 교육의 효율이 떨어져 전문 기능 인력을 육성하기 위한 체계적인 실습이 제대로 진행되지 못했다.

삼성중공업은 VR 기술을 활용한 '도장 가상현실(Virtual Reality, VR) 교육훈련 시스템'을 개발하고 거제 조선소에 본격 적용했다. 가상공간에서 실제 작업환경과 동일하게 구현된 선박 구조물에 스프레이 건(spray gun)을 조작해 도장작업을 체험할 수 있게 했다. 실습 후 건조, 도막 두께 등 실습결과도 실시간으로 확인할 수 있다. 삼성중공업은 가상훈련을 통해 도장 속도, 방향, 각도 등을 실시간으로 피드백 받을 수 있어 훈련생이 본인 기량을 스스로 점검하고 향상시킬 수 있다.

[그림15] 도장 VR 교육 장면(출처 : 삼성중공업)

VR 시스템을 통해 훈련하게 되는 경우 숙련자로 육성하는 훈련시간과 비용을 크게 줄일 수 있다. 따라서 고 위험 업종인 건설업, 조선업에서도 증강현실(AR)과 가상현실(VR)등 XR 기술을 활용해 메타버스를 통한 교육을 하고 있다. 산업재해를 예방하는 것과 더불어 효율적이고 안전한 교육을 할 수 있어서이다.

훈련을 위해서 재해 및 사고현장을 재현하는 데는 한계가 있다. 실감나는 현장을 재현하는데 비용이 많이 들기도 해 구현하더라도 반복적으로 재현하는 데는 한계가 있다. 또한 활용 가능한 인원이 한정되기도 하며, 사고현장을 재현하는 과정에서 환경오염을 일으키는 경우도 있다.

그러나 메타버스를 통해 교육을 진행하게 되는 경우 재해·사고현장도 실제를 방불케 재현할 수 있다. 또한 훈련생들은 다양한 시나리오를 짧은 시간 내에 경험할 수 있다. 다양한 시나리오를 실제와 같은 환경에서 훈련함으로써 상황판단 능력을 기를 수 있으며 반복적인 시뮬레이션을 통해 훈련을 체화할 수 있다. 위험한 산업현장에서 메타버스를 통한 훈련은 이제 필수적인 요소다.

2) 소방훈련 '실감형 시뮬레이터' 훈련

코로나19 시대 소방훈련도 비대면으로 진행된다. 국내 연구진이 VR 기술로 실제 현장의 상황을 그대로 재현해 소방훈련을 할 수 있는 '실감형 시뮬레이터'를 개발했다. 소방훈련의 참여자는 소방복을 입고 VR 장비를 착용해 훈련에 임하게 된다. 훈련생이 보는 VR 화면에는 실제와 같은 화재현장이 펼쳐진다. 모션 시뮬레이션 기술 등 다양한 VR 기술을 집약한 훈련으로 화재진압 도중 시설물이 무너지면 오프라인 공간에서 훈련 참여자가 서있는 바닥도 함께 흔들리도록 '환경 연동형 실감 모션'이 설계돼있어 훈련의 몰입도가 더욱 높다.

[그림16] 실감형 시뮬레이터를 통한 소방훈련(출처 : https://www.yna.co.kr)

VR 소방훈련 시스템은 소방관이 개발에 참여해 이천 물류창고 화재와 같은 화재 현장도 그대로 재현했다. 시각적인 환경만 구현하는 것은 아니다. 실제 소방도구에 대한 훈련도 함께 진행된다. 소방도구를 선택해 화재진압을 할 수 있다. 훈련과정에서 대응능력을 체화시켜 실제 상황에서 발휘될 수 있도록 실 소방장비나 도구의 조작감도 함께 배우면서 훈련한다. 훈련생이 실제 소방관이 사용하는 관창과 같은 모형의 소방장비를 사용하게 되면 VR 공간에서 소방장비가 작동된다.

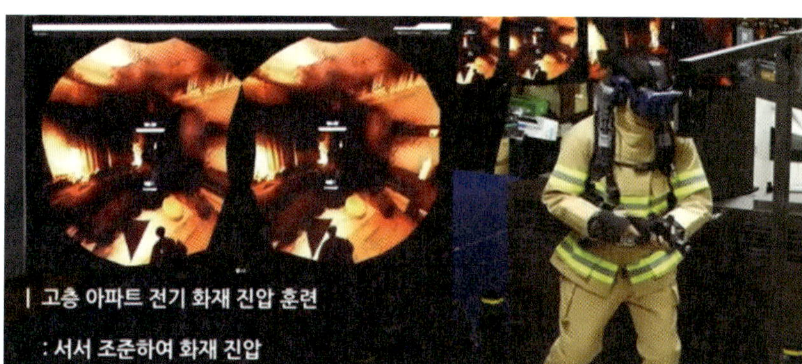

[그림17] VR을 통한 소방훈련(출처 : https://www.yna.co.kr)

소방훈련의 경우엔 특히 현실에서 훈련을 진행하더라도 실제현장과는 차이가 있을 수밖에 없다. 게다가 매회 소방훈련을 진행할 시에 드는 비용, 훈련생들이 위험할 수 있어 훈련이 실제와 똑같은 환경에서 진행되기는 어려운 점, 1회의 훈련에 참여할 수 있는 인원에 제한이 있고, 물을 다량으로 매번 사용하게 되고, 연기가 발생하기에 환경오염 등 다양한 이유로 실제현장과 똑같이 재현하기 어려운 경우가 많다.

하지만 메타버스 환경에서 훈련을 진행하게 될 경우에는 비대면으로 진행할 수 있고 실제와 같은 몰입감이 있지만 가상의 공간이기에 실수를 하더라도 몇 번이고 같은 환경을 반복적으로 재현이 가능하기에 다시 그 상황으로 돌아가 판단을 내릴 수 있는 기회가 된다.

기존의 스크린 등을 통한 교육이 일방향성 훈련인데다가 실제감이 다소 떨어지는 단점이 있었다면 메타버스를 활용한 교육의 경우 오프라인으로는 단체교육이 어려운 상황이더라도 메타버스를 통해 대규모 가상 집체교육도 가능하다. 뿐만 아니라 VR, MR, XR의 기술을 모두 집약해 오감이 느껴지는 훈련으로 점차 발전하고 있다.

전자통신연구원에 따르면 향후 소방호흡기와 소방복 등에 열감·냉감 재현장치를 구현하고 훈련생의 생체신호를 모니터링 할 수 있는 기술 등을 추가할 계획이라고 한다. 다양한 화재 현장을 시뮬레이션 해 볼 수 있는 프로그램을 개발하고 상용화한다면 더욱 효과적인 훈련방식으로 자리 잡을 것이다.

3) 메타버스를 통한 군사 훈련

우리 군도 VR을 적극적으로 활용하고 있다. 군 복무 단축기간에 따른 장병들의 숙련도 저하가 우려되는 만큼 한층 더 체계적이고 과학적인 훈련이 필요한 상황이다. 야외훈련 시 발생하는 소음 등에 대한 지역주민의 민원에도 대응하면서도 차질없이 훈련을 치러야 하는 부담을 해소하기 위해 VR 등의 기술을 적극 도입했다. 현재 기술로는 여단 급 규모의 전투훈련도 시행가능하다.

모의사격을 통해 실전과 같은 교전을 가능케 하는 첨단 훈련장비 및 인프라·통신 수준도 선진국 반열에 올라 있다. 미군을 비롯한 주요국들의 군 당국자들이 시연 및 체험을 요청해 직접 KCTC(과학화전투훈련)를 경험했을 정도다. 2021년 연말 무렵에는 영국군의 KCTC 참관 체험도 추진되는 것으로 전해졌다. 사업 초기 미군을 벤치마킹하던 우리 군이 이젠 미군 등의 벤치마킹 대상이 된 것이다.

[그림18] VR 훈련 중인 군(출처 : 삼성투모로우 영문 홈페이지)

우선 가상현실 속의 군사훈련이 보다 현실감 있게 느껴질 수 있도록 게임을 기반으로 개발된 온라인 플랫폼에 개인별 아바타가 부여된다. 장병들의 훈련이수와 자격증 취득 여부에 따라 전투력 지수가 결정된다. 이는 가상의 전투훈련에 반영돼 가상전투 결과나 훈련도 성취에도 영향을 줄 예정이다. 해당 시스템은 장병들이 캐릭터 육성 게임을 하듯 복무기간 중 아바타의 전투력 지수를 지속적으로 향상 시키도록 독려하는 효과를 가져 올 것으로 기대된다.

실전처럼 정교하게 진행될 수 있도록 대대급 이상의 지휘관 참모들의 전투지휘 훈련과도 연계할 방침이며 보다 실감나게 느껴질 수 있도록 KCTC 참가 장병들에게는 VR 안경과 햅틱(가상 촉각 기술)장비가 지급된다. 실전과 같은 모의교전을 위해서다. 훈련의 결과는 빅 데이터로 정밀 분석되며 개인별, 상황별로 맞춤형 전술을 제공할 수 있다. 이를 통해 지형지물에 따른 교전 결과 등이 과학적으로 관리된다.

군 당국에 따르면 육군본부는 오는 2030년대 중반까지 단계적으로 장병훈련 체계에 4차 산업혁명 기술 등을 적용해 장병들에게 실전과 같은 경험과 지식을 제공하는 방안을 추진한다. 메타버스(3차원 가상세계) 게임, 가상촉각기술(햅틱), 빅 데이터, 5세대 이동통신(5G) 등의 기술을 병사들의 실기동훈련, 제대별 지휘관 및 작전 참모들의 지휘연습 등에 점진적으로 융합하겠다는 것이다.

4) 의료계 메타버스 플랫폼으로 수술교육

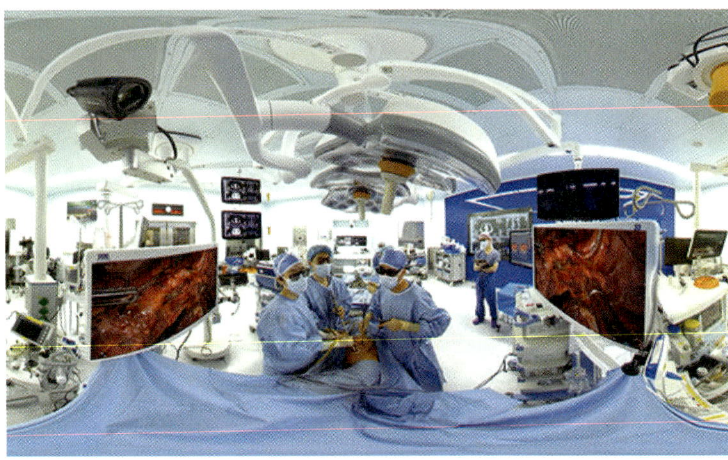

[그림19] 분당서울대병원 스마트 수술실(출처 : 매일경제)

메타버스는 수술실의 모습도 바꾸고 있다. 아시아심장혈관흉부외과학회(ASCVTS)는 지난 2021년 5월 29일 온라인 학술대회에서 메타버스 플랫폼으로 폐암수술 교육을 진행했다. 수술은 분당서울대병원 스마트수술실에서 진행됐으며 아시아 각국의 흉부외과 의료인 200여 명은 가상환경에서 이 과정을 체험했다. 분당서울대병원은 지난 2019년 4K나 3D 영상, 360° 카메라를 이용한 8K VR 영상을 제작할 수 있는 스마트수술실을 구축했다. 메타버스를 통한 교육은 이르면 2021년 하반기부터 서울의대 임상실습 교육에도 적용될 예정이다.

국내 병원 계 최초로 제페토에 병원을 개설하는 종합병원도 생겼다. 차의과학대학 일산차병원은 최근 개원 1주년을 맞아 제페토에 초음파실, 분만실, 행정사무실 등을 구현했다. 코로나19 영향으로 직접 병원방문이 어려운 직원과 고객들에게 비대면으로 병원을 소개할 방법을 찾다가 메타버스에 병원을 열게 됐다. 가상공간 체험기회를 제공하는 일종의 이벤트 행사다.

일산 차병원 관계자는 매거진HD와의 인터뷰에서 "개원 1주년 이벤트 이후에도 지속가능한 공간으로 유지·보강할 예정"이라고 밝히며 "향후 신생아실, 입원 병동, 로봇 수술실 등을 추가로 구현해 더 다양한 간접체험을 제공할 것"이라고 밝혔다.

제페토의 가상병원을 통한 실질적인 비대면 서비스 제공에 활용한다면 진료 전 의료상담이나 병원 행정절차 문의, 입·퇴원 확인서나 진료비영수증 발급과 같은 진료 외 원무행정 부가서비스를 제공할 수 있을 것으로 보인다.

5) VR 프로그램 고소공포증 치료

사람들은 정도가 다를 뿐 저마다의 심리와 불안을 갖고 산다. 불안증세가 너무 심해서 일상생활에 지장이 있는 경우 심리치료를 받기도 하는데 비용은 물론이고 시간도 꽤나 오래 걸린다. 이제는 전문가의 도움 없이 VR 프로그램을 통해 그런 증세도 치료할 수 있게 됐다. 영국 연구진이 가상현실(VR) 프로그램을 이용해 전문가 도움 없이도 고소공포증을 치료할 수 있는 기술을 개발했기 때문이다.

대니얼 프리먼 영국 옥스퍼드대 정신의학과 교수 연구진은 고소공포증 환자를 대상으로 진행하는 VR 심리 프로그램을 개발했다고 밝혔다. 연구진에 따르면 가상의 컴퓨터 코치가 진행하는 VR 프로그램 치료를 받은 고소공포증 환자들의 상당수가 치료 효과를 봤다고 답했다.

고소공포증은 다섯 명 중 한 명이 경험하는 흔한 질병에 속하지만 대부분 치료를 받지 않고 넘어가는 경우가 많다. 많은 의사, 과학자들은 VR를 이용해 고소공포증을 완화시키는 기술을 개발해 왔다. 하지만 대부분 치료과정에서 전문가의 도움이 반드시 필요했다. 연구진은 이 같은 한계를 극복하기 위해 컴퓨터가 만든 가상의 코치가 진행하는 VR 심리프로그램을 개발했다. 치료가 개개인의 상황에 맞춰 진행되는 만큼 환자는 음성인식기술을 이용해 가상의 코치와 대화를 나누며 치료가 진행된다.

참가자들이 HMD를 착용하고 VR 공간에 들어가 가상 코치의 지시에 따라 조금씩 난이도가 높아지는 임무를 수행한다. 곧 무너질 듯한 다리를 건너거나 10층 빌딩으로 올라가 나뭇가지에 있는 고양이를 구하는 임무들이다. 컴퓨터가 만든 VR 세상이지만 실제 같은 느낌에 처음에는 시도조차 어렵다.

그러나 이 프로그램은 다양한 시나리오로 단계적으로 쉽고 재미있게 접근 할 수 있게 설계됐다. 환자와 심리치료사가 대면하는 기존의 치료법은 이런 시나리오를 적극적으로 만들어내기 어렵고 환경을 통제하기 어려운 반면 VR은 가능하다. 그리고 그 결과는 상당히 뛰어났다.

[그림20] 옥스퍼드대 VR이 고소공포증 치료를 위해 개발한 가상현실 속 모습(출처 : 매일경제)

이 연구에는 평균 30년 동안 고소공포증으로 고생했던 100여 명이 참여했다. 무작위로 두 그룹으로 나눠 한 그룹만 VR로 심리치료를 진행했다. 평균 두 시간씩 총 다섯 번에 걸쳐 VR 심리치료를 받았고 치료 뒤 환자들은 고소공포증 증세가 68% 완화됐다고 답했다. 치료받은 환자의 절반은 고소공포증 정도가 4분의 3이나 줄었다고 밝혔다. 연구진은 "치료 결과는 심리치료사가 환자와 대면해 진행하는 기존의 심리치료보다 더 나은 결과를 보였다"라며 "이번 연구는 고소공포증 치료시험 중 가장 큰 규모 중 하나"라고 말했다.

국내 병원도 VR을 이용한 기술개발에 나서고 있다. 가천대 길병원은 가상현실 치료센터를 설립하고 재활치료를 위한 환자 맞춤형 VR 프로그램을 제공하고 있으며 분당 차병원도 뇌졸중으로 팔을 잘 쓰지 못하는 환자를 대상으로 VR 재활치료를 진행하고 있다. 분당서울대병원은 서울대 공대와 함께 마이크로소프트(MS)가 개발한 3차원 동작인식 카메라 '키넥'을 이용한 VR 치료프로그램을 개발해 활용하고 있다.

5 삶을 풍성하게 하는 VR기술

1) VR 휴먼다큐멘터리 '너를 만났다'

꼭 한번만이라도 다시 볼 수 있다면…. 메타버스에서는 이런 불가능한 꿈도 현실이 된다. 휴먼 다큐 '너를 만났다'의 이야기다. '너를 만났다'는 그리움과 사랑에 대한 이야기다. 사별로 인해 그리워하는 가족과의 만남. 먼저 보내 그리운 딸과 아내를 VR 기술을 통해 그대로 복원했다.

MBC 특집 VR 휴먼다큐멘터리 '너를 만났다'는 가상현실, 인공지능, 실감콘텐츠를 이용해 잃어버린 가족을 만나게 해주는 프로젝트를 담은 다큐멘터리다. 누군가의 기억 속 가장 만나고 싶은 사람을 VR(가상현실)로 구현해 따뜻한 기억의 순간을 다시 불러오게 했다.

[그림21] MBC 특집 VR 휴먼다큐멘터리 '로망스' 편(출처 : 이데일리)

2020년 2월 첫 방송은 일곱 살에 난치병으로 세상을 떠난 딸을 그리워하는 엄마의 이야기였다. VR로 재현된 딸과 엄마가 재회하는 장면은 2021년 9월을 기준으로 2865만 뷰를 기록 중이다.

두 번째 편은 '로망스'편으로 사별한 아내와 김정수 씨의 이야기이다. 김정수 씨와 아내, 다섯 아이들이 10년 가까이 산 집의 구조와 가구배치, 소재까지 VR로 그대로 구현됐다. 아내의 그림자라도 만져보고 싶다던 김정수 씨. VR로 재현된 집에서 마주한 아내와 교감하는 모습과 서로에게 못 다한 이야기를 하는 모습들이 감동적이고 아름답다.

VR을 통해 사별한 가족과 만난 출연진들이 출연 후 오히려 트라우마에 시달리지 않을까 하는 우려와 달리 출연자들의 만족도는 높았다고 한다. 오마이뉴스와의 인터뷰에서 '너를 만났다'의 최미혜 작가에 의하면 "시즌1의 엄마 출연자는 방송 이후 유튜브와 브런치 등으로 세상과 더 적극적으로 소통하고 있고, 시즌2의 김정수 씨는 방송 볼 때 슬픔보다 즐겁게 시청했다"라고 제작진에게 근황을 전했다고 한다.

마지막 편 '용균이를 만났다'는 산업재해로 세상을 떠난 고 김용균 씨와 시민들의 만남이었다. 20대의 노동자 용균 씨의 삶으로 들어갔다. 재회가 아니라 이번에는 그 삶을 체험해본다. 발전소의 노동자였던 용균 씨가 원했던 것은 그냥 평범하게 일하는 것이었다. 누가 그렇게 허망하게 삶을 마감하리라 생각했을까. 용균 씨가 사고로 희생됐지만 그 후로도 누군가에겐 계속 사고가 났다. 그러나 노동자의 억울한 죽음에 우리 사회는 큰 관심을 갖지 못했다. 그랬던 우리가 VR을 통해 생전의 용균 씨의 삶으로 들어갔다.

[그림22] MBC 특집 VR 휴먼다큐멘터리 '용균이를 만났다'(출처 : MBC)

고 김용균 씨의 시간과 공간을 VR로 재현했고 교수, 주부, 취업준비생 등 다양한 연령과 직업군의 시민 12명이 VR 기기인 HMD를 쓰고 이를 체험해보는 방식으로 구성됐다. 실제 용균 씨가 일하던 현장보다는 순화된 순한 맛 버전이었다. 그럼에도 최미혜 작가의 인터뷰에 따르면 용균 씨의 뉴스를 접한 적이 없다던 청년은 VR 체험을 하고 나서 "얼마나 무서웠을까"라는 얘기를 했다고 한다. 24살 청년이 작업도중 컨베이어 벨트에 끼어 숨졌다는 간단한 뉴스로 접하는 것과 그 세계에 직접 들어가 보고 느끼는 건 너무나 달랐을 것이다.

VR을 통해 우리는 소통하고, 협력할 수 있고 깊은 공감도 할 수 있다. 내가 그 입장이 돼보면 그제 서야 이해할 수 있는 것들이 있다. 이 인종차별도 그중에 하나일 것이다. 내가 직접 인종차별, 성차별을 겪어보면 어떨까. 편견과 혐오의 대상이 겪는 억울함과 무력감은 강의를 듣거나 책을 읽는다고 알 수 있는 것이 아니다.

2) 오큘러스 VR 기기로 차별과 편견에 대한 교육

[그림23] VR다큐 흑인으로 여행하기(Traveling While Black) 화면(출처 : 유튜브)

입장을 바꿔 상대방의 마음을 경험할 수 있게 해주는 VR 프로그램이 있다. VR 다큐 '흑인으로 여행하기(Traveling While Black)'이다. 페이스북의 오큘러스 VR 기기를 쓰고 체험할 수 있다. 체험자들은 VR기기를 쓰고 그린북을 따라 여행을 하는 1인칭 시점의 흑인이 된다.

그린북이란 1930년대 중반에서 1960년대 후반, 대다수의 장소에 입장이 거부됐던 흑인들이 갈 수 있는 곳을 따로 정리해 놓은 여행서다. 흑인으로 여행하기 다큐의 배경은 인종차별이 합법이던 시절이기에 참여자는 식당이나 호텔 등 일상에서 인종차별은 물론 성차별까지 간접 체험하게 된다.

직장 내에서도 인종차별은 존재한다. 당신은 직장 동료가 인종차별을 받고 있는 상황에서 어떤 선택을 할 것인가? 이는 미국 스타트 업 Vantage Point가 만든 사내 교육용 VR 프로그램의 시나리오 중 하나다. 직원들은 VR 헤드셋을 쓰고 다양한 편견을 체험해 보게 된다. 처음에 Vantage Point는 기업 내 성희롱 예방교육 제공에 중점을 뒀으나 이제는 전 분야의 차별과 편견에 대한 교육을 제공한다.

편견과 차별 그리고 혐오는 오랫동안 계속돼온 사회문제 중의 하나다. 책과 교육으로 당사자의 마음을 느끼는 데는 한계가 있다. 직접 그 입장이 돼야 느낄 수 있는 것들이기에 실제 삶에서는 불가능하기도 하다. 그러나 메타버스 환경에서는 상대의 상황에 들어가서 입장을 바꿔 경험 할 수 있다. 메타버스가 사회적 다양한 문제를 해결하는 새로운 방법이 될 수 있음을 시사하는 사례이다.

3) 스포츠도 메타버스로

메타버스 스포츠도 얼마든지 짜릿하다. 사회적 거리두기로 인해 오프라인에서 진행되던 많은 축제, 스포츠 경기 등이 중단됐다. 비대면 행사로 전환되고 무 관중으로 경기가 치러지기도 했다. 이미 스포츠는 e스포츠와 함께 가상공간에 들어온 지 오래됐다. 2018년 평창 올림픽에서는 인텔이 올림픽 파트너사로 참여하면서 스타크래프트2 인텔 익스트림 마스터스를 개최하기도 했고 2022년 항저우 아시안게임에서는 e스포츠가 정식종목으로 채택되기도 했다.

전 세계적으로 스포츠에 메타버스가 응용된 사례는 다양하다. 미국 메이저리그의 MLB Ballpark 앱, 한국의 쓰리디팩토리에서 개발 중인 '레알마드리드 가상세계', 영국의 ePremier 리그 운영, 미국의 그린파크 스포츠의 NBA 팬들을 위한 NBA Land 등이 있다.

그리고 디바이스와 통신환경의 개선으로 인해 앞으로 더욱 많은 스포츠가 메타버스 환경 속에서 구현과 확장이 가능하게 됐다. 오프라인에서의 경기는 중단됐지만 가상환경에서 오프라인 못지않게 실감나는 경기를 진행해 최근 눈길을 끌었던 대회가 있다. 60여년의 역사를 지닌 미국의 인기 자동차 경주대회 '나스카(NASCAR)'이다.

2020년 2월 시즌 개막을 했지만 코로나19로 인해 3월까지만 진행됐었다. 5월 경기는 연습이나 예선 주행 없이 진행되며 관중입장도 허용되지 않았다. 2020 F1그랑프리는 코로나 확산으로 인해 오프닝부터 줄줄이 취소가 됐다. 위기였다. 매년 엄청난 예산을 들여 준비한 경기이기에 각 팀은 물론이고 개최지에 엄청난 손해가 갈 수밖에 없었다.

그러나 2021년 나스카 대회는 달랐다. 응원하는 팬도 있고, 광고판도 있다. 폭스스포츠 채널이 중계하고 경기 중 선수 인터뷰도 진행했다. 코로나19에서 완치된 배우 톰 행크스가 국가를 제창하기도 했다. 결과는 대 성공. 1주차에는 90만 명 이상이, 2주차에는 130만 명 이상이 경기를 시청했다.

2020년의 경기와 무엇이 달랐을까? 2021년의 나스카 경기는 메타버스로 경기로 가상공간에서 진행됐다는 점이다. 위기를 해결하기 위해 공식 경기가 아닌 이벤트 형식이긴 했으나 실제 F1의 선수들이 F1 e스포츠에 투입됐다. 실제 대회 스케줄과 같은 스케줄과 실제와 같은 코스에서 F1 e스포츠 시리즈를 개최했다.

그간 메타버스 레이싱은 연습용으로 생각돼왔다. 실제 코너링에서의 관성이 작용하지 않고, 트랙의 감각이 다르며, F1스포츠의 뿌리는 최첨단 기계공학인 F1머신을 보여주는 것이기도 했기 때문이다. 코로나19의 특수한 상황은 실제 세계적 레이서들이 e스포츠에서 뛰는 상황을 연출했고 선수들의 이러한 행보는 F1 e스포츠에 많은 관심을 일으켰다. 이 사례에서 앞으로 스포츠가 나아갈 방향을 엿볼 수 있다. 이것이 앞으로의 행보가 더 중요한 이유이다.

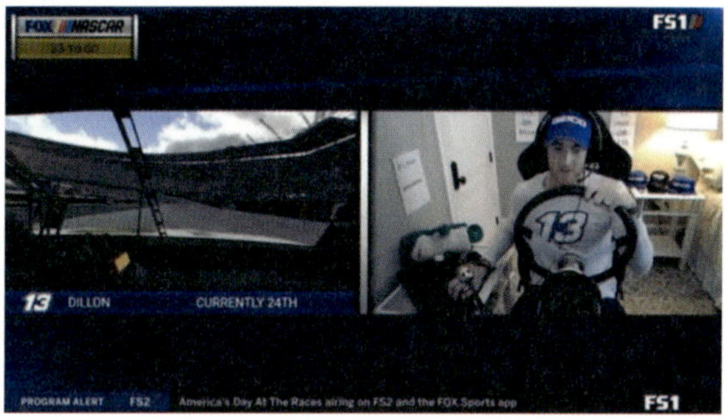

[그림24] 나스카 경기장면(출처 : https://www.youtube.com/watch?v=KX4OsQIUrTg)

6 전자 정부에서 메타버스 정부로

세계적인 트렌드로 떠오른 메타버스 경제 선점을 위해 정부가 팔을 걷었다. 2021년 디지털 뉴딜 사업 시행 1년을 맞아 민간·기업·정부부처가 추진한 메타버스 프로젝트도 가시화되고 있다. 정부는 '한국판 뉴딜 2.0'을 추진하면서 메타버스를 포함한 초 연결 신산업 육성을 디지털 뉴딜분야의 새로운 과제로 추가했다. 이를 통해 우리 기업이 확보한 디지털 혁신기술, 서비스가 글로벌로 진출할 수 있도록 지원하고 디지털 미래를 선도할 메타버스·클라우드·블록체인 등 초 연결·초 실감 신산업 분야를 집중 육성할 계획이다.

뉴딜 사업 추진 시 일부 사업은 공모를 통해 사업 대상을 선정하고 우수 사례를 발굴·확산하는 등 민간 참여기회를 확대할 예정이다. 메타버스 생태계 구축은 민간이 주도하고 정부는 지원하는 방식으로 진행된다. 이를 위해 메타버스 플랫폼을 개방형으로 구축해 누구나 활용할 수 있도록 한다는 방침을 세웠다. 개방형 메타버스 플랫폼은 메타버스 전문기업 육성의 든든한 토대가 될 것이다.

과학기술정보통신부는 '메타버스 얼라이언스'라는 민관 협력체를 출범하고 정부의 디지털 뉴딜 사업을 구체화하겠다고 밝혔다. 이동통신 3사와 카카오엔터테인먼트, 지상파 3사, 네이버랩스, 현대차, CJ ENM 등이 이번 협의체에 합류했다. 이들이 활동할 내용은 메타버스 시장을 선도하기 위한 기기·프로그램 개발, 산업기술 동향 공유, 사업 활성화방안 및 법 제도 정비를 위한 논의 및 자문 등이다. 메타버스 전문기업과 개발자 육성·지원 기능을 하는 '메타버스 허브' 운영도 얼라이언스의 업무다. 정부는 얼라이언스에서 제시한 결과물을 바탕으로 다양한 지원방안을 모색한다.

국토 교통부에서는 디지털트윈에 집중하고 있다. 디지털트윈은 한국판 뉴딜의 10대 대표과제 중 하나로 포함돼 국내에서는 주로 스마트 시티와 연계한 인프라구축 정책과 함께 진행되고 있다. 디지털트윈은 실제 환경이나 사물 등 현실과 동일한 형태를 디지털 환경으로 구축하고 현실에서 발생할 수 있는 상황을 미리 시뮬레이션해 그 결과를 예측하는 기술이다.

디지털 트윈 기술은 도시 문제를 모니터링하고 분석하기 위한 목적으로 3차원 공간정보 구축은 물론이고 도시건설 및 재난안전관리 모델구축 등에 활용되며 작게는 공장 내 생산 공정과 같은 제조업 분야에서부터 크게는 의료, 스마트시티, IoT(사물인터넷) 등에도 활용이 가능하다. 코로나19로 디지털화가 가속화되는 가운데 일각에서는 디지털트윈을 일종의 '디지털 SOC(사회간접자본)'로 보는 시선도 있다.

[그림25] 제페토 한강공원(출처 : https://www.yna.co.kr)

한국 관광공사는 제페토에 익선동, 한강공원 등 서울의 관광지를 그대로 재현한 공간을 만들었다. 제페토를 이용하는 해외 이용자는 2021년 2월 기준 2억 명의 이용자 중 90%에 달한다. 코로나19로 인해 해외여행이 자유롭지 않지만 이용자들은 메타버스 안에서는 자유롭게 한국의 관광지를 보고 다양한 체험을 할 수 있다.

코로나19 이후 한국을 방문하는 주요 관광객으로 예상되는 중국 MZ 세대 공략을 위해서 중국 인기 모바일 리듬 댄스게임 '오디션'을 활용해 메타버스 방한 관광 마케팅 '오디션 프로젝트'를 추진하고 있다. 리듬댄스게임 '오디션'은 자신의 아바타를 통해 가상공간에서 리듬게임을 즐기는 인기 게임으로 중국내 다운로드 수 5억 5,000만회, 누적 활성화 사용자 5,000만 명에 달하며 모바일에 친숙한 10~20대가 주 사용자 층이다.

'오디션 프로젝트'는 게임 내 한국여행 가상체험 공간을 조성하고 이와 연계해 한국관광을 홍보하는 것이다. 코엑스를 배경으로 하는 가상공간 '한국 댄스룸'에서 게임을 하는 경우 동시에 가상 코엑스의 전광판을 통해 정동진·감천문화마을·제주도 등 한국의 다양한 관광지도 만나볼 수 있다. 사용자들은 한시적으로 출시되는 한국 패션 아이템을 활용해 본인의 아바타를 꾸미고 K-팝에 맞춰 게임을 즐기며 한국여행을 간접적으로 체험할 수 있다.

[그림26] '오디션 프로젝트' 메인 홍보 이미지(출처 : 한국관광공사)

[그림27] 중국 인기 모바일 리듬 댄스게임 '오디션' 내 '한국 댄스 룸'(출처 : 한국관광공사)

Epilogue

인터넷이 발명된 전과 후의 삶은 너무나도 다르다. 인터넷의 시작은 인류에게 엄청나게 큰 변화를 가져왔다. 많은 정보에 손쉽게 접근 할 수 있게 해줬고 현재는 사물끼리도 데이터를 주고받는 사물 인터넷 IoT기술도 보편화 됐다. 인터넷이 없어도 잘 살던 시대도 있었지만 인터넷이 발명된 후 이제는 모든 것이 인터넷에 연결 됐다고 해도 될 정도다.

스마트폰도 하나의 큰 혁명이었다. 스마트폰은 음성통화나 SMS를 보내는 기능을 넘어 많은 기능을 갖고 있다. 하지만 처음 나왔을 땐 전화가 와도 못 받는 사람도 있었고 문자 보내는 것도 쩔쩔매는 분들도 많았다. 그러나 점점 더 많은 것들을 스마트폰을 통해 하고 있다. 이제 스마트폰은 사람들이 24시간 몸 곁에 두는 유일한 기계이기도 하다.

메타버스는 인터넷과 모바일을 잇는 차세대 혁신이다. 사실상 실리콘밸리는 메타버스를 선점하기 위해 전쟁을 벌이고 있다 해도 과언이 아니다. 대한민국 정부는 국가적 차원에서 메타버스 산업을 지원 육성한다고 한다. 세계적으로 인기를 얻고 있는 문화 콘텐츠와 세계적 수준의 정보통신기술을 갖춘 대한민국이 메타버스 경제를 이끌어갈 주역이 되길 기원해본다.

사실 지금 우리가 메타버스라고 듣고 접하는 것들은 아직은 초기 아이디어 수준이고 하드웨어적 발전도 많이 필요한 상황이다. 하지만 세계 각국의 기업과 정부가 메타버스 관련한 시장을 선점하기 위해 적극적으로 나서고 있기에 지금까지 살펴본 예시들을 바탕으로 한 다음 단계로의 퀀텀 점프를 기대해 볼 수 있을 것 같다.

[참고자료]

· 2021.1.29 VR(Virtual Reality) 원격협업 사용경험조사, 한상열, 김항규
· https://career.zigbang.com/7b7c5981-4457-4be2-b080-39a906d8dfe1
· https://shindonga.donga.com/3/all/13/2889916/1
· https://economist.co.kr/2021/09/08/it/general/20210908100700670.html
· https://www.sedaily.com/NewsView/22RCYDFABF
· http://news.kmib.co.kr/article/view.asp?arcid=0016226728&code=61121111&cp=nv
· https://www.mk.co.kr/news/society/view/2021/08/779208/
· https://www.donga.com/news/article/all/20210709/107881290/1
· https://www.thegear.kr/news/articleView.html?idxno=8741
· https://www.khu.ac.kr/kor/focus/detail.do?seq=2149767
· https://www.donga.com/news/It/article/all/20210709/107881290/1
· https://www.ciokorea.com/news/38577
· https://www.fntimes.com/html/view.php?ud=202107291504433707f09e13944d_18
· https://m.newspim.com/news/view/20210719000733
· https://news.mt.co.kr/mtview.php?no=2021081210331127044
· https://www.chosun.com/economy/economy_general/2021/07/14/TYLS35RQ6FHUTNL3AMMBFGUSPI/
· https://news.hmgjournal.com
· https://newsis.com/view/?id=NISX20201214_0001268862&cID=13001&pID=13000
· http://www.industrynews.co.kr)
· https://www.yna.co.kr/view/MYH20200923008300641
· https://www.sedaily.com/NewsView/22RF9DJXG7
· https://m.sedaily.com/NewsView/22RF9DJXG7
· http://www.yakup.com/news/index.html?mode=view&nid=257763
· https://blog.naver.com/wearekai/222473158273
· https://www.mk.co.kr/news/culture/view/2021/06/633230/
· https://www.mk.co.kr/news/it/view/2018/07/451161/

· 메타버스 비긴즈 이승환저 (2021) 193쪽
· https://www.youtube.com/watch?v=rQ9dBj6iRY4
· https://www.edaily.co.kr/news/read?newsId=01351366628921984&mediaCodeNo=258
· http://star.ohmynews.com/NWS_Web/OhmyStar/at_pg.aspx?CNTN_CD=A0002748627
· https://sports.chosun.com/news/ntype.htm?id=202002070100044290002788&ServiceDate=20200206
· http://www.mediaus.co.kr/news/articleView.html?idxno=205353
· http://star.ohmynews.com/NWS_Web/OhmyStar/at_pg.aspx?CNTN_CD=A0002748627
· 메타버스 비긴즈 이승환저 (2021) 189
· https://m.post.naver.com/viewer/postView.nhn?volumeNo=30252575&memberNo=1271504
· 메타버스 비긴즈 이승환저 (2021) 191
· https://www.youtube.com/watch?v=KX4OsQlUrTg
· http://www.joongboo.com/news/articleView.html?idxno=1016028
· https://www.inven.co.kr/webzine/news/?news=248883
· https://sports.khan.co.kr/news/sk_index.html?art_id=202107080600003
· https://www.yna.co.kr/view/AKR20200501023200007
· https://blog.naver.com/kespa2011/222421152542
· https://m.post.naver.com/viewer/postView.nhn?volumeNo=27792421&memberNo=32025603 사=F1 E-스포츠)
· https://sports.khan.co.kr/news/sk_index.html?art_id=202107080600003#csidxcc540232327dc0fb1b551bd1bb9c840
· https://www.yna.co.kr/view/AKR20201116043800030
· https://gonggam.korea.kr/newsView.do?newsId=GAJfNcCwADGJM000&pageIndex=2
· https://economist.co.kr/2021/09/08/it/general/20210908100700670.html
· http://www.dt.co.kr/contents.html?article_no=2021090702101131820002&ref=naver

Chapter

8

메타버스와 영화(이스터 에그)

어정이

Chapter 08.
메타버스와 영화(이스터 에그)

Prologue

우리가 영화관에서 친구를 만나는 순간은 어떠한가? 친구와 약속 시간을 정해 영화관 근처 카페에서 만난다. 시계를 만지작거리며 친구를 기다리는 그 시간 동안 영화에 관한 정보를 스마트폰으로 찾아본 적이 한 번이라도 있지 않았을까 싶다. 잘못하면 오늘 볼 영화에 대한 궁금증으로 영화 내용 전부를 알게 되는 것을 싫어해서 아예 영화 내용을 찾아보지 않는 사람도 있다. 그런 것도 영화에 대한 사랑에서 비롯된 개인의 취향에서 생긴 에피소드라 생각한다.

코로나19 이전 우리는 친구를 영화관에서 만나는 일이 종종 있었다. 하지만 아쉽게도 정부의 방역지침 이후로 영화관에서 친구를 만날 일은 거의 없다. 학교에서는 필요에 의해 교육용 영화는 단체 관람을 하기도 했고 기업에서도 아예 영화 한 편을 영화관을 대여해서 보게 하기도 했다. 하지만 근래 들어 그런 호화를 누리는 영화관은 별로 없다.

앞서 말한 친구와의 영화관 데이트 대신에 집에서 보는 영화를 보거나 영화관 느낌을 대신하기 위해 갓 튀긴 팝콘을 배달해서 먹는 서비스가 유행하고 있다. 영화산업은 특히나 트렌드를 따라가기 때문에 포스트 코로나 시대를 사는 이런 영화관 트렌드는 당분간 이어질 것으로 전망된다. 영화관의 느낌을 살리기 위해 팝콘을 일부러 사 먹는 우리는 영화관 영상기술에 집중하기도 한다.

쉽게 영화관 느낌을 살리는 방법은 불을 끄고 빔 화면을 쏴서 영화 관람을 하는 것이다. 또 다른 방법은 3D 화면의 영화를 볼 때 VR을 착용하고 보는 방법이다. 겨울왕국을 3D로 관람했을 때 글래스를 착용하고 본 적이 있었다. 안나가 엘사를 찾아 겨울왕국을 향해 걸어가는 장면에서 얼음 조각이 내 몸에 부딪힐 것 같은 짜릿함에 몸을 피하고 마치 몸이 차가워지는 듯한 느낌까지 든 적도 있다. 우리는 수년 전부터 이미 메타버스로 영화를 관람하는 세상을 간접적으로 경험해 보았다.

1 메타버스 + NFT = 블록체인의 세상

1) 소설 스노크래쉬(Snow Crash)

'메타버스(Metaverse)'는 미국의 SF 소설가인 '닐 스티븐슨(Neal Stephenson)'이 지난 1992년에 발표한 소설인 '스노크래쉬(Snow Crash)'에서 처음 등장했다. '아바타(Avatar)'라는 용어를 처음 사용해서 더 유명한 이 소설은 메타버스라는 가상의 나라에 들어가기 위해 사람들이 아바타라는 가상의 신체를 빌려 활동한다는 내용으로 구성돼 있다.

다음은 작품 속 메타버스 묘사에 대해 살펴보겠다.

양쪽 눈에 서로 조금씩 다른 이미지를 보여줌으로써 3차원적 영상이 만들어졌다. 그리고 그 영상을 일 초에 72회 바꾸게 함으로써 그것을 동화상으로 나타낼 수 있었다. 이 3차원적 동화상을 한 면당 이 킬로픽셀의 해상도로 나타나게 하면 시각의 한계 내에서는 가장 선명한 그림이 됐다. 게다가 그 작은 이어폰을 통해 디지털 스테레오 음향을 집어넣게 되면 이 움직이는 3차원 동화상은 완벽하게 현실적인 사운드 트랙까지 갖추게 되는 셈이었다. 그렇게 되면 히어로는 자리에 있는 것이 아니었다. 그는 컴퓨터가 만들어내서 그의 고글과 이어폰에 계속 공급해주는 가상의 세계에 들어가게 되는 것이었다. 컴퓨터 용어로는 '메타버스'라는 이름으로 불리는 세상이었다.

소설 속에 등장하는 메타버스의 개념을 다시 한번 짚고 넘어가 보겠다. 메타버스(metaverse) 또는 확장 가상세계는 가상·초월 의미인 '메타'(meta)와 세계, 우주 의미인 유니버스'(universe)를 합성한 신조어다.

소설 속에서 메타버스는 컴퓨터가 만들어내서 고글과 이어폰에 계속 공급해주는 '가상의 세계'이며 가상의 세계에 들어간다는 이야기는 바꿔 말하면 현실의 세계와는 다른 세계인 3차원의 세계로 들어간다는 의미이다. 즉, 메타버스는 작가가 언급했듯이 컴퓨터와 고글, 이어폰 이 3가지 도구가 있어야만 가능한 세계인 것이다. 작가는 컴퓨터적인 요소, 장치, 도구를 언급했다. 자, 그러면 소설 속에 등장한 가상세계에 대한 구체적인 내용을 볼 필요가 있다.

그들은 빌딩들을 짓고, 공원을 만들고, 광고판들을 세웠다. 그뿐 아니라 현실 속에서는 불가능한 것들도 만들어냈다. 가령 공중에 여기저기 흩어져 떠다니는 조명쇼, 삼차원 시공간 법칙들이 무시되는 특수지역, 서로를 수색해서 쏘아 죽이는 자유전투지구 등 단 한 가지 다른 점이 있다면 이것들은 물리적으로 지어진 것들이 아니라는 점이었다. 더 스트리트는 다만 종이에 적힌 컴퓨터 그래픽 규약일 뿐이었다. 아니, 그것들은 광섬유 네트워크를 통해 전 세계에 공개된 소프트웨어 조각들일 뿐이었다.

소설 속에서 작가는 현실과 가상세계의 차이점을 분명히 묘사하고 있다. 메타버스는 소프트웨어 조각들을 통해 표현한 실존하지 않는 그래픽일 뿐이므로 현실 세계와 달리 물리 법칙에 제약을 받지 않는다.

여기에서 빌딩과 공원, 광고판을 세우는 행위는 가상세계를 현실 세계와 유사한 형태로 만들어내야만 하는 현실적인 상황을 무시할 수 없기 때문일 것이다. 일찍이 SF 영화 터미네이터와 매트릭스 등을 통해 90년대 이후로 다양한 컴퓨터 기술을 익히 보아온 90년대 대학생들이었던 X세대들은 이 상황을 어떻게 판단할까 묻고 싶다.

그들이 대학 시절 섭렵했던 SF 영화들이 20년이 지난 오늘날 현실에서 또다시 논의되고 있다는 사실에 그들은 이렇게 말할 것 같다. 아니 적어도 그 당시에 대학 생활을 했던 세대로서 분명히 말할 수 있는 사실은 현실과 구분된 가상세계는 현실에는 존재하지 않지만 가상 세계에서는 존재할 수도 있다는 사실을 독자와 영화 관중은 받아들인다는 점이다. 주목할 점은 또 하나 있다. 그때나 지금이나 가상세계는 여전히 구현돼야 할 세계이고 우리는 그 세계를 여전히 책이나 영화를 통해 찾는다는 사실이다.

그러면 '가상세계를 왜 찾을까?'라는 질문이 남게 된다. 이 질문에 답하기 위해 가상세계를 건설 중인 소설 속으로 다시 들어가 볼 필요가 있다.

이런 것들을 건설하기 위해서는 '세계 멀티미디어 규약 단체 협의회'의 허락을 받아야 했다. 더 스트리트의 빈터를 사들이고, 지역개발 승인을 받고, 각종 허가사항을 득하고, 검사원들을 매수하고 하는 따위의 일들을 해야 했다. 기업들이 더 스트리트에 건물을 짓기 위해 내는 돈은 '규약 단체 협의회'의 신탁기금으로 들어갔다. 그 기금은 다시 더 스트리트를 유지하고 확장하는 비용으로 사용됐다.

메타버스는 소프트웨어 조각들을 통해 표현한 실존하지 않는 그래픽일 뿐이므로 현실 세계와 달리 물리 법칙에 제약받지 않는다. 이런 차이에도 메타버스 속에서 경제사회 활동은 현실 세계와 흡사한 형태로 나타난다.

메타버스 세계의 구현에 있어서 법적인 장치는 '세계 멀티미디어 규약 단체 협의회'의 허락이다. 법적인 장치는 계속해서 등장하고 있는데 두 가지로 나눠 생각해보도록 하겠다.

첫 번째는 빈터를 사들일 때나 지역개발 승인을 받을 때 각종 허가사항도 필요한 것이고, 두 번째 검사원들을 매수하는 행위나 그 밖의 일들이라 표현하고 있다. 우선 현실에서 첫 번째 행위는 시청이나 관공서의 영역일 테고 두 번째 행위는 법적인 문제를 잘 해결하기 위한 현실적인 제도의 이용행위 정도로 말해두겠다.

작가는 메타버스가 만들어낸 가상세계에서도 법적인 행위를 간과할 수 없음을 나타내고 있으며 이는 그만큼 법률적 제도는 현실 세계에서와 마찬가지로 중요하고 지켜져야 할 행위임을 응당 표현하고 있다고 해도 무방할 것이다. 이를 메타버스의 경제행위라 지칭할 때 또한 우리는 메타버스의 경제적 분야를 간과하지 않을 수 없다. 앞으로 메타버스를 문학의 메타 시학 적 관점에서 살펴보고자 할 터인데 지금 짚고 넘어가는 메타버스의 컴퓨터 그래픽 분야와 경제적 분야 등이 차지하는 부분이 그만큼 중요한 부분이라는 점을 미리 말해두고 싶다.

메타 시학적 관점이라 함은 러시아 문학의 구조주의 비평에서 나온 말로 여기에서 지칭하는 '자기 메타 기술'이란 용어는 특정 텍스트가 그 텍스트 자체(텍스트의 언어, 창작과정, 등등)에 관한 진술을 포함하는 경우를 지칭하는 개념이다(Levin et al. 1974:73).

극단적인 경우 그러니까 주어진 문학 텍스트가 그 텍스트 자체에 관한 진술에 불과할 때 그 텍스트는 소위 '텍스트 코드'가 된다. 텍스트 코드는 러시아 모더니스트들 사이에서 빈번이 발견되는 현상이다. 한편 바흐찐 계열의 메타 시학에서는 어떤 식으로든 다른 담화, 다른 텍스트, 다른 문화와 소위 '대화'하는 텍스트를 메타 텍스트로 간주한다.

요컨대 바흐찐적 문학 텍스트는 언제나 다른 문학 텍스트, 다른 문화 텍스트와 교호하며 따라서 따르뚜 기호학의 '텍스트 속의 텍스트'(Lotman 1992) 혹은 '인 텍스트'(Torop 1981)로 더 나아가 현대의 상호텍스트(intertext)로 이어진다. 따라서 바흐찐의 이론을 확대 해석한다면 거의 모든 문학 텍스트는 메타 텍스트이며 거의 모든 문학 텍스트를 논할 때 메타 시학 적 접근이 허용된다. 그러므로 어떤 텍스트가 메타 텍스트이냐 아니냐를 가리키는 것은 무의미하며 '어떤 식으로' 메타 시학적이냐를 밝히는 것만이 중요하게 된다.(뿌쉬낀의 메타 시학과 (바흐치사라이 궁전의 분수) 한국노어노문학회 1999. 제11권 제2호 석영중 532-533p)

[그림1] 스노크래시(출처 : 교보문고)

소설 '스노크래쉬' 이후로 메타버스는 과학기술 분야에서 눈에 뜨일 만한 행보를 보이고 있고 과학기술의 필수적인 아이템으로 자리잡아가는 중이다. 사실 '스노크래쉬'에서 말하는 메타버스 세상은 당시 과학기술과 의학기술로는 구현 해내기 힘든 시스템적인 문제가 있었다. 물론 1992년보다 진일보한 발전을 이룩한 현재의 과학 기술로도 '닐 스티븐슨'이 말하고자 했던 미래의 세계를 2021년이라 해도 전부 구현해 낼 수는 없다. 어찌 보면 과학에 관한 비전공자인 우리의 눈에도, 초등학생도 다 아는 진부한 얘기일 수 있다.

하지만, 소설을 입체적으로 컴퓨터 그래픽으로 화려하게 세팅하는 감독의 눈에 이 모든 것은 영화의 소재가 된다. 우리는 그래서 작가의 영감을 더한 상상력과 감독의 현란한 CG(컴퓨터 그래픽) 표현력과 음향, 등장 배우 등을 보고 영화를 선택하고 자신의 생각을 확장해 나간다. 1992년에 나타난 세상이 작가의 상상력을 바탕으로 꾸며진 가상의 세계였다면, 2021년의 세계에서 우리는 작가의 상상력이 구현되는 현재의 세계이며, 동시에 미래로 이어지는 어쩌면 실현 가능성이 있는 확장된 세계를 경험하는 미래의 출발점에 서 있는지도 모른다.

앞으로 펼쳐지지 않은 미래의 세계, 그 출발점에 서 있는 우리의 모습이 낯설어 보이지 않는 이유는 무엇일까? 우리가 문화적으로 미리 접한 미래의 세계, 낯설지만 우리에게 곧 다가올 세계를 우리는 전문가의 입을 통해서 들어왔고 방송과 인터넷을 통해서 익히 보고 들어 알고 있다. 하지만 미래의 모습이 우리에게 100 퍼센트 완벽하게 구현된 모습으로 다가올지는 의문이다. 그것은 과학 기술의 발전과 여러 가지 기술의 성장이 뒷받침돼야 가능하기 때문이다.

2) 메타버스+ NFT- 블록체인이 만드는 새로운 세상

NFT는 '대체 불가능한 토큰(Non-fongible Token)'이라는 뜻으로 희소성을 갖는 디지털 자산을 대표하는 토큰을 말한다. NFT는 블록체인 기술을 활용하지만 기존의 가상자산과 달리 디지털 자산에 별도의 고유한 인식 값을 부여하고 있어 상호 교환이 불가능하다는 특징이 있다.

NFT의 시초는 2017년 스타트업 대퍼럽스(Dapper Labs)가 개발한 '크립토키티(CryptoKitties)'가 꼽히는데, 이는 유저가 NFT 속성의 고양이들을 교배해 자신만의 희귀한 고양이를 만드는 게임이다. 특히 2017년 말 이 게임의 디지털 고양이가 11만 달러(약 1억 2,000만 원)에 거래되면서 화제를 모은 바 있다.

대퍼럽스는 2020년부터는 미국프로농구(NBA)와 손잡고 NFT 거래 플랫폼인 'NBA 톱샷(NBA Top Shot)' 서비스를 제공하고 있는데 해당 플랫폼에서는 유저들이 유명 선수들의 하이라이트를 짧게 편집한 영상을 거래할 수 있다. 대퍼럽스는 NBA와 라이센스 계약을 체결하고 희소성을 유지하기 위해 제한된 수로 NFT를 만들어 판매하고 있다.

NFT는 가상자산에 희소성과 유일성이란 가치를 부여할 수 있기 때문에 최근 디지털 예술품, 온라인 스포츠, 게임 아이템 거래 분야 등을 중심으로 그 영향력이 급격히 높아지고 있다. 대표적으로 디지털 아티스트 '비플'이 만든 10초짜리 비디오 클립은 온라인에서 언제든지 무료로 시청할 수 있지만 2021년 2월 NFT 거래소에서는 660만 달러(74억 원)에 판매됐다.

또 테슬라 최고경영자(CEO) 엘론 머스크의 아내이자 가수인 그라임스는 2021년 3월 NFT 기술이 적용된 '워 님프'라는 제목의 디지털 그림 컬렉션 10점을 온라인 경매에 부쳤는데 20분 만에 580만 달러(한화 65억 원)에 낙찰되면서 큰 화제를 모았다.

2021년 5월 성수동 뽄또블루 미술관에서 NFT 전시회를 인스타그램 예약자 중심으로 평일과 주말에 걸쳐 2주간 진행했었다. 마지막 날 강사들과 전시회에 다녀왔었다. 때마침 워크숍을 진행했고 전시 기획자와 아나운서의 인터뷰가 있어서 생생한 현장의 울림을 들을 수 있었다. 전시관에서 2시간에 걸쳐 워크숍을 들었고 질의응답 시간에 질문도 해봤는데 현재 전문가이자 NFT의 한국시장 개척을 위해 노력하시는 선생님도 만나게 되는 행운의 만남도 가질 수 있었다.

'metamask'라는 어플을 통해 그림들을 볼 수 있고, 사고팔 수 있으며 현재는 'opensea'에서 작가의 작품을 사고파는 것을 제일 활성화할 수 있다. 'opensea'는 NFT 아티스트들의 시장과 같은 곳이어서 전문가적인 연구가 필요하다. 그러기 위해서는 NFT 아티스트들의 커뮤니티 공간이나 전문적인 온라인 모임 등에서 활동할 필요가 있다.

다음 그림이 엘론 머스크의 아내인 그라임스의 '워 님프'이다. 현재 NFT 아트에서는 대표적인 그림이 비플(본명 마이클 윈켈만, Mike Winkelmann)의 '매일: 첫 5000일'과 그라임스의 '워 님프'이다. NFT 아트는 이제 출발점에 있다는 점이 주목할 점이어서 미술에 관련된 지식이나 재능이 있는 학생에게는 향후 진학과 진로, 더 나아가서는 취업과 NFT 아티스트로서의 도전 등을 생각해 볼 만하며 이 영역은 재능이 있다면 정말 매력적인 분야임을 감히 말하고 싶다.

[그림2] 그라임스 '워 님프'(출처 : 그라임스)

[그림3] 디지털 아티스트 비플(Beeple)이 NFT로 만든 '매일: 첫 5000일'(출처=비플/크리스트)

비플은 매일 자신의 그림을 온라인에 올리는 챌린지(challange : 경쟁에서의 도전)를 계획했고, 13년 동안 그린 그림들은 크리스티 경매에서 785억 원에 판매가 됐다. 과거 디지털 작품들은 미디엄의 특성으로 인해 모두가 다운 받거나 복제가 가능했기 때문에 디지털 작품을 판매할 판로가 막혀 있던 상황이었다. 하지만 블록체인 기술은 이런 디지털 작품을 투명하게 소유하고 거래하는 통로가 돼 왔다.

사실 2021년 9월 24일 특금법 시행을 앞두고 전문가들의 가상화폐에 대한 견해도 엇갈리고 있고 정부의 정책도 세계적인 흐름을 반영하고 움직여야 하기에 현실적인 어려움을 느끼는 게 사실이다. 그럼 우리는 디지털 화폐를 어떤 시각에서 다뤄야 하는지에 대한 의문이 남는다. 일단 우리에게 남겨진 과제는 영화에 나타난 블록체인 기술과 과학기술 등을 미리 살펴봄으로써 미래를 예상하고 추측하며 자신만의 능력과 방식에 맞게 준비하고 대처하는 것이다. 그것이 현명한 '소비 컨슈머(consumer:소비자)'로서의 자세이다.

[그림4] 안경에 백달러 지폐 프랭클린에 개념 암호화 NFT(출처 : pixabay)

3) '레디 플레이어 원'에 나타난 블록체인 기술과 메타버스, NFT

그럼 블록체인 기술과 NFT의 상관관계는 무엇일지, 어떻게 블록체인 기술이 디지털 작품을 투명하게 관리하는지를 영화 '레디 플레이어 원'을 통해 알아보도록 하겠다.

[그림5] 블록체인(출처 : pixabay)

블록체인(blockchain) 기술은 대중에게 '블록체인의 필요성'에 대한 설명에 제대로 된 답변을 주지 못해왔다. 블록체인 기술을 비평하는 사람들은 '디지털 쪼개기' 혹은 '디지털 쪼가리'라는 불명예스러운 프레임을 씌움으로써 블록체인을 투기나 위험한 자산으로 격하시켜 왔다.

2021년 9월 24일 특정금융정보법 일명 가상화폐 거래소 특금법이 시행될 예정이다. 정부에서 유예기간 종료가 다가오자 많은 코인 거래소들은 대대적인 잡 코인 정리에 나서고 있다. 3월 개정된 특금법 시행령은 가상화폐 거래소는 사업자 신고 의무화, 정보보호관리체계(ISMS) 인증, 은행 실명계좌 발급 그리고 해당 거래소 임원 금융 관련 범죄가 없을 것이 요건이다. 현재 ISMS 인증과 실명계좌 발급을 갖춘 거래소는 업비트, 빗썸, 코인원, 코빗 등 4곳이다.

강남역 지하상가 입 간판에 '코인원' 옥외 광고와 TV 광고에 나오는 '코인원' 광고를 보고 소름이 끼친 적이 한두 번이 아니다. 그동안 투기자산으로 주식보다 하대 취급을 받던 블록체인. 흔히 우리가 말하는 '코인'은 이제 위험한 자산이 아닌, 현대를 살아가려면 앞으로 미래를 살아가려면 더더군다나 필요한 아니 필수적인 금융자산이 돼가고 있다.

비트코인이 처음에 나왔을 때 부정적인 시선으로 비트코인 투자 실패자를 논하던 언론은 이제 일제히 비트코인 가격 상승으로 단숨에 부의 반열에 올라선 이들에 대한 보도를 앞다퉈 하고 있다. 하지만 비트코인, 이더리움 등의 블록체인 자산에 대해 자세한 논의를 하는 시점은 아니기에 여기에서는 코인에 대한 인식의 탈바꿈만을 이야기하겠다.

최근 들어 언론에 메타버스와 NFT, 블록체인의 노출이 많아지고 있다. 연일 화제가 되고 있는 NFT의 독창성에 대해 논란의 여지가 많다. 사실 NFT는 우리 문화에 대한 독창성으로 확장시킬 수 있다. 블록체인, NFT, 메타버스 등의 연결고리는 문화와 콘텐츠에서 찾을 때 의미가 있다고 볼 수 있는데 이것은 화폐에 대한 개념이 가상화폐의 부정적인 인식이 사라질 때 유의미한 것이다. 앞서 블록체인 기술이 코인의 부정적인 의미로 인해 희석된다고 말한 바 있다.

하지만 부정적인 시선을 가진 사람에게 'opensea' 거래를 할 때 '이더리움'이 필요하다면 어떻게 답변할 수 있을까? 심지어 앞서 언급한 비플의 그림처럼 희소성을 가진 NFT 아트의 가격이 785억 원이라면 말이다. NFT 아트의 매력은 거기에만 있지 않다. 연령도, 학력도, 사는 곳도 상관이 없는 그야말로 '세계적인 그림시장'이다.

앞으로 4차 산업혁명에서 예견되는 미래의 모습에는 글로벌 지구가 있고 디지털 지구가 있다. 우리는 '영어'라는 언어로, 글로벌 지구의 모습 안에서 '코인'이라는 가상화폐로 'opensea'에서 한국 15세 여중생의 그림을 사고팔고 단숨에 10억 원대 작가의 반열에 올릴 수도 있다. 그리고 70세의 할머니 작가가 자신의 그림을 'opensea'에 올림으로써 70년 만에 세계적인 아티스트로서 제2·제3의 인생을 살 수도 있다. 그만큼 매력적인 시장이 NFT 시장임을 자신 있게 말할 수 있는 부분이 이것이다. 다음은 네이버에서 'NFT 아티스트'라고 검색했을 때 나오는 국내 NFT 아티스트들의 작품들이다.

김봉수 작가의 NFT 작품　　마리킴 작가의 NFT 작품

[그림6] 김봉수 작가, 마리킴 작가의 NFT 작품(출처 : 네이버 이미지)

'가장 한국적인 것이 세계적이다'는 말처럼 한복을 입은 우리 여인의 모습을 그린 작가가 우리나라 한국을 홍보하며 'opensea' 사이트에 올려 세계적인 찬사를 받은 적이 있다. 우리나라 NFT 아티스트들은 사실 외국에서 더 인기가 높다. 이들의 인지도는 한국에서보다 훨씬 우월하다. 그들은 자신들의 커뮤니티에서 국내보다는 해외 활동을 선호하며 자신을 이미 글로벌화 하고 있고 그런 움직임이 여러 전시회에서 나타났다. 그 이유는 NFT 아티스트와 제작자들만이 알고 있는 사실이기는 한데 아마도 '국내 시장에서의 한계를 느끼지 않았을까?' 라는 전문가의 견해가 대부분이다.

국내 NFT 시장의 아쉬운 점이 그것이다. 그들의 통로를 활성화시키고 학교와 공공기관에서 작가들을 발굴하고 키워낸다면 그들이 한국에서 더욱더 많은 활동을 하고 가장 한국적인, 세계적인 분야를 개척해낼 텐데 말이다. 하지만 최근 움직임이 나쁘지 않다. 뿐또블루에서는 NFT 전시회를 다시 개최했고 5월에는 인사동 KOTE에서도 (NFT 빌라) 전시회를 열었다. 참여 작가는 86명이었고 NFT 작가들의 작품을 전시하고 작품의 기획 의도를 이해하는 기획자로서의 접근을 했다는 점이 특이했다. 86명의 작가들은 작품을 기획하고 전시하며 다시 한번 NFT 아트를 세상에 알리고 그들의 입지를 다지는 계기를 마련한 것이다.

(NFT 빌라)에 대한 아쉬움이 남는다면, 86명의 수많은 작품 속에 내포돼 있는 (Future couple)을 찾아볼 수도 있다.
다음의 주소로 찾아보도록 하자.(http://opensea.io/collection/future-couple)

앞서 지금까지 블록체인과 NFT와 메타버스를 계속 언급해왔다. 결론을 쉽게 낼 수는 없지만 메타버스 안에 NFT와 블록체인 기술이 존재함을 부인할 수 없다. NFT는 디지털상에 존재하는 개인의 등기부 등본과 같다. 이때 블록체인 기술이 들어가게 되는데 '신뢰'가 그 바탕을 이루고 있다. 현실 세계와 가상세계의 경계가 모호해지는 지점이기도 하다. 메타버스로 구현한 가상세계의 등기부 등본은 블록체인 기술인데 결국엔 법적인 부분은 현실 세계의 제도적 장치를 준수할 수밖에 없는 상황이라는 것이다.

4) 블록체인 기술과 메타버스, NFT는 '디지털 문화' 그 자체

다시 '레디 플레이어 원'으로 돌아가 보자. 우리가 A라는 게임 속 세상에서 유저들이 열심히 레벨을 올리고 돈을 벌어서 엄청난 가치의 아이템을 샀다고 가정해 보자. 그런데 해킹 또는 버그로 인해 그 아이템이 갑자기 수십, 수백 개가 복사된다면 그 아이템의 가치는 폭락할 것이다. 이런 이슈를 방지해주고 많은 사람들이 그 아이템의 독창성을 인정하게 해주는 것이 바로 NFT이다. 이렇게 된다면 게임 속에서 한정된 재화나 아이템들에 대해 사람들은 그 희소성을 인정하고 그것을 얻기 위해 실제 현실에서 돈을 투자하거나 노력을 기울이게 된다.

이는 단순히 게임 아이템을 게임 내에서 사고파는 것에서 끝나는 것이 아니라 현실과 가상세계의 구분을 깨뜨리는 첫의 단추로써 작용하게 될 것이다. '레디 플레이어 원'에서도 유추가 가능한데 게임 플레이어들이 현실에서 돈을 써서라도 게임 속에서 보다 강한 플레이어가 되고자 노력하고 그렇게 얻은 아이템을 바탕으로 더 좋고 희소한 아이템을 얻어서 생계를 유지한다는 점이다. 물론 게임 내에서 일어나는 각종 재화의 양이나 확률 등을 게임사가 유저들 몰래 조종하는 심각한 문제가 나타날 수도 있고 결국 메타버스는 한순간에 무너질 수도 있다. 또한 게임사가 한순간에 가짜에 불과해지는 허망함을 유저들에게 심어줄 수도 있다.

하지만 블록체인 기술을 통해 게임사가 임의로 그 가치를 조종할 수 없으며 동시에 재화의 수량이나 그 흐름이 투명하게 공개된다면 어떨까? 사람들은 투명하게 공개돼있는 정보를 바탕으로 각 재화의 가치를 판단할 수 있게 된다.

예를 들어 '게임 속 XX라는 지역의 성은 주변에 사냥터가 많으니 앞으로 가치가 더 오를 거야!' 와 같은 식으로 생각할 수 있게 된다. 블록체인과 NFT의 역할은 메타버스 속 다양한 재화가 현실 속에서도 그 희소성과 가치를 인정받을 수 있게 하는 매개체인 동시에 메타버스를 구현해 내는 말 그대로 대체 불가능한 자산 NFT, 개인 등기부 등본인 것이다.

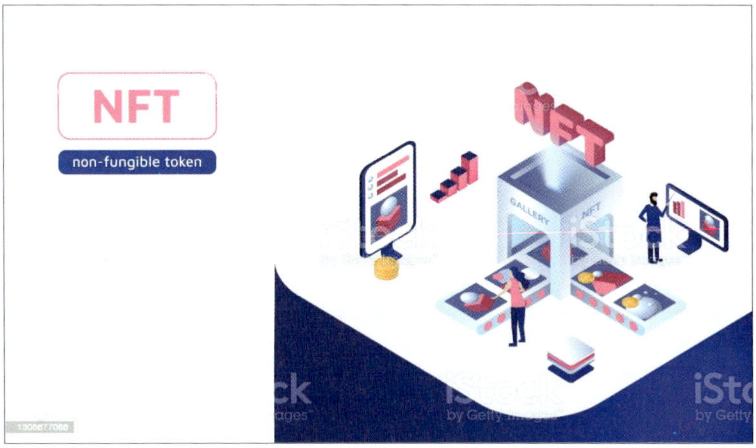

[그림7] NFT(non-fungible token) (출처 : pixabay)

메타버스, NFT, 블록체인을 함께 연구하고 기획하는 움직임이 지속되고 있다는 점은 사실 먼저 NFT 아티스트들에게 가장 힘이 되는 부분이라 할 것이다. 앞으로 NFT 아트는 미술뿐만 아니라 의상 디자인으로, NFT 가수, NFT 운동선수로 확대돼 가는 시점이므로 디지털 아트 시장을 사는 우리로서는 NFT를 활용해 자신만의 분야를 개발하는 것도 의미가 있다.

2 영화에 나타난 메타버스, 디지털 문화

1) 이스터 에그를 찾아보는 재미

이스터 에그(Easter egg)는 '부활절 달걀'이라는 의미이다. 이는 기독교에서 성탄절의 이스터 에그와 영화, 게임, 애니메이션 등의 이스터 에그와는 분명 다르다. 이는 '프로그래밍 용어'로 프로그래머들이 '부활절 토끼가 부활절 계란을 숨기듯 프로그램 내에서 장난을 치는 것'을 말한다는 주장이 있다. 또 다른 주장으로는 '삶은 계란들 사이에 누군가 장난으로 집어넣은 날 계란을 깼을 때 상대방이 놀라는 모습을 보고 즐거워했다'라고 해서 붙여졌다는 주장도 있다. 종합해 보면 '장난스러운 장난을 숨긴다'는 의미로 해석할 수 있다. 이스터 에그는 영화, 책, CD, DVD, 소프트웨어, 비디오 게임 등에 숨겨진 메시지나 기능을 뜻하기도 한다. 또한 이스터 에그라는 이름은 서양권에서 부활절에 부활절 달걀을 미리 집안이나 정원에 숨겨두고 아이들에게 부활절 토끼가 숨겨놓은 달걀을 찾도록 하는 '부활절 달걀 찾기' 풍습에서 유래했다. 그리고 최초의 이스터 에그는 1978년에 발매된 아타리 2600용 비디오 게임 'Adventure'에서 유래한 것으로 알려져 있는데 그 내용은 특정 픽셀 단위로 지나가면 이스터 에그를 넣은 프로그래머의 이름이 나온다는 것이다.

[그림8] 이스터 에그(출처 : Pixabay)

2) 소프트웨어와 비디오 게임 속 이스터 에그

이해를 돕기 위해 컴퓨터 용어로써의 이스터 에그의 예를 위키백과에 나오는 걸 토대로 5가지 정도만 짚고 넘어 가겠다.

첫 번째, 윈도우 3.1에서 98까지 : '움직이는 텍스트' 화면 보호기에서 텍스트로 volcano를 입력하면 volcano 대신 화산 이름이 나온다. 이와 같이 윈도우에는 이스터 에그가 많았지만 윈도우 XP부터는 보안상의 문제로 사라지기 시작했다.

두 번째는 퀘이크 3로 우주에서 치트키로 중력을 없애서 맵 아래로 내려가 보면 사람 그림이 그려져 있다. (정상적이라면 바로 낙사하기 때문에 볼 수 없다.)

세 번째는 about:robots로 파이어폭스 최신 버전에서 입력하면 지구를 방문한 로봇의 페이지를 볼 수 있다.

네 번째는 구글 크롬의 경우 about:crash 또는 about:crashes를 입력하면 충돌 화면을 보여준다. 모바일 또는 PC에서 와이파이를 끈 후 접속하고 공룡 그림을 누르거나 스페이스 바를 누르면 공룡 게임이 나온다.

다섯 번째는 알툴바의 마우스 액션 기능을 이용해 모니터 화면 가득 칠하면 펜의 색깔이 바뀌거나 '도전과 창조', '당신을 사랑합니다'라는 글과 기획, 개발, 디자인, 도와주신 분들 이름이 있는 팝업 창이 실행된다. 칠하는 도중 '그림 그리기가 아닙니다' 등의 메시지가 뜨기도 한다.

이 밖에도 이스터 에그를 컴퓨터상에서 찾아볼 수 있는 방법은 너무 많다. 그동안 모르고 지나치거나 예전에 컴퓨터 작업을 하다가 컴퓨터 작업명령을 잘못 눌렀을 때 이상하게 접속된 화면을 보고 놀랐을 때가 있다면 우리는 이스터 에그를 발견했던 순간을 만난 것이다.

사실 우리는 컴퓨터 작업을 하다가 인터넷 끊김 현상이 발생할 때 아래와 같은 이스터 에그 상황에 자주 맞닥뜨린 경험이 있다. 앞으로 아래 화면이 나오면 '이스터 에그가 나타났다!'하며 반가워할 수도 있다. 하루에도 여러 번 우리는 이스터 에그를 만나 왔던 것이다. 다음 사진은 pc에서 흔히 볼 수 있는 오류 장면인데 이것도 일종의 이스터 에그이다.

[그림9] PC에서 볼 수 있는 이스터 에그(출처 : https://itfix.tistory.com/189)

만약 궁금증이 더 생긴다면 다음의 영상을 참조해 보길 바란다. 우리는 구글에서 이스터 에그 영상을 정리해 놓은 것을 찾아볼 수도 있다.(https://www.youtube.com/watch?)

① v=0TkaLR7IPiw⇒에 들어가면 쉬운 정리 영상을 볼 수 있다. 영상의 내용을 살짝 소개하자면 HTML5를 지원하는 엡 브라우저로 구글 검색에 'do a barrel roll'를 입력하면 인터넷 창이 한 바퀴 돈다.
② 'tilt'나 'askew'를 입력하면 askew, 즉 비스듬한 검색 결과가 나온다.
③ 'zerg rush'를 입력하면 동그란 모양의 저글링이 나타나 검색 결과를 공격하는 미니게임이 나오는데 이는 구글에서 블리자드 엔터테인먼트의 14주년을 기념하기 위해서 나온 것이라고 한다.

④ 2014년 5월 20일에는 구글 홈페이지에 있는 루빅큐브를 누르면 루빅큐브를 할 수 있었다.
⑤ 안드로이드 홈페이지 (http://www.android.com⇨) 좌측 하단에 안드로보이를 클릭하면 안드로보이가 여러 가지 제스처(문 워크, 저글링, 손 흔들기 등)를 랜덤으로 취한다.

위의 무수한 자료들은 위키백과 사전을 참고하면 된다.

지금까지 컴퓨터나 스마트폰에 발생하는 일종의 장애 현상으로 여겨왔던 것들이 일종의 이스터 에그 이었음을 파악하는 시간을 가졌다. 그럼 앞으로는 이스터 에그를 영화에서는 어떻게 발견할 수 있으며 어떤 것들을 이스터 에그라라고 하는지 알아보는 시간을 갖도록 하겠다.

사실 우리가 놓쳐왔던 영화의 무수한 장면들 속에 이스터 에그가 숨겨져 있었고 그것을 찾는 재미 또한 영화를 사랑하는 한 사람으로서 대단했기에 여러분에게 소개해 주고 싶다. 그리고 2018년 '레디 플레이어 원'이 메타버스 영화로 재평가를 받는 이 시점에서 시사하는 바는 여러분이 영화를 단순한 재미가 아닌 문화로써 받아들이는 고급정보를 찾아내는 멋진 영화관객으로서 성장할 수 있는 계기가 될 수도 있다는 사실이다.

3 SF영화(science fiction films: 공상과학 영화)와 이스터 에그

1) 레디 플레이어 원(Ready player one, 2018)에 나타난 이스터 에그

레디 플레이어 원은 어니스트 클라인의 소설을 스티븐 스필버그 감독이 2018년에 발표한 영화이다. 영화에는 오아시스라는 가상현실 게임이 등장하며 시간적 배경은 2045년이다. 주인공 파시발(일명, 게임 속 가상 캐릭터 이름)은 암울한 현실을 잊기 위해 가상현실 장비인 VR과 헤드셋을 이용해 오아시스에서의 생활을 즐긴다.

오아시스의 개발자이며 최대 지분 소유자 할리데이가 죽고 공개된 유언에는 오아시스 속에 자신이 숨겨둔 이스터 에그(게임, 영화, 책 등에 숨겨진 메시지나 기능)를 찾는 이에게 오아시스의 운영권과 자신의 지분을 주겠다는 내용이다.

거대 기업 IOI(Innovative Online Industries)는 직원들을 총동원해서 이스터 에그를 찾기 위해 총력을 가한다. 영화의 주요 내용은 IOI에 맞서 이스터 에그를 먼저 찾기 위해 도전하는 웨이드 와츠, 일명 파시발이라는 소년의 모험담이다. 영화에 등장하는 거대 기업 IOI는 이스터 에그를 찾기 위해 직원들을 오아시스 게임에 접속시켜 일을 시킨다.

여기에서 주목할 점은 우리가 흔히 게임이라 생각하는 오아시스 게임이 영화상에서는 일을 하는 것으로 표현된다는 점이다. 사실 그들의 일터는 가상세계 메타버스였다는 사실임을 생각해낼 때 영화의 스토리가 더욱 잘 이해된다.

(1) 이스터 에그1 - 블록체인, 메타버스 그리고 NFT

그렇다면 블록체인과 메타버스, NFT는 어떤 상관관계가 있을까?
'레디 플레이어 원'에서 주인공 파시발(아바타 명)은 상금으로 코인을 받기 위해 동분서주 뛰어다니고 플레이를 하며 위험을 무릅쓴다. 영화의 주요 내용은 게임 오아시스에 접속해 메타버스의 개발자가 남긴 이스터 에그를 찾기 위해 주인공이 모험을 떠나는 것이다. 이 이스터 에그를 찾으면 전 세계인들이 열광하는 오아시스라는 게임의 운영권은 물론이고 무려 5,000억 달러가 넘는 지분을 가질 수 있다는 것이다.

그러나 가상세계에서 이 상황이 현실로 넘어오면 이야기가 달라진다. 실제 현실에서 2가지 문제점을 찾을 수 있는데 먼저 첫 번째는 과연 이스터 에그가 진짜인지 아니면 가짜인지에 대한 확인이 필요하다는 것이다. 만약 누군가가 가짜 이스터 에그를 만들어낸 다음 이것이 이스터 에그라고 주장한다면 마땅한 대응 방법이 없다. 그래서 위조나 복제를 사전에 방지함으로써 이스터 에그의 진위에 대해 모두가 신뢰할 수 있어야 한다.

두 번째는 해킹이 불가능해야 한다는 것이다. 실제 영화에서는 이러한 이스터 에그를 노리고 IOI라는 거대 기업들이 플레이어들을 대거 육성하는 모습이 보인다. 그런데 만약 누군가가 이걸 굳이 게임 내 플레이(정상적인 접근)가 아니라 해킹으로 해결할 수 있다고 판단한다면 이스터 에그를 심은 의미가 사라져 버리게 된다.

영화를 볼 때는 잘 모르지만 블록체인 기술과 접목해서 생각하니 이런 2가지 문제점을 간과할 수가 없다는 결론이다. 그러나 다행히도 이 2가지 문제점을 해결해 주는 것이 바로 블록체인 기술이다. 그리고 블록체인 기술을 바탕으로 최근 주목받고 있는 분야가 바로 NFT이다. NFT는 앞서 언급했듯이 논 펀저블 토큰(Non Fungible Token)의 약자이며 대체 불가능 토큰이다. 즉 A가 오롯이 A라는 것을 입증하며 그 자체로 유일하다는 가치를 제시해내는 것이다.

앞서 언급한 것처럼 국내 NFT 시장은 나이에 대한 차별도, 학력에 대한 차별도, 더 나아가 국경에 대한 차별도 존재하지 않는 매력적인 시장이다.

영화에서 숨겨놓은 감독의 단서가 파시발이 이스터 에그를 찾는 과정 중에 무수히 흩어져 있을 때 우리는 마치 여러 가지 아이스크림 맛을 골라 먹는 향연을 느끼듯 영화를 보는 내내 시각적 즐거움을 기대할 수 있는 것이다.

(2) 이스터 에그 2 - 메타버스적 요소와 경제, 블록체인 메타버스, NFT

사실 영화 자체가 메타버스 영화라는 단서를 관객에게 먼저 노출시키고 시작하는 이 영화는 아예 대놓고 영화를 이스터 에그를 찾는 게임이라 말하고 있다. 바야흐로 시간은 2045년, 오아시스라는 공간은 누구든 자신의 캐릭터로 언제 어디든 갈 수 있는 가상의 공간이다. 실제로 사막에 존재하는 오아시스는 물이 없는 상태에서 인간과 동식물의 생명을 살리는 유일한 수단이다.

오아시스의 테마는 절박한 상황에서 인간을 살릴 수 있는 희망적인 공간으로써 존재하기에 작품 속에서도 이상화돼 표현돼 있다. '고글과 헤드셋'만 있으면 주인공 파시발은 암울한 현실을 뒤로 한 채 자신의 역량 이상의 세계를 경험할 수 있는 가상세계에서 최고의 능력을 인정받는다. 감독은 오아시스와 파시발의 가상세계를 한 공간으로 중첩시키면서 관객으로 하여금 카타르시스를 느끼게 유도하고 있다.

스필버그 감독은 영화를 보는 내내 관객에게 코인과 게임, 미국에서 유행하는 새로운 기술들 예를 들면 VR기계와 고글, 헤드셋 등을 노출시키며 2045년 미래에 미국 과학기술의 변모할 상황을 관객에게 홍보하고 있다. 이를 영화에 뿌려진 수많은 이스터 에그와 주인공 파시발이 착용한 VR을 통해 상징적으로 관객에게 노출시키고 있는 것이다. 이러한 관점에서 우리는 영화의 절대적인 파급력을 무시할 수 없기에 감독이 지향하는 MZ 세대를 자세히 분석해볼 이유가 있다.

(3) 이스터 에그3 - MZ 세대의 가치관과 소비

MZ 세대로 대표되는 세대. 그들은 디지털 환경에 익숙하고 최신 트렌드와 남다른 이색적인 경험을 추구하는 특징을 보인다. MZ 세대(Millenials Generation와 Generation의 Z를 합한 세대)란 1980년대 초반부터 2000년대 초반에 걸쳐 태어난 세대인 밀레니얼 세대(M세대)와 1990년대 중반부터 2000년대 초반 사이에 태어난 세대인 Z세대를 통칭하는 말이다. 밀레니얼 세대는 1980년대 초반~2000년대 초반에 출생한 세대를 가리키는 말로 아날로그와 디지털 문화가 혼재된 환경에서 자랐으며 정보기술(IT)에 능통하고 대학진학률이 높다.

아래 사진을 보면 자유로운 복장은 유통시장에서는 컨슈머 오블리주(Consumer Oblige : 소비에도 도덕적·사회적 의무가 있다)를 지향하는 강력한 영향력을 갖고 있고, 유튜브나 SNS를 즐기는 라이프로깅 세대이며, 사회적 가치를 집단보다는 개인의 행복에서 찾는 특징을 지닌다. 디지털 기기에 익숙한 MZ 세대는 모바일을 우선적으로 사용하는 경향을 보이고 소유보다는 공유(렌탈이나 중고시장 이용)를 선호하며 상품보다는 경험을 중시하는 소비 특징을 보인다.

그들은 단순히 물건을 구매하는 데에서 그치지 않고 사회적 가치나 특별한 메시지를 담은 물건을 구매함으로써 자신의 신념을 표출하는 '미닝 아웃(Meaning Out : 소비 행위 등을 통해 개인의 신념이나 가치관을 표출하는 것)' 소비를 하기도 한다. 또한 이들 세대는 미래보다는 현재를 중시하고 가격보다는 취향을 중시하는 성향이 많아 '플렉스(FLEX : 재력이나 귀중품 등을 과시하는 행위)' 문화와 명품소비가 여느 세대보다 익숙하다.

'당근마켓 세대'라는 말이 무색할 정도로 '당근하세요?', '당근이세요?'라는 말을 수시로 꺼내는 세대. 그러면서도 플렉스와 명품을 소비하는 MZ 세대는 예전 어느 세대보다도 수많은 정보력과 글로벌한 인맥을 자랑하는 세대이기도 하다.

인스타그램과 페이스북에 나온 그들의 정보는 이상적인 아바타 '로지'를 열망하지만 현실의 벽을 넘어서지 못하고 좌절하기도 하고 때로는 가상세계나 게임 등을 통해 넘어서기도 하는 씩씩하고 도전 정신이 강한 세대이기도 하다. 그들은 누구보다 4차원 세계를 좋아하며 영상과 미디어에 대한 노출량이 많고 자신들을 드러내는데 주저함을 마다하지 않는 멋진 세대이기도 하다. 이들은 방탄소년단과 나이키, 아디다스에 열광하고 인스타그램, 페이스북 팔로워에 목숨을 거는 세대이다.

아쉬운 점은 MZ 세대가 좋아하는 브랜드가 국내에도 물론 있지만 해외에 더 많다는 사실이다. 그렇다고 그들이 애국자가 아니라서 그런 것은 더더욱 아니다. 그들도 2021년 도쿄 올림픽에서 김연경이 쏘아 올린 농구공에 열광하고 우리나라가 다른 나라를 이기기를 누구보다 열망한다. 다만, 그들은 플레이스토어가 아닌 아이폰의 앱스토어를 선호하고 애플에 열광한다는 사실이다.(국내 제품에 열광하는 세대이길 열망한다).

그렇지만 국내 제품도 외국 제품 못지않게 만들어낸다. 사실 삼성의 반도체 기술은 독보적이고 LG의 디스플레이 기술도 세계적이다. 외국에서는 전자 제품하면 무조건 삼성과 LG를 선호한다고 한다. 실제로 외국에서 우스꽝스러운 사례가 있었다. 15세~16세 정도의 여중생이 하도 스마트폰을 봐서 엄마가 스마트폰을 해약시키고 인터넷도 끊었다고 한다. 그런데 그 여중생이 LG 최신형 냉장고를 통해 스마트폰으로 할 수 있는 메신저와 인터넷을 사용해서 그 냉장고가 세계적으로 유명한 기술력을 자랑하는 냉장고로 등극했다는 웃지 못 할 기사를 접한 적이 있다. 그 여중생 역시 MZ 세대로 스마트한 인터넷 사용법을 누구보다도 잘 알고 있었던 것이다. 이 해프닝(happening : 우연히 일어난 일 또는 우발적인 사건)은 그들의 단면과 자화상을 드러내는 유명한 에피소드로 끝났지만 우리는 거기에서 MZ 세대의 특성을 단번에 짚어낼 수 있다.

[그림10] MZ 세대 (출처: 네이버 이미지)

MZ 세대의 소비와 트렌드를 짚고 넘어가는 이유는 이들의 주 소비가 메타버스 안에서 일어나기 때문이고 그들의 주머니를 채워주는 부모가 그들과 한 공간에 살기 때문이다. 사실 앞서 지적한 것처럼 자신을 드러내는 소비와 명품에 열광하는 MZ 세대는 양면적으로 편의점, 패스트푸드점 알바를 하면서 당근마켓에서 중고 명품을 거래하는 세대이기도 하다. 부모의 재력을 과시하기도 하지만 자신의 능력을 키워 명품을 소비하기를 열망하는, 그야말로 자신의 입지를 위해 자신을 희생하는 양면성을 지닌 세대이기도 한 것이다.

그러기 때문에 레디 플레이어 원의 파시발을 이해하려면 MZ 세대의 소비성향과 트렌드를 결코 간과할 수 없는 것이다. 이들 세대가 현재 전 세계 소비의 중심축에 있고 이들이 앞으로 우리 경제를 이끌어나갈 세대이기 때문이다. 흔히 사춘기 세대, 중 2병 세대로만 알려진 MZ 세대가 나름 자신의 확고한 소비 철학이 있고 자신의 인생 목표를 생각하고 살아간다는 생각에 든든함마저 느껴진다. 파시발처럼 확고한 자신의 신념을 바탕으로 하면 악으로 대표되는 IOI라는 거대 기업도 단숨에 쓰러뜨릴 수 있다는 영웅화된 이미지, 즉 히어로의 군상이 영화에서 다시 나타난다.

(4) 이스터에그 4 - 히어로 이미지와 미국의 경제

사실 히어로의 이미지는 글로벌한 경제의 중심축이 되기를 열망하는 미국의 야망이 담겨있다. '중국에 밀린다'는 국제 경제의 분위기 속에서 여전히 세계의 경제 중심에서 우위를 선점하고 싶어하는 미국. 우리는 잘 모르지만 미국 영화의 대부분은 광고와 PPL을 아예 드러내 놓고 한다. 어떤 절대적인 기준이 없는 것처럼 보이지만 미국은 엄격한 자신만의 방식으로 전 세계인들이 잘 모르는 은밀한 광고를 영화와 드라마, 음악 등 우리가 좋아하는 문화에 녹여서 상품화하는 고급 전략을 구사하고 있다.

사실 중고생과 20대의 로망인 어벤져스, 유치원생과 초등생의 로망인 월트디즈니는 다 미국 영화산업의 일부이다. 2~3년 전에 어벤져스에 출연한 한국 배우 김수현 씨의 인터뷰 방송을 본 적이 있다. 그녀의 인터뷰 내용은 어벤져스에 출연할 당시 철저한 보안 때문에 상대 배우를 가까이에서 본 적도 거의 없을뿐더러 대본이 유출될까봐 쪽 대본은 기본이고 다음 날 일정도 그날 당일이 돼야 알 수 있었고 인터뷰는 영화촬영 내내 할 수도 없었다는 것이다.

출연료가 굉장히 고가이기 때문에 당시 우리나라 언론에서도 화제를 불러일으켰던 장본인이었던 김수현 씨는 지금도 미국 영화계에서 주로 활동하고 있다. 우리나라 영화계가 구체적으로 어떤지는 잘 모르기에 미국만을 놓고 얘기하겠다. 이들은 철저한 관리시스템을 영화촬영이 끝날 때까지 작은 배역을 맡은 배우에게까지도 적용함으로써 최상의 영화를 만들어내고 그것이 대중에게 인기를 끌고 전 세계 자본을 끌어들이고 장악하는 것이다. 그것은 영화를 보는 관객에게 어떤 히어로의 이미지를 아주 자연스럽고 고급스럽게 선사하는 미국의 마케팅 전략이기도 하다. 이 부분은 메타버스와 영화를 마무리하는 시점에서 자세히 언급하도록 하겠다.

다음은 최근에 개봉한 또 다른 이스터 에그 영화 '프리 가이'이다. 우리는 프리 가이를 보면서 레디 플레이어 원과의 유사성과 차이점을 찾아낼 수 있고 메타버스 영화를 더욱더 이해할 수 있게 된다. 그러면 프리 가이에서는 어떤 재미있는 이스터 에그가 있을지 살펴보도록 하자.

2) 프리 가이(Free Guy, 2021)에 나타난 이스터 에그

우리에게 '박물관이 살아있다(2015년)' '컨택트(2017년)'로 알려져 있는 숀 레비 감독의 최신작이자 2021년 8월 11일 개봉한 메타버스 영화 '프리 가이(Free Guy)'는 원래 2020년 7월 개봉을 하려고 했으나 코로나 19로 인해 첫 번째 개봉이 미뤄졌고 이후 12월에 두 번째 개봉도 미뤄졌다가 드디어 올해 2021년 8월 11일에야 개봉했다.

영화의 줄거리는 평범한 은행직원이면서 평범한 일상을 사는 주인공 '가이'에게 다가온 평범하지 않은 사건들이 벌어지면서 시작된다. 사실 가이는 그동안 평범을 누리는 루틴(routine : 특정한 작업을 실행하기 위한 일종의 명령. 프로그램의 일부 혹은 전부를 이르는 경우에 쓴다.) 속에서 부족함 없이 어쩌면 지루한 일상을 살고 있었는데 이 평범한 일상에도 총격전과 날강도가 나타나는 평범하지 않은 무시무시한 일상도 존재했다.

하지만 가이는 길거리 한복판에서 우연히 마주친 매력적인 그녀를 본 순간 평범하지 않은 일상을 살게 되는 계기가 생긴다. 각고의 노력 끝에 다시 마주친 그녀는 가이가 비디오 게임 '프리시티'에 사는 배경 캐릭터란 사실과 이 세상이 곧 파괴될 거란 사실을 경고한다. 갑작스런 혼란에 빠진 가이는 영웅처럼 캐릭터가 변모해 프리시티의 파괴를 막기 위해 더 이상 배경 캐릭터가 아닌 히어로가 되기로 결심한다.

그리고 프리 시티와 그녀의 관계는? 사실 그녀의 영화 이름은 '몰르토프 걸'로 영화에서는 '밀리'라고 줄여 부르며 주로 밀리로 나온다. 밀리는 가이와 사랑에 빠지며 그를 도와주고 '착하게 살라'고 요청하며 가이가 프리시티에 사는 배경 캐릭터란 사실과 세상이 파괴될 것임을 알려주는 중요한 캐릭터이며 사실상의 여주인공이다.

앞서 언급한 것처럼 프리 가이는 지금 예매율 6위(2021년 8월 28일 기준)를 달리고 있을 만큼 인기가 있는 영화이기도 하다. 관객들은 영화에 나오는 짜릿한 액션에 시선을 뺏긴다. 마치 게임을 하고 있는 듯한 착각에 빠지고 영화의 발 빠른 전개에 매료된다. 사실 홍보영상을 보면 다른 SF영화와 비슷한 느낌이라 할 수도 있지만, 이 영화를 메타버스 영화라 감히 말할 수 있는 것은 영화의 메타버스적인 요소가 무수히 많기 때문일 것이다.

앞서 메타버스 영화라 단언할 수 있는 레디 플레이어 원이 시간이 지날수록 메타버스 영화로 평가받는 것도 이와 무관하다 할 수 없다. 그러면 '우리는 프리 가이의 어떤 점을 메타버스라 말할 수 있을까?'라는 의문점을 갖고 이 영화를 분석하게 된다. 우리는 앞으로 영화를 살펴볼 때 관객이 아닌 작가의 관점으로 감독과 제작자가 우리를 즐겁게 하기 위해 의도적으로 숨겨놓은 이스터 에그를 발견해 내면서 영화를 분석해 나갈 것이다.

(1) 이스터 에그1 - 가상세계 진입 장치

일단 메타버스 영화라면 기본적인 구성요소인 가상세계로 진입하는 장치가 필요하다. 이는 메타버스 영화의 거의 필수적인 장치이며 우리는 감히 이를 메타버스 영화의 이스터 에그라 정의내릴 수 있다. 레디 플레이어 원에서도 주인공 파시발이 고글과 헤드셋을 낀 순간 가상세계로 진입하며 스토리가 본격적으로 시작된 바 있다.

주인공 가이가 평범한 루틴대로의 일상을 살다가 어떤 계기로, 여기에서는 몰로토프 걸에게 한눈에 반하면서 가이의 일상은 급변하게 된다고 분석된다. 사실 영화의 극적인 장치는 원래 대단히 이상적일 것 같지만 우연한 기회를 주인공이 만나면서 일어나기에 이 영화에서도 '사랑'이란 테마가 들어온 것 같다.

우리는 포스터에서도 글래스를 착용한 인물과 착용하지 않은 인물로도 이스터 에그를 찾아낼 수 있다. 사실 포스터를 그냥 보고 영화를 봤을 때는 지나칠 뻔한 이분 법적인 요소가 글래스를 이스터 에그로 생각했을 때는 감독의 숨은 의도를 생각해야만 하는 요소로 변모하는 것이다. 다음 페이지에서 자세히 다룰 글래스로 인한 계층적 요소 또한 영화를 보는 재미를 선사하는 이스터 에그라 할 수 있다.

(2) 이스터 에그2 - 매력적인 여주인공의 글래스와 스타일

사실 몰르토프 걸 즉, 밀리는 여주인공이면서 가이와 함께 이 영화의 이야기를 이끌어나가고 위기를 이겨나가는 가장 메타버스적 요소가 강한 인물 중 한 명이다. 그들이 가상세계에 진입하기 위해 착용한 글래스가 이를 증명해 준다. 밀리는 영화에서 수시로 글래스를 착용하고 가끔은 가이를 매료시킬 때 글래스를 벗기도 한다. 그녀의 글래스는 가이의 눈에는 매력적이고 지적인 캐릭터로써 다가오는데 우리는 그녀가 가이에게 매력적으로 보이기 위해 수시로 글래스를 도구로써 이용한다는 생각을 쉽게 눈치 챌 수 있다.

또 곳곳에 밀리의 멋진 의상과 스타일이 등장하는데 총을 쏘면서 도시를 무법천지로 만들 때에도 우리는 그녀의 스타일에 매료된다. 그리고 도로를 드라이빙할 때도 그녀의 매력적인 스타일에 가이 못지않게 홀릭(holic:중독자의 뜻)된다. 그러면서 감독은 밀리의 주변 요소에 여러 가지 이스터 에그를 관객이 눈치채지 못하게 숨겨놓았다. 사실 그녀의 스타일 자체가 이스터 에그인 셈이다.

사실 영화나 드라마에서 여주인공은 이야기의 극적인 요소를 살리는 주요 캐릭터이기도 한데 프리 가이에서도 주인공 가이가 히어로가 되기 위한 출발점이 된 셈이다. 물론 가이는 영화에서 밀리와 키스의 도움을 받아 악당으로 나오는 재벌 앙투안에 맞서서 프리 시티를 구하기 위한 액션을 펼치게 되고 짜릿한 장면들이 영화를 보는 내내 우리의 눈과 귀를 즐겁게 만든다.

실제로 마지막에는 관객의 예상대로 NPC의 파업으로 인해 앙투안의 입지기반이 약해져 영화는 해피엔딩으로 끝을 맺게 된다. 영화는 2021년 8월 11일에 개봉했고 현재 '시리즈온'과 'TVING', 'wavve'에서 유료로 볼 수 있으니 나머지 내용은 인터넷 검색을 통해서 보면 좋을 듯 싶다.

우리가 영화에서 주목해야 할 점은 첫 번째는 메타버스적 요소이고 이를 영화에서 어떻게 알려주고 있는 지이다. 두 번째는 메타버스 영화이면서 동시에 이스터 에그가 무수히 많은 영화로서의 요소이다. 감독은 어떠한 이스터 에그를 관객이 알아차리도록 또는 여러 번 보고 싶은 마음이 들 정도로 숨겨놓았느냐이다. 세 번째는 영화의 메시지이다.

우리는 영화를 보면서, 혹은 영화를 다시 보면서 이와 같은 3가지의 요소를 찾아낼 것이다. 또한 이스터 에그를 발견하면서 영화의 재미를 키울 수 있고 친구와 놓친 장면을 다시 찾기 위해 2번째로 똑같은 영화를 다시 관람할 수도 있다. 바로 이 점이 영화에 무수히 많은 이스터 에그를 심어 놓는 감독과 제작사의 상업적 전략이다.

(3) 이스터에그3 - 포스터에 나타난 인물들

포스터에서는 프리 가이가 중심이 되는 이야기 스토리를 압축해서 보여주는데 우리는 여기에서 다양한 이스터 에그를 찾아낼 수 있다. 다음의 내용은 유튜브 '영사기' 〈영화 본 사람 대부분 모르는 숨겨진 의미(프리 가이 해석)〉을 참고했다.

일단 포스터를 위에서부터 찬찬히 살펴보자. 가이는 파란색 와이셔츠에 넥타이를 매고 있는 늠름한 모습이고, 밀리는 글래스를 낀 도도한 모습으로 총을 들고 있고, 흑인 경찰관이 웃고 있는 모습, 개발자인 키스도 글래스를 끼고 있고, 핑크색 토끼 탈을 쓴 마우저 역시 글래스를 끼고 있다. 맨 아래쪽 악역인 앙투안은 거대 게임회사 수나미의 사장인데 그는 왼손으로 귀 볼을 만지작거리며 목걸이를 한 모습이다. 그리고 외계 옷을 입고 글래스를 낀 인물인 마우저는 수나미의 직원이면서 인 게임 아바타는 오른쪽 가슴에 보안관 배지가 박힌 핑크색 토끼 탈을 쓴 모습이다.

[그림11] 프리가이 영화 포스터(사진 출처 : 다음 영화)

가이는 금붕어가 들어 있는 어항을 왼손에 들고 있고 오른손엔 커피를 들고 있다. 왼쪽 아래에는 오토바이를 탄 남녀의 모습이 보이는데 이는 글래스를 낀 가이와 밀리의 모습이며 사랑하는 모습처럼 보이나 밀리는 양손에 있는 총을 들고 있다.

포스터 인물들 뒤로는 폭발하는 건물과 로봇, 헬기, 벌룬(balloon, 풍선) 등에서 폭발이 일어나는 모습에 혼란스러운 도시 자체이다. 한편, 날씨는 구름이 끼어 있지만 비교적 맑은 날씨에 폭발과 화염으로 뒤덮인 도시가 포스터의 뒤 배경 중심축에 자리하고 있으며 폭발 현상이 있음에도 불구하고 주인공과 인물들의 얼굴표정은 웃고 있는 모습의 가이와 경찰관을 볼 수 있는데 이들의 결말은 해피엔딩(happy ending) 임을 암시하고 있다. 글래스를 낀 인물들은 도도해 보이면서 무표정하며 정면이 아닌 다른 곳을 응시하는 듯하다. 그리고 악역인 앙투안은 자신의 귀를 만지며 무엇인가 생각을 하거나 눈치를 보는 모습을 보이고있다.

(4) 이스터 에그4 - 사회적 지위와 계층

앞서 포스터에서 글래스가 상징하는 의미를 표현한 바 있다. 인물들은 각기 글래스를 쓴 인물과 안 쓴 인물로 나뉜다. 실제로 영화 초반에서 가이는 글래스를 안 끼고 등장한다. 의상도 루틴 속 일상을 사는 모습에서는 엄격한 은행 규율에 맞는 파란색 와이셔츠와 넥타이를 한 모습으로 등장한다. 실제로 가이는 영화 대사에서 "선글라스를 쓴 사람들은 우리랑 대화하려고 하지 않아"라고 표현한다. 하지만 밀리의 도움으로 선글라스를 끼면서 보이지 않던 홀로그램이 보이는 세상을 경험하게 되는데 이는 신분 상승의 도구로 선글라스 또는 글래스가 영화에서 쓰여짐을 나타낸다. 실제로 프리 시티에서 사회적 계층은 3가지로 나뉜다.

우선 가장 낮은 계층인 NPC는 현실에서의 서민과 비슷한데 그들은 글래스를 끼고 있지 않고 직장이든 학교든 소속된 곳의 지배를 받고 루틴에 박힌 일상을 산다. 그들은 반복적 일상에서 벗어나고 싶어도 압박을 받고 나름 일상을 순리대로 살아간다. 어쩌면 우리의 반복된 일상과 비슷한데 이는 영화를 보는 관객도 말은 안 했지만 가이를 보면서 속으로 '나랑 똑같네'라고 느꼈을 수도 있다. 그래서 가이가 키우는 금붕어는 상징적으로 가이를 말하고 있다. 이는 포스터에서도 가이가 왼손에 금붕어 어항을 놓치지 않고 들고 있는 모습으로 등장하고 있는데 그때 가이의 눈엔 선글라스가 없다.

그런 가이가 밀리의 도움으로 선글라스를 착용하며 홀로그램을 발견하는 순간 우리는 가이와 함께 가상세계로 진입하게 된다. 가이는 가상세계로 진입하면서 히어로 계층 이상으로 계층 이동을 하게 돼 일상에서 경험하지 못했던 경험을 하게 된다. 다음 계층은 NPC 위에 존재하는 히어로(hero)이다. 히어로는 말 그대로 영웅인데 신과 NPC 사이에서 세상을 구원해주는 영웅 같은 존재이다. 밀리와 개발자 키스는 NPC와 히어로 사이에 존재하는 계층으로 등장한다.

우선 밀리는 외부에서 소송을 자행 중인 상황에서 뜻하지 않게 가이에게 조언을 해주다 러브 라인을 형성하기도 하지만 기본적으로 가이를 도와주는 포지션이다. 그리고 이야기를 풀어나가게 하는 핵심적인 인물이다. 키스 또한 밀리와 같은 계층이고 AI가 자유롭게 성장하도록 하는 인디 게임의 개발자이다. 그는 사실상 이 영화의 진짜 주인공이라 생각할 수도 있는데 가이와의 다른 점은 그가 히어로는 아니라는 점이다.

또 다른 인물인 토끼 탈을 쓴 인물인 마우저이다. 그는 글래스를 끼고 있는 히어로 계층이면서 동시에 토끼 탈까지 쓰고 있다. 앞서 이스터 에그는 토끼와 관련이 높다고 했다. 감독은 아예 대놓고 이스터 에그를 포스터에 나타냈다. 마우저는 사실 악역에 가까운데 보안관이기도 하다. 그의 이중성은 어쩌면 현실 세계에서의 지배층의 모습을 암시적으로 표현해주고 있기도 하다.

사실 현실 세계에서 이상화된 선한 일과 공공의 이익을 대변하는 임무를 수행하는 계층들은 때로는 NPC 조직을 통제하고 신의 영역인 가장 높은 계층의 지배를 자신도 당하면서 중간에서 자신의 입지를 지키기 위해 노력한다. 그런 면에서 그는 어찌 보면 선한 일을 하면서도 속으로는 악한 마음을 숨기고 있는 이스터 에그적 요소가 가장 많은 인물일지도 모른다. 그래서 마우저에게 계층을 설명하는 글래스와 이중성을 대변하는 이스터 에그로써 토끼 탈을 씌웠고 궁금증을 유발시키지 않았을까 싶다.

사실 영화 포스터만 놓고 보면 관객들은 손가락으로 한 사람씩 짚으면서 "이 사람 뭐야? 사람인데 웬 토끼 탈을 쓰고 있어? 이상해!"라고 말했을 법한 가장 일반적이지 않은 모습을 하고 있는 캐릭터이기도 하다.

한편 계층적으로 이동하는 자유로운 인물인 가이는 이상에서는 선글라스라는 도구와 밀리, 키스의 도움으로 가능하지만 현실에서는 히어로서는 존재하기 어렵다는 점에서 가이는 이상화된 주인공이라 말할 수 있는 것이다. 그러니까 실질적으로 이상화된 주인공인 히어로 가이보다는 우리가 추구하는 모습은 주인공의 이상을 돕는 키스와 같은 인물이 현실 생활에서는 주인공의 모습에 가깝다는 것이다.

아니면 감독은 아니 작가는 신과 히어로 사이에 존재하는 계층을 더 이상적으로 생각했을지도 모른다. 그래서 키스와 밀리를 매력적인 캐릭터로, 똑 부러지는 캐릭터로 등장시켰고 그들을 가장 메타버스 적인 캐릭터로 구현해 냈다.

한편 영화에서도 히어로는 여러 명이 아닌 한 명이며 그는 실제로 전지전능한 신에 가까운 능력을 발휘하고 우리의 이상을 실현해 주는 게 아닌가 싶다.

마지막으로 제일 위에 존재하는 계층은 전지전능한 신이다. 사실 신에 가까운 계층이 존재할 뿐 누구든 신이 될 수는 없다. 영화에서 앙투안은 물론 자신이 신의 계층이라 착각하고 신처럼 군림하려고 NPC 계층을 괴롭혔다. 하지만 보편적으로 우리가 알고 있는 신은 악한 신이 아니기에 악역 앙투안은 진정한 해피엔딩을 꿈꿀 수 없었다. 그는 NPC의 반란과 파업으로 인해 말 그대로 인과응보가 된 현실을 마주하게 되고 결국 벌을 받는다.

현실에서도 신의 경지에 있는 인물이나 조직은 많다. 자칭 NPC라고 생각하는 우리의 눈에는 히어로도, 신도, 감히 우리가 범접할 수 없는 영역에 있다. 단지 우리는 가이처럼 선글라스를 끼고 잠시 잠깐 현실을 벗어난다든지 가상세계에서 스트레스를 풀고 이상화된 세계를 간접적으로 경험할 뿐인 것이다. 그래서 가이가 어항 속에 금붕어처럼 생각되는 것도 어찌 보면 현실을 그대로 투영한 것이다.

감독은 3가지 계층을 영화 속에 심어 놓고 다양한 이스터 에그를 숨겨놓았다. 우리는 어항과 선글라스를, 밀리의 스타일을, 토끼 탈을 차례로 보면서 영화관을 나오면서 친구와 다음과 같은 이야기를 나눌 수 있다.

"너 그거 봤어? 그때 어벤져스에서 나왔던 그 히어로 말이야!"라고.

사실 감독의 숨겨진 의도는 여기에 있을 수도 있다. 끝도 없는 이야기를 만들어낼 수 있는 영화의 이야깃거리, 전에 영화에서 나왔던 이스터 에그, 다음 영화를 궁금하게 만드는 시선들이다. 우리의 발걸음을 다시 봤던 영화로 돌리게 하는 결정적인 매력이 바로 이스터 에그인 셈이다.

Epilogue

우리가 문화로써 영화를 접할 때, 메타버스를 접할 때와 어떤 다른 점이 특별히 있었을까? 우리의 궁금증을 해결하기 위해 다음의 이야기에 주목할 필요가 있다.

1) 문화 자산으로서의 메타버스에 탑승하라!

그러면 '우리는 왜 메타버스에 열광하는가? 또 메타버스에 탑승하라고 하는데 어떻게 해야 탑승을 잘 할 수 있을까? 그리고 우리가 MZ 세대를 메타버스 세대라고 감히 규정짓는다고 했는데 다른 세대는 메타버스를 접하지 않아도 되는가?'라는 의문이 남는다.

앞서 NFT와 블록체인, 메타버스의 상관관계를 분석했다. 이들은 서로 유기적으로 연결돼 있고 '나는 메타버스다'라고 공식화할 정도로 메타버스와 관련이 많았다. NFT는 디지털 상에 존재하는 개인의 등기부 등본의 역할을 하고 있지만 메타버스와 블록체인 기술로 마치 은행 장부처럼 디지털 상에서 개인과 기업, 더 나아가 국가의 디지털 자산을 보호하는 중요한 자산으로 대체될 것이 분명하다.

이를 뒷받침하려면 우리는 NFT를 아트로서만 편중돼 바라볼 것이 아니라 밑바탕에 깔려 있는 블록체인 기술을 연구해야 할 것이다. NFT를 디지털 자산으로써 투명하고 엄격하게 관리해 나갈 때 우리는 선진국 대열에 서서 미국, 중국, 일본, 유럽의 선진국들과 대화할 수 있고 미래 경제대국의 대열에 들어갈 수 있다. 그러기 위해 보편적으로 접근할 수 있는 문화의 영역에서 NFT 아트와 대중문화를 먼저 접하고 있는 것이다.

또한 가상 화폐와 관련된 사회적인 부정적 인식에서도 또한 탈피해야 할 것이다. 그 이유는 너무나 단순하다. 이것은 세계의 흐름이기 때문이다. 우리가 종이 화폐에서 플라스틱 화폐로 자연스럽게 넘어갔듯이 이제 컴퓨터와 스마트폰이 화폐를 다루게 된 것은 너무나 자연스러운 현상이다. 우리는 은행 창구에서 현금을 얼마 찾는다고 기재하고 찾던, 그 옛날 창구를 거치지 않고 ATM 기기에서 체크카드를 이용해 현금을 찾았던 세대를 거쳐 왔다. 그리고 현재 우리는 네이버 페이와 카카오페이를 사용하는 디지털 화폐로 자연스럽게 이동하고 있다.

혹자는 묻는다. 그러면 종이 화폐는 앞으로 없어지냐고 말이다. 전문가들의 의견이 분분하지만 체크카드와 신용카드를 사용해도 종이 화폐를 사용하듯이 디지털 화폐가 보편화 된다 해도 우리는 여전히 종이 화폐와 신용카드를 동시에 사용할 것이며 디지털 화폐도 사용할 것이라는 전망이다. 인류는 지금까지 숱한 진화 과정을 거쳐 왔고 4차 산업혁명을 거치고 있는 지금 이 순간에도 세상은 발 빠르게 변화하고 있다.

2) 메타버스는 영화에 나타난 디지털 세계의 신호이다

영화와 문화 콘텐츠를 중심으로 변화하는 4차 산업혁명을 겪고 있는 우리에게 있어 메타버스는 굉장히 중요한 유산이다. 사실 우리가 모르는 사이에 이미 디지털 세상은 놀랄만한 급속한 변화를 겪어 왔고 이를 놓친다면 분명히 우리는 시대에 뒤처져버린 세대가 돼 버릴 것이다. 아이들이 스마트폰을 자주 만지는 일로 부모와의 갈등이 심화되고 있다. 가정에서 학교에서 아이들은 스마트폰으로 세상을 바라봐야 하는 상황에 놓여 있는데도 부모나 교사들은 아이들을 진심으로 이해하지는 못한다.

"우리 아이는 스마트폰을 3시간이나 봐요"라는 부모의 한숨 섞인 한탄 뒤에는 "우리 아이는 책을 보고 스마트폰은 안 봐요" 라든지 "우리 아이는 아예 스마트폰은 안 보고 공부하고 심지어 TV도 안 봐요"라고 자랑하시는 부모의 모습이 비교된다. 우리는 늘 후자의 부모를 부러워하고 심지어 그들의 공부법과 스마트폰을 안 보는 방법을 따로 배우려고까지 한다. 물론 그것은 부모와 아이의 선택이다.

학교는 어떠한가? 등교를 하면 아이들이 스마트폰을 선생님 책상 위에 걷어서 부모와 연락이 아예 되지도 않는다. 물론 교육현장의 질을 높이기 위해 학교라는 공간 안에서 어떤 특별한 규칙이 필요한 것도 사실이다. 실제로 정부에서는 스마트폰 사용시간을 엄격히 규제하려는 움직임을 보이고 있다.

우리는 '적절한 통제'가 굉장히 필요한 순간과 지점에 서 있다. 코로나 19는 미래학자들이 예견했던 미래 상황을 최소 5년을 앞당겨 놓았다. 우리도 들어본 적이 많았을 만한 미래의 생활 모습을 레디 플레이어 원의 파시발이 2045년 삶 속에서 보여줘서 더욱 기억이 생생하게 됐고 영화를 보는 내내 그 시대를 내가 살고 있는 듯한 착각마저 불러일으켰다.

그러면 우리는 4차 산업혁명에서 무엇을 가장 바랄까? 우리가 가장 기대하는 것은 무엇보다도 '편리함'일 것이다. 다음 사진에서도 보겠지만 미래에는 '날아다니는 드론 택배'가 비행기처럼 허공을 날아다니고 우리는 창문 밖으로 택배를 받아볼 날이 올 것이다. 드론 택배는 가격도 비싸지 않을 수도 있고, 빠른 시간 안에 받아볼 수도 있고, 정착이 되면 굉장히 편리할 것이다.

그리고 집안일을 도와주는 가정부 로봇이 우리를 도와줄 수 있다. 이미 우리 가정에는 곳곳에 로봇이 우리의 일을 대신해 주고 있다. 집안 청소를 도와주는 로봇 청소기나 어린 아기를 돌봐주는 학습 로봇, 터치하지 않고 라디오를 틀어주는 빅스비 서비스, 설거지를 대신 해주는 식기 세척기 등등이 그것이다. '이것도 로봇이야?'라고 생각했다면 반드시 로봇처럼 생기지 않았어도 로봇이라고 당당히 말할 수 있다. 우리가 모르는 사이에 익숙해진 문명, 그것이 4차 산업인 것이다.

[그림12] 드론 택배(출처 : Pixabay)

[그림13] 도쿄 대학의 가정부 로봇(출처 : 네이버 이미지)

앞의 사진에서처럼 우리는 미래의 모습과 유사한 일상을 벌써 살아가고 있다. 우리의 곁에는 벌써 우리를 외롭지 않게 도와주는 친구 로봇이 있다. 로봇에 대한 부정적인 생각을 가진 이들은 인간의 삶이 편리해지고 있긴 하지만 인간의 삶에 녹아있는 온기를 느낄 수 없고 인간의 감정을 느낄 수 없는 로봇이 그리 대단하지 않다고도 말한다.

우리가 말하고자 하는 것은 미래의 삶이 앞당겨져 우리에게 주는 편리함이 모든 것을 해결해 준다는 것은 아니다. 그 편리함 안에는 각종 범죄의 손길이 우리를 억누르고 부모의 걱정을 배가시키기도 한다. 하지만 NFT의 디지털 등기부 등본이 우리의 이력을 투명하게 밝히고 행적을 드러내듯이 이를 보완하는 과학적·법적 장치가 분명히 있다. 그리고 이 제도적 장치들은 시간이 지날수록 구체화되고 우리의 삶을 더욱 편리하고 편안하게 할 것이다.

우리는 영화와 광고, 인터넷과 SNS를 통해 VR을 끼고 입체적으로 보이는 가상세계를 경험하고 현실의 시름을 잊고 새로운 삶을 살아갈 희망을 얻을 수도 있다. 친구와의 페이스북 메신저로 카카오톡 대화로도 코로나 19 상황을 오히려 재미있게 즐길 수도 있다. 학교와 회사에 가면서 도로에서 보내는 대부분의 시간을 자기계발의 시간으로 사용할 수도 있다. 코로나19 상황으로 인해 비대면 서비스로 원격진료도 할 수 있고, 성당 미사도 메타버스로 할 수도 있다.

'위기는 기회다'라는 말이 있다. 작가와 영화감독의 상상력이 만들어낸 가상세계의 구현. 우리는 놀라운 미래의 모습에 환호했고 미래의 삶을 잠시 잠깐이나마 경험했다. 심지어 그 세계에 우리는 살고 있다는 착각 속에 게임 세계에 집중하고 현실과 가상세계를 혼동하기도 한다. 어떤 사람은 이 상황을 자신만의 기회로 만들 것이고, 어떤 사람은 이 상황을 위기라 말할 것이다. 우리는 어떤 상황에 놓여 있을까? 대부분의 사람들은 다가올 미래를 기회라 생각하고 오늘을 열심히 살아낼 것이다.

찰스가 어렸을 때 어머니에게 물었다.

"엄마가 가장 행복했던 순간은 언제인가요?"

"바로 지금 이 순간이란다." "살아오면서 행복했던 다른 순간은요? 결혼했을 때는요?"

어머니는 웃으며 대답했다.

"그때는 그때가 가장 행복한 순간이었지. 지금은 지금이 가장 행복한 순간이야. 사람은 자신이 존재하는 바로 그 순간만 살 수 있는 법이란다. 그러니 언제나 바로 지금이 가장 행복한 순간이지."

테레사 수녀는 "어제는 지나갔습니다. 내일은 아직 오지 않았습니다. 우리에게는 오늘밖에 없습니다. 자, 시작합시다."라고 말했다.

자신과 환경을 바꿔야 한다면 어제를 곱씹지 말자. 어제는 절대로 바꿀 수 없다. 미래도 걱정하지 말자. 미래는 우리의 힘으로 어쩔 수 없다. 오로지 현재의 순간에 지금 할 수 있는 일에 집중하자. '현재의 순간'과 '지금 할 수 있는 일'에 집중할 때 우리는 '앞으로 다가올 미래'를 대비할 수 있고 현재를 불안해하지 않을 수 있다.

'우리에게 있는 시간은 오늘밖에 없다'는 테레사 수녀의 말이 끝까지 여운으로 남아서 심장을 쫄깃하게 한다. 레디 플레이어 원에서도 프리 가이에서도 주인공들은 루틴처럼 사는 삶에 대한 지루함을 느끼거나 자신을 괴롭히는 주변의 상황으로 인해 힘들어하지 않았던가? 작가와 감독은 우리에게 힘든 현실을 이겨내라는 메시지를 주인공을 통해 우리에게 분명히 전달했다.

레디 플레이어 원과 프리 가이에서 우리는 가상세계를 경험했다. 그리고 앞으로 쏟아질 수많은 영화에서 우리는 경험할 것이다. 이와 같은 모습이 실제 현실과 유사하다고 여러 번 지적하는 이유는 감독의 의도 혹은 작가의 의도라고 말하고 싶다. 가상세계로 진입하는 장면이 우리의 눈과 귀를 호강시켜주고 짜릿함마저 선사하는 것은 가이처럼, 파시발처럼 일상에 지치고 힘듦을 버티고, 이겨내고, 벗어나게 해주는 유일한 도구로써, 휴식 같은 친구로서 선글라스가 존재한다는 것을 말해준다. 고글과 선글라스는 관객에게는 영화의 짜릿함을 선사해주는 훌륭한 이스터 에그이다. 우리는 이스터 에그에 빠져있고 가상세계에 흠뻑 취해 있는 4차 산업혁명의 진입에 서 있다.

[참고문헌]

· 사이언스 타임즈, 김준원 객원기자, 2019. 1. 15
· 위키백과 우리 모두의 백과사전
· (메타버스 뉴스 빅데이터 분석: 토픽 모델링 분석을 중심으로) 한국디지털콘텐츠학회 논문지, 2021년 7월
· 닐 스트븐슨, 김장환 역, [스노크래쉬] 새와 물고기, 1996, p.50
· 위키피디아사전 참조
· 닐 스티븐슨, 김장환 역, [스노크래쉬], 새와 물고기, 1996, p51
· 뿌쉬낀의 메타시학과 (바흐치사라이 궁전의 분수), 한국노어노문학회, 1999, 제11권 제2호
· 석영중교수 532-533p
· 시사상식사전, 박문각 pmg지식엔진연구소, 2021. 3. 5.
· pc에서 찾는 숨겨진 재미 크롬 이스터 에그 & 곰플레이어
· 네이버블로그 굳세어라, 길짱, 2021. 6. 22.
· 메타버스, 김상균교수
· 매일경제, 박정현 토스페이먼츠 사업개발실장, 2021. 3. 26.
· 블록체인이 만드는 또 하나의 세상 '메타버스+NFT 박정현 토스메이먼츠 사업개발 실장
· 네이버백과사전
· 위키백과사전
· 다음영화
· 나무위키
· 사람은 무엇으로 성장하는가

Chapter

9

돈 벌어주는 메타버스

김지유

Chapter 09.
돈 벌어주는 메타버스

Prologue

코로나19 장기화로 불확실한 미래와 현실을 답답해하던 사람들이 어딘가 돌파구를 찾으려 하기 시작한 것에 맞물려 '메타버스에 올라타라, 디지털 지구로 이주해라, 가상현실, 증강현실, AI' 등에 관한 이야기나 기사들이 쏟아져 나오고 있다. 이것들이 일상으로 다가오면서 확실히는 모르겠지만 새로운 트렌드가 세상을 변화시키고 돈이 될 것이라는 직감을 하게 되면서 메타버스에 대한 관심이 쏠리고 있다.

기존 소비 중심의 메타버스가 생산과 소비의 생산플랫폼으로 경제활동이 가능해지고 이용자 중심으로 변화하면서 이용자가 급증하고 있다. 메타버스 가상공간에서 이용자가 게임이나 아이템을 직접 개발, 제작하고 판매가 이뤄지면서 수익을 현실 세계에서 활용할 수 있는 플랫폼 경제가 강화되고 있다.

메타버스는 다가올 미래의 가상과 현실이 함께 진화하면서 MZ 세대를 중심으로 적극적인 참여와 창작활동으로 게임도 하고 경제, 사회, 문화 활동을 하면서 가치를 창출하고 홍보의 장으로 그 영역을 넓혀 가고 있다. 다양한 콘텐츠들이 분야별로 만들어지고 전혀 다른 콘텐츠 소비방식의 편리함과 익숙함 속에 이용자들이 늘어남에 따라 연령층도 다양해질 것이다.

하나의 지구지만 앞으로 살아가게 될 수십, 수백 개가 될 수 있는 디지털 세상의 빠른 변화 속에 눈과 귀를 열고 오감으로 경험하고 배우면서 미래를 읽고 준비하는 사람과 그렇지 못한 사람의 삶의 질은 지금까지와는 상상하지 못할 만큼의 격차가 생길 수도 있다. 소통과 연결의 시대에 돈의 속성상 사람이 모이는 곳에 돈의 흐름도 부의 완성도 있다.

지난 10년 인터넷과 통신환경의 발달, 스마트폰의 진화로 많은 것이 온라인으로 가능하게 됐다. 일찌감치 플랫폼을 구축한 카카오톡, 네이버, 페이스북, 아마존과 같은 기업들이나 100만 이상의 구독자와 팔로워가 있는 유튜버, 블로거, 인플루언서들은 1인 크리에이터로서 창조의 시대를 열었고 일반 직장인들은 생각지도 못했던 큰 수익을 벌고 있다.

메타버스 세상에서 콘텐츠를 찾고, 자신과 브랜드를 알리고, 1인 기업가로 창직, 창업을 하는 것은 오프라인처럼 사무실이나 매장을 열고 고정비를 지출하며 직원을 써야만 하는 일이 아니다. 따라서 청년, 경단녀, 장애인, 중장년층도 수익을 만들면서 제2의 인생을 설계하는 기회가 될 수 있다.

시장조사기관 '스트래티지 애널리틱스'에 따르면 2025년 기준 글로벌 메타버스 시장규모는 현재의 6배 이상인 2,800억 달러(약 316조 3,440억 원)에 달한다고 분석했다.

메타버스를 활용하고 수익을 만들기 시작한 MZ 세대들, 개인과 기업들의 다양한 사례들과 메타버스 시장규모에 대한 뉴스와 예측 자료들이 사람들의 기대감을 높이고 미래의 먹거리로 받아들여지고 있다. 새로운 시대적 트렌드 요구와 변화에 따른 개인들과 기업들의 사례를 보면서 플랫폼에 맞는 아이디어와 기술을 배우고 기회로 받아들여서 자신이 할 수 있는 일에 도전하고 실행해야 한다.

메타버스 속에서 콘텐츠 소비자가 콘텐츠 생산자가 될 수 있는 구조로 특별한 기술이 없어도 아이디어만 있으면 누구나 생산자로서 수익을 만들 수 있다. 이와 같은 창작자, 경제 크리에이터에는 이코노미가 작동하고 확장하게 된다. 메타버스 세상에서는 나이, 성별, 외모, 인종, 학벌이 중요하지 않다. 부캐 아바타를 통해 상상력을 마음껏 펼치며 플랫폼이 제공하는 툴을 이용해서 자신감 있게 도전하고 부족한 부분이 있다면 협업을 통해서 만들어도 된다.

팬데믹으로 인한 비대면 시대가 끝나더라도 이미 익숙해진 온라인 세상 메타버스의 진화로 전혀 다른 세상 속에서 살게 될 것이다. 현실에서 하는 일을 메타버스에 적용해 새로운 직업으로 발전시키는 방법을 찾으며 미래를 준비해야 한다. 가상과 현실의 융·복합 된 경제의 새로운 세상, 기회의 문 메타버스. 지금 바로 열고 들어가야 할 때이다.

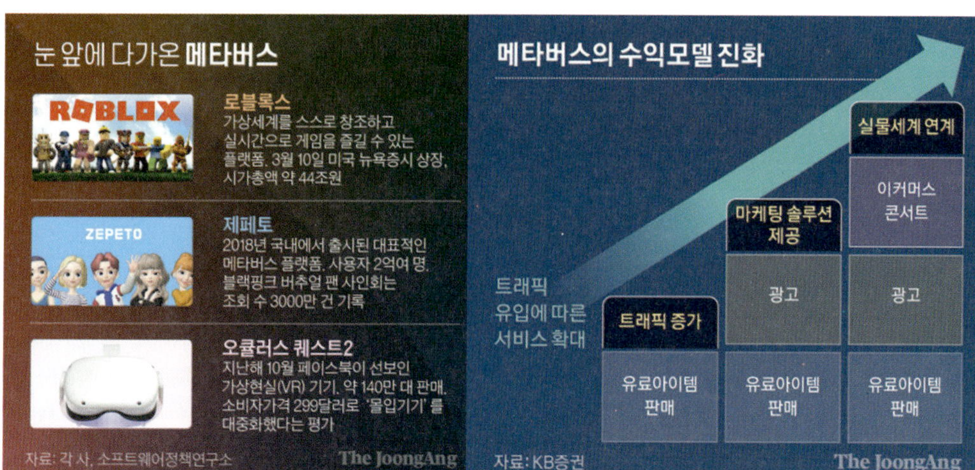

[그림1] (좌)눈앞에 다가온 메타버스.
(우)메타버스의 수익모델진화 KB증권자료(출처 : The JoongAng)

1 아바타·아이템 제작 판매로 수익 만들기

1) 로블록스에서 게임·아이템 개발자들은 어떻게 수익을 창출하나?

초등학생들의 놀이터 아바타 기반의 SNS로 알려진 '로블록스'는 지난 3월 미국 증시에서 기업가치 295달러에 상장을 했고 8월 3일 기준으로는 449억 달러 가치에 이르고 있다. 로블록스에서 게임을 개발해 본 사람이 800만 명이 넘고 개발된 게임도 5,500만 개 이상이다. 하루 수만 개, 연간 2,000만 개 이상의 게임이 제작되고 있다. 그동안 게임 개발자들이 벌어간 누적 수익이 2억 5,000만 달러 한화로 2,800억 원 이상으로 그 생태계가 점점 커지고 있다.

메타버스 안에서 개인이 돈을 많이 번 예로는 로블록스가 자주 언급되고 있다. 게임과 놀이 문화를 즐기고 소셜 활동 공간으로 이용하고 있는 10대들이 가상공간 내에서 억대 연봉을 만들고 있는 사례들이 자주 기사화되고 있다. 미국인 20대 청년 이든 가브론스키는 로블록스 내 자신이 만든 게임에서 옷과 무기를 팔아 한 달에 4만 9,000달러 한화로 5,500만 원을 벌었다는 기사가 화제가 되기도 했다.

술래잡기를 가상세계에서 즐기고 싶어 했던 알렉스 발판츠는 로블록스에서 9세에 만난 친구와 게임개발에 몰두하고 고등학교 3학년에 '탈옥수와 경찰'을 만들었다. 로블록스의 최고 인기 게임 중 하나로 제일브레이크는 최대 접속자 수 60만 명이며 누적 이용자 수 48억 명 이상, 게임 수익은 한 달 최고 25만 달러(약 2억 9,000만 원) 정도였다.

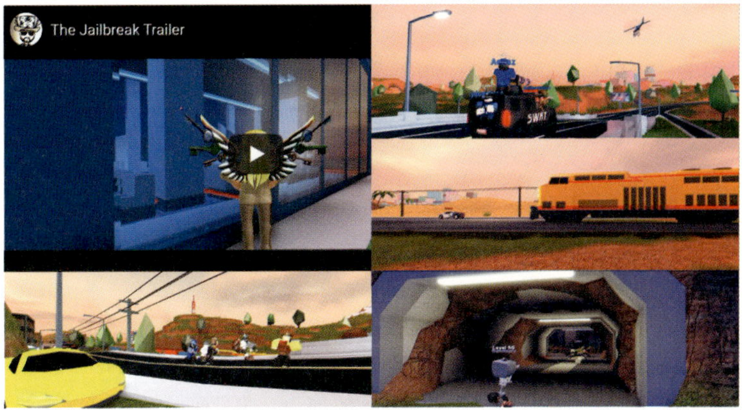

[그림2] 로블록스 게임 제일브레이크 장면 캡처(출처 : asimo3089 유튜브)

미국의 경제매체 CNBC에 의하면 1,200여 명의 개발자가 지난해 로블록스 안에서 벌어들인 수입은 평균 1만 달러(약 1,100만 원)이고 상위 300명은 10만 달러(약 1억 1,000만 원)를 벌었다고 한다. 게임으로 수익을 올리기 어려운 일반 게임과는 다르게 로블록스는 자체로 하나의 경제가 됐다.

로블록스 사용자는 게임 제작 도구로 무료 제공되는 로블록스 스튜디오에서 직접 개발자가 돼 3차원(3D) 가상세계에서 맵을 제작한다. 레고 블록 같은 아이콘과 아바타를 이용해 복잡한 프로그래밍 언어를 몰라도 자신이 상상하고 원하는 대로 자신만의 게임을 설계해서 만들 수 있다. 게임 속 아이템뿐만 아니라 배경화면까지 만들어 판매를 할 수 있고 다른 개발자의 게임과 통합할 수도 있다.

게임 내에서는 화폐 로복스(0.0035달러)로 경제활동을 하는데 다른 이용자가 만든 게임에 접속하기 위해서는 입장료 개념의 로복스를 지급해야 한다. 아바타를 꾸미기 위해 각종 패션 아이템을 구매하고 감정표현이나 게임 내에서 좋은 성적을 내기 위해 유료 아이템을 구매한다. 이렇게 지급된 로복스의 일정 부분은 수수료(게임 아이템 판매 30%)를 제외하고 게임 개발자에게 돌아가고 로복스가 누적되면 현금으로 인출할 수 있다.

게임은 생각보다 단순하고 유튜브와 비슷하게 게임의 재미만이 아닌 3D 가상공간에서 아바타로 자신을 표현하고 대화를 나누며 소통한다. 로블록스에서는 전문적인 알고리즘을 활용해서 취향이 비슷한 친구들을 지원 매칭을 해주기도 한다. 수만 명이 동시에 접속하기도 하지만 게임운영자가 원하는 이용자만 초대해서 모임이나 생일파티를 하는 등 새로운 문화공간이자 일상생활이 되고 있다.

크리에이터들이 자신의 아이템을 사고 팔 수 있는 매장공간과 시스템이 만들어져 있고 반려동물을 입양 한다던가 게임에서 즐길 수 있는 요소들을 디자인할 수 있는 자료들을 제공하고 있다. 10대 이용자가 많으니 신뢰와 부모와의 관계도 중요하게 여겨 사이버 윤리교육도 하고 있다. 음담패설, 욕설 등은 인공지능을 활용해서 관리하고 2,300명 이상의 관리자가 24시간 모니터링으로 불건전한 이용자를 색출해내고 범죄예방을 하기 위해 노력하고 있다.

로블록스 내에 있는 가상공간 '구찌가든'에서는 구찌의 시그니처인 여왕벌 문양이 크게 박혀 있는 디오니서스 가방이 475 로벅스 약 5.5달러에 판매됐다. 가방을 산 구매자는 로블록스 앱스토어에서 35만 로벅스(약 4,115달러 한화 약 465만원)에 재판매를 했다. 현실에서는 존재하지도 않는 가방으로 사용할 수도 없고 오직 가상세계에서만 아바타를 통해 착용할 수 있는데 현실 매장에서 약 3,400달러에 팔린 것을 생각하면 도저히 이해가 되지 않는다.

그러나 메타버스에서 더 많은 시간을 보내고 있는 MZ 세대들의 시각에서는 가치가 다르다. 이들은 디지털에 더 친숙해져 있고 많은 사람과 만나고 소통할 수 있는 메타버스 세계를 중요하게 여기고 있다.

[그림3] 로블록스 내 '구찌가든'에 디스플레이 돼 있는 제품들
(출처 : 로블록스, 미래채널 MyF유튜브 캡쳐)

미국 16세 미만의 55%가 로블록스를 하고 학부모들도 배우고 있고 미국 내 코딩 교육 캠프 기관인 ID 테크는 로블록스를 이용한 게임개발 교육과정이 내부에서 가장 인기 있는 온라인 강좌라고 소개했다. 우리나라에서도 충남 정보문화산업진흥원에서는 지난 5월에 교사 100명을 대상으로 '2021 충남 게임 리터러시 교사 연수' 신청자 모집 공고를 하기도 했다.

얼마 전 언론에서도 소개가 된 중학생 황찬우 군은 로블록스로 율곡 이이 선생을 기리는 자운서원과 백제 풍납토성, 연광정이라는 누각 등 한옥의 문화유산을 구현해내며 자신만의 콘텐츠로 문화유산 만들기 게임을 통해 전 세계에 한국의 역사를 알렸다.

[그림4] (좌)로블록스에 황찬우 군이 재현한 율곡 이이 선생의 자운서원.
(우)2021 충남 게임 리터러시 교사 연수 신청자 모집공고(출처 : 충남 정보문화산업진흥원)

로블록스 내에서 개인도 기업도 게임과 아이템들을 개발하고 판매해서 수익을 만들 수 있다. 교육업계에서는 로블록스 스튜디오를 활용해서 게임을 개발하는 과정과 콘텐츠 제작이나 관련된 교육을 한다. 로블록스를 교과와 연계해서 가르치고 실습하는 게임 활용 교육을 가르칠 수도 있다. 비대면의 장기화와 미래 직업의 변화로 사라지고 새롭게 생겨나는 직업이 많고 취업난과 고용에 대한 불안이 확산되는 추세지만 게임 프로그램, 콘텐츠 관련 인재들은 창업이나 기업에 취업기회가 많은 편이다.

앞으로도 사용자가 직접 참여해서 경제활동을 할 수 있는 플랫폼이 많이 나오고 기술이 진화하고 발전되면서 제작이 편리해질 수 있겠지만 기본기는 갖춰 놓은 게 중요하다. 디지털 네이티브인 자녀가 게임만 한다고 혼내던 시대는 옛날이야기다. 메타버스 시대에 앞으로 더 중요하게 주목되는 분야인 만큼 함께 배우고 수익을 만드는 기회로 만들어 가야 한다.

2) 가상의 아바타를 꾸미는데도 돈이 된다

전 세계 2억 명의 이용자가 있는 '제페토'와 지난 7월에 시작된 SK의 '이프랜드' 메타버스 세상 속 주인공 아바타는 단순한 애니메이션 게임용이 아니다. 가상세계 속 커뮤니티 소통의 공간에서 자신을 대신해 활동하며 살아가는 부캐로써 아바타를 바라보는 시각이 달라지고 있다. 현실에서 체험하고 경험하지 못하는 패션 아이템, 표정, 몸짓, 댄스까지 아이템들을 부여하며 대리만족을 한다.

제페토 스튜디오는 이용자들이 아바타의 의상, 액세서리, 가방, 신발, 헤어, 메이크업 등의 아이템을 직접 제작 판매할 수 있는 크리에이터 마켓 플랫폼이다. 크리에이터들은 아바타의 패션·헤어 디자이너, 메이크업 아티스트, 코디네이터가 돼서 가상세계 속 경제활동을 할 수 있다.

[그림5] 명품 화장품 브랜드 크리스찬디올 아바타와 판매 중인 메이크업 컬렉션 아이템 (출처 : 제페토)

제페토 스튜디오는 지난해 3월에 출시해 한 달 만에 8억 원의 매출을 기록했고 지난 5월에 6만 명이었던 제페토 스튜디오의 크리에이터들은 70만 명 이상으로 급증했다. 이용자가 제작한 아이템이 전체 판매의 80%를 차지하며 누적 아이템 개수는 2,500만 개 이상으로 비교적 쉽게 메타버스에서 수익을 만들어 갈 수 있는 일로 인식되고 있다.

가상 패션·헤어디자이너, 메이크업 아티스트로서 아이템 제작을 위한 방법은 2가지가 있다. 하나는 제페토 스튜디오에서 기본으로 제공되는 평면 패턴 템플릿을 다운로드 받아 포토샵이나 미리캔버스를 이용하는 방법이다. 컬러와 문양들을 넣어 적용하고 2D로 디자인해서 제작하는 간단한 방법이라서 누구나 기본적인 사용법을 배워 제작할 수 있다.

두 번째는 컴퓨터 그래픽 3D 모델 링 프로그램 유니티 엔진을 사용해서 새로운 아이템을 만들고 창작해내는 전문가적인 방법이다. 처음부터 컴퓨터나 스마트폰을 다루는 전문기술이나 능력이 탁월해야만 하는 것은 아니다. 하지만 입체감과 실재감에 가까운 효과를 줘서 원하는 다양하고 고 퀄리티의 아이템을 디자인하기 위해서 시간을 갖고 노력하고 배워야 한다.

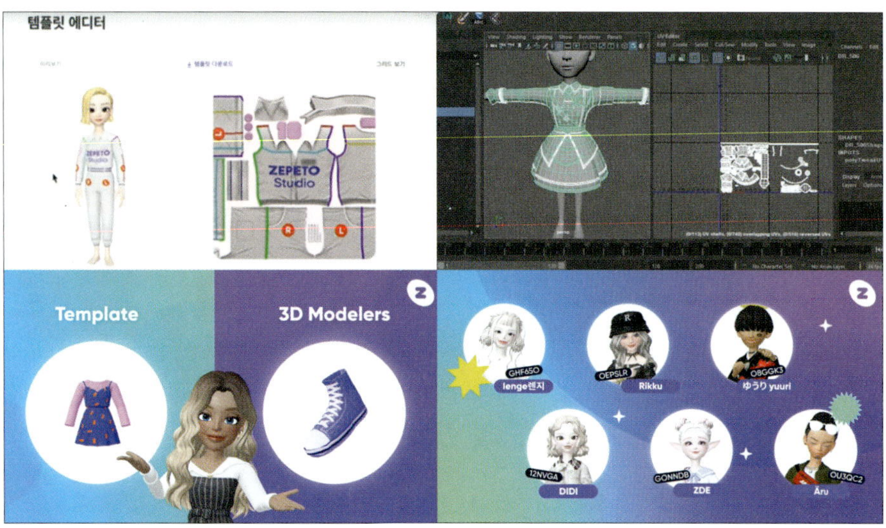

[그림6] 제페토스튜디오의 2D와 3D 템플릿, 제페토 가상 패션 디자이너들의 아바타 (출처 : 제페토)

메타버스라서 가능한 전 세계 2억 명이 넘는 이용자들을 상대로 판매할 수 있는 글로벌 비즈니스로 쉽게 진입할 수 있다는 장점이 있다. 그런 만큼 다른 창작자들과 경쟁이 될 것이고 플랫폼도 계속 진화하며 발전할 것이기 때문에 미리 기술을 연마해야 한다.

제페토 안에서 수익을 만들고 있는 대표적인 크리에이터 '렌지(25세)는 아바타를 꾸미는 게임을 좋아해서 제페토 스튜디오 서비스 출시에도 관심이 많았었고 꾸준하게 열심히 하다 보니 본업이 됐다고 한다. 렌지는 유튜브를 통해 구독자들과 소통하며 수입이 월 1,500만 원 이상이라고 공개해서 화제가 됐는데 수익의 특성상 매달 일정하지 않아도 플랫폼 이용자가 늘고 아이템이 늘어날수록 수익 규모는 커질 것이다.

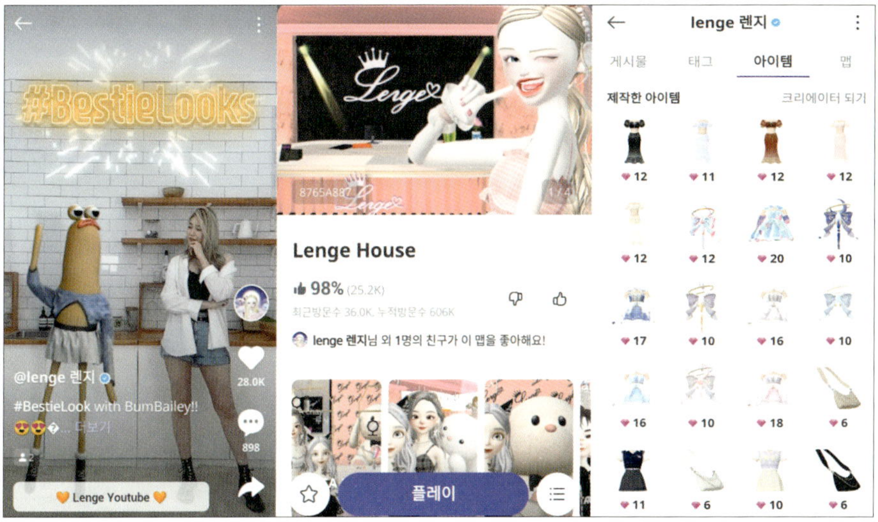

[그림7] (좌)실제 렌지의 모습을 합성 편집해서 피드에 올린 영상. (중)제페토 내의 lenge house. (우)렌지의 제작 판매중인 아이템(출처 : 제페토)

렌지는 초기에 제페토에서 활동하는 친구들이 어떤 아이템을 원하는지 소통하며 인어, 거북이, 날개 등의 자신만의 독특한 아이템을 제작해서 이목을 끌었다. 요즘은 모니터링을 통해 고객의 니즈와 부합한 스타일과 유행요소를 잘 조합해서 만들고 있다. 130만 개 이상 누적 판매가 됐으며 손으로 만질 수 없는 의류와 아이템들이 가상공간에서 엄청나게 판매가 되고 있다. 제페토 이용자 중에서 해외에서 접속하는 글로벌 이용자들이 80% 정도여서 제페토 안에서 유명해지자 자연스럽게 일본과 필리핀 등 해외에서도 유명해졌다. 올해 2월에는 일본 현지 매체와의 인터뷰에서 10개월 만에 아바타 옷 100만 개를 만든 디자이너로 소개 됐다.

[그림8] (좌)렌지의 초창기 제페토 아바타 용 아이템 디자인. (우)일본에 게재된 렌지의 기사
(출처 : 렌지lenge 인스타그램)

지금은 제페토 내 소속사 ‘매니지먼트 O’를 운영하고 있는데 디지털 자산 제작 에이전시라고 할 수 있다. 아바타 의상을 제작·판매하며 활동하고 있는 크리에이터들을 영입해서 3D 템플릿을 제공하고 있다. 2D 디자인을 입혀 판매하도록 피드백하고 판매 전략과 노하우를 공유하면서 각자 판매수익의 일부를 공유한다. 사무실은 임대료나 고정비가 발생하지 않는 가상공간 제페토 내에 있고 렌지를 대신해 아바타가 가상의 사무실로 출근을 한다.

제페토의 아이템은 가격부담이 크지 않고 선물하기 기능도 있다. 판매자는 카카오톡 이모티콘에서 경험했듯이 아이템이 몇 백원에서 몇 천원이지만 제페토가 진출한 165개국 2억 명 이상의 이용자들이 한두 개씩 구매한다고 해도 엄청난 일이 일어날 수 있다. 이것이 SNS처럼 자신의 일상을 공유하면서 팔로워를 늘리며 꾸준히 제작, 판매해나가야 하는 이유이다.

아이템을 제작해 올린다고 다 잘 팔려서 수익이 나는 것은 아니다. 모니터링으로 유행을 잘 관찰하면서 자신만의 창의적인 아이템을 만들고 꾸준히 하다 보면 셀링 포인트를 알게 될 것이다. 그렇게 하면 많든 적든 누적된 수익이 만들어질 수 있을 것이다. 제페토 인기 아이템에 상위 노출되는 스타일들도 참고하고 일단 도전해보면 새롭고 신기한 경험을 하게 된다.

자신만의 아이템 브랜딩을 위해서 귀여움, 러블리, 섹시, 캐쥬얼, 힙합 등 좋아하는 콘셉트 이미지를 정하고 전체적인 컬러톤과 메인컬러를 설정한다. 미리캔버스나 포토샵 등 편집 어플을 활용해 소재감이나 패턴의 유무와 부자재들을 어떻게 사용할 것인지 미리 구상한다. 그리고 스타일에 맞는 로고나 캐릭터 모티브를 만들어서 사용하는 것도 이용자들에게 자신의 브랜드 이미지를 심어주는 좋은 방법이다. 자신의 브랜드가 있다면 아이템으로 제작하고 본캐와 부캐용 모두 판매해서 현실에서 실물로 배송 받을 수 있고 부캐 아바타에게도 적용해 현실의 매출도 극대화할 수 있다.

유의해야 할 것은 기존 브랜드들의 로고나 패턴 등 저작권에 문제가 될 수 있는 것은 절대 사용하면 안 된다. 제작한 아이템 디자인 제출은 한 번에 3개씩 가능하므로 먼저 노출해서 판매를 원하는 아이템부터 순서를 정해 순차적으로 제출해야 한다. 제출 후 1~2주 정도면 승인되는데 심사와 승인이 어떻게 돼 가고 있는지 과정은 제페토 알림으로 확인하거나 PC에서 제페토 스튜디오에 들어가면 진행상황을 확인할 수 있다.

승인이 나면 자동으로 활성화 되고 판매 개시된 아이템은 제페토 앱 화면에서 프로필을 클릭하면 볼 수 있는데 자신이 제작한 아이템이라도 동일하게 비용을 내고 구매해야 한다. 아이템이 판매된 수익은 매월 5,000젬(106달러 약 11만 원 정도이고 변동될 수 있다) 이상이 누적되면 젬이 아니라 현금화해서 받을 수 있다. 아이템에 따라 편차가 많지만 대략 하나에 2~3젬에서 10~20젬 정도여서 누적되는 시간이 필요하다. 아이템 판매가격도 얼마가 적당할지 미리 파악하고 제출 시 정확히 설정해야 한다.

아이템 제작, 판매 관련 모든 내용은 제페토 스튜디오의 판매 페이지에 들어가면 원하는 날짜를 설정해서 판매수량과 판매된 젬의 금액별 그래프까지 볼 수 있다. 판매수익이 누적돼 매월 5,000젬이 되면 아이템이 판매된 날로부터 최소 14일(시스템 오류, 저작권 문제, 환불문제)이 지난 수익에 대해 매월 25일 오전 9시부터~30일 오전 8시 59분 사이에 지급 요청할 수 있다. 지급 페이지에는 실제 지급 가능한 금액부터 표시가 되고 지급 요청 후 한 달 정도 후에 통장으로 받을 수 있다.

제페토 홈 화면은 인스타그램과 비슷한 구조로 크리에이터들은 꾸준히 자신만의 스토리를 피드에 올리고 팔로워를 만드는 인플루언서로서 플랫폼을 확장해 나갈 수 있다. 아이템이 출시될 때마다 포토부스나 비타(Vita) 편집 앱을 활용해 뮤직비디오나 화보느낌, 브이로그, 틱톡 스타일의 재미난 영상들로 다양한 콘텐츠를 만들어 피드에 올리고 노출되게 홍보하면서 판매 수익을 올리고 있다.

여성스러운 콘셉트, 귀여운 모티브, 만화 같은 캐릭터 또는 자신이 좋아하는 아이돌 캐릭터를 커스터마이징 해서 캐릭터에 어울리는 아이템들을 만든다. 구매자에게 마치 자신이 아이돌이 된 것 같은 기분으로 아바타를 꾸미고 현실에서 못 추는 춤도 추고 메타버스 세상에서 부캐로서 즐길 수 있는 재미를 준다. 월드들을 탐방하며 친구들을 만나 활동하고 소통하면서 현실보다 빠르게 크리에이터로서 수익을 만들고 글로벌 1인 기업가로 성장해 갈 수도 있다.

가상게임이나 증강현실 콘서트에서 입을 가상 패션을 위한 디자이너들도 있다. 디자인에 필요한 가상 패션원단과 부자재를 판매하는 업체도 생겼다. 전 세계 유명 원단, 패션 부자재 판매회사 100여 곳이 입점한 한국 중소기업 스타트 업 브랜드 '클로-셋-커넥트'라는 가상공간 쇼핑몰이 그것이다.

초 실감기술로 구현한 원단들과 지퍼, 벨트 고리, 단추 등 1,500개가 넘는 부자재들이 실물의 1/10 정도 가격으로 판매되고 있다. 원하는 것을 선택하고 구매하면 가상 아이템에 적용된다. 아디다스나 나이키 같은 브랜드들도 이곳에서 3D 영상 제작용 부자재를 구매하는 등 한 달 만에 구매, 다운로드 20만 건을 달성했다. 가상세계를 통해 세계시장을 공략하면서 새로운 시장을 만들고 있는데 가상에 있는 원단과 부자재가 실제 제품의 주문 생산으로 이어질 수 있다.

서울 동대문시장도 원단 가상공간에 입점했다. 스타트 업 패브릭 타임은 국내 원단 20만 개를 데이터베이스로 만들어 해외에 수출하는 업체로 최근 자사 취급 원단 600여 종을 디지털상품으로 만들었다. 해외 바이어는 실제 샘플이 아닌 디지털 샘플을 구매해서 3D 의상을 제작해 볼 수 있고 실물 제품에 제공할 수도 있다.

국내 가구 인테리어 회사인 일룸, 데스커, 에이스 침대는 3D 플랫폼 어반페이스와 롯데홈쇼핑 'VR스트리트' 등에 가상 아이템을 납품한다. 가상 가구도 메타버스 안에 배치해보고 마음에 들면 실물 제품을 주문할 수 있다.

3) 크리에이터의 다양한 변신이 수익창출로 이어지다

제페토에서는 가상현실 드라마와 영화, 예능물, 뮤직비디오를 제작하는 작가, 연출가, 영화감독, 연기자, 모델이 될 수도 있는 부캐의 전성시대가 되고 있다. 제페토 만들기 포토부스에는 다양한 표정, 동작과 몸짓들이 제공되는데 천 개 이상의 아바타 표정이 AR 기술을 이용해 만들어져 있어서 마치 애니메이션을 보는 듯한 자연스럽고 극적인 장면을 만들 수 있다.

아바타의 연기 표현이 가능하고 수많은 콘셉트의 의상, 메이크업, 헤어스타일, 액세서리, 소품 등을 맞춰서 구매하거나 직접 옷이나 아이템들을 제작할 수 있다. 세트 장은 빌드잇으로 맵을 만들어서 활용할 수도 있다. 우정이나 외모에 관심이 많은 10대 사이에서 시작된 아바타 드라마 제작은 연기자 아바타들을 모집해서 교실 같은 맵에 모여 같이 시나리오를 짜고 대사를 외우며 연습도 한다. 실제 드라마를 찍듯이 스토리에 맞춰 신상 포즈나 트렌드 포즈 등을 포토 부스에서 사진이나 영상을 만들어 저장해 준비한다. 동영상 편집프로그램으로 자막과 배경음악을 넣어 완성한다. 제페토나 유튜브에 연재해서 공유하고 있는데 조회 수 50만 회 이상인 영상들도 많다.

매월 1억 6,700만 명이 보는 웹툰을 전 세계 600만 작가들이 만들며 수입을 만들어 가고 있다. 제페토 내에 이프랜드처럼 영상을 공유할 수 있는 스튜디오나 상영관 같은 프로그램이 만들어지게 되면 입장료 수익이나 유료를 통한 구독경제 시스템도 만들 수 있다. 실제 드라마 연기자들이 드라마에 입고 나온 의상이나 소품판매가 잘 되듯이 아바타 아이템 판매를 위한 효과도 있다. 아바타의 AR 기능을 활용해 실제 가구나 소품, 제품들이 나오도록 배경을 설정한다. PPL 협찬광고도 해주고 제작하는 메타버스 드라마작가로서, 디지털 콘텐츠 제작자로서 수익이 만들어질 수도 있다.

드라마나 영상을 찍을 수 있는 세트장을 빌드잇으로 만들어 대여해 주거나 역할에 맞는 의상을 비롯해 세트 상품들을 만들어서 수익으로 연결할 수도 있다. 서울을 찾은 아바타 관광객들이 한복을 사 입고 인력거나 마차를 타고 인사동, 경복궁, 비원, 청계천, 한강, 서촌, 남대문, 동대문 쇼핑도 한다. 민속촌을 다니며 사진을 찍고 시·공간의 제약 없이 전국 명소를 돌며 요소요소에 있는 게임이나 지역 축제, 공연들을 즐길 수 있도록 가이드를 해주는 관광 상품도 개발할 수 있다.

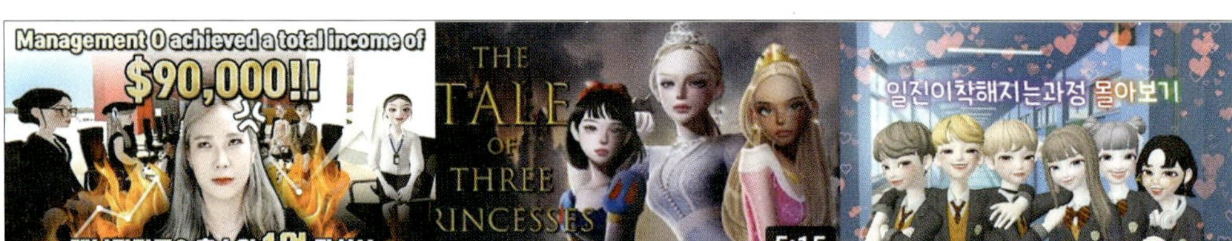

[그림9] (좌, 중)렌지의 '매니지먼트O'와 제페토 드라마(출처 : 렌지 유튜브).
(우)제페토 드라마(출처 : 이호 유튜브)

CJ ENM의 1인 창업자 지원사업 다이아TV는 제페토와 제휴를 맺고 유튜버의 제페토 진출과 제페토 내의 인플루언서들의 유튜브 진출에 대한 상호협력을 추진 중이다.

2D 시대의 크리에이터들은 SNS 플랫폼들을 활용해 유튜버, 블로거, 인플루언서라는 직업을 만들어내며 남녀노소 관계없이 개인들의 기회의 장으로 수익을 일으켰다. 초등학생들의 장래 희망 중 하나가 유튜버 크리에이터이라고 한다. 유튜버가 되기 위한 온·오프라인의 교육 프로그램들도 많이 생기고 지금도 유튜브를 배우며 도전을 시작하는 사람들이 있다.

가상공간에서 아바타가 라이브커머스를 진행하고 아바타 용 가상의상과 메이크업, 헤어스타일을 큐레이션해서 토탈 코디네이트 해 판매하기도 한다. 이프랜드에서 실제 제품관련 영상을 보여주며 제품설명을 통해 생산과 소비의 선순환 경제활동을 만든다. 가상공간에서 구매하고 현실에서 배송을 받거나 현실에서 구매한 제품들이 가상공간 속 아바타에게 주어지는 일도 있을 것이다.

현실이든 가상공간이든 많은 구독자와 팔로워를 갖고 인지도가 있는 인플루언서 부캐 아바타들은 기존의 유튜버, 파워 블로거, 인플루언서들이 현실에서 수익을 번 것처럼 가상공간에서 경제활동을 하고 현실의 자신에게 경제적 수익을 벌어 줄 수 있다. SK텔레콤 이프랜드도 크리에이터들이 아바타 꾸미기, 공간 콘텐츠제작 등으로 판매를 통해 수익창출을 할 수 있도록 준비 중이고 유통, 엔터테인먼트, 제조 등 다양한 기업과 서비스가 이프랜드에서 사업을 할 수 있는 메타월드로 확장할 것이라고 한다.

2 메타버스 속 가상공간 건축도 수익이 된다

메타버스 건축가는 가상세계에서 아바타의 생활·소통·업무·문화 공간 맵(MAP)을 만든다. 유치원, 학교, 교실, 카페, 놀이공원, 영화관 등 현실 세계에 있는 모든 것과 그 이상의 것들도 존재할 수 있기에 다양한 가상공간을 만들 수 있다.

1) 게더타운

메타버스에는 공간을 설계하고 만드는 가상 건축가 빌더와 인테리어, 공간 디자이너가 있다. 거리두기로 인해 학교 행사가 어려워지자 학생들을 위한 순천향대학교 신입생 입학식이 SKT 점프 VR에서 진행됐다. 건국대학교 축제는 게더타운에 학교캠퍼스를 그대로 옮겨 놓고 학생들이 캠퍼스를 돌아다니며 게임도 즐기고 아바타를 통해 오랜만의 소통과 새로운 경험을 하게 했다. 1인칭 가상공간 갤러리, 가상공간 방 탈출게임, 다양한 종목으로 진행되는 e스포츠 대회, 각종 전시회 및 공연들이 진행 됐다.

메타버스가 기업의 일하는 방식을 완전히 바꿔놨고 직방은 롯데건설과 함께 가상공간에 디지털 오피스를 구현한 가상공간 메타폴리스로 직원들을 출근시켰다. 공간적 제약이 없으니 제주도 한 달 살기도 가능하고, 육아문제로 경단녀가 됐거나 장애가 있는 사람들에게도, 강남 주요지역에 엄청난 임대료나 고정비를 지출하던 기업들도 메타버스 진입을 긍정적으로 받아들이고 있다.

온라인 채용설명회와 신입사원 교육이 LG 디스플레이, 롯데건설, SKT, 넥슨, 삼성전자, 현대차 대기업과 기업들에 도입되고 있는데 메타버스 플랫폼 게더타운이 유용하게 활용되고 있다. 로블록스는 직원들이 가상공간에서 모여 놀이 플랫폼을 넘어 Working Together 워킹 플랫폼으로 진화한다고 했다.

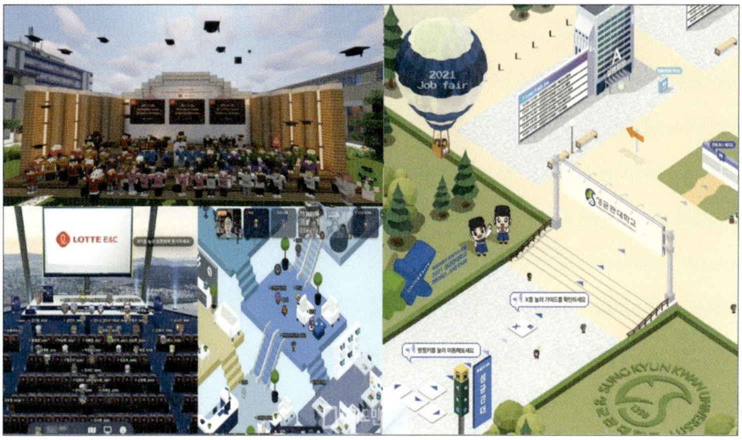

[그림10] (좌) 메타버스로 진행된 LG전자 사내 과정 수료식(출처 : Fast campus). 롯데건설, 메타버스 채용설명회(출처 : 뉴데일리경제). 경기도의회 도의원 및 의회사무처 직원 대상 메타버스 강의(출처 : 경기도민일보). (우)성균관대학교 메타버스 게더타운 채용설명회(출처 : 연합뉴스).

미국 실리콘밸리에 있는 회사가 개발한 게더타운은 25명 이하는 무료사용이 가능하고 동시 접속자 500명까지 사용자당 3달러(일), 7달러(월) 유료서비스로 사용할 수 있다. 아바타끼리 가까이 다가가게 되면 서로의 얼굴을 보며 화상채팅을 할 수 있다. 거리가 멀어지면 영상이나 소리가 끊어지게 되는 기능들이 있어서 함께 하는 것 같은 실재감과 현장감이 있다는 장점이 있다.

오프라인 사무실과 캠퍼스를 게임, 자료나 영상도 함께 공유하면서 업무, 비대면 교육, 각종 행사나 이벤트, 세미나 등 진행할 수 있게 구현한 플랫폼이다. 국민·신한·우리·하나은행 등 금융권도 게더타운이나 제페토, VR, AR, AI를 활용해 가상 금융체험관을 구축하는 등 고객과의 소통, 상담 창구로 활용할 계획이다.

게더타운 내 맵 메이커의 다양한 기능들로 가상공간을 원하는 형태의 공간으로 기획하고 구현해 낼 수 있는데 전문적인 기술과 지식이 많지 않아도 기능을 배우면 개인들도 공간을 꾸밀 수 있다. 최근 게더타운이 활용되고 있는 기사들로 인해 기업과 기관, 학교 등 교육기관에서 메타버스 환경을 구축하려는 곳이 많아지고 있고 의뢰할 곳과 개발자들을 찾고 있다. 교내 캠퍼스나 관공서처럼 규모가 좀 큰 경우에 직접 만들어 사용하기는 쉽지 않다. 공간 설계 감각이나 디자인적 감각이 있다면 프로젝트를 맡아 제작해 제공함으로써 수익을 만드는 도구가 될 수 있다.

현재는 홈 오피스에 최적화돼 있고 OX퀴즈 기능이나 방 탈출게임 등을 연결해서 재미요소를 줄 수 있다. 다른 웹과의 연동이 유연한 편이라 아이들을 가르치는 학원이나 행사진행의 서비스업, 기업, 재택근무가 가능한 업종의 소상공인에게 적용할 수 있는 방법을 구상해서 제작할 수 있다. 해외 유명대학이 큰 투자비용 없이 분교를 가상공간에 설립할 수도 있고 해외연수나 유학을 가지 않아도 글로벌 교육을 받을 수 있다.

힐링 게임으로 알려져 있고 미국 바이든 대통령 선거 활동으로 회자가 됐던 '모여봐요 동물의 숲'에서는 작년 봄 코로나19에 결혼식이 취소된 미국의 한 예비신랑이 결혼식 깜짝 이벤트를 해서 화제가 됐었다. 섬의 해변가에 부부의 이니셜을 새겨 넣고 미리 기다리고 있던 아바타 모습 친구들의 축하를 받으며 진행된 결혼식이 게임이다. 그러나 나름의 재미와 감동을 줬고 일본 웨딩패션 유미 카츠라가 '모여봐요 동물의 숲' 속 다양한 웨딩드레스 코드를 공개하기도 했었다.

얼마 전 기사화된 게더타운 결혼식은 오프라인 결혼식을 실시간 중계하면서 참석이 어려운 하객들이 멀리 지방이나 해외에 있어도 온라인으로 함께 참여할 수 있었다. 메타버스 안에서 아바타의 모습으로 결혼식 영상을 보며 소통하고 가까이 다가가서 오랜만에 서로 화면에 뜨는 얼굴을 보면서 인사도 나누고 축하 메시지 방명록도 남길 수 있게 했다. 곳곳에 미리 설치된 사진이나 영상을 클릭해서 볼 수도 있고 나눠진 공간을 활용해서 같은 공간에 있는 사람들하고만 대화를 나눌 수도 있었다.

다양한 콘셉트의 예식장과 피로연 장소를 게더타운 내에 멋진 정원이나 바닷가, 야경 좋은 루프탑을 맵에 만들고 게임진행으로 재미도 줄 수 있다. 사진이나 영상들을 파티, 축제와 같은 분위기로 꾸민 메타버스 예식장을 운영할 수 있다. 결혼식 외에도 돌잔치, 모임, 강연회, 세미나, 공연, 전시, 축제 등 각종 행사를 할 수 있는 공간을 구축해서 대여해주는 웨딩플래너 이벤트 컨설팅, 사회, 진행하는 일도 할 수 있다. 기술적으로 이프랜드, 줌 등의 다른 플랫폼과 함께 연결해서 진행하는 방법을 만들면 독특한 콘텐츠가 될 수 있다.

[그림11] (좌)'모여봐요 동물의 숲' 결혼식 모습(출처 : reddit ashmush).
(중)'모여봐요 동물의 숲' 속 유미 카츠라의 웨딩드레스 게더타운에 구현된 예식장(출처 : 경기일보).
(우)메타버스 결혼식 결정 과정과 기획 과정 by 글쓰는개미핥기(출처 : brunch)

2) 제페토 빌드잇

제페토에는 '월드'라는 공간이 있고 공간을 활용하는 방법은 2가지가 있다. 명품 브랜드나 기업들처럼 제페토와 협업해서 제페토 내에 제공된 공식 맵에 입점해서 홍보와 마케팅을 할 수 있다. 또한 제페토 빌드잇을 통해 크리에이터 맵 공간을 자신이 원하는 대로 직접 설계하고 만들 수 있다.

지난 3월 구찌는 제페토와의 협업으로 제페토 내에 이탈리아 피랜체를 배경으로 3D 맵 구찌 빌라를 만들었다. 아름다운 정원의 유럽풍 건축물들 감상하고 거닐며 세계 각국의 이용자들과 만나고 소통하는 명소로 포토존의 역할도 한다. 현실에서 쉽게 구매하지 못하는 고가의 의류, 액세서리, 신발, 가방 등의 패션 아이템을 아바타가 입어보고 구매할 수 있게 했다.

명품을 비롯한 브랜드들이 메타버스 가상공간에 진입해서 일으키는 가상 아이템들의 매출이 확대될 수 있다. 미래 고객이 될 수 있는 플랫폼 이용자들이 편하게 찾아올 수 있는 공간을 만들어서 브랜드를 각인시키는 홍보 마케팅 효과를 줄 수도 있다. 가상공간에서의 매출이 현실로도 연결되게 하려는 전략이다.

베인앤컴퍼니에 따르면 지난해 글로벌 온라인 명품 판매액은 580억 달러(약 64조 원)로 전년(390억 달러)보다 50% 가까이 늘었으며 오는 2025년까지는 시장규모가 1,056억 달러(약 116조 원)까지 성장할 것으로 전망하고 있다.

제페토와 제휴한 BGF 리테일이 가상공간 한강공원 Map에 'CU 제페토 한강 점'을 열었고 매장 안에 즉석조리라면 기기와 삼각 김밥, 핫바, 스낵 등의 상품들이 진열돼 있다. 루프 탑에는 한강을 보면서 커피를 마실 수 있도록 커피머신과 의자도 준비돼 있다. CU 상품을 주문하고 즉석조리라면도 먹을 수 있는데 가상공간에서 물건을 구매하면 현실 세계에서 받아볼 수 있는 시스템을 적용했다. 지하철 맵과 교실 맵에도 곧 입점 계획이 있어 가상과 현실의 융·복합으로 경제활동이 이뤄질 것이다.

유통기업들의 메타버스 진출은 아이템을 팔아 수익을 창출하는 것만이 아닌, 미래 주요 고객이 될 MZ 세대와의 접점을 넓히기 위해서이다. 메타버스 내에서의 경험 제공과 가상현실에서의 만남이 추후 현실에서 제품을 선택하는 데 영향을 미칠 것이라는 기대다.

국내방송사 최초로 아리랑TV도 제페토와 이프랜드에 가상 방송국 아리랑 타운을 오픈했는데 대표 프로그램들의 실제 방송환경과 비슷하게 구현했다. 뉴스 회의실, 분장실, 촬영장 등 다양한 시설을 견학할 수 있게 했다. 지정 장소에서 인증사진을 촬영해 제페토 피드에 올리면 추첨을 통해 아바타 코스튬과 '아리랑타운 굿즈'를 지급하는 행사도 진행했다.

서울의 대학도서관 최초로 한성대학교 학술정보관의 모습을 구현한 '한성 북니버스(Book-niverse)도 제페토 내에 열었다. 상상 독서 전시 코너에서는 대학의 주요 독서 프로그램을 확인할 수 있다. 가상 포스터에 제공된 QR코드를 통해 전자책과 오디오북 열람으로 이동도 한다. 도서관 투어도 할 수 있는데 보물찾기, 도서관 대탈출, JUMP UP, 상상 독서 인증 샷, QUIZ! QUIZ! 등의 게임 공간도 마련돼 있다. 많은 참여를 위해서 기프티콘, 문화상품권, 학교 홍보기념품을 제공하는 오픈 이벤트도 있다.

글로벌 이용자가 2억 명 이상인 플랫폼에서 가상 건축가로서 공간 인테리어 디자이너로서 원하는 가상공간을 구현할 수 있다. 과거에 개인, 기업이나 소상공인에게 인터넷 홈페이지를 제작해주고 비용을 받았던 것처럼 제페토에서 월드를 만들고자 하는 사람들에게 맵을 구축해 제공해주고 수익을 만드는 일을 할 수 있다.

제페토에서 제공하는 제페토 빌드잇이라는 제작 툴을 사용해서 맵 위에 월드를 만드는 가상 건축가와 공간 디자이너는 이용자의 '경험'을 함께 기획하고 설계해주는 일이다. 하지만 건축을 전공했거나 특별한 기술을 갖고 있지 않아도 상상력과 아이디어가 있으면 누구나 가능하다. 공간 설계 감각을 갖고 놀이, 휴식, 매장, 쇼룸, 교육, 업무, 행사, 이벤트, 공연, 전시, 홍보, 광고마케팅 등 용도가 어떤 것인지에 따라 이용자와 고객, 기업이 의도하는 바를 목적과 콘셉트에 맞게 건축공간에 충분히 구현할 수 있으면 된다.

현실에서 운영하는 매장이나 학원, 카페, 힐링 센터, 빌딩, 전원주택, 운동장, 공원, 놀이동산 등의 규모와 형태의 공간들을 그대로 구현할 수도 있다. 원하는 모든 것을 메타버스 세상에 새롭고 자유롭게 상상력으로 3D 가상공간에 만들어 낼 수 있다.

지형이나 하늘 환경도 만들고 게임요소를 부가하거나 시간과 공간을 초월해서 맵을 만들 수 있다. 옥외 영상광고를 하거나 PPL형 광고를 구성해서 자연스럽게 자신의 브랜드나 제품이 홍보될 수 있도록 하고 이용자들에게 간접체험을 유도할 수 있다. 완성된 맵은 1~2주 정도 소요되는 일정 기준의 심사를 통과하게 되면 직접 만든 앱을 다른 사람들과 공유할 수 있다.

오브젝트 개수가 20개 이하이거나 무단으로 허락 없이 타인의 제작물을 사용하는 경우 또는 영화나 게임, 다른 콘텐츠의 브랜드 등을 포함한 경우는 심사를 통과하지 못할 수도 있다. 따라서 특정 기업이나 지역, 단체 등을 홍보하기 위해서 맵을 제작할 때 미리 고객센터에 사전 문의한 뒤에 심사를 신청해야 한다. 상표권 침해 및 상업 활동 등의 사유로 맵 심사가 반려될 수 있기 때문이다.

완성된 월드에서는 아직 직접적인 수익을 만들어 낼 수 있는 시스템은 아니다. 하지만 제페토와 제휴한 대형 브랜드들처럼 메타버스 내에 매장이나 쇼룸 개념으로 장기적인 수익이나 마케팅적인 관점으로 꾸준히 관심을 가져야 한다. 월드를 통해 메타버스 아이템과 현실의 상품들을 연결해서 전시·홍보 판매수익을 높이는 시스템을 만들도록 설계하는 게 필요하다.

[그림12] 제페토에서 쏘나타를 구현한 현대자동차, 구찌 랄프로렌의 제페토 내에서의 브랜드 매장, 쇼룸, 전시홍보, 무대에서의 아이돌 그룹 이벤트 공연 모습(출처 : 제페토)

제페토 이용자들에는 글로벌 MZ 세대들이 다수이고 글로벌 홍보, 마케팅으로 활용할 수 있어서 빌드잇이 중요하고 초기에 맵을 만들고 알리는 것은 좋은 효과를 가져 올 수 있다. 제페토 빌드잇으로 가상 건축가, 인테리어, 공간 디자이너, 1인 사업가로 새로운 일에 도전하고 수익을 만들어 보자.

3) 디센트럴랜드

디센트럴랜드도 제페토처럼 일상에서 많이 쓰는 아이템 툴이 셋팅 된 공식 빌더가 제공돼서 비교적 쉽게 아이템 제작 및 건축을 할 수 있고 판매도 할 수 있다. Collection's 라는 항목에서 웨어러블 항목을 업로드하고 아바타의 웨어러블을 모델링하고 가격을 설정한다. 그러면 큐레이션 위원회 DAO의 투표로 결정되는데 에디터에서 웨어러블 항목을 게시·출판하기 위해 약간의 비용이 발생한다. DAO에서 결정된 수수료는 DAO로 보내져 보조금 및 커뮤니티 이니셔티브에 자금을 지원한다. 완성된 아이템은 NFT 토큰을 발행해 판매하거나 친구에게 공유할 수도 있다.

빌더의 기본적인 툴이 다양하게 제공돼서 원하는 콘셉트의 건축물을 쉽게 만들 수 있다. 외부 전문 커스텀 3D, CAD 파일 연동 지원이 가능한 툴도 불러와서 더 정밀하고 독특하고 화려한 건물들을 구축할 수 있다. 링크나 영상이 출력되는 작업을 위해서는 어느 정도 컴퓨터 전문지식이 필요하고 완성된 건물은 랜드 위에 업로드돼 구현된다.

디지털 콘텐츠들의 전시회를 열 수도 있고 건축물에 광고판을 달아 수입을 얻거나 자사제품을 홍보하기 위한 홍보관을 운영할 수 있다. 직접 제작하기 어렵고 더 정교하게 잘 만들어진 건물 패키지나 게임 패키지를 원하는 사람들을 위해 완성 패키지를 제작해서 판매하는 일을 하거나 인테리어 업체가 될 수도 있다.

가상공간의 건축설계를 위해 소규모의 구성원이 함께 팀을 이뤄 만들 수도 있고 전문 컨설턴트와 프로젝트 기획자, 가상 설계건축가, 디자이너, 홍보, 영업으로 팀을 이뤄 대행 업무를 전문화할 수도 있다.

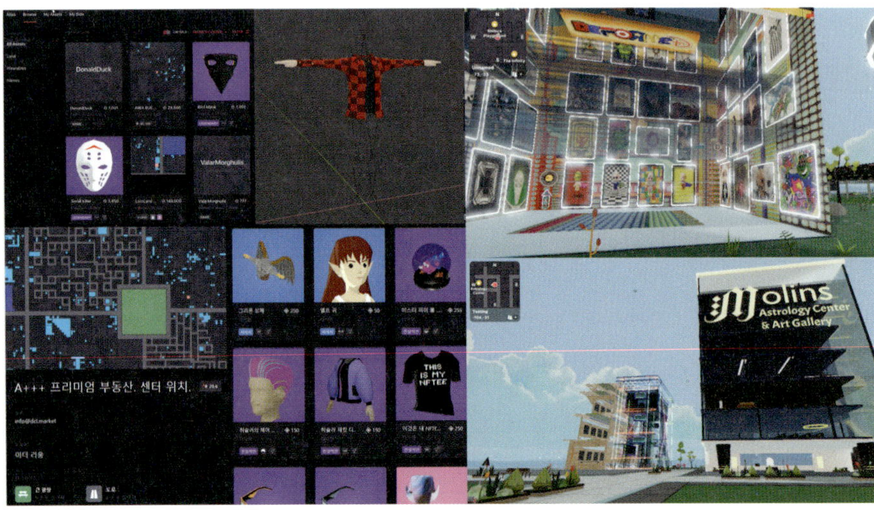

[그림13] 디센트럴랜드의 마켓, 가상 토지 구획도, 빌드와 아이템 제작을 위한 툴, NFT 갤러리와 구역 건축모습(출처 : 디센트럴랜드)

4) 더 샌드박스

샌드박스도 이용자가 직접 게임에 제공된 복스에딧으로 아이템과 캐릭터를 제작해서 이더리움 코인발행 표준인 ERC-721과 ERC-1155를 통해 NFT로 발행한다. 샌드박스의 발행 토큰인 '샌드(SAND)'를 사용해 마켓플레이스에서 판매 및 거래를 할 수 있다. 게임메이커가 있어서 누구나 쉽게 게임도 만들 수 있다. 게임과 놀이의 경계가 모호해지며 경제활동이 가능해졌다.

[그림14] 더 샌드박스에도 크리에이터로서 아이템 제작과 건축이 가능한 토지가 나눠져 있다.(출처 : 더 샌드 박스)

샌드박스에도 디센트럴랜드처럼 다양한 건축물들을 구현할 수 있고 미술전시관, 클럽, 카지노, 웨딩, 패션쇼, 미술관, 테마파크, 콘서트 등의 다양한 이벤트가 열리고 있다. 샌드박스 내에도 직업군이 존재하는데 창작, 플레이, 탐험, 커뮤니티 등으로 분류가 된다. 가상 건축가, 인테리어, 공간 디자이너, 패션 디자이너, 큐레이터, 투어 가이드, 이벤트 플래너, 이벤트 관리자, 요가 코치, 아바타 관리자, 랜드 관리자, 가상 부동산 중개인, NFT 중개인 등 다양한 가상세계의 직업이 수익 창출을 일으키는 현실 세계의 직업이 될 수 있다.

3 가상공간 부동산 재테크도 메타버스에서

1) 구글어스2

'구글어스2'는 글로벌 가상 부동산 거래 사이트로 구글의 3차원 지도를 기반으로 만든 디지털로 지구를 그대로 복재해서 만든 가상의 지구이다. 전체를 10m×10m 크기로 나눈 세계 각지의 토지를 현금으로(달러) 거래할 수 있게 만든 가상 부동산 토지 거래 플랫폼이다.

지역이나 국경 상관없이 글로벌 가상공간 어디든지 소유권을 취득하고, 건물을 올리고, 건물에 광고를 걸어 수익을 창출할 수도 있다. 도로를 내서 통행료를 받는 가상의 도시를 만들 수도 있다. 현실에서는 어렵지만 부루마불 게임이나 모노폴리(MONOPOLY) 게임처럼 꿈꾸던 세계 여러 곳의 토지소유주, 건물주가 될 수 있다.

구글어스2에서 세계 땅값은 작년 말 서비스 시작 당시 100㎡당 0.1달러로 똑같이 시작했으나 미국의 평균가격은 60달러(약 6만 9,900원), 한국의 평균 가격은 33달러(약 4만 8,200원) 정도로 600배까지 올랐다. 세계적인 명소나 유적지들은 수천 배까지 오르며 빠르게 거래되고 있는데 미국의 백악관은 2020년 11월에 중국 국적의 한 이용자가 53달러(약 6만 1,800원)에 구매했고 10개월이 지난 현재 3만 2,266달러 (약 3,765만 원)으로 60,897%의 수익률을 보이고 있다.

거래된 땅엔 매수자 국적의 깃발이 보이는데 대한민국 청와대와 경복궁은 중국인이 구매했고, 독도 일부에는 일장기가 표기돼 있어 가상공간이라곤 해도 속이 터진다. 강남과 광화문 주요지역을 비롯해 국적에 관계없이 땅이 거래되고 있고 각국의 깃발로 채워지면서 가격대가 오르고 있다.

구글어스2의 국가별 투자순위를 보면 국적을 밝히지 않은 집단을 제외하면 한국이 투자순위 1위이다. 시간이 지나면서 게임요소 같은 새로운 내용이 적용되고 있는데 보유한 땅에서 원석 사파이어 같은 자원이 확률적으로 생기기도 하고 개발계획이 생기기도 한다. 앞으로 이용자가 늘어나게 되면 건물에 광고를 붙일 수 있고 마트나 쇼핑몰이 생기고 그곳에서 아바타를 위한 쇼핑을 할 수 있다. 현실 세계와 같은 일들이 디지털 트윈에도 생기는 것이다.

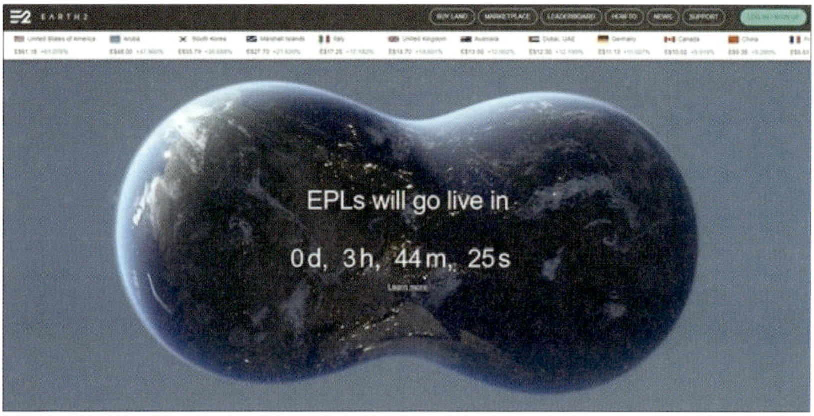

[그림15] 지구의 모습을 그대로 재현해 놓은 디지털 트윈 지구(출처 : 구글어스2)

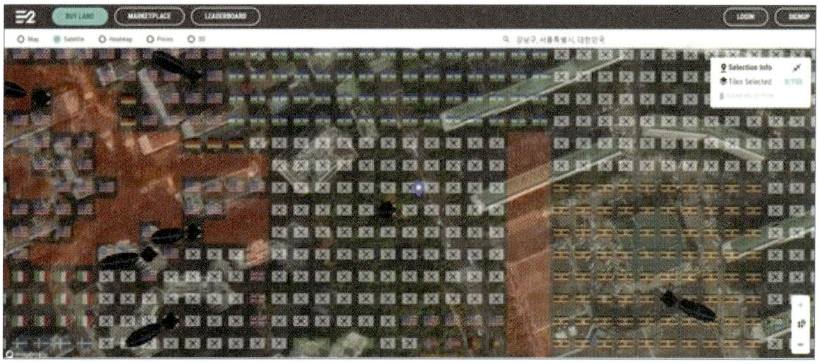

[그림16] 가상 부동산 플랫폼 '구글어스2' 속 한국 강남구의 모습을 구현 이용자의 국기가 노출된다.(출처 : 뉴스1)

2) 디센트럴랜드

메타버스 세계를 아바타를 통해 탐험하고 직접 자신의 공간을 만들어 가는 디센트럴랜드는 게임 내에 정해진 가상공간을 9만 개로 나눈다. 해당 구역의 토지 소유권을 NFT로 기록해 구매나 판매하고 거래 정보는 이더리움 스마트 콘트랙트에 저장되고 가상화폐 마나(MANA)를 주로 사용한다.

가상공간에 토지를 매입해서 소유지에 3D 콘텐츠나 상호작용 시스템을 제작해 구현할 수 있다. 건물을 올리고 건물 내에 NFT 작품을 전시하고 건물에 광고판을 달아 수입을 얻거나 건물을 임대하는 것도 가능하다. 하지만 디센트럴랜드에서는 아직 공식 임대기능은 지원하지 않고 있다. 비공식적인 외부 임대업체가 있는데 검증되지 않은 업체라 본인이 판단하고 위탁 여부를 선택해야 한다.

이용자들이 만든 디센트럴랜드 내 가상공간에서 각종 전시, 갤러리 이벤트, 수족관 미팅, 영화 시사회, 싱글 앨범 발매 라이브쇼, 마세라티 컬렉션, 디센트럴랜드 내 의사결정에 참여할 수 있는 DAO 시스템을 만들고 탈중앙화 된 DAO 커뮤니티 모임 등이 열리고 있다. 최근 언론이나 미디어의 주목을 많이 받으며 이용자가 꾸준히 늘어나고 있다. 기관들도 자신들의 브랜드를 개발해 나가고 있어서 랜드가 활발하게 개발되고 이용자들이 많이 생기면 임대기능도 지원될 것이다.

[그림17] 영국 런던 소더비갤러리와 디센트럴랜드 내의 메타버스 소더비갤러리, 말을 하며 학습하는 Robert Alice의 지능형 iNFT(출처 : 디센트럴랜드)

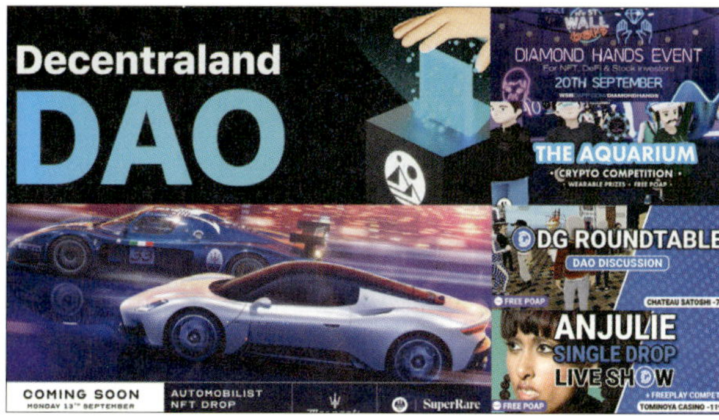

[그림18] 디센트럴랜드 이용자들의 참여와 투표로 운영되는
DAO와 랜드 내에 진행되는 이벤트들(출처 : 디센트럴랜드)

아이템을 구매하면서 사용된 마나는 소각되는 시스템으로 정해져 있는 발행량과 필요성, 희소성에 의해 가격이 상승하게 된다. NFT 정보 사이트인 논펀지블닷컴에 따르면 지난 한 달 동안 가장 비싸게 판매된 랜드는 39만 마나, 달러로는 27만 달러(약 3억 8,000만 원)의 가치로 인정받았고 이 외에도 다른 랜드는 수천만 원에서 수억 원대에 거래되고 있다.

디센트럴랜드에서 수익을 만드는 방법은 거래소에서 마나를 저렴할 때 샀다가 가격이 오르면 팔거나, 가상 토지를 구매했다가 현실에서의 부동산처럼 시세 차익이 생기면 팔거나, 토지에 건물을 구축해서 수익 모델화하는 것이다.

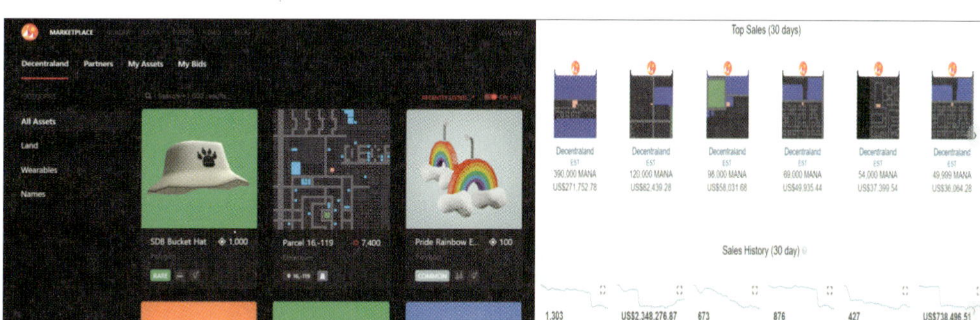

[그림19] (좌)디센트럴랜드에서 판매되고 있는 랜드와 제품들(출처 : 서울경제).
(우)30일간 가장 비싸게 판매된 디센트럴랜드의 랜드(출처 : 팍스넷뉴스)

3) 더 샌드박스

샌드박스에서도 가상의 토지(LAND)도 거래 및 대여를 할 수 있고 건축물을 올릴 수 있다. 랜드는 총 16만 6,464개로 한정된 희소성으로 정해져 있다. 게임수요가 늘어나고 게임 속 창작물이 자주 거래될수록 LAND와 NFT 가치가 함께 상승하는 구조이다. 샌드는 1월에 50원대에 거래됐었고 6월에 318원, 8월 4일 기준 690원에 거래됐으나 게임 한 달 이용자 수가 1,000명에 불과했다.

가수 스컬은 랜드 9개를 인수하고 레게 테마의 이벤트 공간을 구현해 정기적으로 메타버스에서 팬들과 만나 소통하고 가상콘서트, 팬 미팅 등 다양한 이벤트를 진행할 계획이라고 한다. 콜라보의 일환으로 한정판 스컬 NFT 아이템 및 상품들을 판매해서 수익을 내고 게임에 국한된 것이 아니라 다양한 문화를 경험할 수 있는 공간을 만들겠다고 했다. 콘텐츠에 따른 팬덤이 생긴다면 향후 랜드의 가치도 상승할 것이다.

지난 5월 제페토와 협약을 맺고 샌드박스 마켓 플레이스에서 NFT 970개를 발매했고 제페토에는 더 샌드박스 테마로 더 샌드박스에는 제페토의 테마로 한 메타버스가 구현될 예정이다. 스머프, 유명 게임회사 아타리, 크립토키티 등 유명 NFT 프로젝트와 협약을 맺었고 주변으로는 랜드 가격이 오르고 있다. 내년 게임의 완성도를 높여 게임 정식버전 출시로 더 샌드박스도 이용자가 늘어날 것으로 전망하고 있다.

뽀로로의 애니메이션 제작사 아이코닉스도 더 샌드박스와 NFT 파트너십을 발표하고 뽀로로 캐릭터 NFT를 1개만 발행해서 오픈씨(OpenSea)에서 경매예정인데 뽀로로를 활용한 콘텐츠와 자신만의 게임을 만들 수 있다. 아이코닉스는 랜드를 인수해서 뽀로로 테마파크와 더 샌드박스 스튜디오 협력사인 팩브로스에서 개발한 롤플레잉 게임을 랜드에 선보이고 뽀로로와 친구들의 IP가 사용될 예정이다.

홍콩 신문사 SCMP와 전략적 제휴로 크리에이터들과 콜라보 해 샌드박스의 가상 부동산인 LAND NFT를 기반으로 홍콩과 중국 본토의 다양한 근대 사적지와 유물을 게임화 해서 볼 수 있게 된다. 메타버스를 위한 과거의 홍콩을 구현해 문화적 콘텐츠 경험과 관광 체험을 제공할 예정이다.

[그림20] 더 샌드박스와 협약 제휴된 제페토, 뽀로로, 스머프, SCMP, 아타리 등 기업들
(출처 : 더 샌드박스)

이 외에도 가상공간에서의 토지를 거래하는 플랫폼들이 다양한 콘텐츠를 갖고 계속 생겨나고 있다. 메타버스 세상이 본격화되는 초기에 투자하고 시간이 지나서 플랫폼 이용자가 늘어나고 차익이 생기게 되면 소액으로 수익을 만들 수 있다. 하지만 사람들의 투자심리를 이용한 말에 현혹되거나 맹목적인 투기 목적은 리스크가 있을 수 있다.

메타버스 부동산 플랫폼으로써의 인지도와 이용자가 많은 믿을만한 플랫폼을 잘 선택해야 한다. 아직 정확하게 투자자들의 소유권을 언제까지 인정해 줄지에 관한 조항이나 약관이 없는 리스크도 존재할 수 있는 것을 염두에 둬야 한다. 어떤 투자이든지 여러 가지 조건과 환경과 본인의 투자성향에 따라 수익을 내는 사람도 있고 손실을 보는 사람도 있다. 적정한 자신의 원칙을 갖고 알아보고 판단해야 하고 메타버스 세상에 일어날 일들을 예측해보면서 상황에 맞는 투자개념으로 접근해야 한다.

4 예술품 재테크, 디지털 자산 NFT로!

메타버스에서도 유형, 무형의 자산에는 거래기록과 소유권임을 증명해줄 수 있는 등기부등본 기능의 'NFT(대체 불가능한 토큰)'가 있다. 누구나 온라인에서 공유되고 있는 명화나 작품들은 쉽게 볼 수 있어도 박물관에 있는 그림이 진품인 것처럼 디지털 세계에서도 진품인 걸 증명해서 유일성의 가치를 인정받을 수 있고 디지털 창작자들에게는 새로운 기회가 될 수 있다.

세계적인 크리스티 경매소에서 2020년 10월에 약 7,500만 원이었던 디지털 아티스트 비플 (Beeple)의 작품이 2021년 2월에 약 74억 원에 낙찰됐다. 일론 머스크 아내이자 가수인 그라임스의 디지털 그림은 65억 원에 낙찰됐다. 트위터 창업자 잭 도시는 밸류어블스 라는 플랫폼에서 2006년 3월 21에 작성한 첫 트윗 글 'just setting up my twttr'(지금 막 내 트위터를 설정했음)을 올려 약 27억 7,000만 원에 낙찰됐다. 얼마 전에 배우 하정우의 그림이 카카오에서 첫 디지털 작품으로 5,710만 원에 팔렸는데 애니메이션과 음향효과를 활용했다.

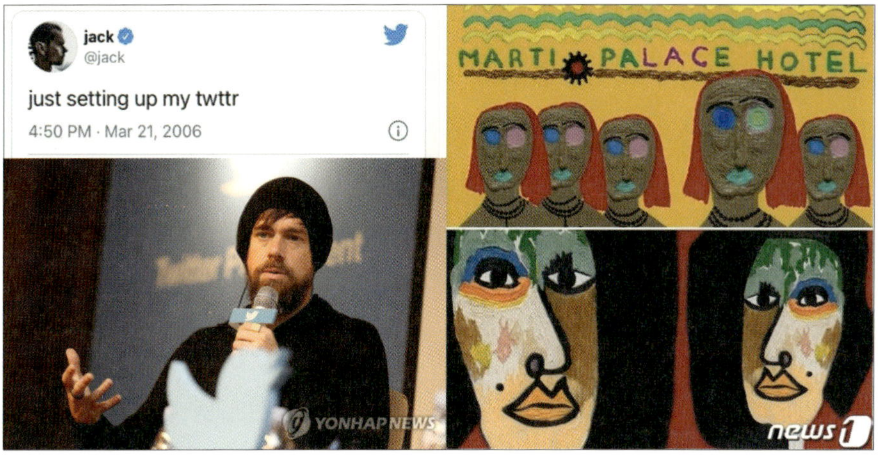

[그림21] (좌)약 27억 7,000만 원에 낙찰된 트위터 최고경영자 CEO 잭 도시의 첫 트위터글(출처 : 연합뉴스). (우)하정우의 디지털아트(출처 : 뉴스1)

디지털 자산의 거래를 위한 오픈씨(Opensea), 슈퍼레어(Superrare) 등 디지털 마켓 플랫폼들도 생겨나고 있고 관련된 대여, 컨설팅, 갤러리 서비스들이 연계되고 있다. 그림, 음원, 영상, 콘텐츠, 게임 아이템, 악보나 소설 등 작가들의 원본 작품들의 원작을 NFT로 고유한 인식 값을 적용하고 있다. 이로써 유한한 자산의 가치로 인정받게 되면 거대한 규모의 가상경제로 성장하고 재테크 방법이 될 수 있다.

디센트럴랜드와 제휴된 소더비(Sotheby's)는 런던의 소더비경매장의 모습을 그대로 옮겨놓은 듯한 메타버스 소더비경매장을 열고 각종 유명한 작품들을 전시해 놓았고 일반인들도 전시된 작품들을 관람할 수 있다.

작가나 예술가들에게 자산의 가치를 인정받고 무단복제를 방지해서 진품의 가치를 인정받을 수 있는 메타버스 세상으로의 기회가 생긴 것이다. KT와 경기도는 블록체인 기반의 공연예술 콘텐츠 플랫폼 사업을 추진해 예술인 공연단체와 공공기관을 대상으로 영상을 플랫폼에 등록한다. 그러면 자동으로 콘텐츠가 디지털 자산화되고 소유권 보호와 공연예술 가치를 높이고 예술인에게 수익을 배분할 수 있다.

NFT 디지털 자산을 재테크용으로 활용하면서 유명 작가나 예술가가 아니어도 누구나 자신만의 디지털 작품을 만들고 재생을 위해 라이선스를 필요하게 할 수도 있다. 무단복제를 방지할 수 있고 저작권 도용으로부터 예술가들을 검증하고 보호한다. 검증된 회원들 간 교류를 하면서 NFT 작품 수집가들에게 작품을 소개하고 구매를 결정할 수 있도록 홍보 대행하는 'NFT Korea'라는 플랫폼도 있다.

지난 8월 약 7억 원에 낙찰된 코카콜라의 NFT 컬렉션에서는 예전 코카콜라 배달원이 입었던 아바타용 로고점퍼와 1940년대 상품권, 코카콜라 뚜껑을 따서 마시는 소리 음원파일을 시각화한 작품들이 디지털 형태로 경매가 진행됐다. 새로운 브랜드에 대한 경험과 이에 참여할 수 있게 해주고 희소성으로 인한 자산적 가치도 얻게 됐다.

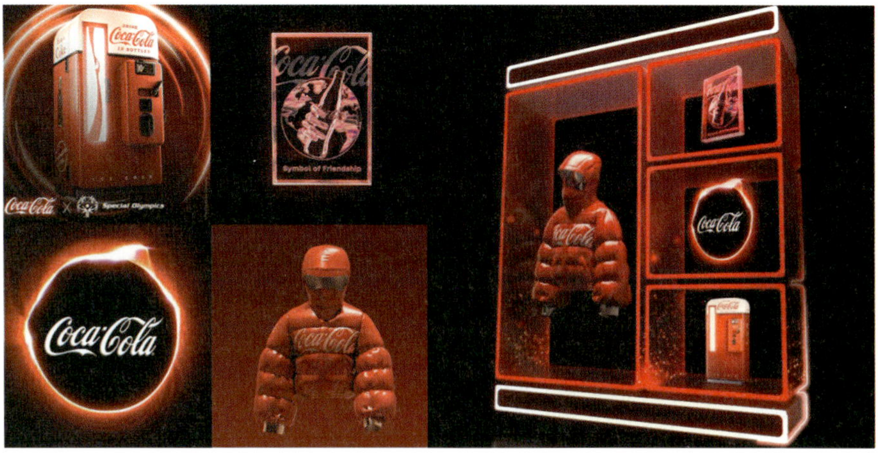

[그림22] 약 7억 원에 경매 낙찰된 코카콜라의 NFT(출처 : 코카콜라)

명품 브랜드 구찌는 지난 6월 크리스티 경매에서 창립 100주년을 맞이해 브랜드를 둘러싼 신화에 대한 해석과 비전을 담아 열렸던 '아리아 컬렉션'에서 영감을 얻은 4분 5초짜리 영상을 최초로 NFT로 출품했고 2만 5,000달러에 낙찰됐다.

[그림23] 구찌의 창립 100주년 기념 아리아 컬렉션 영상 NFT 장면 중 일부 캡처(출처 : GUCCI)

프랑스 명품 브랜드 루이비통은 창립자 루이비통 탄생 200주년을 기념한 창립자 이야기로 구성된 '루이 : 더 게임'을 공개했는데 게임 속 임무를 완수하면 NFT 형태의 수집 가능한 아이템을 받았다. 현실 세계에서 고가의 한정판으로 나왔던 루이비통의 마스코트이고 부캐 비비엔이 주인공으로 등장했다.

[그림24] 루이비통 마스코트 부캐 비비엔 NFT(출처 : 루이비통)

국내 시집 최초로 배수연 작가의 '쥐와 굴' 초판이 오픈씨(OpenSea)를 통해 해당 작품의 모든 페이지가 이미지 파일로 출품됐고 종이 인쇄본의 가격은 9,000원이지만 NFT 경매에서 약 900만 원에 낙찰됐다. 바둑 기사 이세돌 9단이 인공지능 알파고를 상대로 승리를 거뒀던 대국이 NFT로 나와 약 2억 5,000만 원에 낙찰됐다. RTFKT 스튜디오에서 설계한 NFT 축구화 'The X Evolutions'를 유명한 NFT 수집가 Whale Shark은 시가 1만 3,000달러가 넘는 가격에 샀다. 디지털자산거래소 트레저랜드(Treasureland)를 통해 RTFKT 스튜디오의 순금 가상 운동화 한 켤레는 최종 2만 8,000달러에 낙찰됐다.

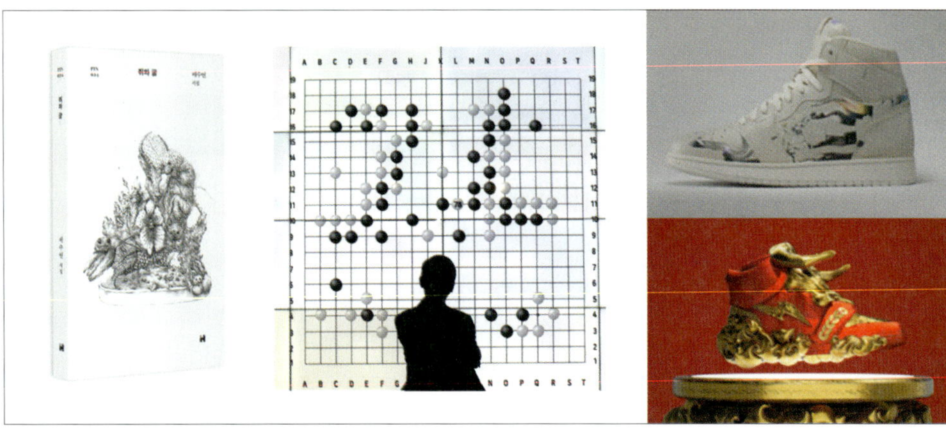

[그림25] (좌)배수연 작가의 시집 '쥐와 굴'.
(중)이세돌 9단이 알파고를 상대로 승리를 거뒀던 대국 NFT(출처 : HYPEBEAST).
(우)1만 3,000달러 운동화, 2만 8,000달러에 낙찰된 순금 가상 운동화(출처 : SHOENET.org)

NFT를 만들고 거래를 하는 다양한 플랫폼들이 있지만 쉽게 접근할 수 있는 플랫폼으로 'My Tems'가 있다. 전 국민이 거의 다 사용하는 카카오톡의 암호화폐 지갑인 '크립(KLIP)'을 이용하기 때문에 간단하고 비교적 쉽게 활용할 수 있다. 앱 사용은 인스타그램과 비슷하고 스토어 메뉴를 누르고 들어가면 마이 템즈에 등록돼 판매 중인 NFT들을 볼 수 있고 각각의 금액도 확인할 수 있다. 마음에 드는 게시물이 있으면 선택하고 들어가서 구매하기를 누르면 된다.

마이 템즈에 자신의 디지털 창작물을 만들어 NFT를 등록하고 싶으면 홈 화면 하단의 +버튼을 누르고 등록하고 싶은 파일을 선택한다. 그리고 제목과 설명을 써넣고 만들기 메뉴를 누르면 카카오톡 클립지갑으로 자동으로 들어가게 된다. NFT 발행은 원래 블록체인을 이용하기 때문에 수수료가 발생하는데 월 30회까지 무료로 이용할 수 있다. 다음 버튼을 눌러 비밀번호를 입력하면 NFT의 발행이 완료된 것이다.

NFT를 판매하고 싶다면 판매하기를 누르고 판매금액을 설정하고 나서 등록을 누르면 클립 지갑으로 넘어가고 비밀번호를 누르면 완료가 되는데 본인 계정이나 스토어에 들어가면 자신이 등록한 NFT 작품이 보인다. 판매가 됐을 시 판매금액의 0.5%는 수수료로 제하고 나한테 들어오게 된다.

카카오톡에 이미 형성돼 있는 암호화폐 지갑인 Klip과 암호화폐인 KLAY(코인거래소에서 구매할 수 있다.)를 활용해 간편하게 생성하고 거래할 수 있다. 또한 인스타그램과 같은 SNS 형식이라 편리하게 사용할 수 있다. 꾸준히 작품들을 올리고 소통하면서 팬 층이 형성되면 판매될 수도 있다. 다른 작품의 구매를 희망할 때는 작가의 아티스트로서의 평판 등을 확인하고 가치를 인정받을 수 있는 작품을 선택해야 나중에 차익을 얻을 수 있다.

5 여행, 메타버스 세상으로 떠나라

얼마 전 기업분할을 하면서 메타버스 기업으로 갈 것이라고 공표한 SKT의 메타버스 플랫폼 이프랜드와 줌(ZOOM), 엑스 캠퍼스(eX-campus)를 활용해 각국의 학생들을 상대로 '제1회 세계 성균관 한글백일장' 행사가 있었다. 이프랜드 밋에 있는 각종 콘셉트의 공간들은 대형 스크린을 통해 자료나 영상을 공유할 수 있는 기능이 있어 교육, 행사, 강의, 세미나, 공연, 전시 등의 용도로 활용되고 있다.

제한 인원이 131명(주최자 포함)이고 2시간 동안 한정적으로 사용할 수 있는데 비밀번호 코드를 입력하고 들어올 수 있도록 설정할 수도 있어서 소규모 유료강연, 교육, 세미나, 공연, 전시, 각종 축제, 이벤트 행사 등으로 수익을 만들 수 있다.

[그림26] (좌)제1회 세계 성균관 한글백일장(출처 : 성균관대학교). 오용환 만지도 섬장TV, 이송비 핑퐁복화술TV 공연(출처 : 각 유튜브캡처). (중)돌섬 메타버스 달빛 축제 포스터. (우)김지유 작가의 그림이 전시된 동그라미 드로잉 갤러리(출처 : 제페토). 이프랜드 한 장면(출처 : SKT). 아리랑TV(출처 : 아리랑TV)

유통, 제조업 관련 설명회 및 전시, 메타버스 연애 코칭, 뮤직토크 콘서트, 인디살롱, 마음 챙김 명상, 복화술 공연, 돌섬 메타버스 달빛 축제, 드로잉 갤러리 전시회,

시 낭송 프로그램, 전통문화 체험 등의 다양한 콘텐츠들도 진행 중이다. 전국적으로 매년 열리던 많은 축제들이 코로나 19의 장기화로 취소되거나 메타버스 형식의 비대면 축제로 전환되고 있다. 게더타운에서 진행되는 지역 축제들에서도 지역 특산물 전시, 홍보 및 주문, 배송이 이루어지고 있다. 메타버스 드라마, 불꽃놀이 행사 관람도 가능할 예정이다.

[그림27] 제페토 내에 있는 지역별 다양한 월드(출처 : 제페토)

메타버스에서 여행과 관련해서는 관광, 큐레이터, 여행가이드, 이벤트 진행, 사회자 등이 필요하다. 여행업 종사자들은 코로나19로 인해 큰 타격을 받아 어려움에서 벗어나기 힘든 상황을 겪고 있다. 그러나 이들이 메타버스와 만나면 메타버스 속 여행과 관련해 새로운 직업으로 부각될 수 있다. 이 또한 메타버스가 여행업과 관련해 새로운 트렌드로 떠오르고 있는 부분이다.

게더타운과 제페토는 빌드잇으로 월드를 만들고 그곳에 전시나 영상을 통해 홍보할 수 있고 교육이나 강의도 할 수 있다. 플랫폼의 성격을 알고 능숙하게 강연, 교육, 프로그램이나 설명회를 이끌어가는 사회자나 이벤트 진행자도 있어야 한다.

무한대로 펼쳐져 있는 가상공간에 엄청난 양의 여러 명소와 월드들이 만들어지면 넘쳐나는 정보를 다 받아들이고 모든 걸 다 경험하기는 어렵다. 박물관, 전시관의 큐레이터가 돼 설명도 해주고 우리나라를 비롯해 여러 명소, 각 지역의 여행을 기획하고 안내하는 메타버스 큐레이터와 가이드가 있어야 한다. AI 시스템이 제공되는 곳도 생겨나겠지만 나의 경험으로 동선을 구성해서 안내하고 AI와는 다르게 설명해주는 가이드도 능력에 따라 인기를 얻을 수 있다.

메타버스를 활용해 관광산업을 구축하려는 움직임이 많다. 코로나19의 장기화로 큰 타격을 입은 업종 중 하나가 관광·여행 산업이다. 한국 관광공사는 제페토에 한강공원을 테마로 가상공간을 구현했고 전 세계 700만 명 이상의 방문자가 다녀갔다. 경복궁, 롯데월드, 어린이대공원, 석촌호수, 전주한옥마을도 제페토와 제휴하고 비대면 시대 해외관광객을 메타버스 세상에서 유치하기 위한 노력으로 새로운 여행 트렌드를 확산시키고 있다.

짧은 시간에 수많은 월드들이 만들어지고 있는 제페토 전문 여행가이드가 필요하다. 현실의 여행가이드처럼 주제와 콘셉트를 갖고 여행 프로그램을 짜서 게임도 하고 쇼핑도 하고 아이돌 팬 싸인회와 콘서트, 공연도 관람할 수 있다. 시간과 공간을 초월한 제페토 내의 명소들과 브랜드 투어를 하는 프로그램은 K-POP의 종주국인 우리나라를 메타버스 가상현실 속 관광 1위국으로 만들어 줄 수 있는 새로운 시도가 될 것이다.

메타버스 컨벤션, 대규모 행사 등 코로나 이전부터 서울관광재단과 Salim이 협업했다. 3D 가상공간 서울을 만들어 놓고 주요 도시와 관광 명소를 화상회의와 VR을 통해 여행할 수 있도록 가상공간에서 브로셔를 제공하며 준비 해왔다. 서울시가 발표한 '2021 서울관광 재도약 종합계획'에는 AR, VR 등을 활용해서 돈의문, 한양도성 등을 4D로 체험하는 프로그램을 제공했다. 북악산의 역사문화자원을 AR, VR 콘텐츠로 제작하고 있고 전국 각 지역 미술관, 메타버스 관련 기관들도 AI, XR 플랫폼 확산사업과 콘텐츠를 개발 중이다.

아일랜드 기업인 Immersive VR Education이 개발한 가상교육 및 소셜 미팅 플랫폼으로 소셜 이벤트, 회의 등 사용자의 필요에 맞게 광범위한 가상장소를 활용할 수 있는 ENGAGE도 있다. 가상공간에서의 비즈니스 모임, 콘퍼런스, 업무미팅, 수업진행, 친목모임, 조모임 등 다양한 모임이나 공연, 전시에도 활용되고 있다. 편집과 콘텐츠 제작은 물론 동영상 제작이 가능하고 가상공간 내 대형 스크린을 통해 자료나 영상을 공유할 수 있고 가상공간에 모여 소통도 가능하다.

미술관 프로그램, 퀴즈대회, 클럽파티 등 호스트의 안내에 따라 다양한 공간이동도 가능하며 현실과 같은 특수효과를 적용할 수도 있고 녹화와 재가공도 할 수 있다. 노트북이나 PC로 이용 가능한데 VR 디바이스를 착용하면 몰입감을 높이고 3D 펜을 이용해 객체나 빈 공간에 다양한 형태로 입체적 그림을 그리는 것도 가능한 XR 플랫폼이기도 하다. 360도 영상을 찍어 놓은 것에 아바타를 태우고 이동하며 가이드가 설명하는 실감형 랜선 여행으로도 활용할 수 있는데 VR 디바이스 확산에 따라 활용도가 더 높아질 것이다.

[그림28] 인게이지 플랫폼을 활용한 공연, 전시, 포럼, 교육
(출처 : ENGAGE, 유튜브 쇼글, etnews)

지난해 9월 아마존은 가상여행 서비스 아마존 익스플로러(Amazon Explore) 퍼블릭 베타서비스를 시작했다. 전 세계 각지 명소와 현지 요리교실 온라인체험, 아르헨티나 와인시음 가상투어, 지역매장과 시장을 방문하는 투어는 현지 모습을 마치 현장에 있는 것처럼 라이브로 보여준다. 그리고 가이드와 1 : 1 대화도 하면서 마음에 드는 제품을 선택하면 배송을 해주기도 하는 유료서비스이다.

6 엔터테인먼트 사 메타버스로 점프 업

메타버스를 대표할 엔터테인먼트 플랫폼을 목표로 하고 있는 포트나이트의 경우 자신이 만든 맵에 이용자들이 들어와서 즐기면 방문 이용자 수의 일정 비율을 현금으로 정산해 준다. 포트나이트 파티 로열에서 거인의 모습 아바타로 나타나 진행된 래퍼 트레비스 스캇의 가상 콘서트 동시 접속 자는 1,230만 명, 누적 관람자 수는 약 2,770만 명에 달하고 총 1억 6,000 조회 수를 달성했다. 총 45분 공연으로 2,000만 달러(한화 약 220억 원)의 수익을 올렸는데 1분당 약 5억 원을 번 셈이다. 스캇이 신고 있던 '에어 조던' 나이키 운동화 브랜드의 노출효과는 51만 8,000달러(약 6억 원)로 닐슨 스포츠가 분석했다.

이것이 바로 코로나19로 오히려 성장세인 엔터테인먼트 사들이 메타버스 플랫폼에 투자하며 진입하는 이유이기도 하다. 이용자들과 뮤지션의 팬 층을 활용한 게임으로 공연과 이벤트를 함께 즐기고 아이템 판매, 광고, 유료공연 등으로 오프라인 콘서트에서는 불가능한 인원의 글로벌 참여를 유도할 수 있다.

엔터테인먼트 산업을 메타버스에 적용함으로써 기존의 팬덤 기반의 소비자를 확보하고 몰입도를 갖고 한 공간에서 체험할 수 있게 해준다. 거인으로 등장한 스캇의 공연에서는 거인 가수의 움직임에 따라 아바타들이 방방 뛰게 되는 울림의 경험을 주기도하고 행성 안으로 빨려 들어가는 듯한 기분이 들도록 연출했다.

전 세계적인 아이돌 그룹 BTS의 성공은 SNS 플랫폼을 성공적으로 활용한 경우이기도 한데 역시 메타버스 플랫폼 포트나이트를 통해 최초로 다이나마이트의 안무 뮤직비디오를 가상공간에서 공개했다. 아바타들이 댄스 아이템을 바로 구매해서 다양한 모습으로 함께 춤을 추며 즐기는 광경이 연출 됐는데 한정된 현실 공연장에서는 한자리에 모일 수 없는 엄청난 인원이 참여하게 했고 입장료 수익 500억 원을 벌었다.

[그림29] (좌)포트나이트 래퍼 트레비스 스캇 콘서트에서 스캇의 아바타가 착용한 '에어 조던' 나이키 운동화(출처 : 유튜브 캡처).
(우)포트나이트 BTS 다이나마이트 안무 최초 공연(출처 : 유튜브 캡처)

얼마 전 아리아나 그란데의 모습을 그대로 가상의 캐릭터로 재생시킨 포트나이트에서의 콘서트에도 수백만의 이용자들이 각자의 아바타로 접속해 아리아나 그란데를 따라 가상세계를 누비며 공연을 즐겼다. 게임에 접속하면 무료로 게임을 즐길 수 있고 유료 아이템을 구매해 옷과 장신구를 착용하거나 노래에 맞춰 함께 아바타를 통해 춤을 추고 아리아나 그란데 스킨과 게임 내 퀘스트를 통과하면 받을 수 있는 아이템도 제공되는 등 다양한 콘텐츠가 제공됐다.

가수 선미는 제페토 콘서트를 무대로 VR, AR, XR 기술을 활용한 '아웃 나우 언리미티드' 컴백 쇼를 진행했다. 제페토 내에 타이틀곡 BGM을 배경음악으로 포인트 안무를 그대로 따라 할 수 있는 포토부스가 제공되고 아이템도 출시했다.

[그림30] (좌)아리아나 그란데 포트나이트 공연 포스터(출처 : 매거진 brunch).
(중)선미 제페토 내 맵 오픈 포스터(출처 : 매거진 brunch).
(우)제페토 내에 있는 포토부스 SUNMI 캡처(출처 : 제페토)

어깨 부상으로 함께 공연무대에 서지 못한 BTS 멤버 슈가가 가상으로 한 무대 위에 등장해서 완전체로 선 효과를 보여준 공연무대는 시공간을 초월한 다양한 AR, XR 실감기술을 총동원하면서 메타버스에 대한 이해를 높여줬다. 지난 연말 인공지능(AI) 기술로 제작한 홀로그램으로 모습이 구현된 고 신해철 씨가 무대에서 후배 가수들과 함께 콜라보로 노래한 것도 화제였다. 이 외에도 가수 고 김현식, 거북이 리더 터틀맨(임성훈)의 영상도 재현됐다. 좋아하는 스타가 디지털 휴먼 방식으로 전화로 노래를 불러주고 모닝콜을 해주는 팬 서비스 수익모델에서 진화된 VR, AR, XR을 통한 서비스들도 기대가 된다.

[그림31] (좌)고 신해철의 무대 영상(출처 : 머니투데이), (우)BTS 슈가 가상 영상 유튜브 캡처

로블록스 내의 가상극장에서 2020년 세계보건기구를 지원하기 위한 콘서트와 미국 팝스타 아바 맥스, 힙합 뮤지션 릴 나스 엑스의 싱글 공개공연도 있었는데 총 조회 수가 약 3,300만 뷰에 달했다. 공연과 게임 가상공간에서 뮤지션과 팬이 함께 소통할 수 있는 이벤트에는 이용자들이 늘어남에 따라 수익을 만들 수 있다. 유명 아티스트들의 적극적인 팬덤 문화는 소셜미디어를 통해 팬들이 연예인들과 소통하며 콘텐츠와 굿즈를 제작하기도 하고 재공급하는 구조로 이뤄지기도 한다. 대형엔터테인먼트 메타버스 공연은 일반 공연의 형식도 바꾸게 할 것이다. 시공간을 초월하는 모두가 함께 참여자가 되는 콘텐츠를 만들어야 한다.

프로듀서로 활동 중인 김형석이 설립한 노느니특공대 엔터테인먼트의 메타버스 기반 사이버 밴드 '402호(사공이호)'는 음악, 아트, 패션 등의 요소와 '비주류, 레트로'란 키워드로 VR, AR, XR 기술을 접목시켰다. 또한 지적 재산권(IP)을 바탕으로 공연, 게임, 웹툰, 미디어아트 등의 유니크하고 창의적인 디지털 콘텐츠와 NFT 관련 사업을 추진 중이다.

증강현실, 혼합현실, 확장현실, 아바타, AI 애니메이션 가상 뮤지션까지 다양한 콘텐츠들로 변화하며 게임, 광고 결합 시너지를 예상하고 있다. 오프라인에서 가상의 가수공연을 하거나 메타버스 속 가상공간에서 아바타의 모습으로 공연을 하기도 한다. 가상과 현실을 넘나드는 새로운 K-POP 문화가 메타버스 세상으로 진입하고 있다.

[그림32] 증강혼합현실로 무대에 등장한 슈퍼쥬니어, 사이버밴드 402호 쑤니, 오리알씨, 이태원 팍, 애니메이션 이미지와 결합한 AI가수 아뽀키, 에스파 4명의 멤버와 각각의 아바타, 제페토 속 블랙핑크 아바타(출처 : bloter.net).

7 디지털 휴먼에 캐릭터 자아를 부여하면 돈이 되는 메타버스 세상

신한라이프의 경쾌한 댄스 광고로 주목을 받았던 모델이 사람이 아닌 3D 모델링 기술로 제작된 영원한 22세 가상인간이었다는 사실이 알려지면서 화제가 됐다. 가상인간 로지(오로지에서 나온 이름)는 실제 개성과 능력 있는 인플루언서처럼 SNS를 운영하면서 많은 팬덤을 만들고 있다. 광고 모델과 인플루언서로서 활약하면서

10억 이상의 매출을 만들고 있고 패션 브랜드 100곳 이상에서 광고 제의를 받았다고 한다.

버튜버(버츄얼 유튜버) 루이는 한국관광공사의 글로벌 SNS 기자단 명예 홍보대사로 위촉 되서 활동 중이고, LG전자가 만든 김래아(23세)는 CES '2021 미디어 발표회'에서는 3분간 프리젠테이션을 하기도 했다.

싱글 앨범을 발매한 미국의 릴 미켈라는 500만 명 이상의 SNS 팔로워가 있고 한 해 동안 132억 원의 수익을 냈다. 샤넬과 프라다의 모델을 하며 협찬을 받아 패션 디자이너로서 런칭한 브랜드에서 티셔츠와 양말을 직접 디자인하고 출시했는데 바로 매진이 됐었다. 하라주크에 팝스토어를 오픈하면서 공개된 일상에서 가구 브랜드 이케아를 홍보했던 일본의 인플루언서 이마는 팔로워가 33만 명 이상이고 한 해 수익이 7억 원에 달한다. 마이크로소프트도 인공지능 고민 상담사인 샤오아이스가 있다.

[그림33] 싸이더스 스튜디오 엑스의 가상인간 로지, 미국의 릴 미켈라,
버튜버 루이, LG전자의 김래아(출처 : 인스타그램)

싸이더스 스튜디오 엑스의 가상인간 로지, 미국의 릴미켈라, 버튜버 루이, LG전자의 김래아 이들은 인플루언서 활동으로 일상에서 사람이 생활하는 것처럼 기획하고 준비된 옷을 입고 신발을 신는다. 메이크업을 하고 마트에 가서 장을 보는 모습, 여행지나 호텔에서 수영복을 입고 선글라스를 끼고 휴가를 즐기는 모습. 책을 읽고 영화를 보는 등 SNS에 올린 모습들에서 연출되는 모든 것들이 자연스럽게 대중의 관심을 끌면서 간접 홍보로 이어진다.

메타버스 시대에 또 하나의 캐릭터이자 새로운 자아로 발전하고 급성장하고 있는 디지털 휴먼은 가상과 현실의 경계가 사라진다. 스캔들이나 사회평판에 대한 리스크가 전혀 없고 시공간의 제약을 받는 아이돌이나 연예인보다 관리도 수월하다. 비대면 시대 어디든 갈 수 있고 다양한 회사들과 한 번에 많은 콜라보도 가능하다. 영원히 지금의 나이와 외모, 이미지 변형이 없고 사람들에게 호기심과 관심도 받을 수 있다.

메타버스에서 활동할 자신을 닮은 모습의 아바타를 AI로 구현하고 얼굴 모션 캡처 기능을 활용해 쉽게 제작할 수 있는 기술과 장비들이 지속적으로 개발되고 있다. 에픽게임즈에서 '메타 휴먼 크리에이터' 무료 버전을 제공하면서 기존에 비용과 많은 시간이 걸리던 작업을 큰 비용을 들이지 않아도 가능하게 한다.

개인들도 쉽게 1시간 정도면 고품질의 디지털 메타 휴먼을 만들어서 게임엔진인 '언리얼'에서 사용이 가능하고 편집프로그램인 마야에서 편집해서 사용할 수도 있다. 스킨, 헤어, 의상 등을 적용하고 디테일한 표정이나 액션을 표현할 수 있어서 1인 기업가나 소상공인, 기업도 디지털 휴먼을 이용한 홍보, 광고마케팅으로 새롭게 브랜딩을 하고 수익을 증대시키는 효과를 볼 수 있다.

지금 하고 있는 일이나 하려고 하는 일을 메타버스로 연결하고 옮겨가기 위해 디지털 휴먼을 만들고 나이와 성격, 콘셉트와 스토리를 만들어서 캐릭터에 자아를 부여한다. 모델, 인플루언서로서 고객, 팬 층을 만들며 소통하고 활동할 수 있도록 한다. 가상공간이지만 실제 함께 살아가고 있는 것처럼 느끼게 해주고 메타버스 속 새로운 시장을 개척하고 넓혀 갈 수 있다. 비대면으로 줌이나 온라인 화상채팅이 늘면서 카메라에 비친 얼굴이 맘에 들지 않아 고민하는 사람들을 위한 디지털 성형외과가 생길수도 있다.

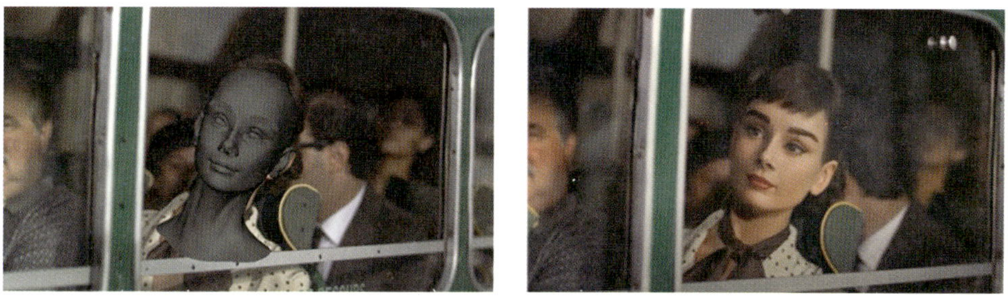

[그림34] 3차원 얼굴 모델링으로 이뤄진 오드리 헵번의 디지털 휴먼(사진 : Framestore. Audrey Hepburn™ © 2013 Sean Hepburn Ferrer and Luca Dotti)(출처 : AI타임즈)

[그림35] 2차원 정지된 회화를 3차원 공간으로 바꾸고 그 안에 디지털 휴먼 형태의 모나리자 캐릭터를 배치한 모습(출처 : 루브르 박물관)

8 메타버스와 커머스의 변화

온라인 시장이 강화되면서 대기업들이 아마존이나 쿠팡 같은 플랫폼의 유통채널 수수료를 줄이고 자사몰 개념으로 고객데이터를 확보하고 있다. 보유 데이터를 활용해서 차별화된 맞춤상품 경험 제공으로 직접 소통하며 충성고객을 만드는 D2C(Direct to Customer)로 전환하는 사례들이 늘고 있다. 아마존의 검색어 1위였고 고객의 데이터를 꾸준히 축적하면서 연구해 왔던 나이키가 아마존에서의 판매를 중단했고 코카콜라도 테스트 중이다.

우리나라는 한국야쿠르트의 프레딧, CJ제일제당의 CJ더마켓과 '마약베개'와 '악어발팩'으로 알려진 블랭크코퍼레이션과 무신사를 들 수 있다. 메타버스로 인해 글로벌 비즈니스의 기회가 수월해지고 있다. 장기적인 안목과 지속적인 성장을 위해 개인들도 아바타를 통해 쇼 호스트와 실시간 소통하는 메타버스 쇼핑 플랫폼을 구축하거나 라이브커머스 등 D2C를 준비해야 한다.

정부는 스마트 기술을 도입한 시범상가 74곳을 선정해 스마트 소상공인 육성에 나섰다. 전통시장 상가 안에 있는 '스마트 미러'는 평상시에는 현관 거울로 사용하다가 이용자가 가까이 다가갈 경우 고화질의 LCD로 변환 되서 날씨와 주요정보를 제공한다. 또한 옷을 직접 입어보지 않아도 자신의 몸에 비춰 보거나 머리 스타일을 비춰 보고 자신이 원하는 옷과 머리 스타일을 선택할 수도 있다.

디지털 세계의 시각적 경험과 더 나은 쇼핑경험의 제공을 위해 LED 월(Wall)을 활용한 최고 수준의 첨단 기술력과 독창적인 스토리텔링의 영화, 광고, 드라마, 예능, XR(확장현실) 공연, 라이브커머스 등 다양한 실감 콘텐츠를 위한 차세대 메타버스 제작 솔루션으로 주목받고 있는 버추얼 프로덕션, 버추얼 스튜디오들이 구축되고 있다.

[그림36] (좌상)XR 기술을 활용한 콘텐츠 영상 제작을 할 수 있는 가상공간 스튜디오들 공항을 실제처럼 구현(출처 : 브이에이코퍼레이션 스튜디오).
(좌하)(출처 : 비브스튜디오스). (중상) (출처 : 뉴시스). (중하)(출처 : 자이언트스텝).
(우상, 우하)(출처 : 브이에이코퍼레이션 스튜디오)

빅 테크 기업들이 VR, AR, XR의 큰 시장을 준비하며 출시하게 될 디바이스와 각종 웨어러블 제품의 영상들이 공개되고 있다. 영화에서 있는 상상 속의 일들이 현실이 될 세상이 영화만큼은 아니어도 곧 우리에게 다가올 미래이다. 스마트폰으로 하는 SNS, 교육, 콘텐츠들, 쇼핑 등 그 이상의 많은 것들이 새롭게 구현되고 제공될 디바이스들로 옮겨가면서 진정한 메타버스 속에서 살아가게 될 것이다.

메타버스 플랫폼으로 뜨고 있는 제페토, 이프랜드, 로블록스, 게더타운 그 외에 다양한 플랫폼들이 디바이스와 연계되면서 한층 업그레이드 된 아바타 걸 그룹 '에스파'와 같이 자신을 상상하고 동경하는 모습의 부캐로 살아가게 될 것이다. 가상현실의 화면, 물리적 공간의 제약 없이 발전하고 진화된 기술로 가상과 현실이 구분하기 어려운 현실보다 더 실감 나는 새로운 경험과 가치가 창조되는 세상으로 변화하게 될 것이다.

VR, AR, XR 디바이스의 진화와 함께 각종 햅틱 웨어러블 장비들도 개발되고 있다. 360도 버츄얼 카메라로 가족들과 함께 하는 영상을 촬영·편집해서 기록앨범으로 만들어준다. 2020년 초 MBC VR 다큐멘터리로 방영돼 시청자에게 감동을 주었던 '너를 만났다' 시리즈처럼 사별한 사랑하는 가족들, 부모님과 가상공간에서 함께 만날 수 있게 해주는 콘텐츠, 각종 교육·공연·전시 영상 콘텐츠를 제작하고 영상 편집을 해주는 스튜디오도 생겨날 것이다.

기존의 게임, 엔터테인먼트, 교육, 업무, 산업, 의료, 부동산, 인테리어, 관광, 여행, 공연, 전시, 쇼핑 등 전 분야의 콘텐츠 개발들이 가속화 되고 있고 내가 있는 곳이 사무실이고 영화관이고 마트이고 백화점이다. 부동산을 보기 위해 발품을 팔고 다니는 것이 아니라 디바이스들을 통해 가상공간에서 집을 구경하고 부동산 거래를 한다. 인테리어를 하기 위해 가상공간 속에서 치수를 측정하고 설계를 하며 색상이나 사이즈, 디자인을 셋팅 해보고 선택한다. 극장을 가지 않아도 눈앞에 펼쳐진 대형화면을 통해 영화를 보고 친구를 가상공간에 초대해 아바타의 모습으로 함께 만나 영화를 보고 스포츠 경기를 관람하며 응원하게 될 것이다.

백화점이나 마트에 가지 않아도 집에서 디바이스를 통해 가상공간 속 마트나 백화점에서 다양한 구매 전 체험의 쇼핑경험을 제공 받는다. 데이터화 된 시각, 후각, 청각, 촉각, 미각을 통해 쇼핑을 하고 현실 세계로 배송 받게 될 것이고 택배 관련 사업도 다양하게 확대돼 갈 것이다. 아직은 초기 기술 정도라고 하지만 지금도 VR 디바이스를 쓰고 자기계발 콘텐츠를 구독하면 강사가 정말 눈앞에서 나에게 이야기하는 느낌을 갖는다. 구글 어스 VR이나 여행 VR 콘텐츠들도 원하는 곳을 디바이스를 쓰고 몰입해서 즐기다 보면 가상과 현실을 구분하지 못하고 살아가는 1999년에 개봉된 영화 매트릭스 속 세상이 이해된다.

모두가 미래에 사용할 것이라고 생각하지만 아직은 사용하는 사람이 많지 않은 VR, AR, XR 시장은 엄청난 기술발전과 시장 성장을 예상하고 있다. 각종 SNS의 인플루언서들이 만들어진 것처럼 메타버스 플랫폼에도 360도 카메라와 드론 등의 장비들을 사용한다. 즉 다양한 3D 영상을 찍고, 실감형 콘텐츠를 편집해서 제작하고, 공유하는 VR 크리에이터가 많이 생길 것이고, 빠른 진입과 노출로 1인 창작자로서의 혁신을 만들어 갈 수 있다. 3D 영상을 편집할 수 있는 각종 어플들이 나오고 기능과 기술들을 배우기 위한 교육기관과 프로그램이 필요할 것이다.

유튜브라는 플랫폼이 만들어지고 2005년 4월 유튜브 채널에 최초로 올린 영상은 동물원 코끼리를 배경으로 찍은 19초의 단순한 영상이었다. 그런데도 구독자 수 221만 명, 1억 8,000만 이상의 조회수를 기록하고 있고 스마트폰 보급 초기에 별거 아니라고 생각할 수 있는 먹방이나 소소한 영상을 시작으로 개인들이 유튜브, 블로그 등의 SNS를 통해 꾸준히 콘텐츠를 제공하면서 자신만의 고유한 플랫폼을 갖게 되고 수익을 창출하는 파워 유튜버, 블로거가 됐다.

플랫폼 기업 중에 에어비엔비는 친구 두 명이 여행객들에게 방을 빌려주는 것에서 시작됐고 페이스북은 교내 학생들과 친목과 소통을 위해 만들어졌다. 아마존이 작은 사무실에서의 온라인 서점으로 시작해서 오늘날의 거대한 플랫폼으로 성장했듯이 변화하는 문화 속 새로운 메타버스 세상의 시작에 소통과 연결로 자신의 플랫폼과 공간을 만들고 유저들을 늘려가는 것은 매우 중요하다.

[그림37] (좌)1994년 온라인 서점으로 시작한 아마존 사무실 모습(출처 : amazon).
(우)2005년 5월 유튜브에 올라온 최초의 동영상(출처 : 유튜브)

1인 가구와 다양한 형태의 가족 다문화 가정이 늘어나고 초 고령화 사회가 되는 지금도 많은 것들이 온라인에서 이뤄지고 있지만 VR, AR, XR을 통해 가상공간에서 이뤄질 것이다. 1인 식사를 위한 식단을 디바이스를 통해 구매 전 경험을 하고 AI의 설명과 제안으로 쇼핑을 한다. 가상공간에서 유명한 바리스타가 커피를 재배하는 원산지로 데려가 커피가 재배되는 전 과정을 보여 준다. 잘 볶아진 커피 향을 풍기며 내려주는 따뜻한 커피를 집에서 바로 받아보게 될 것이다. 가상공간의 식당에서 친구나 가족과 만나 실제로 함께 식사하듯이 대화를 나누며 식사를 하는 게 일상이 될 것이다.

디지털 세계의 시각적 경험과 체험이 가능한 '메타버스 커머스'는 가상공간에서의 오감을 만족하는 체험에 더 흥미를 느끼게 되는 경험 비즈니스 시대의 시작을 알리는 것이다. 아날로그부터 SF 영화 같은 세상까지 경험하게 되는 행운의 세대라서 감사하고 하고 싶은 것도 해야 할 것도 너무 많다. 메타버스 세상에서는 교육, 생활, 문화, 의식주에 관련된 모든 것들이 변화할 것이다. 자율주행, AI 인공지능과 로봇의 발달로 사라지게 되는 직업도 많겠지만 새롭게 만들어져야 할 일과 직업들도 정말 많아질 것이다.

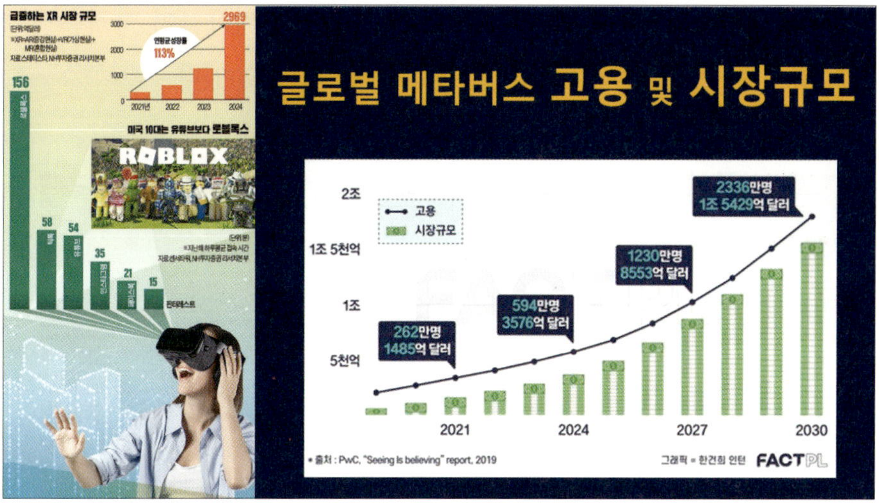

[그림38] (좌)급증하는 XR 시장 규모(출처 : hankyung.com).
(우)글로벌 메타버스 고용 및 시장규모(출처 : FACTPL)

Epilogue

지난 10년간 우리 일상에 깊이 자리 잡은 스마트폰 다음 디바이스로 주목받고 있는 VR, AR, XR 디바이스는 5G의 상용화로 인터넷 속도와 통신 기술의 발달과 다양한 분야의 콘텐츠 개발로 확산될 것이다. 몰입감의 장점이 있어 게임, 교육, 국방 교육 훈련 및 작전용, 의료 교육 및 실습용, 유통, 건설 산업용 등으로 사용됐던 투박한 HMD(Head Mounted Display) VR에서 진화돼 어디서든지 편하고 감각 있게 착용할 수 있는 대중성과 디자인을 고려해 글래스 타입과 렌즈 형태로 발전해 갈 것이다.

가상의 물체 및 상황을 제어하고, 근육의 미세한 변화까지 감지하고, 사람의 몸 자체를 디바이스로 활용해 몰입도를 최대한 높일 수 있다. 오감을 느낄 수 있는 다양한 웨어러블 장비들로 인해 의식주와 관련된 삶의 형태와 직업, 문화가 바뀌어 갈 것이다. '스타워즈', '레디 플레이어 원', '아이언맨', '아바타', '제 5원소' 등의 SF영화들이나 드라마 '알함브라 궁전의 추억'에서 봐왔던 실감기술들이 아직은 영화처럼 은 아니지만 어떤 세상을 향해 가고 있는지는 예측해 볼 수 있다.

[그림39] (좌상)스마트미러(출처 : Kinect for Windows). (우중, 상)영화 '레디 플레이어 원'중에서 가상현실에서 주문한 옷이 현실로 배송된 장면(출처 : 영화 '레디 플레이어 원'). (좌중)현대자동자 가상현실 자동차 설계(출처 : Hyundai Motor Group). (중)뇌신경 감지 손목밴드 가상 물체 제어(출처 : facebook). (좌하)홀로그램 경험을 공유할 수 있는 혼합현실(출처 : Microsoft Mesh). (중하)가상 상황 제어(출처 : facebook). (우하)월마트 드론 배송(출처 : WalMart).

집 밖을 나가지 않고도 아바타를 통해 또는 실제 모습으로 가상의 공간에서 가족, 친구, 비지니스 파트너를 만나 업무를 보며 사업을 하고 언제 어디서든 게임, 여행, 쇼핑, 교육, 업무, 운동, 건강관리, 치매 예방 및 치료, 고소공포증 치료, 재활 치료 등의 의료서비스를 비롯한 각종 서비스를 받을 수 있다. 교육환경의 변화와 업무 플랫폼을 활용해서 일하는 방식의 혁신을 가져올 수 있고 디지털 휴먼을 활용해 메타버스 플랫폼과의 다양한 IP 협력 등을 통해 경험들이 확산될 것이다.

정부는 지난 7월 '한국판 뉴딜 2.0 추진 계획'을 발표해 2025년까지 누적 총 사업비 규모를 60억 추가된 총 220조 원 투입한다고 했다. 디지털 뉴딜, 그린 뉴딜, 휴먼 뉴딜을 3대 축으로 추진과제로 삼고 '디지털 뉴딜 2.0'에 메타버스 산업육성을 신규로 추가했다. 국비 2조 6,000억 원을 들여 초 연결, 초 지능, 초 실감 시대를 선도할 ICT 융합 신산업을 적극 육성할 계획이며 뉴딜로 창출되는 직·간접적 일자리 수는 250만 개 정도로 전망하고 있다.

메타버스 시대에 부상하는 창업, 창직의 기회를 발굴하고 '부캐'로 제2의 인생에서 할 수 있는 일들, 자신만의 콘텐츠를 찾고 그 일을 해나가기 위해 배워야 하는 게 있다면 빠르게 배우고 익혀서 준비하는 메타버스 전환 전략이 필요하다. 지금은 활짝 열려 있는 문을 향해 많은 사람들이 달려가고 있다. 문틈이 좁아져 결국 문이 닫히기 전에 '기회의 문, 메타버스' 세상 속으로 들어가자.

새삼 많이 느끼는 것이지만 사람은 정말 대단한 존재라는 생각을 더 많이 하게 되는 요즘이다. 여기저기 쏟아지는 정보의 홍수 속에서 누군가가 큐레이션 해줬으면 하는 생각도 든다. 한편으로는 사람이 어쩔 수 없는 자연재해와 환경오염, 기후변화, 지구온난화를 생각하게 된다. 사랑하는 조카 찬우가 살아가야 할 미래에 영화와 같은 세상 저 멀리 조금은 걱정되는 또 다른 영화와 같은 일들은 오지 않길 바라면서 나 자신부터 노력해야겠다는 다짐을 해본다. 그리고 앞으로 펼쳐질 멋진 세상을 좋은 사람들과 함께 선한 영향력을 나누며 살아갈 것이고 사랑하는 부모님이 메타버스의 최첨단 건강관련 의료혜택을 받으며 건강하게 오래도록 함께 해주시길 바라고 기도하는 마음이다.

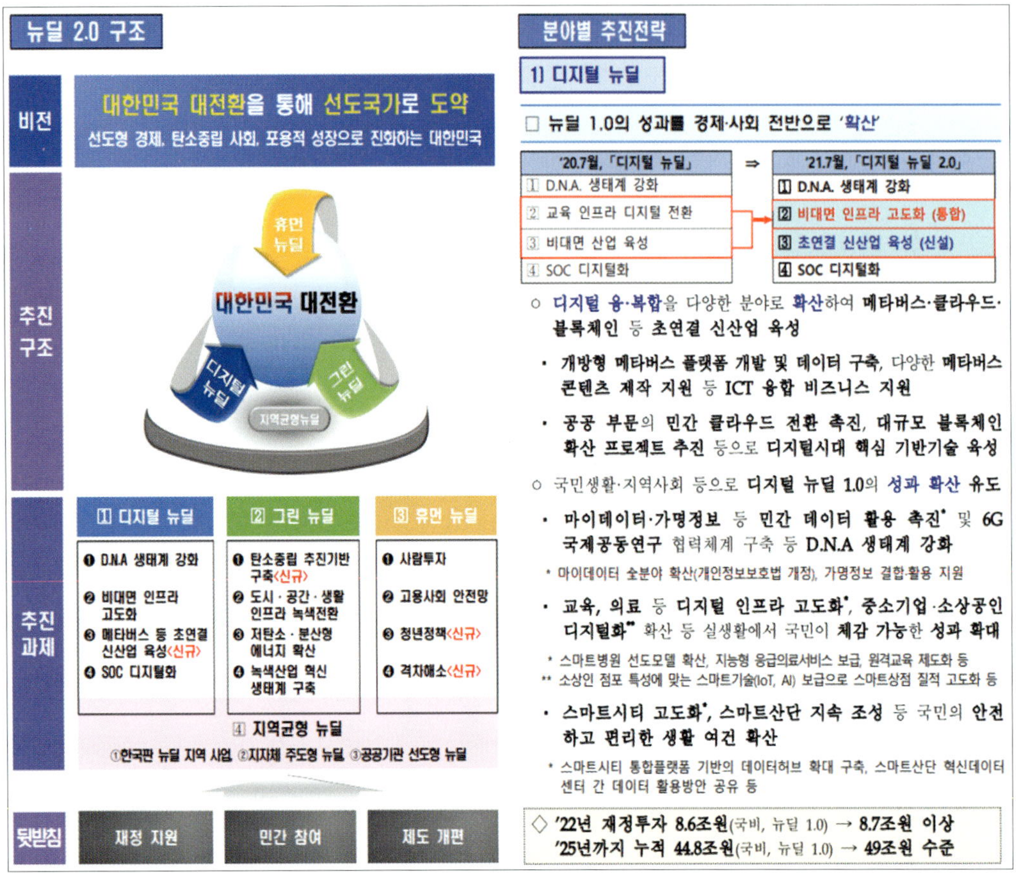

[그림40] (좌) 뉴딜 2.0 구조 (우) 분야별 추진 전략, 디지털 뉴딜 (출처 : 기획재정부)

디지털 뉴딜

	< 뉴딜 1.0 (현재) >	< 뉴딜 2.0 (변경) >
디지털 뉴딜	"경제 전반 디지털 전환 추진" ▸ **D.N.A 생태계 강화** - 데이터·5G·AI 융합 및 활용 촉진 기업·산업 디지털화 추진	"디지털 융·복합 확산" ▸ **D.N.A 생태계 강화** + **마이데이터 全산업 확산**(개인정보법 개정) 및 **가명정보 활용** 지원 + 디지털 경제전환 3법 제정 + **6G 국제공동 연구개발** 협력체계 구축
	▸ **교육인프라 디지털 전환** - 스마트학교, 온·오프 융합학습 등	▸ **비대면 인프라 고도화(통합)** + 초·중·고 **고성능 WiFi 조기구축** + 닥터앤서 클리닉 운영, **지능형 응급의료서비스** 보급 추진 + 스마트기술(IoT, AI 등)을 활용한 스마트상점 질적 고도화
	▸ **비대면산업 육성** - 의료·돌봄 인프라 디지털·비대면화, 소상공인 온라인 비즈니스 지원 등 ⇒	
		▸ **메타버스 등 초연결 신산업 육성** - **개방형 메타버스 플랫폼** 구축 및 다양한 **메타버스 콘텐츠 제작 지원** - 사회적 문제해결을 위한 **5G·AI 기반 로봇·서비스 융합 실증** - 공공정보시스템의 **민간 클라우드 전환 촉진** - **다부처 대규모 블록체인 기술** 융합·연계 프로젝트 추진 - **지능형 IoT서비스** 발굴 및 적용 확산
	▸ **SOC 디지털화** - 교통·재난관리 등 디지털화, 스마트 산단·시티·물류체계 구축	▸ **SOC 디지털화** + 스마트시티 **데이터허브** 확대 구축

메타버스 등 초연결 신산업 육성 〈신규〉

◇ 全산업의 **디지털 융·복합 가속화**에 대응하여, **메타버스** 등 **초연결 신산업** 분야 **집중 발굴·육성**

* **[메타버스(metaverse)]**: 현실·가상이 결합된 '초월(meta)세계(verse)'를 의미, 5G와 가상기술(AR,VR)을 토대로 여가생활과 경제활동을 하는 가상융합공간으로 부상

① **메타버스·지능형 로봇 등 ICT융합 비즈니스 파격 지원**

○ **(메타버스) 개방형 메타버스 플랫폼 개발 및 데이터 구축***, 관광 유니버스 등 다양한 **메타버스 콘텐츠 제작 지원 추진**

* 플랫폼에 내재된 데이터와 저작도구를 제3자 기업이 새로운 서비스 개발에 활용할 수 있도록 공개

○ **(지능형로봇)** 농어촌 고령화, 감염병 확산 등 **사회적 문제해결**을 위한 **5G·AI 기반 로봇·서비스 융합실증** 신규 추진

② **클라우드·블록체인·사물인터넷 등 디지털시대 기반기술 육성**

○ **(클라우드) 공공수요가 높은 클라우드 서비스 개발** 및 **보안 인증 취득 지원**으로 **공공부문 민간 클라우드 전환 촉진**

- 민간 기업의 **생산성 혁신** 및 **업무 연속성 보장** 등을 위해 **SW 기업**의 **SaaS*** **전환 지원**

* 서비스형 소프트웨어(Software as a Service) : 하드웨어나 소프트웨어 등 IT 자원을 소유하지 않고 인터넷에 접속해서 빌려쓰는 서비스 방식

○ **(블록체인) 대규모 확산 프로젝트 추진** 및 **'기술혁신지원센터' 구축**으로 **산업초기 성장지원, 블록체인 특성**을 고려한 **제도개선 병행***

* 블록에 기록된 개인·위치정보는 정정·삭제가 불가능 → 시간·비용·기술적 한계를 고려하여 개인·위치정보의 파기방법을 폭넓게 인정(개인정보보호법·위치정보법 시행령 개정)

○ **(사물인터넷) 지능형 IoT*** **서비스 발굴** 및 **수요기관 적용·확산**을 지원하고, 신기술 실증을 위한 **테스트베드 제공**

* 사물이 센싱·전송한 정보를 AI·빅데이터 기반 분석·예측하여 원격·자율제어

○ **(기타핵심기술)** 차세대 **양자인터넷 구축**으로 **디지털 한계 극복, AI 신뢰성 확보, 보이스피싱 방지** 등 **디지털 역기능 대응도 병행**

[그림41] (좌) 디지털 뉴딜 (우) 메타버스 등 초연결 신사업 육성(신규) (출처 : 기획재정부)

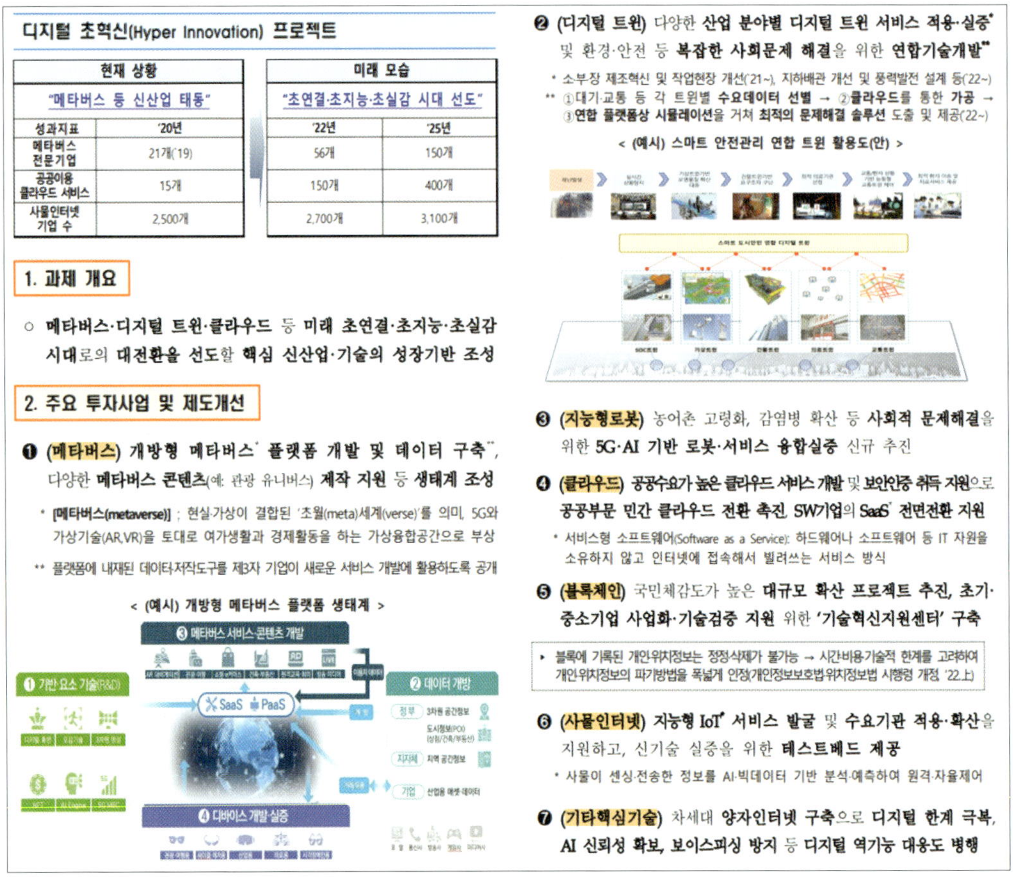

디지털 초혁신(Hyper Innovation) 프로젝트

현재 상황		미래 모습	
"메타버스 등 신산업 태동"		"초연결·초지능·초실감 시대 선도"	
성과지표	'20년	'22년	'25년
메타버스 전문기업	21개('19)	56개	150개
공공이용 클라우드 서비스	15개	150개	400개
사물인터넷 기업 수	2,500개	2,700개	3,100개

1. 과제 개요

○ **메타버스·디지털 트윈·클라우드** 등 **미래 초연결·초지능·초실감 시대**로의 **대전환을 선도**할 **핵심 신산업·기술의 성장기반 조성**

2. 주요 투자사업 및 제도개선

❶ (**메타버스**) **개방형 메타버스* 플랫폼 개발 및 데이터 구축****, 다양한 **메타버스 콘텐츠**(예: 관광 유니버스) **제작 지원** 등 **생태계 조성**

* [메타버스(metaverse)] ; 현실·가상이 결합된 '초월(meta)세계(verse)'를 의미, 5G와 가상기술(AR,VR)을 토대로 여가생활과 경제활동을 하는 가상융합공간으로 부상

** 플랫폼에 내재된 데이터·저작도구를 제3자 기업이 새로운 서비스 개발에 활용하도록 공개

< (예시) 개방형 메타버스 플랫폼 생태계 >

❷ (**디지털 트윈**) 다양한 **산업 분야별 디지털 트윈 서비스 적용·실증*** 및 환경·안전 등 **복잡한 사회문제 해결**을 위한 **연합기술개발****

* 소부장 제조혁신 및 작업현장 개선('21~), 지하배관 개선 및 풍력발전 설계 등('22~)

** ①대기·교통 등 각 트윈별 **수요데이터 선별** → ②**클라우드**를 통한 **가공** → ③**연합 플랫폼상 시뮬레이션**을 거쳐 **최적의 문제해결 솔루션** 도출 및 제공('22~)

< (예시) 스마트 안전관리 연합 트윈 활용도(안) >

❸ (**지능형로봇**) 농어촌 고령화, 감염병 확산 등 **사회적 문제해결**을 위한 **5G·AI 기반 로봇·서비스 융합실증** 신규 추진

❹ (**클라우드**) **공공수요가 높은 클라우드 서비스 개발** 및 **보안인증 취득 지원**으로 **공공부문 민간 클라우드 전환 촉진**, **SW기업**의 **SaaS* 전면전환 지원**

* 서비스형 소프트웨어(Software as a Service): 하드웨어나 소프트웨어 등 IT 자원을 소유하지 않고 인터넷에 접속해서 빌려쓰는 서비스 방식

❺ (**블록체인**) 국민체감도가 높은 **대규모 확산 프로젝트 추진, 초기·중소기업 사업화·기술검증 지원** 위한 **'기술혁신지원센터' 구축**

▸ 블록에 기록된 개인위치정보는 정정·삭제가 불가능 → 시간·비용·기술적 한계를 고려하여 개인위치정보의 파기방법을 폭넓게 인정(개인정보보호법·위치정보법 시행령 개정, '22.上)

❻ (**사물인터넷**) **지능형 IoT* 서비스 발굴** 및 **수요기관 적용·확산**을 지원하고, 신기술 실증을 위한 **테스트베드 제공**

* 사물이 센싱·전송한 정보를 AI·빅데이터 기반 분석·예측하여 원격·자율제어

❼ (**기타핵심기술**) 차세대 **양자인터넷 구축**으로 **디지털 한계 극복, AI 신뢰성 확보, 보이스피싱 방지** 등 **디지털 역기능 대응도 병행**

[그림42] 디지털 초혁신 프로젝트 (출처 : 기획재정부)

[참고문헌]

· 한경 IT.과학 Z세대 '내 아바타는 구찌 입힐래'...50조 시장으로 커진 'D2A'
· 조선일보 [만물상] 무섭게 달려가는 '가상세계'
· 연합뉴스 AI로 부활한 가수들...기술의 축복일까 논쟁의 시작일까
· 머니투데이 AI로 환생 '마왕' 신해철...BTS소개로 '빅히트' 후배들과 콜라보
· 팍스넷뉴스 디 센트럴랜드, 메타버스 속 '건물주' 돼 볼까
· 조선비즈 [메타버스 가보자고] 가상세계에 불어온 투기 열풍
· UNN [찰칵! 현장] 백일장도 메타버스로...성균관대, 온라인으로 세계성균관 한글 백일장 개최
· 뉴스1 제2의 비트코인?...韓, 가상 부동산 투자 100억 돌파 '세계1위'
· Chosun Biz 가상인간부터 메타버스까지...딱딱한 車마케팅이 달라진다
· 뉴스1 인기 돌풍 '동물의 숲'...시위부터 결혼까지, 게임 속으로 들어온 일상
· 주식회사 숨과쉼 공식블로그'숨가게' 인생 일대의 이벤트인 결혼식, 과감하게 메타버스로 진행
· 한경 IT과학 메타버스 건축가, 아바타 디자이너...새로운 직업 뜬다
· UPI뉴스 유통 '메타버스' 열풍...패션·가구업계 가상공간 입점 러시
· 뉴스1 배우 하정우 첫 디지털 아트 NFT, 5,710만원에 팔렸다
· 매일경제 이게 27억 원? 잭 도시 첫 트윗 'NFT'로 경매에 올려
· 중앙일보 메타버스 2030년 1700조 시장, 현실이 된다
· ccbblab 우연히 게임하다...월 1500만원 벌게 된 20대
· UNN 한성대, 메타버스 도서관 '한성 북니버스' 개관
· LIKIT 한국 기업들이 선택한 NFT, 일상으로 온다!
· 아주경제 '다시 메타버스 현실'이 된 가상세계...새로운 미래일까 아이들 전유물일까
· 유튜브 렌지llenge
· 유튜브 미래채널 MyF
· 유튜브 티타임즈TV
· MKYU 메타버스와 제페토
· 중앙일보 한 달 5000만원 벌었다...세계가 열광한 '게임판 유튜브' 로블록스

· 조선일보 전 세계 초중생이 푹 빠진 게임, 로블록스 신드롬
· Chosun Biz 마스크 안 쓰고 한강서 치맥 해도 OK…메타버스에 올라타는 유통업계
· 일간스포츠 유튜브 지고 메타버스 '활짝'…사이버 부캐로 제2의 인생 산다
· AI타임스 "AI 메타버스 타임머신 타고 역사 속 인물 만난다"
· AI타임스 SKT이프랜드, "메타버스 월드로 진화할 것"…메타버스 사업 확장 계획 공개
· AI타임스 "메타버스로 출근하는 세상"…가상 오피스 '프롭테크' 산업 열린다
· 한경증권 '어스2' 청와대 땅이 1.7만 불…블랙핑크 가상 사인회 4300만 명 모여
· 조선일보 보송보송 털실, 지퍼, 단추…가상세계서 보고 산다
· 매일경제 클로버추얼패션, 가상공간서 제2도약 노린다
· 제페토
· 로블록스
· 구글어스2
· 디센트럴랜드
· 더 샌드박스
· 머니투데이 입어보지 않고, 옷 매무새 살핀다…스마트기술 도입 상가 74곳
· open.ads 한국의 D2C는 어떻게 준비해야 할까?
· 유튜브 딴따라버스
· 팍스넷뉴스 'NFT계 마인크래프트' 더 샌드박스
· brunch 메타버스 세계에서 콘서트를 즐기다
· 매일경제 롯제건설, 건설업계 최초 '메타버스' 혁신 나선다
· 서울경제 [김정우의 다이나믹 코인] '메타버스 선두주자' 디센트럴랜드 마나, 차트 분석하기
· 한겨레 실제 궁전. 공항 아니라고?…메타버스 관문 '버츄얼 프로덕션'
· 매일경제 "LED 패널 이용한 가상 스튜디오, 메타버스 최고 파트너 될 것"
· NEWSIS 메타버스 시장을 잡아라…버츄얼 스튜지오 투자 잇달아
· 동아 9000원 시집이 900만원으로…국내 문학작품, 첫 NFT 경매 낙찰
· mediahub 관광업계의 뉴노멀, 메타버스가 뜬다!
· BLOTER 가상 부동산도 파는 직방? 무너지는 온·오프라인 경계

· Tech Recipe 아마존이 발표한 가상여행 서비스
· 유튜브 너 이거 몰라?_너만 모르는 정보
· 유튜브 소프트웨어정책연구소SPRI
· 유튜브 YTN 뉴스
· 유튜브 MBC뉴스데스크
· 나무위키

Chapter

10

메타버스와 콘텐츠

배 각

Chapter 10.
메타버스와 콘텐츠

Prologue

최근 사람들의 관심이 가장 많이 집중되는 트렌드 중 하나가 '메타버스(Metaverse)'이다. 대학들, 기업들은 물론 전국 지자체 관공서들에까지 메타버스를 활용한 행사 및 교육 콘텐츠를 기획중이다. 메타버스(Metaverse)는 현대 첨단 기술인 인공지능(AI), 콘텐츠개발, 가상현실(VR), 증강현실(MR), 빅 데이터, 블록체인, 사물인터넷(IoT), 6G, 슈퍼컴퓨팅 등 메타버스 플랫폼 구축에 필요한 핵심기술을 통합해 만들어진 가상현실세계를 말한다. 즉 메타버스는 현실세계를 초월하는 가상의 세계를 의미한다. 우리가 컴퓨터나 스마트폰, 각종 첨단 장비들의 화면을 통해서 보는 것은 디지털 화된 가상세계이다. 디지털 관련 기술이 발전할수록 가상세계는 점점 더 현실감이 뚜렷해질 것이다. 결국 현실세계냐 가상세계냐를 구분하는 것조차 무의미할 정도로 몰입하는 상태가 될 것이다.

메타버스는 다양한 분야에 적용 가능하며 우리가 사는 현실세계의 공간과 시간의 개념을 바꿀 것이다. 일부분은 이미 진행 중이다. 메타버스가 우리가 사는 현실세계의 정치, 경제, 사회 전반적인 변화를 일으킬 것이다. 지금부터 준비해야한다. 가상현실의 세계는 눈앞에 와 있다. 미리 준비하는 자는 선점효과를 누릴 수 있을 것이며 반대로 적절한 타이밍을 놓치면 큰 격차가 발생할 것이다.

조만간 메타버스에서 비대면 상황의 돌파구를 찾는 단체와 사용자들은 계속 증가할 것이다. 하지만 대부분의 경우 어떤 플랫폼에서 시작해야 할지, 어떤 콘텐츠를 어떻게 기획해야 할지 잘 모르고 있다. 따라서 메타버스 플랫폼에서 사용자 경험을 효과적으로 설계하기 위해서 메타버스 생태계를 먼저 이해하고 메타버스 콘텐츠와 실감콘텐츠에 대해서 알아보고 마지막으로 메타버스 콘텐츠를 기획하는 노하우에 대해서 소개하고자한다.

1 메타버스 생태계

1) 메타버스 생태계의 이해

메타버스 콘텐츠를 알기 위해서는 메타버스의 생태계를 먼저 이해해야한다. 메타버스 생태계안으로 들어가서 구성원으로 활동하다 보면 다양한 실용적인 모임과 만남이 진행될 수 있다. 그것은 비즈니스가 될 수도 있고 강의 또는 세미나의 형태로 진행될 수도 있으며 흥미로운 주제의 다양한 커뮤니티들이 구축돼 활동하는 것이 될 수도 있다. 하지만 결국 메타버스의 생태계를 유지하는 핵심 동력은 명확하고 안전한 보상체계이다. 메타버스의 가상세계관에는 국적도, 종교도, 국경도 없다. 그러므로 탁월한 콘텐츠가 있고 사용이 편리하고 그것이 수익전환까지 된다면 전 세계에서 사용자들이 몰려 올 것이다.

그동안 메타버스는 주로 게임이나 단순 서비스 시스템의 용도로 활용됐다. 하지만 비대면 방역상황은 메타버스를 자동차, 금융, 식품, 패션 등 제조업계, 유통업계 전반에 영향력을 미치는 메가 트렌드로 성장하게 됐다. 작은 물결 정도로 사그라질 줄 알았던 메타버스가 거대한 쓰나미로 성장해 시장의 판도를 뒤집으려하고 있다. 거대한 쓰나미도 처음 시작은 작은 물결에서부터 시작하듯이 잘 만든 매력적인 콘텐츠 하나가 하나가 모여서 거대한 메타버스 생태계를 이뤄가게 될 것이다.

이미 메타버스라는 가상세계에서 돈을 벌어서 현실세계의 부자가 된 사람들이 계속 나오고 있다. 그들은 어떻게 가상세계에서 돈을 잘 벌수 있었을까? 가상세계에서 돈을 많이 번 사람들의 공통점은 누구보다도 메타버스 생태계를 잘 이해하고 있다는 점일 것이다. 당연히 메타버스의 생태계를 꿰뚫어 볼 수 있으니까. 거기서 돈을 벌 수 있는 기회를 찾아낼 수 있었을 것이다. 메타버스가 최근 큰 인기를 얻고 있는 가장 큰 요인은 능력과 노력에 따라 수익을 내는 것이 가능했기 때문이다. 사용자가 크리에이터가 돼 돈을 벌수 있다는 것은 플랫폼을 만든 회사도 벌지만 그 플랫폼에 참여해서 활동하는 사용자들도 돈을 벌 수 있는 경제구조가 만들어져 있다는 것이다.

사용자가 동시에 크리에이터도 되고 판매자도 되고 구매자도 된다. 이게 메타버스의 생태계이다. 플랫폼에 들어온 사용자가 열심히 놀고 열심히 활동하면서 소통도 하고 돈도 번다. 그러면 그 플랫폼으로 출근하는 크리에이터들이 생기게 되고 그들은 그 곳을 떠나지 않는다. 왜냐하면 확실히 돈이 된다는 것을 알고 있기 때문이다.

메타버스 플랫폼을 사용하는 방식이 PC만으로 이뤄져서는 안 된다. PC로만 사용가능한 플랫폼들은 이미 오래전에 망했다. 지금은 모바일이 중요하다. 모바일을 활용해서 플랫폼에서 활동할 수 있어야한다. 또는 기타 주변 장비, 헤드셋, 글래스나 기타 디바이스들을 개발하거나 활용한 직접적이고 빠른 연결이 필요하다. 결국 사용자들이 콘텐츠의 사용은 물론 개발과 판매, 구매에 직접 다 참여할 수 있는 경제시스템을 안전하게 유지하고 성장시키는 것이 메타버스 생태계를 성장시키는 핵심 포인트가 될 것이다.

당연한 사실이지만 플랫폼은 많은 회원 수와 더불어 실시간 이용자 수가 많아야 한다. 사람들이 많이 모이는 곳에 돈도 모여 있기 마련이기 때문이다. 기업들은 당연히 사람들이 많이 지나다니는 번화가에 점포를 내고 싶을 것이다. 그러므로 메타버스 플랫폼 업체들은 매력적인 콘텐츠로 유효 사용자들의 수를 늘려야한다. 사람들이 많이 모인다면 기업들은 그에 해당하는 가치를 기꺼이 지불할 의사가 있을 것이다. 그런 가치를 인정받으면 메타버스 생태계는 지속적으로 성장과 확장이 가능하게 된다.

2) 신대륙 메타버스

메타버스는 신대륙이다. 신대륙의 가장 큰 장점은 먼저 선점하는 자가 임자란 것이다. 시장을 먼저 개척한 자가 그 시장을 독차지하게 될 가능성이 높다는 것이다. 따라서 메타버스를 활용해 수익을 올리는 방법은 무궁무진 할 것이며 아직 시작조차 안 한 분야가 대부분일 것이다. 스스로 창의적으로 개발하고 아이디어를 내서 새로운 시장에서 수익구조를 만들어 돈 버는 방법을 개척할 수 있다. 그만큼 기회가 풍부하다. 얼마든지 만들어 갈 수 있는 시장이라는 것이 가장 큰 매력 포인트이다. 그래서 지금도 메타버스에서 새로운 시장을 선점하기 위해 다양한 분야의 많은 기업들이 참여할 적정한 시기를 모색 중인 상황이다.

조만간 우리가 공상 과학 영화에서 본 그런 새로운 가상세계가 열릴 것이다. 초기에 방향을 잘 잡아 나가면 파라다이스가 될 수도 있고 첫 단추를 잘못 채우면 상상하기도 싫은 지옥이 될지도 모른다. 어떻게 해야 모든 인류가 더 행복하게 잘 살 수 있는 세계를 만들어 갈 것인가를 고민해야한다. 하지만 지금 메타버스는 아직은 출발단계라는 점이고 가시적인 현실로 직면하게 되는 결정적인 시점이 앞으로 수년 후가 될지 수십 년 후가 될지는 아무도 모른다는 것이다. 다만 수년 내에 현실이 될 것이라는 확신을 가진 자들만 과감하게 뛰어 들어가는 것이다.

지금 메타버스에 뛰어드는 기업들의 변신도 사실 하루아침에 가능한 일은 아니다. 지속적으로 변화해가는 과정과 시간이 필요할 것이다. 사실 메타버스 플랫폼에서 확실한 수익화 실현이 가능한 확실한 전략은 존재하지 않을 것이다. 누구나 안정적인 수익에 대한 해답을 구하고 싶겠지만 단지 데이터를 기반으로 도출되는 추정 가능한 예측만 할뿐이지 아무도 확실하게 대답 하는 것은 불가능하다. 신대륙 메타버스는 이제 시작 단계이고 누구나 가보기를 바라지만 아직 아무도 가보지 못했고 언제 갈수 있는지 예측도 할 수없는 세계이다. 신대륙 메타버스의 가상세계관은 사실 게임으로부터 시작한 것과 같다. 게임을 즐기듯 신대륙을 제대로 즐길 줄 아는 자가 무한한 가능성이 있는 영토를 선점하게 될 가능성이 높다.

[그림1] 수원화성의 비밀을 AR증강현실로 경험
(출처 : 수원 문화재단 제공/경인일보 2021.08.21.)

3) 메타버스는 문명의 도구

우리 인류는 지속적으로 새로운 도구를 발견하고 만들어 가면서 진화해 왔다. 이제 인류가 지금껏 단 한 번도 경험해보지 못한 메타버스라고 불리는 엄청난 도구가 출현했다. 메타버스는 지금까지 인류가 발견하거나 발명해온 그 어떠한 도구들 보다 엄청난 문명의 변화를 유발할 수 있는 도구가 될 것으로 예측 된다. 메타버스는 한마디로 새로운 문명을 여는 기적의 도구라고 표현할 수 있다.

석기·청동기·철기시대처럼 한 문명시대의 획을 그을 만큼 엄청난 도구이다. 후손들은 메타버스가 대중화 되는 시점을 '가상현실 시대'라고 부르게 될지도 모르겠다. 아무튼 콘텐츠를 생산하는 업계도, 활용하는 업계도, 메타버스의 발전 방향과 속도에 주목하고 있다. 심지어는 정치권에서도 메타버스의 활용 가능성을 타진중이다. 그만큼 대중화되기 시작하면 파급효과가 클 것으로 예상되기 때문이다.

아직 아무도 가보지 않은 메타버스 가상현실세계가 본격적으로 열리면 인류 문명이 어떻게 변화하게 될지는 아무도 모른다. 사실은 어떻게 활용해야 바르게 활용하는 건지에 대한 답은 아무도 모른다. 하지만 확실한 사실은 메타버스는 새로운 문명의 문을 여는 도구가 될 것이라는 것이다. 지금부터 아이디어를 내고 창조적으로 문명의 도구인 메타버스를 잘 활용하는 방법을 찾아내야한다.

메타버스로 인해 가상현실세계의 문이 열리게 되면 결국 우리의 삶 자체가 점점 가상현실화 돼 갈 것이다. 인간이 가상현실세계에 몰입하려면 인간의 인지감각이 착각을 일으키게 만드는 첨단 기술력이 필요하다. 이와 관련된 기술은 지금도 상당히 많이 발전했으니 시간이 지날수록 대중화되고 가격도 일반화 될 것이다. 인간이 현실세계와 가상세계를 구별하지 못하게 만들어 착각을 일으키게 만드는 핵심 기술은 비주얼 조작기술이다. 우리가 잘 알고 있는 가상현실(VR)과 증강현실(AR)이 바로 시각적 착각을 일으키는 가상 기술이다. 이러한 가상의 기술을 현실에서 가능하게 만드는 기술구현 시작점도 메타버스가 될 것이다. 메타버스가 문명의 도구인 이유인 것이다.

4) 참여경제 시스템

초기 메타버스 사용자들은 단순히 콘텐츠를 소비하는 역할이었지만 지금 메타버스에서 사용자들은 직접 게임을 개발하고 아이템을 만들어서 직접 판매도 하고 구매도 하는 적극적인 메타버스 경제 생태계의 중심이 됐다. 메타버스 기반의 게임이나 엔터테인먼트 회사들 중에는 자체적으로 창작 스튜디오를 구축해서 사용자들의 참여를 적극적으로 유도하는 곳들도 있다. 사용자들이 창작 아이템개발에 적극적으로 참여할 수 있는 도구를 제공하는 것이다. 사용자들은 전문지식이 없어도 스튜디오에서 게임과 아이템을 직접 제작하는 크리에이터로 경제활동을 시작할 수 있다.

사용자이자 동시에 아이템을 개발하는 크리에이터의 제작품은 플랫폼 내에서 유통되는 가상화폐로 판매와 구매가 이뤄진다. 플랫폼 내에서 이용자이자 크리에이터의 제작 아이템은 전체 아이템의 80% 이상을 차지하는 경우도 생겨나고 있다. 플랫폼 내에서 취득한 가상화폐는 일정 금액이상이 되면 현실세계에서 현금으로 환전이 가능하다. 그렇게 가상세계와 현실세계가 상호 통용되는 경제 시스템이 조성되다보니 가상세계인 메타버스가 현실 경제에 끼치는 영향력이 점점 더 커질 것으로 기대된다.

메타버스 플랫폼의 경쟁력은 새로운 세계관다운 이른바 '참여경제시스템(participatory economics system)' 구축에 있다. 메타버스 플랫폼을 즐기는 이용자가 늘어나서 하나의 세계가 만들어지면 그 이용자가 크리에이터로 진화한다. 크리에이터로 진화한 이용자는 그 플랫폼을 더 재밌게 즐기기 위해 필요한 아이템들을 직접 만들어서 판매를 하게 된다. 아이템 판매로 벌어들인 수익금은 플랫폼과 크리에이터가 나눠 갖게 되는 구조이다.

플랫폼에서 크리에이터들에게 무상으로 제공하는 아이템 제작도구들을 활용하면 복잡한 프로그래밍에 대한 전문지식이 없어도 아이템을 직접 디자인하고 제작하는 것이 가능하다. 이러한 경제 생태계가 만들어지자 이용자들과 플랫폼은 소통이 가능해졌다. 다양한 활동과 소통이 가능한 메타버스 플랫폼에서 아이템을 제작하고 판매한 수익금은 플랫폼 안에서 쓰는 가상화폐로 받아서 현실세계의 현금으로 환전해 최종적인 수익을 확보하게 된다.

메타버스 공간 안에서 실제 수익화가 가능해지자 전업 크리에이터들도 속속 생겨났다. 매일 메타버스 플랫폼에 출근해서 크리에이터로 활동하면서 경제적인 수익화를 실현시키는 사용자들이 계속 늘어나고 있다. 대부분의 사람들은 아바타를 사용해서 메타버스 플랫폼에서 활동한다. 그러다 보니 아바타를 꾸며서 자신의 개성을 표현하고 싶은 욕구가 자연스럽게 생긴다. 또한 남들보다 예쁜 가상의 옷이나 특별한 가상의 소품들을 구매하고자하는 수요가 발생한다. 수요가 있으니 메타버스 플랫폼에서 활동하는 크리에이터들의 수도 계속 증가하고 있다.

공급자인 크리에이터들이 메타버스 플랫폼에 계속 합류하는 수가 늘어나고 있다는 것은 그만큼 수요가 충분하고 확실하게 돈이 된다는 사실일 것이다. 최근 국내 한 아이템 제작 크리에이터는 월 순수익이 1,000만 원대가 넘는다는 것을 공개했다. 결론적으로 메타버스 플랫폼을 사용하는 사용자들의 니즈와 원츠를 잘 파악해서 잘 기획하고 잘 만들면 안정적으로 수익이 확보되는 메타버스만의 '참여경제시스템' 구축이 충분히 가능하다는 것이다.

5) 가상화폐 VS 메타버스

메타버스 플랫폼들은 각기 그 플랫폼만의 가상화폐를 갖고 있다. 이 가상화폐로 필요한 아이템을 구입하거나 필요한 모임에 참가비를 지불할 수 있다. 내가 만든 아이템이나 소품을 판매했을 경우에도 그에 대한 보상도 가상화폐로 지급받는다. 물론 그 가상화폐는 일정 금액 이상이 되면 현실세계의 돈으로 환전이 가능하다. 이러한 시스템들이 메타버스 생태계가 원활하게 돌아가게 만드는 핵심요소가 된다. 마치 유튜브가 광고수익을 크레이터들과 나누는 것과 똑같은 방식이다. 어느 날 장난삼아 인터넷에 올린 디지털 그림이 수백만 원의 가치를 인정받고 실제 돈을 받고 판매가 되기도 한다. 누구나 쉽게 복사한 디지털 이미지가 그 가치를 인정받을 수 있을까? 인정받을 수 있다가 정답이다.

디지털 이미지 자체는 복제가 쉬운 것은 사실이지만 '대체 불가능한 토큰(Non-Fungible Token)'인 'NFT'가 희소성을 갖는 디지털 자산을 확실하게 보증해준다. NFT는 기본적으로 블록체인 기술을 활용하지만 기존의 가상자산들과의 차이점은 디지털 이미지와 같은 디지털 자산에 별도의 고유한 인식 값을 부여해 상호교환이 불가능하게 만들어 확실한 보증을 계약하게 만드는 것이다. 결론적으로 메타버스에서 NFT는 다양한 창작활동 결과물들의 가치를 인정받게 해주고 경제적인 교환이 가능하게 해주는 역할을 수행하게 된다.

우리가 고민해야 할 문제는 어떻게 그걸 나만의 가치로 만들어 수익으로 전환시킬 수 있는가 일 것이다. 하지만 이제는 안전하게 가치를 인정받을 수 있는 구조가 NFT 블록체인으로 보장됐으므로 이제 무엇으로 팔 수 있는 가치를 만들어 낼 수 있는가를 고민하기만 하면 된다. 사용자들이 콘텐츠 개발과 아이템 개발에 적극 참여하는 메타버스 생태계만의 '콘텐츠 마켓'을 활성화시키는 시스템이 만들어진 것이다. 결국 다양한 활동으로 가상화폐가 축적돼 일정 금액이 되면 플랫폼의 가상화폐는 현실에서 실제 돈과 경제적인 교환이 가능해야 한다.

플랫폼 입장에서는 자신들만의 가상화폐를 갖고 있어야 블록체인이나 NFT를 통해서 다른 플랫폼들과 서로 호환돼 통용되는 경제시스템을 구축할 수 있게 된다. 최근에는 다양한 기업들이 메타버스 플랫폼들과 제휴를 맺으려 하고 있다. 이때 주의해야 할 점은 플랫폼 마켓이 얼마나 활성화 돼 있는지와 가상화폐 수익을 현실의 돈으로 쉽게 전환 가능한 지이다.

메타버스에서 돈을 벌고 사용하기 위해서 반드시 알아야 할 것 중 가장 중요한 하나는 '결제'이다. 대부분 잘 인식하지 못하지만 메타버스에서 가상화폐를 활용하려면 '결제 시스템'이 중요하다. 그렇다면 사용자들이 아이템 구매를 결정하면 누가 돈을 벌게 될까? 플랫폼 제작자도 돈을 벌고 아이템 크리에이터도 돈을 벌지만 가장 돈을 많이 버는 것은 '인앱 결제시스템'이다. 웬만한 거래 상품들은 구매를 결제할 때마다 최대 30% 이상의 수수료를 내야 한다. 인앱 결제 시 적용되는 강제 조항이 계약에 의해서 작동하기 때문이다. 결국 메타버스에서 사용자들의 참여가 활발해지고 판매와 구매가 마구 일어나서 결제가 많이 일어나면 결국 '인앱 결제시스템'도 돈을 많이 벌게 되는 구조이다.

하지만 메타버스가 확실하게 판을 뒤집는 메가트렌드가 되기 위해서는 선결문제들이 존재한다. 일단 가상세계인 메타버스는 현실세계와 원활하게 접속되는 방법을 다양하게 구축해야한다. 접근자체가 용이해야 대중적인 시장으로 인정받을 수 있다. 결제 시스템이 상당히 발전하고 있지만 일반 대중들에겐 아직 생소하기만 할 뿐이다. 더 접근이 쉽게 만들어 많은 사람들이 어려움 없이 이용하게 만들지 못하면 소수계층만 사용하는 반쪽짜리 세계관으로 끝나버릴 위험도 공존하고 있다.

메타버스라는 생태계가 어느 한, 두 사람 또는 특정 기업이나 기관의 소유물이 된다면 그야말로 통제와 감시가 난무하는 가상현실 지옥이 될 가능성이 높다. 그건 바람직한 메타버스 생태계가 아니다. 가장 이상적인 메타버스는 모두가 참여하고 모두가 공유가능하고 안전한 생태계이다. 그게 어떻게 가능할까 싶지만 블록체인 기술이 그러한 약속을 가능케 만들어 줄 것이다. NFT도 블록체인 기반의 보증과 스마트 계약으로 존재가 성립된다. 결국 메타버스의 생태계는 이용자들 모두의 참여와 기여, 공유, 경험과 취향으로 만들어지는 세계관일 때 가장 바람직할 것이다.

특히 사용자들의 참여가 굉장히 중요한 요소이다. 사용자들이 게임을 직접 개발해 판매하고, 콘텐츠도 직접 제작하고, 아이템도 스스로 만들어서 판매하고, 구매하는 생태계를 유지하고 발전시켜 나가야 한다. 운영체계가 특정한 누군가에게 독점 되지 않는 열린 생태계만이 강력한 콘텐츠가 작동할 수 있는 안전한 기반이 될 것이다.

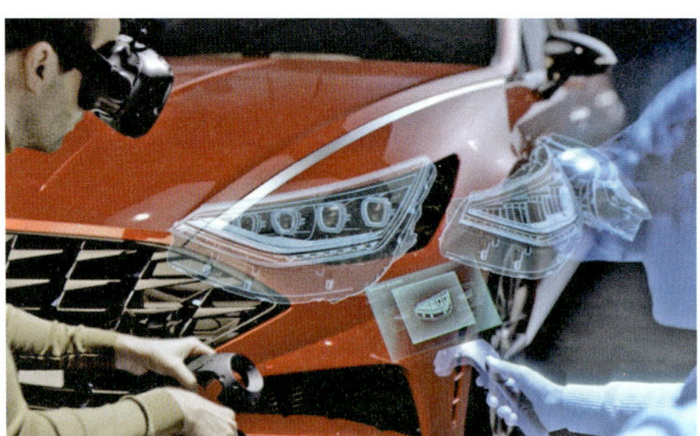

[그림2] 자동차 디자이너들이VR장비를 착용하고 가상으로 설계를 검증하고 있다.
(출처 : 전자신문 2020.03.31.)

6) 온택트 VS 메타버스

'온택트'란 단어는 최근 사용하기 시작한 신조어이다. '비대면'을 일컫는 '언택트(Untact)'라는 신조어에 온라인을 통한 외부와의 '연결(On)'을 뜻하는 'ON'을 더한 개념으로, 온라인을 통해 연결되는 사회 또는 라이프스타일 활동방식을 의미한다. 현실세계는 언젠가부터 사람이 사람을 만나는 행위가 통제를 받기 시작했다. 정말 슬픈 현실이긴 하지만 현실적으로는 사회적으로 공감을 약속한 상태이므로 받아들일 수밖에 없는 상황이다. 이런 사회적인 환경 하에서도 사람과 사람은 만나야만 하는 상황들이 발생할 수밖에 없다. 그래서 '온택트'라는 방식이 통용되기 시작하는 것 같다.

온라인으로 연결하지만 오프라인에서 하던 활동을 계속 이어나갈 수 있게 하려는 시도인 것이다. 팬데믹으로 인해 사회 전반에 걸쳐 비대면화와 디지털화가 가속화되고 있는 상황에서 메타버스의 출현은 많은 사람들에게 희망적인 메시지와도 같다. 메타버스는 온택트의 업그레이드 버전이라고 할 수도 있겠다. 단, 어떻게 활용하는 것이 효과적인가 하는 과제만 남았다. 각자의 처한 환경, 업종, 목적, 이용 동기에 따라 각기 다를 수밖에 없을 것이다. 하지만 온택트 생활을 통해서 비록 온라인이지만 사회적인 존재로서의 정상에 가까운 생활을 이어나가기 원한다면 새로운 도구로써 메타버스 플랫폼을 적극적으로 활용해 보는 것을 강력 추천한다. 언택트가 외부 세계와의 완전한 단절을 의미한다면 온택트는 온라인으로라도 외부 세계와 연결을 시도하는 것이라고 설명할 수 있다. 이 온택트에 메타버스를 얹으려고 시도해보자는 것이다.

불과 몇 개월이 되지 않은 것 같은데 언제부턴가 '메타버스'란 용어를 계속 듣고, 보다 보니 왠지 낯설지가 않다. 더 이상 언택트를 지속하는 것은 불가능하고 '온택트'를 해야만 하는 상황에서 '메타버스'가 등장한 것이다. 새롭게 등장했다 라기 보다는 원래 존재 했었지만 기술적인 문제, 인식의 문제 등으로 빛을 보지 못하고 있다가 시대적인 환경의 변화로 인해서 재 등판 하게 된 것이다. 야구에서 쓰는 용어인 '등판'을 사용한 이유는 메타버스가 그야말로 '구원투수'처럼 혜성같이 나타났기 때문이다. 메타버스가 이 막막한 현실을 구원해주는 구원투수 역할을 해주기를 바라는 사람들이 많을 것이다.

현재 메타버스는 모든 사람들의 기대와 관심을 한 몸에 받고 마운드에 올라온 상황이다. 게다가 과거의 메타버스와는 180도 달라진 메타버스로 등판한 것이라 더욱 기대감을 높여주고 있다. 과거와 완전히 차별화 되는 점은 탁월한 IT, AI 등 최첨단 기술력을 탑재했다는 점이다. 여기에서 말하는 기술력은 AI, IT적인 기술은 물론이고 NFT, 블록체인 같은 금융거래, 계약기술, 사용자가 곧 생산자로 참여하고 판매도 하는 참여 형 경제생태계 기술 등을 다 포함하는 것이다. 그래서 메타버스의 재등판은 충분히 기대할만하다.

메타버스 온택트 전략에 가장 목마른 업계들 중 하나는 금융업계일 것이다. 카카오뱅크 등장으로 금융업계의 판이 뒤집어졌기 때문이다. 디지털 금융에 대해 큰 충격을 받은 기존의 오프라인 금융기업들은 매우 신속하게 메타버스 전담팀을 구성해서 각 플랫폼들을 선점하기 위해 만반의 준비를 하고 있는 듯하다. 벌써 메타버스형 비즈니스를 계획하고 일부는 발 빠르게 전개해 나가고 있다. 모바일뱅크 시장의 선점은 놓쳤지만 메타버스 시장은 놓치지 않겠다는 의지와 각오가 남다른 듯하다. 벌써부터 메타버스 플랫폼 안에 사옥을 짓고 홍보관, 미술관, 영업점포를 입점 시켰다. 조만간 실제 사용자들을 대상으로 메타버스 공간에서 금융서비스를 제공할 것이라고 한다.

오프라인 공연장이 폐쇄된 엔터테인먼트 업계도 생존의 위협을 느끼는 상황인 것은 다른 업계와 마찬가지다. 무조건 사람 중심으로 오프라인 무대가 주 무대로 활동을 전개 해오던 엔터테인먼트 업계와 광고업계에서는 아바타를 모델로 전격 기용하기 시작했다. 그런데 코로나 비대면 상황으로 비대면 콘텐츠에 익숙해진 사람들의 반응은 놀라울 정도로 좋았다. 아바타 가수, 아바타 모델의 성공 가능성이 증명된 것이다. 이에 엔터테인먼트 업계는 메타버스와의 전략적인 제휴 등을 통해서 현실 세계와 가상세계를 사람과 아바타들이 동시에 활동 가능한 메타버스 무대로 만들어 가려는 긍정적인 계획을 세우고 있다.

관련업계는 물론이고 정부기관, 지자체 관공서들도 메타버스에 큰 관심을 갖고 있다. 이미 많은 기관, 지자체들이 메타버스를 활용한 행사 및 프로그램을 진행 중이거나 기획중이다. 메타버스가 성공하려면 인공지능, 가상현실, 블록체인 등의 기술력과 시스템이 조화롭게 연동돼야한다. 정부에서 정책적으로 지원이 이뤄지고 기업들이 적극적으로 동참한다면 사람들은 한층 더 다양하고 더 현실감 있는 온택트 메타버스 가상세계를 경험할 수 있게 될 것이다.

7) 유통업 VS 메타버스

조만간 대규모 유통공간의 시설을 핵심경쟁력으로 설정하고 있는 백화점, 할인점, 쇼핑몰들은 점점 심각한 경영난에 빠지게 될 것이다. 실제로 미국, 일본의 전통 있는 유명 백화점들, 쇼핑몰들, 할인점들이 순식간에 사라지는 일들이 심심치 않게 발생한다. 유통기업들은 새로운 돌파구를 발견해야만 하는 절대 절명의 상황일 것이다. 아무리 브랜드가 유명하고 전통이 있어도 오프라인에 사람들이 방문하지 않으면 게임은 끝이다. 제 아무리 뛰어난 경영자라 할지라도 해결할 방법이 없다. 이때 필요한 것은 '판'을 바꾸는 것이다. 새로운 전쟁터를 만들어야 생존할 수 있다. 그때 나타난 것이 메타버스이다.

유통업계가 메타버스의 가능성에 올 인하는 듯한 모습이 보이는 것은 이러한 상황적 배경 때문이다. 유통업계가 메타버스의 판에 뛰어드는 가장 이상적인 형태는 직접 플랫폼을 구축하는 것이다. 하지만 유통업체가 쉽게 메타버스 플랫폼 개발에 쉽게 뛰어들 수는 없다. 첫 번째는 엄청난 개발비용에 대한 리스크를 고려해야만 할 것이고, 기본적으로 IT 기업이 아니라는 점이다. 당연히 기술력도 노하우도 경험도 부족하다. 대기업의 경우에는 가능하겠지만 신중하게 투자를 결정해야 할 것이다.

대안으로 생각할 수 있는 것이 기존의 플랫폼에 입점하는 것인데 일단 테스트 차원에서는 가능하지만 경제적으로 큰 매력은 없을 것이다. 플랫폼에 지급하는 수수료와 결제시스템에 지급하는 수수료를 제하고 나면 실익이 크지 않을 것이다. 게다가 유사 경쟁업체들과의 경쟁을 피할 수 없을 것이다. 하지만 초기 투자비용이 크지 않으니 메타버스 시장의 소비자 반응을 테스트 해보기에는 일단 합리적인 선택일수도 있다.

8) 메타버스가 가져올 미래

게임과 메타버스의 가장 큰 차이점은 게임은 주어진 룰에 의해 진행되고 경제적인 수익은 게임을 개발한 업체에서 독차지 하지만 메타버스는 사용자들이 자기에 맞는 룰을 정해서 게임을 하거나 활동을 하는 것이 가능하다. 그리고 자신이 직접 크리에이터가 돼 아이템을 제작하고 판매할 수 있다. 또한 판매수익으로 확보한 가상화폐를 현실세계에서 돈으로 환전하는 것이 가능하다는 점이다. 사용자들은 메타버스 안에서는 무엇이든 될 수 있고 무엇이든 할 수 있다. 가상세계인 메타버스가 현실적으로 매력적인 점은 사용자가 메타버스에서 진행한 경제활동으로 현실세계의 수익이 돼 현실적인 활동에 반영된다는 것이다. 그런 면에서 보면 사용자는 현실세계에서 살면서 돈을 벌려고 가상세계로 출근하는 것과 같은 라이프스타일이 자연스럽게 만들어지는 것이다.

메타버스는 현재 비대면 방역상황, 관련기술, 사회·문화·예술적인 요소 등 다양한 분야들과의 접점에서 현실세계와 가상세계를 이어주는 매개체 역할을 해야 할 상황이다. 코로나 팬데믹 상황으로 오프라인 비즈니스에 심각한 타격을 입은 기업들을 중심으로 기존의 오프라인 비즈니스를 메타버스 가상세계로 이전하려는 계획을 추진 중이다. 물론 단순 공간 이동만을 의미하지는 않는다. 비즈니스 자체를 디지털 비즈니스로 전환하는 계기가 될 것으로 전망한다. 어떻게 보면 4차 산업혁명의 전환시기와 발전을 앞당기는 계기가 되는 것 같다.

메타버스는 다음 단계로 진화하는 총명한 불꽃인 것은 확실하긴 하지만 시작만으로 성공을 낙관하기엔 이르다. 불꽃이 불길로 타올라야 한다. 불꽃이 꺼지기 전에 불을 더 키우기 위해 불꽃을 불길로 만드는 방법을 연구하고 다양한 방법들을 실행해 봐야 한다. 메타버스가 유통업계의 주목을 받는 이유는 '확장 가능성'이다. 현실세계와 달리 메타버스에는 공간의 크기와 규모, 거리 등의 물리적 제약이 존재하지 않는다는 점이 가장 큰 장점이다. 실제로 국내 한 가수가 메타버스 플랫폼에서 개최한 사인회에는 전 세계에서 4,500만 명의 팬이 찾아왔다. 대한민국 인구가 5,000만이니까 전 국민이 그 가수의 메타버스 사인회에 참석한 것과 같다. 엄청난 일이다. 이런 일은 그야말로 메타버스니까 가능한 일이다. 현실세계에서 4,500만 명이 한 장소에 모인다는 것은 불가능하다. 그만큼 메타버스가 어마어마한 잠재력을 갖고 있다는 것을 다시 한 번 깨닫게 해준 사례이다.

가장 확실한 예측은 스스로 직접 미래를 만들어 가는 것이라고 한다. 결국 우리가 가야하는 방향이 확실하고 그렇게 미래를 만들어가고 싶다면 우리 모두가 직접 '메타버스 생태계'를 만들어 나갈 계획에 적극적으로 동참해야한다. 메타버스 생태계는 어떻게 만들어지는가? 일단 관련 기술의 생태계가 조성되고 발전돼야 한다. 사실 '기술'이 핵심이다. 필요한 기술과 함께 협력 연구 컨소시엄을 구축해 핵심기술을 지속적으로 개발해야 한다. 각 분야의 전문가들의 커뮤니티를 구축하고, 활성화시켜서 다양한 분야에서 협력과 제안이 이뤄질 수 있는 자유로운 환경을 구축해야 한다.

메타버스 생태계라는 것이 이거다 하고 정해진 것이 존재하는 것은 아니다. 다만 우리가 메타버스를 잘 이해하기 위한 중요한 단서들을 연결시켜 '넥스트 생태계'를 예측해 보자는 것이다. 그래야 지금 현재의 메타버스를 이해하는 것뿐만 아니라 '메타버스 생태계'가 어떻게 형성될 지와 만들어가야 할지에 대한 방향성을 잡을 수 있을 것이다. 메타버스 플랫폼을 사용하는 사람들은 아바타를 활용해 메타버스에 참여한다. 사용자들은 아바타가 돼 메타버스 안을 자유롭게 이용한다. 현재 긍정적인 미래를 제시하고 있고 사람들은 그것을 믿고 싶어 한다. 메타버스가 행복한 미래를 저절로 가져다주는 것이 아니다. 메타버스를 이해하고, 함께 준비하고, 함께 참여하고, 메타버스를 활용해 어제보다 더 나은 미래를 만들어가겠다는 굳은 의지가 필요하다.

[그림3] 스마트폰으로 실내외 AR 네비게이션을 이용하는 화면
(출처 : 맥스트/인공지능신문 2020.05.22.)

2 메타버스 콘텐츠 전략

1) 플랫폼에서 콘텐츠로

메타버스가 활성화 단계로 향해 가면서 사람들의 플랫폼 구축에 대한 관심이 '콘텐츠'로 옮겨 갔다. 플랫폼도 중요하지만 핵심은 콘텐츠라는 것을 인식했기 때문이다. 메타버스 세계관이 성공할 수 있느냐 없느냐도 콘텐츠의 경쟁력에 의해 좌우될 것이다. 메타버스의 모든 전략도 콘텐츠에서부터 시작돼야 한다. 이상적인 메타버스 생태계는 강력한 콘텐츠가 우선이고 그 뒤를 NFT와 블록체인이 가치 보장 및 돈의 순환 구조와 경제시스템을 구축해나가는 명확한 구조가 돼야 할 것이다. 경쟁력 있는 콘텐츠를 개발하는 것에 집중해야 한다. 하드웨어의 개발도 중요하지만 그 시작은 항상 소프트웨어라 할 수 있는 콘텐츠에서부터 시작돼야 한다. 그래야 메타버스의 세상이 제대로 된 방향으로 발전해 나갈 것이라 확신한다.

이처럼 성장 잠재력이 무한대라고 할 수 있는 메타버스의 신세계에서 새로운 성공기회를 발견하려는 사람들이 지속적으로 증가하고 있다. 자사의 브랜드와 콘텐츠를 메타버스에서 마케팅 해 현실세계에서의 실제 구매로 연결시키려고 시도하는 지자체와 기업들도 계속 늘어나고 있다. 정부부서 및 지자체들은 국민들, 지역민들과 소통하고 경험할 수 있으면서 특히 문화, 관광, 축제, 산업 등의 발전에도 적용 가능한 메타버스 콘텐츠 기획에 박차를 가하고 있다.

콘텐츠 제작사들은 사용자가 메타버스 환경에서 다양한 디지털 콘텐츠를 양방향으로 즐기면서 새로운 사용자 창작 콘텐츠를 기획할 수 있는 플랫폼을 준비 중에 있다. 그리고 NFT 기술을 접목한 콘텐츠 마켓 플레이스를 구축해 기획, 제작, 유통까지 선점할 준비를 진행 중이다. 또한 그동안 차량생산에만 메타버스 기술을 활용해 온 자동차 제조업계는 이제는 아예 고객들이 메타버스 가상세계에서 차량을 운전하는 경험을 해볼 수 있는 브랜드 경험 설계형 콘텐츠를 기획하고 있다.

메타버스 콘텐츠가 증가하면 할수록 콘텐츠 기획의 전문성이 중요한 경쟁력이 될 것이다. 이제 메타버스가 플랫폼 경쟁력의 시대에서 콘텐츠 경쟁력의 시대로 변화하고 있다. 콘텐츠의 경쟁력이 상승하게 되면 메타버스는 플랫폼보다는 세계관이라는 표현이 더 적합할 것이다. 그만큼 대단한 가상세계가 펼쳐질 것이라는 의미일 것이다. 메타버스를 신대륙에 비유한다면 콘텐츠는 정복자들의 무기다. 무기가 강력할수록 정복의 속도와 힘이 생기듯이 경쟁력 있는 콘텐츠가 메타버스에서의 성공을 결정한다.

경쟁력 있는 콘텐츠란 이용자들의 경험으로 설계한 콘텐츠로 목표고객들을 많이 모아주는 콘텐츠이다. 그렇게 모인 목표고객들이 오래 머물게 만들고 목표고객들에게 자사 브랜드 아이덴티티를 잘 기억할 수 있게 만드는 콘텐츠가 좋은 콘텐츠이다. 목표고객들과 원활하게 소통할 수 있게 도와주는 콘텐츠가 좋은 콘텐츠이며 한마디로 콘텐츠가 모든 것이라고 할 수 있는 시대가 될 것이다. 왜냐하면 메타버스라는 가상현실세계는 각각의 콘텐츠로 한 층 한 층 쌓아올린 빌딩과 같은 생태계를 갖고 있기 때문이다. 콘텐츠의 경쟁력만 좋다면 메타버스 세상에서는 하지 못할 일이 없다. 그게 메타버스 세계관의 가장 큰 장점이며 동시에 사람들이 메타버스 세계관에 열광하는 이유일 것이다.

2) 콘텐츠가 만드는 가상세계

메타버스에 접속만 하면 현실세계에 존재하지 않는 가상현실의 세계가 펼쳐지고, 바꿀 수 있는 환경이나 설정이 많지 않은 현실세계와 비교한다면 가상현실세계는 뭐든지 내가 원하는 대로 설정이 가능하다. 내 모습도 바꿀 수 있고, 이름도 바꿀 수 있으며, 직업, 운명, 라이프스타일 등을 완전히 내 마음대로 결정할 수 있다. 그렇다고 메타버스 세상이 현실세계와 완전한 단절을 의미하는 것은 아니다. 현실을 도피하는 개념보다는 현실을 증강시키는 역할이 좀 더 긍정적일 것이다.

현실세계와 가상세계를 통합하거나 연동하는 방법도 이상적이다. 예를 들어서 가상세계의 옷가게에서 가상화폐를 지불하고 마음에 드는 옷을 구매했다. 다음날 아침에 집으로 그 옷이 배송되는 것이다. 이런 케이스가 이상적인 가상세계와 현실세계가 연결 된 콘텐츠이다. 메타버스 가상세계는 사실 콘텐츠로 구성된 세계라고 표현해도 크게 틀리지 않는다. 그만큼 메타버스에는 콘텐츠가 중요하다. 아무리 하드웨어가 좋고 장비가 좋다고 해도 매력적인 콘텐츠가 없으면 바로 한계가 올 것이다. 아무리 활동참여와 자유도가 높다고 해도 모든 것을 사용자들이 진행해야만 하는 구조라면 사용자들은 금방 지치게 될 것이다. 지치면 곧 흥미를 잃게 되고 콘텐츠는 계속 부족한 상황이 될 것이다. 콘텐츠가 계속 부족하게 되면 사용자들이 그 플랫폼을 떠나게 된다. 플랫폼이 어느 정도의 안정적인 궤도에 오르기 전까지는 플랫폼 개발업체가 지속적으로 좋은 콘텐츠를 업로드 해야 한다.

플랫폼 개발자가 아무리 구조를 잘 만들어 놔도 콘텐츠가 없으면 사람이 모이지 않을 것이고 사람이 모이지 않으면 그 플랫폼은 지속적으로 운영될 수가 없을 것이다. 플랫폼이 오래 유지되고 계속 성장하기 위해서는 초반에 좋은 콘텐츠가 많이 세팅돼야 한다. 매력 있는 콘텐츠에 사용자들이 자유롭게 참여할 수 있게 오픈 해둬야 한다. 그리고 사용자들이 크리에이터로 참여해 발생하게 되는 경제활동에 대한 금전적인 보상은 합리적이고 안정적으로 보장돼야 한다.

코로나19 상황으로 많은 사람들이 재택근무를 한다. 최근에는 아예 회사출근 없이 메타버스 가상오피스에서 업무를 보는 사람들도 많아졌다. 집에서 근무하는 것이 아니라 가상세계로 출근하는 것이다. 그게 그거 아니냐고 말하는 사람들도 있겠지만 실제 경험을 해보면 완전히 다르다. 재택근무는 그야말로 혼자서 일하다가 꼭 필요한 경우에만 화상회의 등으로 접속하는 경우가 대부분이다. 하지만 가상오피스는 진짜 가상 오피스에 출근을 해야 한다. 내 책상도 있다. 책상에 앉으면 옆자리에 있는 동료와 비록 화상이지만 얼굴을 대면하고 대화를 한다. 처음에 옆에서 보면 아이들 장난 같기도 하고 웃기는 상황처럼 보이지만 실제로 그 안에서 근무해보면 현실감이 있다. 진짜 현실세계에서 근무하는 것과 같은 생생함을 느낄 수 있다. 물론 가상오피스에는 내가 들어가는 것이 아니라 내 아바타가 출근한다. 옆자리 동료도 아바타이다. 하지만 대화가 필요할 시에는 화면이 켜지면서 진짜 얼굴을 보고 대화 하는 것이 가능하다.

사용자들은 메타버스 속 가상세계에서 다양한 직업의 아바타로 참여하는 것이 가능하다. 아바타를 통해서 아이템을 사고파는 경제활동도 가능하다. 성공적인 플랫폼일수록 자유로운 분위기이다. 통제하는 요소가 많지 않고 진입장벽이 낮아져야 사용자들이 쉽게 들어왔다가 나갔다가 할 수 있는 자유롭고 편리한 공간이 된다. 불

법적인 요소는 적절하게 통제해야 할 필요가 있겠지만 그 외 활동에 대해서는 자유를 부여해야한다. 메타버스로 만들어진 가상세계는 현실세계와 다른 규칙이 필요할 수도 있을 것이다.

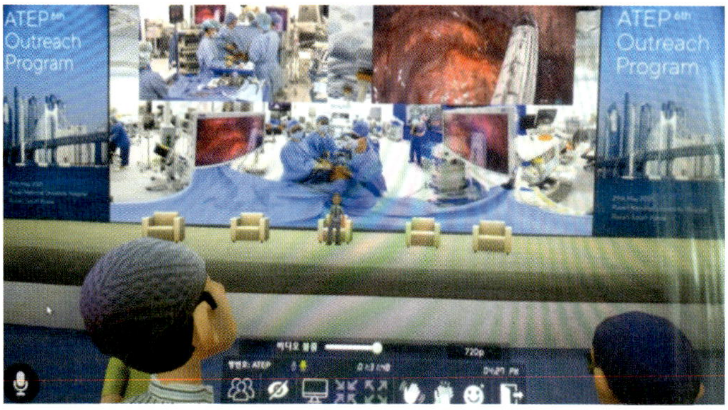

[그림4] 라이브 서저리 세션을 지켜보며 토의중인 아바타 참속자들 모습
(출처 : 분당 서울대 병원제공/형태의 매일신문 2021.08.30.)

3) 콘텐츠 경쟁력

일단 사용자들을 플랫폼에 오랜 시간 머물게 붙잡아 두는 경쟁력 있는 콘텐츠가 있어야 한다. 오프라인 유통 분야의 한 조사에 의하면 사용자들이 오래 머무는 체류시간과 매출은 정비례한다고 한다. 그래서 사용자들이 오래 머물게 만들어야 한다. 오프라인이 아니라 온라인인 점은 다르지만 가상현실세계를 활용하면 긴 시간 지루하지 않게 만들 수 있다. 오래 머물다보면 더 다양한 활동에 참여하게 될 것이다. 여기 저기 관심을 갖고 가상공간 속을 돌아다니다 보면 다양한 사람들도 만나게 될 것이고 다양한 성공과 실패의 사례도 보게 될 것이다. 그러다 보면 사용자가 스스로 경제활동에도 자연스럽게 참여하게 될 것이다.

처음에는 흥미 반 취미 반으로 시작하겠지만 내가 재밌어서 하는 활동이 돈으로 가치가 전환되는 경험을 한번 하게 되면 전업 크리에이터가 되는 것을 진지하게 고민하게 될 것이다. 결국 사용자들이 열린 마인드로 콘텐츠의 경쟁력을 만들어가거나 스스로가 콘텐츠 생태계의 구성원으로 살아가게 만드는 경쟁력 있는 콘텐츠를 만들어야한다.

탁월한 콘텐츠는 2가지 핵심 경쟁력을 갖춰야 한다. 첫 번째는 '사용자들의 경험을 설계'하는 능력이 있어야한다. 사용자들의 경험이란 당신의 콘텐츠를 즐기는 사용자들이 그 콘텐츠에 대해서 느끼는 경험을 말한다. 좋은 경험, 안 좋은 경험 모두를 취합하고 분석해야한다. 그리고 그 분석 결과를 토대로 다시 콘텐츠를 기획하고 설계하는 것이다. 그 과정이 바로 사용자의 경험을 설계하는 것이다. 사용자 경험설계가 훌륭할수록 콘텐츠에 대한 고객들의 만족도도 높아질 것이다.

두 번째 경쟁력은 '브랜드 경험을 설계'하는 것이다. 유통기업들의 경우 메타버스에서 얻고자하는 것은 브랜드 인지도 향상과 상품판매 2가지일 것이다. 그렇다면 목표고객인 사용자들에게 효과적으로 자사의 브랜드 아이덴티티를 어필할 수 있어야 하고 한번 경험한 사용자들에게 브랜드에 대한 호감을 심어줘야 할 것이다. 그게 브랜드 경험설계이다. 자사 브랜드의 인지도와 호감도를 높이기 위해 브랜드에 대한 좋은 경험을 축적해갈 수 있도록 유도해나가는 것이 브랜드 경험설계이다.

사용자 경험설계와 브랜드 경험설계를 기반으로 기획된 콘텐츠는 강력할 수밖에 없을 것이다. 지속적으로 경험설계 기반의 콘텐츠 보완과 업그레이드가 진행되면 사용자들이 좋아할 수밖에 없는 콘텐츠가 만들어지고 자사의 브랜드 인지도는 향상될 것이다. 그 단계에 다다르면 목표고객들이 유통기업의 메타버스 세계 안에 건설한 유통공간에서 브랜드를 경험하고 실제 상품이나 서비스 구매로까지 연결시킬 수 있게 될 것이다.

글로벌 명품 브랜드들도 메타버스에서 신상품을 출시하고 판매까지 하고 있다. 이미 메타버스 신대륙 진출 경쟁은 시작됐다. 유통업계는 이제 메타버스 공간을 오프라인과 온라인을 효과적으로 통합할 수 있는 이상적인 공간으로 인식해가고 있는 듯하다. 새로운 수익창출의 유통채널로 세팅하려고 전략을 세우고 있다. 메타버스에서 당장은 상품의 매출이 발생하지 않더라도 브랜드를 경험하게 해줄 수 있다면 브랜드 인지도 향상에 도움이 될 것으로 판단하고 있다. 그렇게 메타버스 안에서 브랜드 인지도와 호감도가 높아지면 결국은 현실세계에서는 온라인 마켓이나 오프라인 점포에서 매출이 증가할 것이라고 확신하고 있는 것이다.

수익화 전략이란 한마디로 '메타버스에서 어떻게 돈을 벌수 있을까?'이다. 메타버스 열풍이 전 세계를 강타하고 있다. 세계 최대 소셜 플랫폼인 페이스 북조차도 수년 내에 메타버스 회사로 변신하겠다고 선언하고 있는 것이 현실이다. 결국 메타버스가 수익화가 될 것 같다고 예측하는 사람들이 많다는 이야기다. 기업들의 메타버스 수익전략은 어떤 것일까?

일단 메타버스는 아직 누구도 가본 적 없는 엄청난 잠재력을 가진 신대륙이다. 이미 메타버스를 기반으로 엄청난 수익을 창출해서 억만장자가 된 사람도 있지만 아직은 일부인 극히 소수일 뿐이고 누구나 인정할 만한 메타버스에서의 수익창출 성공사례는 아직 많지 않다. 하지만 아직 성공사례가 많지 않다는 점이 메타버스 시장이 매력적인 이유이다. 아직 성공하는 방법이 알려지지 않았지만 무한한 잠재력을 가진 새로운 시장이란 점은 엄청난 성공 가능성이 있다는 뜻이기도 하기 때문이다.

4) 콘텐츠 마켓

메타버스에서 콘텐츠의 중요성을 언급했지만 '콘텐츠의 유통'도 그에 못지않게 중요하다. 좋은 콘텐츠가 있다면 그 콘텐츠를 사고팔고 할 수 있는 마켓이 필요하다. 메타버스가 점점 그 활동영역을 넓혀갈 것으로 전망되는데 메타버스가 활성화되면 문화, 예술, 소통, 모임, 행사 등의 진행방법도 변화하게 될 것이다. 방법이나 도구는 기술력으로 결정되고 기술이 메타버스 콘텐츠 마켓을 변화 시킬 것이다. 메타버스에 사용가능한 기술을 콘텐츠 마켓에서 팔게 될 것이다. 기술개발이 활발하게 이뤄지고 그 기술과 콘텐츠가 유통되는 콘텐츠 마켓이 활성화되면 메타버스 플랫폼은 더욱 많은 것을 할 수 있는 가상공간을 제공하게 될 것이다.

이용자들은 플랫폼 개발사도 생각하지 못한 창의적인 방식으로 콘텐츠를 개발하고 활용할 것이다. 콘텐츠 마켓이 메타버스를 발전시키기도 하겠지만 반대로 메타버스의 발전이 콘텐츠 마켓의 성장에 기여할 것이다. 메타버스 생태계가 순환되는 과정 속에 콘텐츠 마켓도 포함되기 때문이다. 메타버스가 기술력의 힘을 빌어 계속 발전하면 우리가 지금 넷플릭스나 유튜브를 구독하듯이 간단한 방법으로 콘텐츠를 즐길 수 있게 되며 수많은 콘텐츠가 저장된 메타버스 콘텐츠 마켓을 넷플릭스처럼 정기구독하게 되는 날이 올 것이다.

원래 비디오 대여점이었다가 온라인 동영상 구독 브랜드가 된 넷플릭스가 최근에는 직접 콘텐츠를 많이 제작한다. 유통망을 장악한 기업이 직접 콘텐츠를 기획하고 제작까지 참여하는 것이다. 메타버스 플랫폼들도 비슷한 경로로 성장해가지 않을까 예측할 수 있다. 현재 콘텐츠 제작사들이 '버추얼 스튜디오'를 구축해 직접 가상 콘텐츠를 제작하고 있다. 메타버스 가상 현실세계에 필수인 콘텐츠를 본격적으로 생산하고 공급하기 위해서이다. 제작자들이 유통의 생태계에 진입하려는 시도로 보인다.

메타버스는 한두 가지의 특정 기술이나 콘텐츠를 지칭하는 단어가 아니다. 전반적인 트렌드를 표현하는 단어이다. 따라서 메타버스 세계관에 관련된 분야는 다양하고 그 숫자도 많다. 일부 제작사들과 플랫폼들은 메타버스 가상현실세계를 효과적으로 구현해 줄 실감형 콘텐츠를 기획하고 제작하고 있다. 가상현실 경험형 콘텐츠를 제작하는 기업들은 차세대 성장 동력으로 주목 받고 있는 실감형 콘텐츠 제작과 유통을 선점하기 위해 버추얼 프로덕션 스튜디오 구축에 투자하고 있다. 엔터테인먼트 플랫폼들도 메타버스 관련 기술 보유회사들과 업무협약을 맺고 콘텐츠 기획, 제작, 생산, 유통을 통합해 글로벌 콘텐츠 마켓을 선점하기 위한 경쟁력 있는 콘텐츠 제작을 진행하고 있다.

메타버스의 성장 동력이 콘텐츠라고 했지만 역설적으로 메타버스의 한계도 콘텐츠가 될 수 있다. 가상세계에서 나를 표현하는 것만으로는 유입을 늘리고 체류시간을 늘리는데 한계가 존재한다. 그 한계를 돌파 해줄 솔루션이 콘텐츠 마켓이 돼야 한다. 음악을 즐기는 콘텐츠, 책을 읽어주는 콘텐츠, 영화를 보는 콘텐츠, 교육이 이뤄지는 콘텐츠 등 다양한 콘텐츠들과 제휴하고 협업해야 한다. 그게 생태계의 생존력을 높여 줄 것이다.

콘텐츠 마켓을 공유하는 플랫폼으로 진화하는 것도 바람직한 방향이라고 생각한다. 메타버스의 세계는 승자 독점의 시대가 될 가능성이 높다. 경쟁력 있는 콘텐츠 마켓을 보유한 플랫폼 한두 개에 사용자들의 쏠림 현상이 발생할 가능성이 아주 높다. 아마존, 페이스 북, 유튜브, 네이버, 카카오, 배민, 쿠팡 같은 성공사례들을 보면 쉽게 예측이 가능하다.

메타버스 플랫폼에 유통기업들이 새로운 유통채널을 선점하기 위해서 앞 다퉈 진출을 모색하고 있다. 이미 메타버스 플랫폼에 진출해 좋은 성과를 거두고 있는 명품 브랜드들의 성공사례가 속속 발표되고 성공사례가 나오기 시작하자 그동안 반신반의하던 경쟁 브랜드들이 본격적인 진출을 준비하고 있다. 진출을 준비하는 업종은 패션부터 화장품, 먹거리, 부동산 등 다양한 영역으로 확산중이다. 유통업체들은 지금 사람들이 오프라인에 나타나지 않는 최악의 상황을 돌파하기 위해 메타버스에 서둘러 승차하고 있는 것이다.

메타버스에서 유통업계가 안착하기 위해서 준비해야 할 것은 무엇일까? 일단 탁월한 콘텐츠를 준비해야한다. 일단 고객의 관심을 끄는 콘텐츠를 기획해 꾸준히 제공해야한다. 그 콘텐츠에 반응하는 목표고객들이 내가 만든 가상세계에 모여들어서 즐길 수 있게 만들어야한다. 결국 탁월한 콘텐츠 마켓이 메타버스 생태계에서 점점 더 중요한 역할을 맡게 될 것이다.

[그림5] 스웨덴 가구 브랜드 이케아의 증강현실(출처 : 데이터넷 2017.10.03.)

3 메타버스 콘텐츠 기획

1) 메타버스 콘텐츠는 어떻게 기획하는가?

먼저 메타버스의 트렌드를 읽어야 한다. 계속 트렌드를 파악하면서 내가 제일 잘할 수 있는 핵심 경쟁력을 중심으로 새로운 지식과 경험을 습득해야 한다. 닥쳐올 메타버스 시대를 준비하고 있어야 한다. 최근에는 메타버스 열풍이 거세게 일어나고 있다. 사람들이 메타버스에 많은 관심을 갖는 이유는 단지 새로운 트렌드에 대한 호기심 보다는 수익이 될 것 같다는 판단에서 일 것이다.

메타버스에서 백만장자가 나오기도 한다는데 나는 메타버스에서 뭘 어떻게 해야 돈을 벌 수 있는지 궁금하기 때문이다. 현실을 초월한 가상세계에서 나는 돈을 얼마나 벌 수 있을까? 메타버스에서 패션, 액세서리, 소품 아이템 등을 만들어서 팔면 돈을 꽤 번다는데? 아바타들이 모여서 놀 수 있는 가상 건축물을 지어서 팔까? 등등 메타버스라는 공간 안에서 내가 가장 잘할 수 있는 분야를 선택해서 수익화를 하는 방법을 모색해야 할 때이다.

인터넷과 모바일 기술이 급속도로 발전하면서 사람들의 생활에도 많은 변화가 생겼다. 빠르게 변화하는 과정 속에서 사람들의 라이프스타일도 다양하게 변화 됐다. 최근에는 IT 기술의 발달로 소비자들이 스마트해지고 니즈와 원츠는 훨씬 복잡해지고 다양해졌다. 그에 따라 서로 다른 업종들은 서로 연결되고 융합하면서 시대의 변화에 빠르게 대처해 나가고 있다. 10년 전에는 한 분야에 정통한 전문가가 각광을 받았지만 지금은 웬만한 전문지식들은 기본적으로 인터넷이나 유튜브에 오픈되고 공유돼서 점점 일반 소비자들의 전문지식의 수준도 상향평준화가 됐다.

결국 한 분야의 전문가의 역할보다는 지금 시대에 필요한 전문가는 한 분야만 아는 전문가가 아닌 프로젝트가 진행되는 과정의 전반을 통합적으로 조율하고 큐레이팅 할 수 있는 프로젝트 매니저 같은 전문가이다. 콘텐츠가 제작되는 프로세스 전반적인 상황을 이해하고 콘텐츠를 사용하게 될 사람들에 대해 관심을 갖고 조사하고, 분석하고, 연구할 수 있고, 콘텐츠를 기획하고, 필요한 기능들을 만들거나 연결하고, 조합하는 것에 대한 폭 넓은 통찰력을 가진 콘텐츠 기획자가 필요한 시대다.

어느 사업이나 마찬가지지만 메타버스 콘텐츠를 기획해서 돈을 벌기 위해서는 내가 제공하는 상품과 서비스를 구매해 줄 고객이 존재해야 한다. 구매고객을 확보하기 위해서는 먼저 목표고객을 설정하고 그 고객이 갖고 있는 문제가 무엇인지 고민거리가 무엇인지를 찾아야 한다. 그래서 그 고민거리를 해결해 주는 해결책으로 상품과 서비스를 만들어야 한다. 목표고객들의 문제점을 해결해 주는 당신은 그 고객들에게 꼭 필요한 존재가 될 것이다.

그런 구매 최적화 환경이 설정된다면 당신은 굳이 팔려고 노력하지 않아도 고객들이 스스로 찾아와서 내가 판매하는 상품을 팔아달라고 요청하게 될 것이다. 자연스럽게 그들의 문제를 해결해 주는 존재로 브랜딩 될 것이다. 이제 고객들과의 관계는 단순히 상품을 사고팔고 하는 관계가 아니라 고마움을 느끼고 신뢰하는 관계가 될 것이다. 그러면 서로 소통하게 될 것이며 좋은 경험을 공유하게 될 것이다. 이것이 메타버스 콘텐츠를 만들 때 처음부터 제대로 잘 기획을 해야 하는 이유이다.

2) 팔리는 콘텐츠를 기획하라

자 그럼 이제 돈을 벌기위해 메타버스 안으로 들어가 보자. 메타버스에서 돈을 벌려면 우선 나의 아바타를 생성해야한다. 생성한 내 아바타가 메타버스 안에서 돈을 벌어 줄 것이며 더 효과적인 활동을 원한다면 가상세계의 플랫폼에 나만의 공간을 만들자. 잘 꾸며진 공간에 나를 신뢰해주는 고객들을 초대해서 브랜드를 홍보하고 상품의 정보를 알리자. 공짜 햄버거로 유혹해서 세트메뉴가 팔리게 만드는 전략이 온라인 공간에서는 효과적인 판매 전략이다. 처음에는 공짜 또는 낮은 가격으로 미끼상품을 고객들이 경험할 수 있게 유혹한다. 미끼 상품으로 긍정적인 경험을 한 고객들을 모아서 그 다음 구매결정 단계로 진행하게 된다.

다음 단계는 수익화 단계가 될 것이다. 메타버스에서 돈을 벌려면 먼저 가치 있는 것을 무료로 주자. 무료로 줄 수 있는 가치 있는 상품을 별도로 기획하는 것도 좋은 방법이다. 여기서 주의할 사항은 미끼상품은 반드시 가치를 느낄 수 있는 상품이어야 한다. 무료라고 해서 가치를 느낄 수 없는 상품을 제공한다면 그것으로 끝이다. 핵심전략은 미끼 상품을 널리 뿌려서 당신의 브랜드와 상품을 소비자들이 인지하거나 검색하게 만드는 것이다. 가치를 지닌 미끼 상품에서의 좋은 경험을 통해서 스스로 다가와 말 걸고 싶게 만들 것이다. 미끼 상품을 먼저 경험하게 만든 후에는 지속적으로 소통하고 이와 같이 2스텝 또는 3스텝 단계로 고객화를 진행하면 된다.

콘텐츠 기획은 전문성과 크리에이티브를 연결하는 일로써 정확해야 하면서도 창조적이어야 한다. 콘텐츠 기획의 정의는 '프로젝트를 진행하기 전에 콘셉트를 개발하고 프로젝트의 조건 및 진행을 매니지먼트 하는 업무'이다. 사회가 발전하면 할수록 사람들의 콘텐츠에 대한 요구사항도 많아지고 복잡해진다. 이러한 사회 변화에 따라 콘텐츠 기획의 중요성과 필요성은 계속 증가하고 있다.

콘텐츠 기획자는 의뢰인에게 전체적인 프로젝트 진행을 자문하고, 콘텐츠 기획단계에서 의뢰인이 꼭 알아야할 전문지식을 충분히 이해가능하게 설명해주게 된다. 콘텐츠 기획자는 사회, 경제, 환경에 대한 기본적인 지식이 있어야 하고, 이것을 소통에 적극 활용해야 하며, 가급적 데이터를 활용한 환경 분석과 예측으로 의뢰인의 의사결정에 도움을 줘야 한다. 프로젝트 진행일정을 수립하고 단계에 맞춰 업무를 진행한다.

메타버스 콘텐츠를 기획하려면 우선 명확한 기획대상과 목표를 설정한다. 동시에 여러 가지 목표에 도전하면 초점이 흐려져서 목표에 집중하기가 어렵다. 콘텐츠를 기획하는 목표를 단 하나만 선택하고 집중해야 한다. 프로젝트가 완성 됐을 때 목표 고객들을 유혹할 수 있는 매력적인 콘셉트를 개발해야 한다. 콘셉트에 대한 이미지를 구체적으로 표현하는 것이 중요하다. 예상되는 결과를 합리적으로 예측해 본 후 클라이언트가 검토할 수 있는 구체적인 기획서로 제안한다. 콘텐츠 기획은 콘텐츠 제작방향을 설정하는 것으로 방향 설정이 제대로 되면 나머지 일의 진행은 어렵지 않게 된다. 기업이나 관공서, 단체 등의 조직에서 기획안을 제시하고 실행에 옮기기 전 아이디어 구상단계, 진행하는 프로젝트 구상 단계에서 기획자가 참여하는 것이 가장 효과적이다.

[그림6] 삼성전자가 구축하는 미 국방부5G 트레이닝 테스트 베드 개념도
(출처 : 전자신문 2021.07.15.)

3) 기획자의 상상력

콘텐츠 기획자의 상상력은 가상현실이 된다. 목표고객, 사용자들이 스스로 찾아오게 만드는 상상력 넘치는 기발한 콘텐츠 기획력이 필요하다. 콘텐츠 기획자의 창의력은 타고난 재능이라기보다는 콘셉트를 개발하는 프로세스에 의해 도출되는 결과물이다. 기획에 필요한 리서치를 통한 데이터를 바탕으로 목표고객들이 선호하는 콘셉트를 개발할 수 있어야 한다.

상상은 공상과 다른 개념이다. 아무 의미 없는 공상과 달리 상상은 '실현가능한 가치의 구체적인 제안'이다. 사용자들이 콘텐츠에 몰입하게 만드는 기획은 누가 주인공이 될지 궁금하게 만드는 것이다. 게임이 아니더라도 마치 게임처럼 퀘스트가 주어지고 궁금 거리를 콘텐츠 곳곳에 숨겨 둔다면 사용자들은 콘텐츠를 진심으로 몰입해서 즐기게 만들 수 있게 된다. 그렇게 되면 기획에서 설정한 목적과 목표를 조기에 달성 가능할 것이다.

사건과 사고, 갈등과 해소 등의 요소를 콘텐츠 안에 배치한다. 퀘스트를 사용해서 고객의 관심과 눈길을 사로잡자. 메타버스의 콘텐츠는 행사처럼 딱딱하면 실패다. 무조건 재밌어야 한다. 흥미진진해야 한다. 자꾸 방문하고 싶고 오래 머물고 싶게 만들어야 한다. 기획자의 시나리오에 빠져들게 만들어야 좋은 콘텐츠이다. 콘텐츠 안에는 이런 다양한 요소들을 배치하고, 긴장감을 유발시키고, 참여자들이 마음껏 콘텐츠를 즐기게 만들어야한다.

메타버스의 생태계가 폭발적인 인기를 얻고 있는 가장 큰 이유는 '사용자 참여형 플랫폼'이라는 것이다. 사용자가 메타버스 플랫폼 안에서 활동하고 즐기고 놀면서 경제활동도 가능하다는 것이다. 또한 그렇게 경제활동을 한 보상으로 가상화폐를 받게 되고 그 가상화폐는 현실에서 돈으로 환전된다는 점이다. 이러한 참여, 공유, 소통의 경제시스템이 메타버스의 생태계를 계속 순환시키고 성장시키는 원동력이 된다.

메타버스에서 아바타는 나만의 개성을 표현해주는 '또 다른 나'인 것이다. 새로운 인격체라고 생각해도 된다. 그래서 아바타에 자신만의 의미를 부여하는 사람들이 늘어나고 있다. 사람들의 개성을 표현할 수 있는 아바타를 설정해야하고 그 아바타에 개성을 불어넣는 아이템도 장착해야한다. 예를 들면 어느 대학교의 입학식이라면 그 대학 유니폼 점퍼를 구매해서 입을 수 있게 하는 것이다. 그런 배려가 가상세계의 몰입을 도와주는 심리적 장치가 될 수 있을 것이다.

모든 콘텐츠의 기획에는 경쟁자가 존재한다. 경쟁자가 없는 프로젝트는 별 가치가 없는 프로젝트인 경우가 많다. 일단 기획된 콘텐츠는 경쟁자를 제치고 선택돼야 비로소 세상에 모습을 드러낼 수 있는 자격을 얻게 된다. 수많은 경쟁자들을 제치고 선택받기 위해서는 경쟁자들과 확연한 차별화를 해야 한다. 단순히 비주얼만 차별화해서는 누구나 모방하거나 변형하기 쉽기 때문에 근본적인 전략의 설정이 필요하다. 콘텐츠를 차별화하는 전략은 목표고객을 차별화 하거나 목표시장을 차별화 하거나 진행방법을 차별화해야 한다.

목표가 많아지면 초점이 분산되므로 경쟁력이 약해진다. 가시적인 성과를 내려면 한 가지 목표만 선택하고 집중해야 한다. 한 가지를 선택한다는 것은 선택한 한 가지 외 나머지는 다 포기한다는 뜻이다. 선택기준을 정하고 목표고객이 원하는 핵심 포인트를 발견해서 콘텐츠로 기획해야한다. 목표한 성과를 이루려면 한 가지만 선택하고 그것에 집중해서 그 작은 시장에서 최고의 콘텐츠를 기획하겠다는 목표를 세워야한다.

4) 목표 고객의 이용 동기

구체적인 목표고객을 설정해야 정확한 기획이 가능하다. 남녀노소나 연령대로 구분하는 방식은 정확하다고 볼 수 없다. 구체적인 목표고객을 설정하는 가장 좋은 방법은 구체적인 가상인물을 한 사람 설정하는 것이다. 예를 들면 26세, 00여대 유아보육학과 졸업, 현재 직업은 유치원보조교사, 키 165cm, 몸무게 48kg, 주거는 원룸에서 혼자 생활, 송파구 방이동 방이역 500m 거주 등을 실제 사람처럼 설정해야한다. 목표고객의 표준모델을 만들어야한다. 이렇게 구체적인 한 사람을 설정하면 콘텐츠 기획이 아주 정확해진다. 이 표준모델 한 사람에 딱 맞는 기획만 하면 되기 때문이다. 목표고객의 경험과 특성을 충분하게 이해해야 시행착오를 줄일 수 있다.

현실적으로 고객을 늘리는 방법은 딱 2가지 밖에 없다. 힘으로 고객을 납치해오거나 고객이 본인 의사로 스스로 찾아오게 하는 방법이다. 고객이 스스로 찾아오게 만들려면 찾아올 수밖에 없는 특별한 이용 동기를 갖고 있어야한다. 만약 없다면 만들어야한다. 목표고객을 설정하고 분석하는 것이 꼭 필요한 이유다. 목표고객의 필요와 욕구를 구분해서 연구하고 장단점을 비교해서 무조건 만족시키겠다는 각오로 기획해야한다. 고객이 무엇을 좋아하고 무엇을 싫어하는지, 왜 싫어하는지를 알아야한다. 기획의 성공이 목표고객에 달려있기 때문이다. 목표고객처럼 먹고, 목표고객처럼 놀고, 목표고객처럼 생각해야한다. 그래야 고객을 이해하게 된다.

모든 문제와 고민에 대한 답은 목표고객이 갖고 있다. 목표고객을 조사하고, 연구하고, 분석하면 답을 구할 수 있다. 목표고객의 고민을 찾아라. 고민을 찾았다면 고민을 해결해 줄 수 있는 해결책을 개발하라. 해결책으로써 기획된 콘텐츠는 거부할 수 없는 없는 특별한 이용 동기가 된다. 거부할 수 없는 특별한 이용 동기를 콘텐츠에 녹여서 담아내라. 그렇게 기획한 콘텐츠에 목표고객들이 빠져들게 되는 것이다.

이처럼 목표고객을 위한 목표고객에 의한 목표고객의 콘텐츠를 기획하면 무조건 성공할 수 있다. 그러려면 고객을 끝까지 추적해야한다. 고객의 경험을 분석해 재설계를 거듭해야한다. 고객이 반복적으로 재방문하게 유혹하고 한번 방문하면 오래 머물고 싶게 만들어야한다. 고객을 오래 붙잡아 두고 싶다면 고객들이 생각하는 가치가 무엇인지 먼저 알아야한다. 목표고객이 추구하는 목적과 목표에 맞는 콘텐츠를 제안해야 한다.

5) 콘텐츠 기획 프로세스

어떤 일이나 결과보다 과정이 중요하다. 과정은 수정보완이 가능하다. 경험이 축적되기 때문이다. 결과는 확률이지만 과정은 과학이다. 콘텐츠도 기획자의 직관에 의지하기 보다는 기획의 프로세스를 존중해야한다. 콘텐츠는 예술이라기보다는 공정에 가깝다고 생각한다. 탁월한 기획자가 콘텐츠를 기획하는 프로세스를 순서대로 정리하면 다음과 같다.

먼저 콘텐츠 기획을 의뢰한 의뢰인의 요구사항을 자세히 듣고 현실적인 타당성 여부를 검토한다. 콘텐츠 기획은 의뢰자의 초기 요구사항 및 의도가 굉장히 중요하다. 의도는 콘텐츠를 제작하는 목적과 제작으로 획득하게 되는 목표를 말한다. 목적과 목표를 초기단계에서 명확하게 파악하지 못하면 그 이후 진행 되는 모든 과정이 잘못된 방향으로 가게 되기 때문이다. 그러므로 초기 미팅과 구상의 중요함을 아무리 강조해도 지나치지 않는다.

초기 의도파악에 확신을 갖고 의뢰인과 기획자 상호가 충분히 공감을 했다면 그때서야 다음단계로 넘어가야한다. 다음 단계는 콘텐츠 제작을 위한 제반환경을 검토하는 것이다. 콘텐츠의 배경이 되는 장소가 필요한지, 버츄얼 스튜디오에서 제작해야 하는 상황인지, 그래픽만으로 해결이 되는지 등등 콘텐츠 제작에 대한 환경조건 분석은 까다롭게 검토해야한다. 대부분의 경우 환경조건의 분석은 전체 제작예산과 밀접한 관계가 있다. 환경과 예산까지 러프한 검토가 완료됐다면 정확한 일정을 세워보는 것이다.

의뢰인 입장에서 콘텐츠가 필요한 일정과 기획자 입장에서 콘텐츠 제작에 소용되는 일정을 상호조율 해야한다. 그에 따르는 예산을 산출하고 적정한 선에서 프로젝트의 규모와 품질을 결정해야한다. 예산 부분은 어느 프로젝트에서와 마찬가지로 상호가 민감한 부분이다. 그러나 민감한 부분일수록 정확해야한다. 처음부터 확실한 예산집행 계획을 세워두지 않으면 제작이 진행 되는 도중 프로젝트가 중단되는 사태도 비일비재하다.

일정과 예산, 조율에 대해 어느 정도 합의를 본 후 정확한 계약진행을 위한 상세한 견적서와 일정표를 제출한다. 예산과 일정은 각각의 입장에서 상호조정을 거친 후 계약서를 작성하게 된다. 이때 계약서에서는 빠졌지만 꼭 필요한 세부 요구사항들은 시시콜콜하게 계약서에 추가 명기하거나 별첨 요구사항을 첨부해 계약하는 것이 좋다. 꼼꼼하고 정확한 계약이 후일에 분쟁의 소지를 미리 방지할 수 있다. 계약금이 입금되면 본격적인 기획업무가 시작된다. 가장 먼저 할 일은 기획해야 하는 콘텐츠에 대한 리서치를 진행하는 일이다. 리서치가 기획업무의 90%라고 할 만큼 기획단계에서는 조사, 분석, 연구의 비중이 크다. 정확한 정량적인 데이터를 바탕으로 하지 않으면 중요한 것을 놓치는 경우가 많기 때문이다.

리서치를 통해 분석한 결과를 바탕으로 프로젝트가 가야 할 방향을 명확하게 설정하고 브랜드의 포지셔닝을 정하게 된다. 그렇게 큰 전략을 세운 후 차별화된 아이디어를 모아서 콘셉트를 개발하기 시작한다. 콘셉트를 구체화하기 위해서는 각 분야별 전문 팀을 구성해야한다. 각 분야 팀들과 커뮤니케이션을 하는 방법과 진행과정을 공유하는 방법을 설정해 자유롭게 커뮤니케이션이 가능한 환경을 구축한다. 원활한 업무진행을 위해 최적의 업무환경이 구축되면 이제 전 과정의 진행상황을 지시하고 통제하기 위한 프로젝트 매니지먼트를 과정을 실행한다. 효율적으로 업무가 진행되도록 프로젝트를 매니지먼트하면서 각 팀의 성과도출을 이끌어 내고 실시간으로 정리해 최종적인 기획서를 작성해 제안한다.

이처럼 콘텐츠의 기획은 한 두 사람의 상상력만으로는 제대로 만들어지지 않는다. 각 분야의 전문팀을 구성하고 커뮤니케이션하고 성과물을 지속적으로 디벨롭하면서 만들어진다. 모든 팀원들의 역할이 중요하다. 하지만 결국 최종적인 결론은 기획자의 직관력에 의해 결정된다. 기획자의 선택으로 아이디어와 성과물들이 남겨지고, 버려지고, 재구성된다. 따라서 좋은 프로세스와 훌륭한 팀, 그리고 탁월한 기획자가 좋은 콘텐츠를 만드는 3요소라고 할 수 있다.

6) 희소가치가 있는 온리 원 콘텐츠

경쟁에서 살아남기 위해서는 경쟁자들보다 강력한 콘텐츠를 기획해야한다. 그래야 수많은 경쟁자들을 제치고 목표시장에서 존재할 경쟁력을 갖게 된다. 넘버원보다 온리 원이 더 중요한 이유다. 넘버원은 일시적인 지위의 점유이지만, 온리 원은 세상에 하나뿐인 희소가치를 기반으로 하기 때문이다. 현대와 같은 저성장 장기불황의 시대에서 수요는 한정돼 있고 공급자는 넘쳐난다. 모든 것이 풍요로운 시대이다. 소비자들은 그리 아쉬울 것이 없고 비슷한 수준의 대체가능한 선택지가 너무나도 많이 존재한다. 이처럼 치열한 무한경쟁 시장에서 '넘버원'이 되는 것은 대기업처럼 막강한 자본력을 기반으로 하지 않는다면 정말 어려운 일이다.

하지만 아무도 하지 않는 것에서 희소가치를 만들어 내는 '온리 원' 전략으로 작은 시장에서 일대일 승부를 하면 큰 비용 들이지 않고도 웬만해서는 지지 않는 콘텐츠 기획이 가능하다. 그러므로 희소가치를 기반으로 한 온리 원 콘텐츠를 기획해야한다. 유일한 존재가 된다는 것은 매우 강력한 경쟁력이 된다. 유일한 존재가 됐다는 것은 경쟁 자체가 없는 상황적으로 독점 상황이 됐다는 것이다.

세분화된 작은 시장에서 유일한 존재가 될 수 있도록 콘텐츠를 기획하라. 브랜드 인지도를 높이는 콘텐츠를 기획하기 위해서는 최초가 돼야한다. 세분화된 카테고리에서 최초가 되는 전략을 세우는 것이다. 규모가 작더라도 하나의 카테고리에서 최초가 되는 콘텐츠를 기획한다면 목표고객들에게 브랜드를 알리는데 효과적이다.

유일한 최초 콘텐츠는 웬만해서는 무너지지 않는다. 수많은 미디어들이 존재하는 시대이다. 따라서 이런 저런 콘텐츠가 넘쳐나고 있다. 그런데 막상 괜찮은 콘텐츠는 부족하다고 아우성이다. 그 이유는 목적에 맞지 않기 때문이다. 목적도 없고 콘셉트도 없이 콘텐츠를 기획하면 무조건 망하게 돼 있다. 그런 허술한 콘텐츠를 사용자들은 거들 떠 보지도 않는다. 처음부터 제대로 만들어야 한다. 그래야 팔린다.

다시 정리하면 '강력한 콘셉트와 탄탄한 기획력을 가진 콘텐츠는 웬만해서는 망하지 않는다' 이다. 콘텐츠 시장의 트렌드를 주의 깊게 살펴보면 이른바 강력한 콘셉트이나 특별한 기획력 없이 양산된 빈약한 콘텐츠들은 시장에서 쉽게 버려진다. 가치를 인정받지 못하기 때문이다. 콘텐츠를 기획하는 것은 누구나 할 수 있지만 시장에서 인정받는 콘텐츠는 아무나 기획하지 못한다. 희소가치가 있는 온리 원 콘텐츠를 개발하는 특별한 기획력과 프로세스를 갖고 있느냐 없느냐가 경쟁력 있는 콘텐츠를 만드는 핵심 포인트이다.

7) 경험설계로 기획한 콘텐츠

경험의 설계는 2가지가 있다. 브랜드 경험설계(BX)와 사용자 경험설계(UX)이다. 메타버스 콘텐츠가 성공하려면 브랜드 경험을 잘 설계하는 것이 필요하다. 메타버스 가상현실 공간 안에서 브랜드와 고객이 소통하게 기획하고, 고객에게는 브랜드 경험을 느끼게 하자. 브랜드에 호감을 갖게 되고 브랜드를 인지하게 만들었다면 그 콘텐츠의 기획은 성공한 것이다. 사용자들의 경험은 메타버스 콘텐츠를 기획하고 전략을 수립하는데 중심이 되는 데이터라고 할 수 있다.

고객인 사용자들이 계속 방문하고 오래 체류하게 만들기 위해서 사용자들을 연구해야한다. 그게 사용자 경험이라고한다. 그 데이터들을 분석해서 콘텐츠를 설계하고 기획해야한다. 사용자의 경험을 설계하는 것이 중요해지는 이유는 사용자들의 감각과 라이프스타일이 급속도로 변하고 있기 때문이다. 더 이상 광고나 마케팅을 신뢰하지 않는 소비자들의 취향을 캐치해야한다. 그런 사용자 경험을 바탕으로 콘텐츠를 기획해야 성공가능성이 높아진다.

스마트해진 소비자들의 안목은 높아졌고 깐깐해졌다. 하지만 웬만한 광고나 마케팅에는 꿈적도 하지 않던 소비자들도 감성적인 콘셉트로 마음을 흔드는 낯선 콘텐츠에는 흔들리게 된다. 이성적인 부분으로 공격하는 것이 아니라 감성적인 부분에 스며들게 하는 기획이 효과적인 것이다. 스마트한 소비자의 머리를 설득하는 것은 어려운 일이다. 끊임없는 이성적인 판단의 증거물을 제공해야하기 때문이다. 사실 모든 정보가 공개된 투명한 사회에서 구체적인 이익의 증거를 지속적으로 제시하는 것은 쉽지 않은 일이다. 하지만 소비자의 감성을 공략한다면 상황을 변화시킬 수 있다. 가슴 떨리는 감성적인 콘텐츠를 제공하면 의외로 쉽게 무너질 수도 있다.

소비자의 마음을 흔드는 콘텐츠를 기획하라. 낯선 콘텐츠를 기획할 때 주의할 점은 낯선 것을 익숙하게 만들려고 애쓰지 말라는 것이다. 시간이 너무 오래 걸리기 때문이다. 성공하면 대단히 큰 성공을 하게 되지만 확률이 낮다. 하지만 소비자들에게 이미 익숙한 것을 살짝 낯설게 만드는 것이 성공할 확률이 훨씬 높다. 그 이유는 별다른 거부감이 없기 때문이다.

하지만 익숙함에서 벗어나지 못하는 것은 경계하자. 새로운 콘텐츠를 만드는데 실패하는 99%의 원인은 자꾸 익숙한 과거로 돌아가려고 하기 때문이다. 익숙한 길의 유혹에 빠지는 것은 그 길이 안전하다고 생각하기 때문이다. 하지만 그 반대이다. 익숙함에서 시작하는 것은 중요하지만 그 익숙함을 벗어나지 못하면 그 자리에 다시 주저앉게 된다. 익숙함을 기반으로 하는 낯설음을 만들어 내는 기획이 성공 포인트이다. 이미 진부해진 익숙함에서 더 '나음'을 지향하면 실패한다. 익숙함으로부터 '다름'의 가치를 추구해 보자. 나음보다 다름의 가치에 집중해야 가치 있는 콘텐츠를 만들어 낼 수 있다.

8) 스토리기빙

콘텐츠를 차별화하는 방법 중 하나는 '스토리텔링'이다. 감동적인 스토리텔링은 사용자들의 마음을 사로잡을 수 있는 힘이 있다. 사람은 한 번 마음이 흔들리면 쉽게 설득 당하게 돼 있다. 구매 욕구를 자극하는데 감동적인 스토리텔링만큼 효과적인 콘텐츠는 없다. 콘셉트와 잘 어울리는 스토리텔링은 관심을 끄는 콘텐츠를 만드는데 큰 도움이 된다. 가장 효과적인 방식은 감성적인 이야기가 기획하는 콘텐츠 속에 자연스럽게 스며들 듯이 녹아 있는 것이다.

그런데 메타버스 실감 콘텐츠에서는 조금 다르다. 물론 크게 본다면 스토리텔링을 기반으로 하고 있지만 고려해야 할 아젠다가 분명히 존재한다. 그 아젠다는 '관객이 그 스토리를 만든 크리에이터가 결정하는 대로 경험하게 할 것인가? 아니면 관객이 그들이 속한 실감콘텐츠 세계관속에서 직접 스스로 스토리를 발견해 가면서 경험하게 할 것인가?'에 대한 것이다.

만약 실감 콘텐츠가 너무 수동적으로 사용된다면 그것은 단순히 다른 종류의 게임이나 영화일 뿐일 것이다. 결국 실감 콘텐츠 속에서 사용자가 해당 가상세계관만의 도구를 적절히 활용해 넓은 문맥에서 스스로 본인만의 스토리를 구성해 나간다면 관객의 몰입도가 더 깊어질 것이다. 또한 실감 콘텐츠에 대한 경험은 훨씬 더 크고 강력하게 전개 될 것이 분명하기 때문이다.

때문에 실감 콘텐츠의 사용자는 단순한 관객으로 머물기를 거절할 것이며 본인 스스로가 상황을 능동적으로 결정하고 주도해 나가는 주체가 되기를 원할 것이 분명하다. 결국 현실적으로 이런 혼재된 역할 속에서 사용자는 실감 콘텐츠를 체험하게 될 것이다. 기존의 일반적인 콘텐츠들이 크리에이터가 제공하는 콘텐츠를 수동적으로 관람하는 수준이었다면 실감 콘텐츠는 사용자의 의지가 상호작용의 형태로 강하게 개입돼 스토리텔링으로 축적된 '과거의' 경험을 '현재의' 스토리기빙 방식으로 경험하게 만들어 주는 단계로 진화하게 될 것이다.

현재에도 많은 1인칭과 3인칭 컴퓨터게임에서 스토리기빙 기법이 적용되고 있다. 스토리기빙 방식은 사용자인 플레이어가 스스로 스토리와 게임의 목표를 발견하게 만드는 것이다. 각각의 사용자는 그들만의 속도와 방식으로 개별적으로 제공되는 타임라인 순서에 따라 스토리를 경험하게 된다. 이는 이미 쓰인 책을 읽는 것과 백지에 나만의 경험과 스토리를 써나가는 것만큼이나 경험에서 큰 차이를 느끼게 될 것이다. 책으로 치자면 독자에서 작가로 전환되는 정도의 큰 변화가 이뤄질 것으로 예상된다.

9) 대체 불가능한 콘텐츠

대체 불가능한 콘텐츠가 된다는 것은 그만큼 콘셉트가 명확하다는 것이다. 왜 명확한 콘셉트가 중요하냐면 명확한 콘셉트는 잠재고객의 인식에 자연스럽게 스며드는 무의식적인 전략이 되기 때문이다. 정보과잉의 시대에 명확한 콘셉트가 생존하는 유일한 방법은 단순함이다. 지나치다 싶을 만큼 단순화해 송곳으로 찌르는 것처럼 한 점을 집중적으로 파고 들어가야한다. 그래야 구멍을 뚫을 수 있다. 당신의 콘텐츠는 송곳처럼 찌르듯이 한 마디로 표현할 수 있는가? 한 마디로 표현한 것이 다른 경쟁자들과 확연하게 차별화되는가? 만약 그렇지 않다면 다른 계획을 모두 제쳐두고라도 이 문제에 집중할 필요가 있다.

고객은 당신의 상품이 아닌 콘셉트를 구매한다. 글로벌 커피브랜드, 글로벌 운동화 브랜드의 사례를 보면 알 수 있다. 상품력은 다 비슷비슷한 것 같은데 가격도 더 비싼 그 브랜드만 잘되는 이유는 뭘까? 상품력이 좋아야 하는 것은 당연한 기본이다. 고객들은 상품만을 구매하지 않고 콘셉트를 구매하기 때문이다. 콘텐츠의 기획도 마찬가지이다. 많은 것을 늘어놓기보다는 확실하고 매력적인 콘셉트로 어필해야한다. 매력적인 콘셉트가 콘텐츠에 녹아있어야한다.

요즘 같이 새로운 정보가 넘치는 세상에서 아무나 쉽게 따라오지 못하는 콘텐츠를 기획하는 것이 가능할까? 가능은 하다. 하지만 쉽지는 않다. 일단 누군가가 따라

할 수 있다는 것은 피상적인 것이다. 즉 겉모습을 따라 하기는 쉽다. 하지만 콘셉트 안에 깊숙이 숨겨진 경영전략까지 따라할 수는 없다. 그럼 '대체 불가능한 콘텐츠'를 기획하려면 어떻게 해야 할까? 콘셉트를 지키는 것이다.

제대로 시장을 조사하고 분석해 정량적인 데이터를 추출해 그 데이터를 기반으로 구체적인 전략을 세워야한다. 그 전략을 기반으로 콘텐츠를 기획해야한다. 콘텐츠를 제대로 만들기 위해서는 정밀한 기획이 필요하다. 콘텐츠를 만드는 데 필요한 각종 재료와 요소를 모아 기획을 해야한다. 그리고 기획이 성공하려면 핵심적인 핵심 콘셉트를 구현해내야한다.

핵심 콘셉트는 소비자들의 마음을 움직이는 열쇠 같은 것이다. 핵심 콘셉트는 소비자의 심리를 파고들어 갈 만큼 예리해야한다. 결국 소비자를 유혹하는 것은 상품이 아니라 강력한 콘셉트이기 때문이다. 성공한 브랜드들의 잘 만들어진 콘셉트란 명쾌하고 심플한 경우가 많다. 단순한 것이 힘이 된다. 방향이 확실하고 진정성이 담겨있는 콘셉트는 보기엔 쉬워보여도 아무나 따라할 수 없다. 다시 정리 하면 '대체 불가능한 콘텐츠'를 기획하는 비결은 철저한 리서치와 구체적인 전략과 탁월한 콘셉트이다. 구체적인 전략위에 송곳같이 날카롭고 매력적인 콘셉트로 만든 기획력이 '대체 불가능한 콘텐츠'를 만들어 내는 것이다.

[그림7] 페이스 북이 공개한 가상 업무 공간 '호라이즌 워크룸' 페이스북의 VR기기 오큘러스 퀘스트2를 활용해 참여할 수 있다.(출처 : 페이스북제공/국민일보 2021.08.23.)

4 메타버스 실감 콘텐츠

1) 실감 콘텐츠

다양한 메타버스 콘텐츠와 기술들 중에서 정부와 민간 기업들의 가장 주목을 받는 분야 중 하나가 초연결· 초실감의 디지털 실감 콘텐츠 분야이다. 메타버스 신 시장 창출 지원과 함께 실감 콘텐츠 핵심기술 사업화에 대한 구상과 계획이 활발하다. 실감 콘텐츠는 이르면 수년 내에 일상생활에 가상현실 기기들이 게임기처럼 널리 보급 될 것으로 전망하는 국내외 전문가들이 많기 때문이다. 그렇게 예측하는 근거는 5세대(5G) 이동통신 등 통신 인프라가 빠르게 구축되고 있고, 가상세계로의 몰입을 도와주는 가상현실(VR) 기기나 주변기술 장치들이 급속도로 발전하고 있기 때문이다.

사실 하드웨어가 먼저냐 소프트웨어가 먼저냐는 닭이 먼저냐 계란이 먼저냐와 같은 논쟁에 해당한다. 필자의 개인적인 견해는 하드웨어의 보급이 먼저라고 생각한다. 아이폰 경우를 보면 쉽게 이해할 수 있다. 하드웨어에 해당하는 아이폰이 충분히 시장에 깔린 후에 앱의 개발이 활성화되기 시작했다. 지금 페이스 북이 오큘러스 2를 저가에 파는 이유도 그것이다. 일단 많은 사람들 손에 VR 기기를 쥐어 줘야한다. 그때서야 소프트웨어 회사들이 콘텐츠 개발에 전력을 집중하기 시작할 것이다.

실감 콘텐츠는 다양한 장비와 결합되면 많은 용도로 활용될 수 있다. 오락, 문화, 전시, 예술, 산업, 환경 등등 무궁무진하다. 현존하는 메타버스 종류와 기능들 중에서도 실감 콘텐츠가 가장 효과적인 역할을 수행할 것이라고 본다. 스마트폰을 끼워서 사용하는 수준의 VR 기기 말고 양질의 VR 전용기기 보급이 확산돼야 메타버스 가상현실세계를 제대로 체험할 수 있을 것이다. 그런 환경이 조성되면 콘텐츠 전문 기업들에 의해서 수많은 콘텐츠들이 개발되고 유통되는 순환구조가 만들어질 것이다.

실감 콘텐츠는 ICT융복합 기술을 바탕으로 가상현실세계를 구축해 가상현실(VR)과 증강현실(AR) 그리고 두 기술의 장점들만 취합한 확장현실(XR: eXtended Reality) 기술을 사용해 다양한 가상현실 콘텐츠를 제공한다. 여기서 ICT(Information and Communications Technologies)는 글자대로면 정보통신 기술이지만 메타버스 경제에 적용하면 빅 데이터, 모바일, 웨어러블을 기본으로 하는 창조기술의 기반이라고 정의하면 된다.

메타버스는 사회 전반에 걸쳐 가상현실 세계관을 펼칠 것이다. 그 핵심기술은 실감 콘텐츠가 될 것이다. 실감 콘텐츠는 현실과 가상현실의 구분이 어려운 또 하나의 현실 같은 상황을 구현하는 콘텐츠를 말한다. 실감 콘텐츠는 정보통신기술(ICT)을 기반으로 인간들에게 실제와 유사한 경험 및 감성을 확장하는 인지기술로써 다양한 분야에서 보고, 듣고, 만지고 공감할 수 있는 체험형 콘텐츠를 말한다.

기존 디지털 콘텐츠가 평면적이고 정적이라면 실감 콘텐츠는 마치 현실같이 느껴지는 상황을 만들고 사용자와 사용자 또는 사용자와 콘텐츠가 소통을 하면서 경험을 공유하는 구조이다. 이렇듯 실감 콘텐츠가 주목받는 이유는 산업 전 분야로의 확장성에 있다. 메타버스 실감 콘텐츠가 발전하면 다양한 VR·AR 관련 디바이스 시장이 급성장할 것이다.

[그림8] AR기능으로 다자간 원격 협업을 구현할 수 있는 VIRNECT Remote
(출처 : 버넥트/인더스트리 뉴스 2021.06.01.)

2) 실감 콘텐츠 종류

(1) 가상현실(VR)

가상현실(VR, Virtual Reality) 기술은 사용자가 가상현실세계에 몰입하기에 가장 효과적인 기술이다. 컴퓨터가 만든 가상세계에 몰입하게 되는 것이다. VR은 우리가 살고 있는 실제 현실의 물리적인 공간을 경험하는 것이 아니라 컴퓨터그래픽으로 구현한 가상현실세계를 보여준다. VR 사용자의 주변 환경을 차단해 가상 현실세계에 몰입감을 주기위해서 머리에 쓰는 헤드셋 디스플레이 디바이스 HMD를 활용해야한다.

VR 헤드셋으로는 HTC 바이브, 플레이스테이션 VR, 오큐러스 리프트 등이 있고 무선기기는 구글 데이드림, 구글 카드보드가 있다. 조만간 VR 시장이 폭발적으로 성장할 것이 예상되면서 스타트 업은 물론이고 거대 기업들도 속속 뛰어들고 있다. AR은 하드웨어가 상당수를 차지하고 있고 VR은 하드웨어, 디바이스도 중요하지만 콘텐츠의 확보가 더 중요하다. 따라서 선두기업들은 상호 협력해 콘텐츠 생태계를 구축하려고 계획 중이라고한다. 엔터테인먼트, 쇼핑, 게임, 교육, 스포츠, 공연, 관광, 부동산, 의료 등 일상의 모든 분야에서 VR 콘텐츠가 확대될 것으로 예상된다. 결국 VR은 AR, MR, XR등과 함께 메타버스 산업 전반의 새로운 혁신을 이끌어 갈 것으로 예측된다.

(2) 증강현실(AR)

증강현실(AR, Augmented Reality)은 현실세계를 기본 바탕으로한다. 현실세계 위에 컴퓨터그래픽으로 만든 가상의 정보 및 이미지를 겹치게한다. 예를 들어 포켓몬 고처럼 길을 가다 스마트폰이나 AR글래스, 스마트렌즈 등을 활용해 상황을 비추면 근처에 있는 상품의 정보, 상점의 위치 및 전화번호, 지도 등의 구매 정보가 입체영상으로 표시되게 만드는 것이다. 증강현실 AR은 VR이 주는 비현실감이라는 한계를 극복하고 인간의 인지감각을 확장시켜 더 실감나는 경험을 제공하게 된다. 특히 웨어러블(wearable) 디바이스 시대를 열고 있는 구글 글래스(Google Glass)는 보행 중 사용하는 내비게이션 기능을 증강현실로 구현하거나, 연동된 스마트폰에 전달된 메시지를 자동으로 알려 준다.

AR은 VR과 달리 위치, 지리정보를 송수신하는 GPS 장치 및 중력 그리고 자이로스코프에 따른 위치정보 시스템을 기반으로한다. AR은 사용자가 보고 있는 현실세계에 3차원의 가상 이미지와 정보를 중첩함으로써 현실과 가상의 구분이 모호하게 만든다. AR은 산업용 증강현실(Industrial AR)이라는 이름으로 제조, 유통, 의료현장 등에서도 활용되고 있다. 증강현실을 적용한 내비게이션의 경우 실제 도로장면에 주행 정보를 추가해서 보여주기도 하고, 의류 매장에서 직접 옷을 입어보지 않고도 화면상에서는 입은 것 같은 시스템을 구현해준다.

(3) 혼합현실(MR)

혼합현실MR(Mixed Reality)은 VR이나 AR보다 한 단계 더 업그레이드해 시각 외에도 청각, 촉각 등 인간의 오감을 접목시킬 수 있는 기술이다. VR과 AR 두 기술의 장점만 뽑아서 현실세계를 바탕으로 다양한 가상의 정보가 담긴 새로운 가상현실세계를 만들어 상호 소통하는 것을 MR이라고한다. 현실과 가상을 결합함으로써 현실세계와 가상현실세계가 공존하는 혼합현실세계 환경을 만든다. 실시간으로 상호작용을 함으로써 현실과 가상이 자연스럽게 연결된 스마트 환경을 실감나게 체험할 수 있도록 하는 것이다.

예를 들면, 가상세계의 반려동물과 교감할 수도 있고, 현실 공간 위에 가상세계의 게임 환경을 구축할 수도 있다. 또 집안의 가구를 가상으로 재배치해 본다거나, 원격에 있는 사람들이 함께 모여 함께 작업하는 듯 한 환경을 구축할 수 있다. 마이크로소프트에서 나온 홀로렌즈는 자신이 위치한 현재의 공간을 3차원으로 스캔할 수 있다. 홀로렌즈를 착용하면 스마트폰이나 PC와 연결할 필요 없이도 먼 거리에 떨어져 있는 사람과도 한 자리에 있는 것처럼 자연스럽게 대화를 진행하는 것이 가능하다. 이처럼 MR은 사람의 귀가 아닌 다른 방법을 통해 소리를 전달하는 등 다양한 기술이 개발돼 다양한 용도로 활용되고 있다.

(4) 확장현실(XR)

확장현실(XR)은 가상현실(VR)과 증강현실(AR)을 아우르는 혼합현실(MR) 기술을 업그레이드한 초실감형 기술이라고 할 수 있다. 현실적으로 가상현실(VR)은 눈 전체를 가리는 헤드셋 형(HMD) 단말기가 필요하고, 증강현실(AR)은 구글 글라스와 같은 안경이나 스마트렌즈 같은 하드웨어가 필수이다. 확장현실(XR)은 가상현실 VR과 증강현실 AR기술의 개별적인 활용도 가능하고 혼합해 복합적으로 활용하는 것도 가능하다. 융통성이 많은 가상 실감 기술이다.

확장현실(XR) 기술이 진화하면 평소에는 투명한 안경이지만 증강현실(AR)이 필요할 때는 안경 위에 정보를 표시한다. 가상현실(VR)이 필요할 때는 안경이 불투명해지면서 완전히 시야 전체를 통해 정보를 표시하는 게 가능해진다. 확장현실(XR)을 교육은 물론 헬스케어, 제조업 등 다양한 분야에 적용하기 위해서는 대용량의 실시간 3D 영상을 표시하기 위한 고성능 컴퓨팅 파워와 그래픽 처리 성능이 중요하다.

ER 혹은 XR이라고도 불리는 확장현실은 Extended Reality의 약자로 컴퓨터 기술로 인간-기계의 상호 작용을 촉발해 현실을 확장시키는 것을 말한다. 거리가 멀리 떨어진 글로벌 원격회의를 할 때에도 XR은 하나의 디지털 공간에 자료를 띄워서 회의를 진행하는 것이 가능하다. 또한 XR은 의료, 제조 및 군사산업 등에서 난이도가 높은 교육이나 위험한 훈련을 시뮬레이션으로 진행하는 것이 가능하다.

(5) 대체현실(SR)

SR은 Substitutional Reality의 약자로 대체현실이라고한다. 대체현실 SR은 VR의 연장선상에 있는 기술로 현재와 과거의 영상을 혼합해 실존하지 않는 인물이나 사건 등을 새롭게 구현해 사람의 인지 가능력과 프로세스를 왜곡시켜서 가상공간을 실제로 착각하게끔 만드는 기술이다. 증강현실 AR, 가상현실 VR과 달리 사용자 기억을 조작하거나 대체하는 것이 가능해 사용자가 실제가 아니라는 것을 제대로 인지하기가 어렵다.

대체현실 SR은 가상현실과 인지 뇌 과학이 융합된 한 단계 업그레이드된 기술로써 단순 대체현실과, 완전 대체현실이 있다. 단순 대체현실이 부분적인 기억을 조작하는 것이라면 완전 대체현실은 소리, 냄새, 감각도 조작하거나 대체하는 기술이다. VR, AR, MR과 달리 하드웨어가 필요 없는 대체현실 기술은 스마트 기기에 광범위하고 자유롭게 적용될 수 있고 사실상 거의 모든 애플리케이션 시나리오에 사용될 수 있다는 것이 장점이다.

단순한 대체현실은 수년 내 실현할 수 있겠지만 사람의 오감을 모두 포함한 완벽한 대체현실을 체험하려면 오랜 시간이 필요할 것으로 전문가들은 예상하고 있다. 이 기술은 뇌를 자극해 체험하는 사람이 현실인지 비현실인지 알 수 없도록 해서 진짜 현실을 대체하는 또 하나의 현실을 경험토록 한다는 것이다. 기억을 조작할 수 있는 대체 환경 기술이 조만간 본격적으로 상용화되기 시작할 것으로 예측된다.

(6) 홀로그램

실감 콘텐츠의 끝판 왕 기술은 역시 '3D 홀로그램(Hologram)'이다. 공상과학 영화에 가장 많이 나오는 홀로그램 기술은 실감 콘텐츠 구현의 끝판 왕이라고 할 수 있다. 홀로그램(hologram)이란 두 개의 레이저광이 서로 만나 일으키는 빛의 간섭효과를 이용해 3차원의 입체영상을 기록한 결과물이다. 현실적으로 홀로그램을 상용화할 만한 수준이 되기 위해서는 주변의 장치나 영상기술이 아직 미흡하다. 따라서 아직 홀로그램을 상용화한 대규모 공연이나 시청경험을 제공하는 것은 기술적 한계가 있다.

그러나 평면에 3차원 영상정보를 기록하는 홀로그래피 기술은 매우 광범위하게 보급돼 있다. 지폐의 위조 방지 표식, 정품 인증 스티커 등 보안 용도로 널리 활용되고 있다. 홀로그램 영상의 가장 큰 특징은 사실성의 완벽한 재현이다. 공간적 한계에 구애받지 않고 사실적 영상을 구현할 수 있다는 점과 3차원 입체 영상을 구현할 때 안경을 착용해야 하는 불편함이 없다. 자연스러운 3차원 입체영상의 구현이 가능한 특징 때문에 홀로그램은 사실상 실감 미디어를 구현하는 최종 단계로 이해할 수 있을 것이다. 현재는 기술적으로 많이 부족한 것이 사실이나 10년 이내에 홀로그램의 기술적 상용화가 이뤄질 것으로 전문가들은 예측하고 있다.

[그림9] 스페인 빌바오 수트매장에서 에스엑스미러를 이용하는 모습
(출처 : 에프엑스기어/아이뉴스24 2018.09.22.)

[참고 문헌]

· 중앙일보(2013. 1. 20.). 실제보다 더 실제같은... '홀로그램 콘서트' 공연계 강타.
· 한겨레(2013. 12. 9.). '오감 만족' 실감 미디어시대가 온다.
· Etnews(2013. 10. 29.). '실감나는 디지털' 스마트미디어플랫폼서비스, 디지털 홀로그래피.
· 삼성경제연구소(2013년) IT 성장의 기폭제, 고화질 영상시대. SERI 경영노트 제178호.
· 삼성경제연구소(2013년) 오감인식 기술이 불러오는 혁신. SERI 경영노트 제180호.
· 한국콘텐츠진흥원(2011년) 문화기술(CT) 심층 리포트.
· 고호빈(2014년). 스테레오스코피 3D영화 제작에 있어서 미장센의 문제, ≪커뮤니케이션디자인학연구≫, 47권
· 서정남(2004년). 『영화 서사학』. 생각의나무.
· 신홍주(2016년). VR 콘텐츠의 시점 연구. ≪한국애니메이션학회 학술대회지≫, 183～188.
· 장욱상·이영권(2015년). VR영상 〈HELP〉 연출 분석. ≪애니메이션연구≫, 11권 5호, 294～309.
· 김성규(2011년) 홀로그래픽 비디오시스템. ≪한국방송공학회지≫, 16권 2호. pp.28～38.
· 영화진흥위원회(2008년) 입체 스크린에서 영화의 미래를 보다-입체 영화의 동향과 전망.
· 한국언론연구원(1993년)『매스컴대사전』.
· 한국콘텐츠진흥원(2011년) 3D입체 영상은홀로그램으로진화 중-관련 기술동향과 활용사례. ≪CT심층리포트≫.
· AhnLab2021-01-27 콘텐츠 기획팀
· 김정민(2015년).『가상현실 시장 및 주요 제품 동향』. 소프트웨어 정책 연구소.
· Burdea, C. & Coiffet, P.(2003). Virtual reality technology. Wiley-Interscience.
· Sutherland, I. E.(1968). A head-mounted three dimensional display, Proceeding AFIPS '68

· Hodgkinson, G.(2015). Taking Animation Project Learning into the Virtual Environment. Siggraph Asia 2015, ACM Digital Library. http://dl.acm.org/citation.cfm?id=2818506
· Slater, M.(2014). Grand Challenges in Virtual Environments, Frontiers, 1(3).